Prüfungsbuch für Zimmerer

Martin Amann
Stefan Augner
Axel Berges
Michael Kässer
Mario Kaucher
Lutz Röder

Fragen und Antworten

- zur Vorbereitung auf Klassenarbeiten, Zwischenprüfung und Abschlussprüfung
- zum Üben und Wiederholen
- zum Nachschlagen

5., überarbeitete Auflage

Handwerk und Technik • Hamburg
Best.-Nr. 5100

Bildquellen
„Lernfeld Bautechnik – Grundstufe", Handwerk und Technik GmbH, Hamburg, 2021
„Lernfeld Bautechnik – Fachstufen Zimmerer", Handwerk und Technik GmbH, Hamburg, 2023
SIMPSON STRONG-TIE® GmbH, Bad Nauheim, S. 287
energie.ch ag, Sufers, S. 318
VPB Regionalbüro Emsland (Dipl.-Ing. Johannes Deeters), Meppen, S. 321
CMS – Cross Media Solutions GmbH, Würzburg
Hans-Hermann Kropf, Syrgenstein
Autoren

ISBN 978-3-582-85226-7 Best.-Nr. 5100

Verlag Handwerk und Technik GmbH,
Lademannbogen 135, 22339 Hamburg, Postfach 63 05 00, 22331 Hamburg – 2025
E-Mail: info@handwerk-technik.de, Internet: www.handwerk-technik.de

Satz: CMS – Cross Media Solutions GmbH, Würzburg
Druck und Weiterverarbeitung: Buchdruck Zentrum, 54595 Prüm

Vorwort

Das **Prüfungsbuch für Zimmerer** ist als Lernbegleiter von der ersten Unterrichtsstunde bis zur Abschlussprüfung konzipiert. Die vorliegende Neuauflage wurde dazu genutzt, das Werk in Hinblick auf die aktuellen Entwicklungen von Technik und Normung auf dem neuesten Stand zu halten.

Das Buch deckt die Inhalte der aktuellen Lehrpläne für alle Lernfelder von der Grundstufe bis zum Ende des 3. Ausbildungsjahres ab.

Mit diesem Buch können Sie
- **Unterrichtsinhalte** nacharbeiten und vertiefen,
- sich auf **Leistungskontrollen** vorbereiten,
- zu jedem Lernfeld zusätzliche **Mathematikaufgaben** bearbeiten und
- sich auf die **Zwischen- und Abschlussprüfung** vorbereiten.

Darüber hinaus bieten Ihnen **acht umfangreiche Projektaufgaben** die Möglichkeit, Ihr Wissen lernfeldübergreifend anzuwenden und anhand von Musterlösungen zu überprüfen.

Ein ausführliches **Sachwortverzeichnis** schließlich erleichtert Ihnen das Auffinden bestimmter Lerninhalte und macht das Buch zu einem Nachschlagewerk auch über die Ausbildung hinaus.

Das Buch eignet sich somit hervorragend zur Unterstützung des **selbstständigen, eigenverantwortlichen Lernens** und liefert eine **solide Wissensbasis** für alle Prüfungen.

Im Winter 2024/25 — Die Verfasser

Inhalt

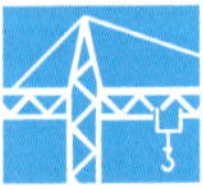

Digitale Zusatzmaterialien: **Zeichnungsvorlagen auf DIN A4**

Lernen – aber wie?

Um mit Erfolg zu lernen, sind einige einfache Regeln sehr hilfreich:

1. Wann lerne ich?

Die menschliche Leistungsfähigkeit ist nicht über den ganzen Tag gleich – sie unterliegt tageszeitlichen Schwankungen. Die größte Leistungsfähigkeit liegt zwischen 8 Uhr und 13 Uhr sowie am Abend zwischen 17 Uhr und 21 Uhr.

1	2	3	4	5	6	7	8	9	10	11	12	13	14	15	16	17	18	19	20	21	22	23	0

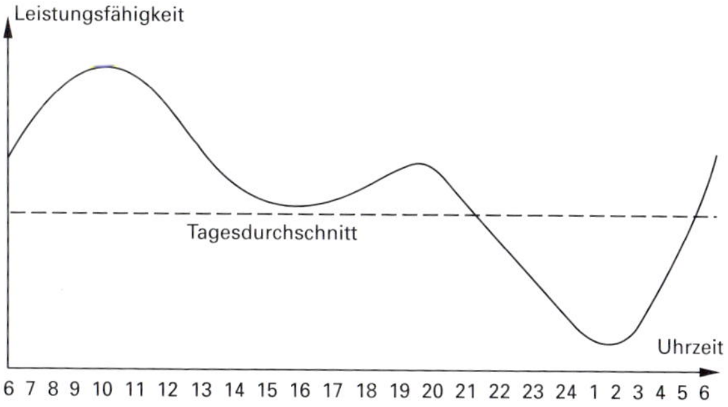

2. Wie lerne ich?

Der „Speicher“ ist begrenzt und eine Vielzahl gleicher oder ähnlicher Inhalte ist nicht aufnehmbar bzw. führt später dann zu Verwechselungen.

Daher sollte der Stoff im thematischen Wechsel gelernt werden:

- Faktenfragen: hier wird „auswendig gelernt“.
- Beschreibung von Abläufen: hier werden logische Abläufe begriffen.
- Mathematik: hier werden ähnliche Aufgaben immer wieder mit anderen Zahlen wiederholt („trainiert“), bis es klappt.

Faktenfragen mit „Nennen Sie“, „Zählen Sie auf“ führen schnell dazu, dass nichts Neues mehr aufgenommen werden kann. Daher bietet sich nach einer kurzen Pause ein Wechsel an, indem zum Beispiel logische Abläufe und verschiedene Mathematikaufgaben wiederholt werden.
So wird die reine Lernphase („Auswendiglernen“) durch anderweitige Übungsphasen (z. B. „Trainieren“) ergänzt, in der man sich wieder erholen kann.

3. Hilft das Buch unter dem Kopfkissen?

Angeblich soll es hilfreich sein, das Buch nachts unter das Kopfkissen zu stecken, um den Inhalt des Buches zu lernen.
Was ist dran?
Wenn man am frühen Morgen noch schnell versucht etwas zu lernen, so überlagern die in der Folge über den Tag auf den Menschen einströmenden Eindrücke (Straßenverkehr, Schule, Freunde) diese gelernten Fakten und Inhalte, sodass die meisten wie bei einer Festplatte „überschrieben" werden.
Wenn man aber abends vor dem Schlafen noch lernt (danach muss das Buch nicht unbedingt unter das Kissen gesteckt werden), so folgt in der Nacht eine „reizarme Zeit", in der das Gehirn keine neuen Eindrücke aufnimmt. Das Gelernte prägt sich auf der „Festplatte" ein und ist viel besser abgespeichert.

4. „Übung macht den Meister!" – stimmt das?

Ja – natürlich! Je häufiger etwas wiederholt wird, desto besser prägt es sich ein. Um sich den ganzen Inhalt des Buches so zu erarbeiten, dass er in der Prüfung „abrufbar" ist, ist es also nötig rechtzeitig zu beginnen.
Das Buch ist nach Lernfeldern geordnet. Sie können jedes Lernfeld einzeln bearbeiten und sich so auf die Klassenarbeiten oder Kurzkontrollen vorbereiten. Dabei sollte aber nicht vergessen werden, nach einiger Zeit die Inhalte der vergangenen Lernfelder wieder anzuschauen und gezielt zu wiederholen. Das erspart vor der Zwischen- oder Abschlussprüfung die Angst, „nicht mehr alles zu schaffen", weil es einfach zuviel Stoff ist. Dabei empfiehlt es sich, alle richtig gelösten Aufgaben mit einem Häkchen zu versehen. Beim zweiten Durchgang ist ebenso zu verfahren, sodass man sich beim dritten Durchgang auf die „hartnäckigen" Fragen konzentrieren kann.

5. Wie gut sind „Spickzettel"?

Sehr gut! Nehmen Sie sich einen möglichst kleinen Zettel und versuchen Sie, einen Spickzettel anzufertigen. Schnell merken Sie, was Sie nicht aufschreiben müssen (also schon können), und wo Sie noch Nachholbedarf haben. Schreiben Sie den Spickzettel und lernen Sie besonders die dort aufgeschriebenen Fakten.
Damit haben Sie das Wichtigste gelernt – und können auf den Zettel in der Klassenarbeit oder Prüfung getrost verzichten.

Lernfeld 1
Einrichten der Baustelle

1. Nennen Sie die drei wesentlichen Teile eines Bauantrages.

1. Lageplan
2. Entwurfszeichnungen 1: 100
3. Baubeschreibung

2. Welche Entwurfszeichnungen sind im Bauantrag im Maßstab 1: 100 einzureichen?

- Grundrisse aller Etagen,
- Schnittdarstellung,
- alle Ansichten.

3. Beschreiben Sie, auf welche Art ein Bauunternehmen zu einem öffentlichen Auftrag kommt.

- Information über aktuell geplante Bauvorhaben in Ausschreibungsblättern, in Tageszeitungen, von der Kommune oder auch im Internet,
- Anforderung der Ausschreibungsunterlagen,
- Kalkulation der Preise entsprechend der Positionen des Leistungsverzeichnisses und Erstellung eines kostendeckenden Angebotes,
- am Termin der Angebotseröffnung („Submission“) werden alle Angebote geöffnet und der günstigste Anbieter erhält den Bauauftrag.

4. Nach welchen Kriterien wird ermittelt, welches Bauunternehmen das „günstigste Angebot“ abgegeben hat?

- Preis,
- Bauzeit,
- Leistungsfähigkeit des Unternehmens (Anzahl/Qualifikation der Beschäftigten, Referenzen, Qualität vorheriger Bauvorhaben),
- Qualität der Bauausführung,
- zusätzliche Leistungen (Garantien, Service, Wartungsverträge,…).

5. Was ist in einem Bauzeitenplan abzulesen?

- auszuführende Arbeiten und eingesetzte Gewerke/Bauunternehmen/Maschinen
- zeitliche Abfolge der Bauarbeiten,
- Beginn/Ende der einzelnen Tätigkeiten mit Soll- (geplanten) und Ist- (tatsächlich erreichten) Zeiten.

6. Nennen Sie mindestens zehn Elemente, die in einem Baustelleneinrichtungsplan in ihrer Lage festgelegt werden müssen.

1. Bauwerk, Baugrube
2. Arbeitsräume, Böschungen
3. Lagerplätze für Material und Aushub
4. Standplätze für Geräte und Maschinen (Kran, Betonpumpe, Mischanlage,…)
5. Schwenkbereich des Kranes
6. Unterkünfte
7. Sanitärräume
8. Magazin/Lagerräume
9. Bauleitung
10. Wasser- und Stromanschlüsse
11. wenn notwendig Entwässerung (z. B. bei Grundwasserabsenkungen)
12. Zufahrten, Durchfahrten, Parkplätze
13. Hindernisse
14. vorhandene Bebauung

7. Welche Elemente der Baustelleneinrichtung müssen unbedingt im Schwenkbereich des Kranes liegen?

- gesamtes Bauwerk,
- Lagerflächen für Material (Holz, Ziegel, Baustahl,…),
- Lager für Ausrüstung (Schalung,…),
- Teile der Arbeitsvorbereitung (Zimmererplatz, Stahlbiegeplatz,…),
- Gerätestandflächen (Baustellenmischanlage, Betonanlieferung,…).

8. Welche Elemente der Baustelleneinrichtung sollen außerhalb des Schwenkbereiches des Kranes liegen?

- Unterkünfte,
- Sanitäranlagen,
- Lagerplatz für Aushub und Oberboden,
- Bauleitung.

9. Benennen Sie die Teile des abgebildeten Turmdrehkranes.

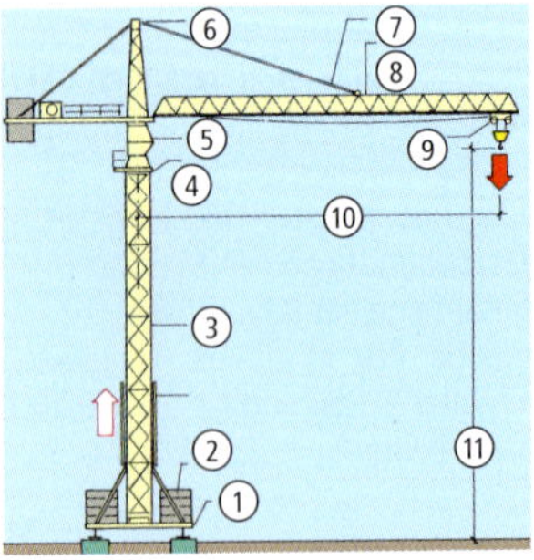

1 – Fundament/Aufstellfläche
2 – Ballast unten
3 – Turm
4 – Drehwerk
5 – Kabine
6 – Turmspitze
7 – Abspannung
8 – Ausleger
9 – Laufkatze
10 – maximale Ausladung = Reichweite
11 – maximale Höhe

10. In welche Arten werden Turmdrehkrane unterschieden
a) nach der Art des Auslegers,
b) nach der Lage des Drehpunktes?

a)
- Nadelausleger,
- Laufkatzausleger,
- Knickausleger.

b)
- oben drehend,
- unten drehend.

11. Nennen Sie fünf Großgeräte, deren Standplätze in der Baustelleneinrichtung berücksichtigt werden müssen.

1. Turmdrehkran
2. Mobilkran
3. Mischanlage
4. Betonpumpe
5. Fahrmischer

12. Zur Erstellung eines Bauwerkes müssen der Gehweg und ein Teil der Straße gesperrt werden.
a) Wer hat den erforderlichen Verkehrszeichenplan auszuarbeiten?
b) Wer genehmigt den Verkehrszeichenplan?
c) Wer ist für die Einhaltung des Planes während der gesamten Bauzeit verantwortlich?
d) Wer darf und soll die Einhaltung kontrollieren?

a) das Bauunternehmen
b) die zuständige Straßenverkehrsbehörde
c) das Bauunternehmen
d)
- die Straßenverkehrsbehörde bzw. das Bauordnungsamt,
- das Gewerbeaufsichtsamt,
- die Bau-Berufsgenossenschaft.

13. Zur Sicherung einer Baustelle im Verkehrsbereich werden diese Verkehrszeichen verwendet. Was bedeuten sie?

a) Gefahrstelle
b) Arbeitsstelle
c) einseitig (rechts) verengte Fahrbahn
d) verengte Fahrbahn
e) dem Gegenverkehr Vorfahrt gewähren
f) Gegenverkehr

14. Nennen Sie mindestens sieben Elemente, die zur Sicherung einer Baustelle im Straßenbereich eingesetzt werden können.

1. Verkehrszeichen
2. Absperrschranken
3. Leitbaken
4. Leitkegel
5. Warnbänder
6. Lichtsignalanlagen
7. Bauzäune
8. Warnleuchten

15. Wie viele und welche Warnleuchten sind einzusetzen, wenn durch eine Baustelle
a) eine Fahrspur gesperrt wird,
b) die gesamte Fahrbahn gesperrt wird?

a) 3 × gelb
b) 5 × rot

16. Was ist zu beachten, um bei Längenmessungen möglichst exakte Ergebnisse zu erhalten?

- Maßband am Nullpunkt anlegen
- Maßband nicht durchhängen lassen.
- Maßband nicht zu stark ziehen (Dehnung).
- Im geneigten Gelände waagerechte Teilstrecken messen und addieren.
- Lange Strecken entlang einer Fluchtlinie messen.
- Wenn möglich, große Entfernungen elektronisch messen (mittels Tachymeter).

17. Welche Geräte werden in der Vermessung verwendet zur Messung von
a) Längen,
b) Höhen,
c) Winkeln/Richtungen?

a) Tachymeter
b) Nivellierinstrument
c) Theodolit

18. Nennen Sie vier Möglichkeiten, einen rechten Winkel abzustecken.

- mit dem „Baudreieck" im Verhältnis 3 : 4 : 5,
- mittels Winkelprisma,
- mittels Kreuzscheibe,
- mit dem „Schnurdreieck".

19. Zählen Sie mindestens sieben Regeln zum Verhalten auf Baustellen auf, die dazu dienen, Unfälle zu vermeiden. →

1. Schutzkleidung und Sicherheitsschuhe tragen.
2. Schutzhelm aufsetzen.
3. Ordnung am Arbeitsplatz halten.

→

4. Nur einwandfreie Werkzeuge und Geräte verwenden.
5. Mängel an Geräten sofort melden und abstellen lassen.
6. Kein Aufenthalt unter schwebenden Lasten (Kran).
7. Sicherheitszeichen und Gefahrensignale beachten.
8. Alkohol- und Drogenverbot.

20. Welche Forderungen sind bei der Verwendung von Anlegeleitern zu beachten?

- Auf einer ebenen Fläche standfest aufstellen.
- Gegen Verrutschen und Einsinken sichern.
- Anstellwinkel etwa 70°.
- Die Leiter muss mindestens 1,00 m über den Austritt herausragen.

Lernfeld 1
Fachmathematik

1. In einem Lageplan im Maßstab 1:500 ist die Länge l_R eines Gebäudes mit 48,60 m angegeben. Wie lang ist die Länge l_Z des Hauses gezeichnet?

$$n = \frac{\text{reale Länge}}{\text{Zeichnungslänge}} = \frac{l_R}{l_Z}$$

$$l_Z = \frac{l_R}{n} = \frac{48{,}60\ \text{m}}{500}$$

$$l_Z = 0{,}0972\ \text{m}$$

$$l_Z = \underline{\underline{9{,}7\ \text{cm}}}$$

2. Auf einer Zeichnung im Maßstab 1:150 ist eine Straße 56 cm lang eingezeichnet. Wie lang ist die Straße im Gelände?

$$n = \frac{\text{reale Länge}}{\text{Zeichnungslänge}} = \frac{l_R}{l_Z}$$

$$l_R = l_Z \cdot n$$

$$l_R = 0{,}56\ \text{m} \cdot 150$$

$$l_R = \underline{\underline{84{,}00\ \text{m}}}$$

3. Eine 22,50 m breite Brücke ist in der Zeichnung 4,5 cm breit ge- →

$$n = \frac{\text{reale Länge}}{\text{Zeichnungslänge}} = \frac{l_R}{l_Z}$$

→

zeichnet. In welchem Maßstab wurde die Zeichnung erstellt?

$$n = \frac{22{,}50\ \text{m}}{0{,}045\ \text{m}}$$

$$n = 500$$

$$\underline{\underline{1:500}}$$

4. Aus einer Bauzeichnung im Maßstab 1:250 wurden mit dem Lineal folgende Werte gemessen:
a) Schachttiefe 2,3 cm,
b) Straßenbreite 4,2 cm,
c) Länge der Hausanschlussleitung 8,1 cm,
d) Gebäudelänge 5,5 cm,
e) Gebäudebreite 6,7 cm.
Wie groß sind diese Maße in der Realität?

a) Schachttiefe:

$$n = \frac{\text{reale Länge}}{\text{Zeichnungslänge}} = \frac{l_R}{l_Z}$$

$$l_R = l_Z \cdot n$$

$$l_R = 2{,}3\ \text{cm} \cdot 250 = 575\ \text{cm}$$

$$l_R = \underline{\underline{5{,}75\ \text{m}}}$$

b) Straßenbreite:

$$n = \frac{\text{reale Länge}}{\text{Zeichnungslänge}} = \frac{l_R}{l_Z}$$

$$l_R = l_Z \cdot n$$

$$l_R = 4{,}2\ \text{cm} \cdot 250 = 1050\ \text{cm}$$

$$l_R = \underline{\underline{10{,}50\ \text{m}}}$$

c) Länge Hausanschlussleitung:

$$n = \frac{\text{reale Länge}}{\text{Zeichnungslänge}} = \frac{l_R}{l_Z}$$

$$l_R = l_Z \cdot n$$

$$l_R = 8{,}1\ \text{cm} \cdot 250 = 2025\ \text{cm}$$

$$l_R = \underline{\underline{20{,}25\ \text{m}}}$$

d) Gebäudelänge:

$$n = \frac{\text{reale Länge}}{\text{Zeichnungslänge}} = \frac{l_R}{l_Z}$$

$$l_R = l_Z \cdot n$$

$$l_R = 5{,}5\ \text{cm} \cdot 250 = 1375\ \text{cm}$$

$$l_R = \underline{\underline{13{,}75\ \text{m}}}$$

→ →

e) Gebäudebreite:

$$n = \frac{\text{reale Länge}}{\text{Zeichnungslänge}} = \frac{l_R}{l_Z}$$

$$l_R = l_Z \cdot n$$

$$l_R = 6{,}7\ \text{cm} \cdot 250 = 1675\ \text{cm}$$

$$l_R = \underline{\underline{16{,}75\ \text{m}}}$$

5. Ermitteln Sie die fehlenden Werte.

	Maßstab	l_Z	l_R
a)	1: 50	12,3 cm	**?**
b)	**?**	6,5 cm	1,300 km
c)	1: 250	**?**	21,00 m
d)	1: 75	**?**	3,75 m
e)	**?**	7,1 cm	2,84 m

	Maßstab	l_Z	l_R
a)	1: 50	12,3 cm	6,15 m
b)	1: 20000	6,5 cm	1,300 km
c)	1: 250	8,4 cm	21,00 m
d)	1: 75	5,0 cm	3,75 m
e)	1: 40	7,1 cm	2,84 m

6. Sie sollen mittels „Baudreieck" im Verhältnis 3 : 4 : 5 am Punkt X eine Zwischenwand im rechten Winkel anlegen.

a) Ermitteln Sie die erforderlichen Werte *a* und *b*, wenn *c* = 2,00 m beträgt.

b) Berechnen Sie *a* und *c*, wenn die Zwischenwand nur eine Länge von 3,20 m hat.

c) Wie groß sind *b* und *c*, wenn *a* = 75 cm ist?

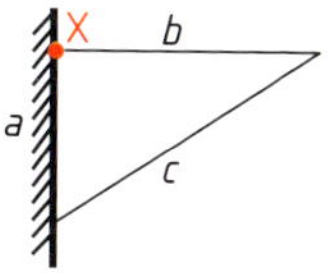

a) $3 : 4 : 5 = a : b : 2{,}00\ \text{m}$

$$1\ \text{Teil} \mathrel{\widehat{=}} \frac{2{,}00\ \text{m}}{5} = 0{,}40\ \text{m}$$

$a = 3 \cdot 0{,}40\ \text{m}$ $\qquad b = 4 \cdot 0{,}40\ \text{m}$

$a = \underline{\underline{1{,}20\ \text{m}}}$ $\qquad b = \underline{\underline{1{,}60\ \text{m}}}$

b) $3 : 4 : 5 = a : 3{,}20\ \text{m} : c$

$$1\ \text{Teil} \mathrel{\widehat{=}} \frac{3{,}20\ \text{m}}{4} = 0{,}80\ \text{m}$$

$a = 3 \cdot 0{,}80\ \text{m}$ $\qquad c = 5 \cdot 0{,}80\ \text{m}$

$a = \underline{\underline{2{,}40\ \text{m}}}$ $\qquad c = \underline{\underline{4{,}00\ \text{m}}}$

c) $3 : 4 : 5 = 0{,}75\ \text{m} : b : c$

$$1\ \text{Teil} \mathrel{\widehat{=}} \frac{0{,}75\ \text{m}}{3} = 0{,}25\ \text{m}$$

$b = 4 \cdot 0{,}25\ \text{m}$ $\qquad c = 5 \cdot 0{,}25\ \text{m}$

$b = \underline{\underline{1{,}00\ \text{m}}}$ $\qquad c = \underline{\underline{1{,}25\ \text{m}}}$

7. Ermitteln Sie für folgende Beispiele die zum Anlegen eines Baudreieckes erforderlichen Werte.

	a	*b*	*c*
a)	?	?	1,00 m
b)	?	2,00 m	?
c)	3,60 m	?	?
d)	?	?	3,50 m
e)	?	8,40 m	?

	a	*b*	*c*
a)	0,60 m	0,80 m	1,00 m
b)	1,50 m	2,00 m	2,50 m
c)	3,60 m	4,80 m	6,00 m
d)	2,10 m	2,80 m	3,50 m
e)	6,30 m	8,40 m	10,50 m

8. Eine Auffahrrampe hat eine Länge von 3,00 m und eine Neigung von 1 : 10 (1 : *n*). Wie groß ist der Höhenunterschied, der damit überbrückt werden kann?

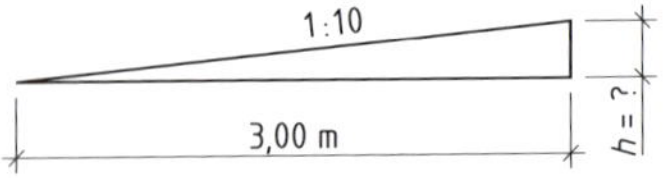

$$n = \frac{l}{h} \Rightarrow h = \frac{l}{n}$$

$$= \frac{3{,}00\ \text{m}}{10}$$

$$= \underline{\underline{0{,}30\ \text{m}}}$$

9. Die Neigung eines Flachdaches beträgt 2 % (*p*). Wie groß ist der Höhenunterschied zwischen den beiden Dachrändern, wenn das Dach eine Breite von 12,50 m hat?

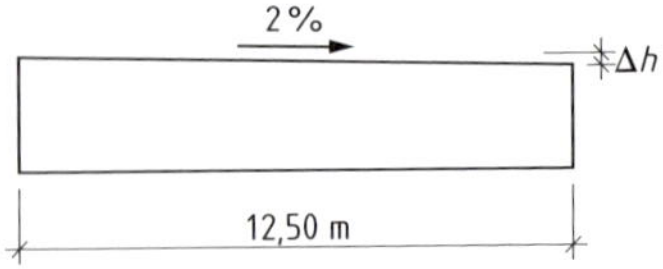

$$p = \frac{\Delta h \cdot 100}{b}$$

$$\Rightarrow \Delta h = \frac{p \cdot b}{100} = \frac{2 \cdot 12{,}50\ \text{m}}{100}$$

$$= \underline{\underline{0{,}25\ \text{m}}}$$

Lernfeld 2
Erschließen und Gründen eines Bauwerkes

2

1. Zu welchem Zweck werden Böden in Homogenbereiche eingeteilt?

Bei der Einteilung in Homogenbereiche fasst der Planer die Bodenschichten, die mit vergleichbarem Aufwand gelöst werden können, in einen Bereich zusammen. Dieser Aufwand bestimmt

- Art und Anzahl der Geräte,
- Bauzeit,
- Personaleinsatz,
- Kosten des Bauvorhabens.

Aus diesem Grund ist diese Einteilung nur bei der Ausschreibung und bei der Abrechnung der Bauleistungen maßgebend.

2. Nach welchem Regelwerk werden die Böschungswinkel festgelegt:
a) auf der Baustelle,
b) bei der Bauabrechnung?

a) auf der Baustelle:
Für alle Tätigkeiten auf der Baustelle gelten die UVV (Unfallverhütungsvorschriften) und die DIN 4124. Dort sind die Böschungswinkel festgelegt.

b) bei der Bauabrechnung:
Für die Bauabrechnung gilt die VOB/C DIN 18300.

3. In den Baugrundgutachten werden die Böden (nach ihrer Korngröße unterteilt) mit englischen Kurzzeichen gekennzeichnet. Erklären Sie, was mit den Kurzzeichen gemeint ist, und nennen Sie die entsprechende Korngröße:
a) Cl,
b) Si,
c) Sa,
d) Gr,
e) Co,
f) Bo.

Kurz	Engl.	Deu.	Korngröße
Cl	Clay	Ton	0........ 0,002 mm
Si	Silt	Schluff	0,002 ..... 0,06 mm
Sa	Sand	Sand	0,06 ...... 2,0 mm
Gr	Gravel	Kies	2,0 ..... 63 mm
Co	Cobble	Steine	63 .... 200 mm
Bo	Boulder	Blöcke	> 200 mm

4. Erläutern Sie den Begriff „bindiger Boden". Warum haften die Bodenteilchen aneinander? Nennen Sie typische Beispiele.

Bindige Böden besitzen einen inneren Zusammenhalt, sie sind plastisch. Der Boden hat eine sehr feine Struktur mit Bodenteilchen von < 0,06 mm Durchmesser. Das im Boden vorhandene Wasser haftet an den Oberflächen der benachbarten Teilchen (Adhäsion) und hält sie so zusammen.
Beispiele:
- Ton
- Lehm
- Schluff
- Mergel

5. Erläutern Sie den Begriff „nichtbindiger Boden". Warum gibt es bei nichtbindigen Böden keinen inneren Zusammenhalt? Nennen Sie typische Beispiele.

Nichtbindige Böden bilden ein loses Gefüge. Die grobe Kornstruktur mit Bodenteilchen > 0,06 mm Durchmesser besitzt zwar im Regelfall einen Wasserfilm, der an den Berührungspunkten der Körner aber unterbrochen ist und so die deutlich schwereren Körner nicht zusammenhalten kann.
Beispiele:
- Kies
- Sand
- Kies-Sand-Gemische

6. Wovon ist die Tragfähigkeit eines bindigen Bodens abhängig? Begründen Sie Ihre Aussage.

Die Tragfähigkeit eines bindigen Bodens ist vom Wassergehalt abhängig.
Ein bindiger Boden mit geringem Wassergehalt hat um die Bodenteilchen sehr dünne Wasserfilme mit einer sehr großen Anziehungskraft und damit eine hohe Tragfähigkeit. Mit zunehmendem Wassergehalt werden die Wasserfilme dicker, der Boden weicht auf, wird sehr plastisch und verliert seine Tragfähigkeit.

7. Wovon ist die Tragfähigkeit eines nichtbindigen Bodens abhängig? Begründen Sie Ihre Aussage.

Die Tragfähigkeit eines nichtbindigen Bodens ist vom „Winkel der inneren Reibung" abhängig.
Im nichtbindigen Boden haben die Bodenteilchen eine direkte Kornberührung. Durch eine gute Verzahnung geben die Bodenteilchen die Last ohne Verschiebung von Korn zu Korn weiter. Die Verzahnung bzw. Reibung ist besonders hoch bei möglichst

- großer Körnung,
- weit abgestufter Körnung,
- Körnung mit rauer Oberfläche.

8. Beschreiben Sie das Setzungsverhalten eines bindigen Bodens.

Der bindige Boden hat eine Vielzahl sehr kleiner Hohlräume. Unter der Bauwerkslast wird das Porenwasser des Bodens ganz langsam seitlich verpresst. Dies ist ein sehr langwieriger Prozess, in dessen Verlauf es über Jahre zu sehr großen Setzungsbeträgen kommen kann.

9. Beschreiben Sie das Setzungsverhalten eines nichtbindigen Bodens.

Im nichtbindigen Boden werden unter der Bauwerkslast die luftgefüllten Hohlräume verpresst. Die Setzung ist schon nach kurzer Zeit abgeschlossen. Die Setzungsbeträge sind gering.

10. Wie verhält sich nichtbindiger Boden bei Frost?

„Reiner" nichtbindiger Boden (weniger als 5 % Feinststoffe < 0,06 mm Durchmesser) lässt Wasser nicht kapillar aufsteigen. Seitlich und von oben eindringendes Wasser wird nach unten abgeleitet. Eventuell noch bei Frost im Boden befindliche Feuchte dehnt sich in die Hohlräume hinein aus, daher gibt es keinerlei Frostausdehnungen und damit keine Schäden. Der Boden gilt als „frostsicher".

11. Wie verhält sich bindiger Boden bei Frost?

Das im Boden reichlich vorhandene Wasser dehnt sich aus. Kapillar aufsteigendes weiteres Wasser setzt sich von unten an die gefrorene Schicht und bildet Eislinsen. Dadurch hebt sich der Boden (bei Flächen) oder er wird seitlich zusammengepresst (unter Fundamenten).

12. Wie sollte ein nichtbindiger Boden beschaffen sein, um eine möglichst hohe Tragfähigkeit zu haben? Wählen Sie in den vier Gruppen jeweils a oder b.

1.	**a**	plattiges, flaches Gestein
	b	gedrungenes, kompaktes Gestein
2.	**a**	weit abgestuftes Korngemisch
	b	eng gestuft, steile Sieblinie
3.	**a**	sehr feines Gestein
	b	möglichst großes Größtkorn
4.	**a**	raues, gebrochenes Gestein
	b	Rundkorn, glatte Oberflächen

1. b
2. a
3. b
4. a

13. Erklären Sie den Begriff der „Bauabsteckung".

Bauabsteckung beschreibt das exakte Einmessen der Eckpunkte des geplanten Bauwerkes auf dem Baugrundstück.

14. Ein Bauwerk ist abgesteckt. Wie kann man überprüfen, ob das abgesteckte Bauwerk rechtwinklig ist?

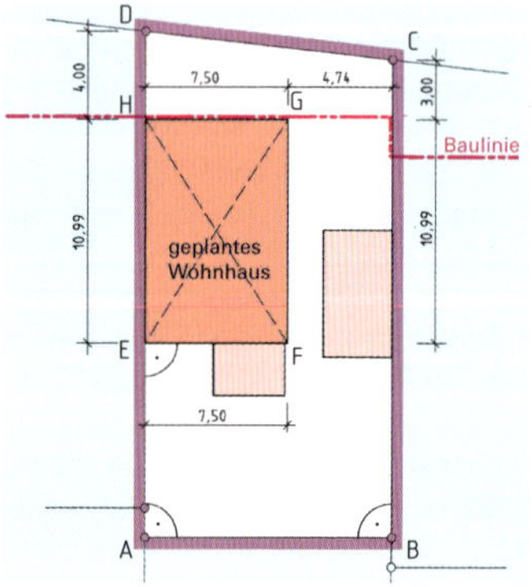

a) Errechnen der Diagonale:

$$d = \sqrt{(10{,}99\ \text{m})^2 + (7{,}50\ \text{m})^2} = \ldots\ldots\ \text{m}$$

b) Messen der beiden Diagonalen. Wenn diese gleich lang sind (egal wie lang), sind alle vier Ecken rechtwinklig.

c) Kontrolle mit optischen Hilfsmitteln wie Winkelprisma oder Kreuzscheibe.

15. Nennen Sie die Böschungswinkel, die Sie entsprechend der Bodenart nach DIN 4124 bei der Absteckung der Baugrube einhalten müssen.

nichtbindige und weiche bindige Böden	45°
bindige Böden mindestens steifer Konsistenz	60°
Fels	80°

16. Benennen Sie die mit den entsprechenden Buchstaben bezeichneten Elemente der im Bild gezeigten Baugrube.

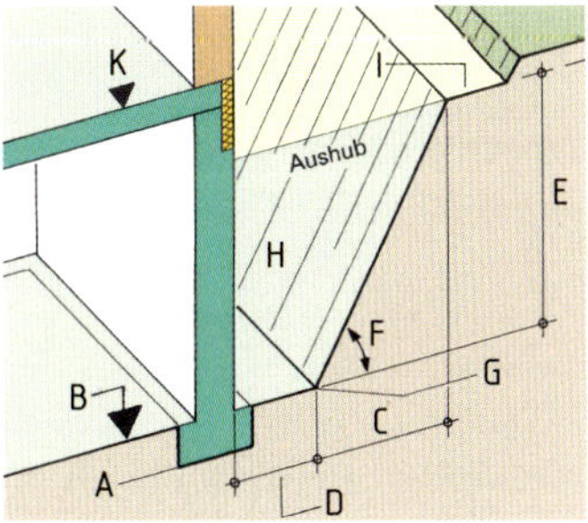

A – Fundamentsohle
B – Baugrubensohle
C – Böschungsbreite
D – Arbeitsraum
E – Baugrubentiefe
F – Böschungswinkel
G – Böschungsfuß
H – Böschung
I – Abtrag Oberboden
K – RFB Erdgeschoss

17. Sie sollen die Baugrube für ein Mehrfamilienhaus ausheben. Beschreiben Sie, welche Vorarbeiten dafür erforderlich sind.

- Bodenuntersuchung,
- Ermittlung der Wasserstände im Boden,
- Einmessen der Baugrube,
- Lage und Tiefe der im Baufeld vorhandenen Leitungen feststellen,
- Abbruch vorhandener Bebauung,
- Roden des Bewuchses,
- Abtrag und gesonderte Lagerung des Oberbodens.

18. Nennen Sie die vier typischen Baugeräte, die zum Aushub einer Baugrube verwendet werden können.

1. Bagger mit Tieflöffel
2. Bagger mit Greifer
3. Radlader
4. Laderaupe

19. Ordnen Sie die Erdbaugeräte Planierraupe, Bagger mit Tieflöffel und Radlader folgenden Aufgaben zu:

a)	**Aushub großer Bodenmengen und direkte Verladung auf Lkw**
b)	**Aushub der Baugrube und Transport des Bodens zur Lagerstelle**
c)	**Abtrag dünner Bodenschichten und seitliche Ablagerung**

a)	Bagger mit Tieflöffel
b)	Radlader
c)	Planierraupe

20. Nennen Sie beim Aushub einer Baugrube die Mindestabmessungen für die Breite
a) des Arbeitsraumes,
b) der Schalung,
c) des Verbaus.

a) 50 cm bei geböschten Baugruben/60 cm bei verbauten Baugruben
b) 15 cm
c) 15 cm

21. Wie groß ist die Aushubbreite, die ein Graben zur Verlegung des Hausanschlusses haben muss?

Außendurchmesser des Rohres OD_h + 40 cm

22. Zählen Sie vier typische Geräte auf, mit denen auf Baustellen Höhen übertragen werden können.

1. Wasserwaage
2. Schlauchwaage
3. Nivellierinstrument
4. Rotationslaser

23. Ordnen Sie die drei Geräte Wasserwaage, Schlauchwaage und Nivellierinstrument den folgenden Aufgaben sinnvoll zu und begründen Sie Ihre Aussage:
a) Kontrolle der Höhe der vier Eckpunkte einer größeren Baugrube. →

a) Nivellierinstrument, da die Höhen auf großer Entfernung abgelesen werden müssen. →

b) Kontrolle der Höhe der beiden Auflager zum Versetzen eines Fenstersturzes.

c) Kontrolle der Fußbodenhöhen in allen Räumen eines Rohbaugeschosses.

b) Wasserwaage, da sie ausreichend lang ist und immer zur Verfügung steht.

c) Schlauchwaage, da die Höhen in verschiedenen Räumen sind und durch die dazwischenliegenden Wände nicht einsehbar sind. Der Wasserspiegel in der Schlauchwaage ist trotzdem immer gleich hoch.

24. Beschreiben Sie das Vorgehen bei der Übertragung eines Höhenpunktes mit der Schlauchwaage.

Der Schlauch wird auf einer ebenen Fläche ausgerollt, von der einen Seite mit Wasser befüllt, bis in den beiden Glasröhrchen an den Enden das Wasser steht. Ein Röhrchen wird an die bekannte Höhe gehalten, das andere Röhrchen an der gewünschten Stelle angehalten. Nachdem sich der Wasserstand beruhigt hat, kann dort exakt die gleiche Höhe angetragen werden, da der Wasserspiegel gleich hoch ist.

25. Erläutern Sie bei der Verwendung eines Nivellierinstruments
a) das Grundprinzip,
b) das Bestimmen eines Höhenpunktes.

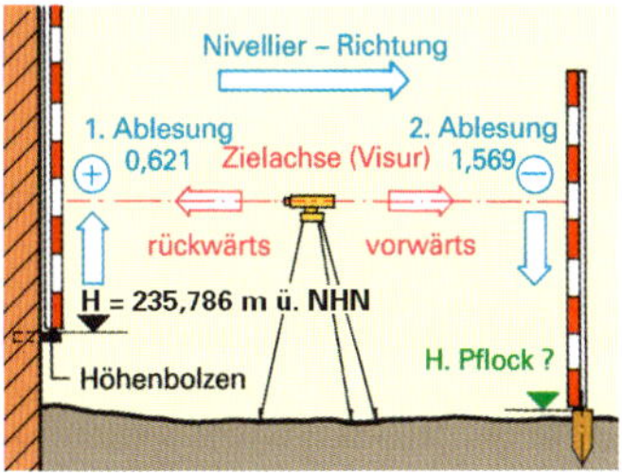

a) Das Nivellierinstrument wird mittels Libellen so eingestellt, dass die Zielachse waagerecht ausgerichtet ist. Es entsteht eine waagerechte Zielebene (das „Niveau" – daher „Nivellierinstrument").

b) An einer bekannten Höhe wird mittels Nivellierlatte die Höhe bis zur waagerechten Zielebene abgelesen und zur Höhe addiert. Im Beispiel:
235,786 m ü. NHN + 0,621 m
= 236,407 m ü. NHN (= Visierhöhe)
Nun kann an jeder beliebigen Stelle die Nivellierlatte aufgestellt, der dortige Wert abgelesen und von der Visierhöhe abgezogen werden. Im Beispiel:
236,407 m ü. NHN – 1,569 m
= 234,838 m ü. NHN

26. Erläutern Sie beim Nivellement die Begriffe
a) Rückwärtsablesung = Rückblick,

→

a) Rückblick:
Ablesung der Höhe am bekannten Punkt. Die Addition der Ablesung zur Höhe des Punktes ergibt die Visierhöhe.

→

b) Vorwärtsablesung = Vorblick,
c) Visierhöhe = Zielhöhe.

b) Vorblick:
Ablesung der Höhe an einem unbekannten Punkt. Die Subtraktion der Ablesung von der Visierhöhe ergibt die Höhe des Punktes.
c) Visierhöhe:
Höhe der waagerechten Zielebene in alle Richtungen, aus bekannter Höhe + Rückblick berechnet. Von ihr können beliebig viele neue Punkte bestimmt werden.

27. Beschreiben Sie die Höhenmessung mittels Rotationslaser.

Der rotierende Lichtpunkt bildet wie beim Nivellierinstrument eine waagerechte Scheibe (Zielebene). Die Höhe wird durch eine Ablesung nahe einem bekannten Höhenpunkt (Rückblick) bestimmt, und alle weiteren Punkte durch die Differenz zur Zielebene (Vorblicke).

28. Was ist ein Schnurbock und wozu dient er?

Ein Schnurbock ist ein Holzgerüst an den Ecken außerhalb der Baugrube zum Antragen der Gebäudefluchten.

29. Nennen Sie äußere Einflüsse, die die Standfestigkeit einer Böschung beeinflussen können.

- Witterung (Frost, Regen,…),
- Grund- und Schichtenwasserbewegungen,
- Erschütterungen durch Verkehr und Baumaschinen,
- Belastungen des Böschungsrandes (Material, Technik,…).

30. Zählen Sie mögliche Arten der Grabensicherung auf.

- Böschung,
- waagerechter/senkrechter Verbau,
- Verbau mittels Grabenverbaugeräten.

31. Was versteht man unter einer Grabensicherung mittels „Grabenverbaugeräten"?

Grabenverbaugeräte sind großflächige Metallplatten, die mittels Stützen oder Stützrahmen den Erddruck der beiden Grabenseiten gegenseitig abstützen.

32. Beschreiben Sie anhand der Skizze (folgende Seite) die Belastung des Baugrundes durch das Bauwerk.

Das Bauwerk gibt die Summe der Lasten über die Fundamentsohle auf den Boden ab. Im Boden verteilt sich der Druck ähnlich Druck- oder Schallwellen kreisförmig. Da der Boden in größeren Tiefenlagen aber stärker

→

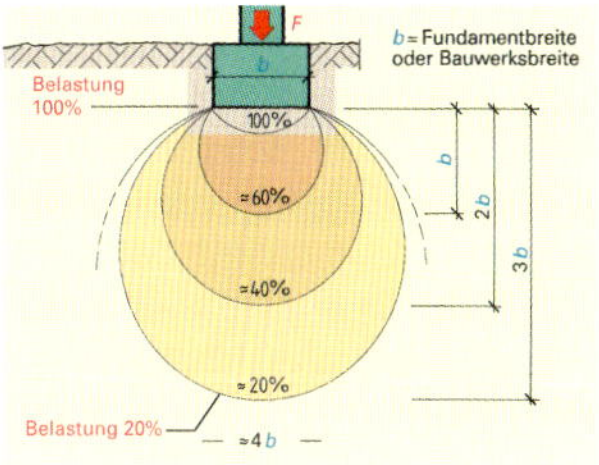

verdichtet ist, entsteht eine sogenannte „Druckzwiebel", die etwa $b:h = 4:3$ abgeflacht ist. In einer Tiefe von etwa $3 \cdot b$ (b = Fundamentbreite) beträgt die verteilte Last pro m^2 nur noch 20 % der ursprünglichen Last und ebbt dann weiter ab.

33. Erläutern Sie den Begriff „Grundbruch".

Grundbruch:
Wenn der Baugrund zu stark belastet wird, kann der Boden plötzlich seitlich ausweichen. Das kann einseitig („einseitiger Grundbruch") oder nach beiden Seiten („beidseitiger Grundbruch") geschehen.

34. Aus welchen Lasten setzt sich die Gesamtlast, die das Fundament auf den Baugrund überträgt, zusammen?

- „Eigenlasten" = ständige Lasten, das heißt, die Lasten aller Bauteile und Baustoffe des Bauwerkes.
- „Nutzlasten" = zeitweilige Lasten, wie Personen, Einrichtungsgegenstände, Wind, Schneelasten,....

35. Unterscheiden Sie die beiden typischen Gründungsarten und nennen Sie die dazugehörigen Fundamente.

Flachgründungen	Tiefgründungen
Einzelfundament	Stehende Pfahlgründung
Streifenfundament	Schwebende Pfahlgründung
Plattenfundament	

36. Erklären Sie, in welcher Situation üblicherweise
a) Streifenfundamente,
b) Einzelfundamente,
c) Plattenfundamente
eingesetzt werden.

a) Streifenfundamente werden für die Übertragung von Linienlasten eingesetzt. Daher sind sie für alle Arten von Wänden (Mauerwerk, Ortbeton, Fertigteile) gebräuchlich.
b) Mit Einzelfundamenten werden Punktlasten von Stützen und Pfeilern auf den Baugrund übertragen. Sie sind für Skelett- und Hallenbauten, aber auch für einzelne Elemente wie Masten gebräuchlich.

→ →

c) Plattenfundamente verteilen die Bauwerkslast auf eine möglichst große Auflagefläche. Das wird nötig, wenn der Baugrund eine sehr geringe oder sehr unterschiedliche Tragfähigkeit aufweist. Plattenfundamente werden häufig auch zur Zeit- und damit Kostenersparnis eingesetzt.

37. Welche Aufgaben müssen Fundamente erfüllen? Begründen Sie Ihre Aussagen.

- Schaffung einer ausreichend großen Auflagefläche, damit der Boden pro m² nicht überlastet wird. Das Fundament muss ausreichend breit und lang sein.
- Erreichen der frostsicheren Gründungstiefe, damit der Boden unter dem Fundament im Winter nicht durchfriert, was im Anschluss zu Frostsenkungen führen würde. Das Fundament muss ausreichend tief sein.

38. Welche frostsicheren Gründungstiefen sind in Abhängigkeit von der geografischen Höhenlage einzuhalten?

Höhenlage	Gründungstiefe
.....400 m ü. NHN	80 cm
.....1000 m ü. NHN	1,00 m
Über 1000 m ü. NHN	1,20 m

39. Sie sollen ein Streifenfundament ausheben. Worauf ist bei der fachgerechten Ausführung der Arbeiten besonders zu achten?

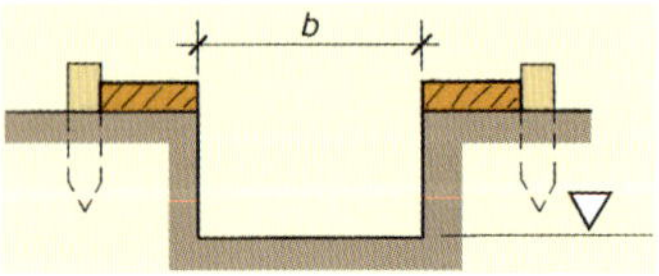

- Die Sohle soll eben und sauber sein, der Boden nicht unnötig aufgelockert werden.
- Die Sohle soll waagerecht, im geneigten Gelände stufenweise in waagerechten Abschnitten, hergestellt werden.
- Die Seitenwände sollen senkrecht (parallel) hergestellt werden, auf keinen Fall darf der Abstand nach unten geringer werden.
- Der obere Rand wird beidseitig mit Bohlen gesichert. Diese gewährleisten, dass das Fundament exakt waagerecht, fluchtrecht und in der richtigen Höhenlage abschließt.

40. Erklären Sie den Begriff „Wasserhaltung".

Unter „Wasserhaltung" werden alle Maßnahmen zusammengefasst, die dem Trockenhalten der Baugrube bzw. des Grabens während der Bautätigkeit dienen.

41. Welche nachteiligen Wirkungen können sich in einer Baugrube während der Bauzeit ergeben durch
a) Niederschlag,
b) Schichtenwasser,
c) Grundwasser?

a) Niederschlag:
   - Das Wasser sammelt sich in der Baugrube und macht das Arbeiten unmöglich.
   - An der Baugrubensohle anstehender bindiger Boden wird durchfeuchtet und verliert seine Tragfähigkeit.

b) Schichtenwasser:
   - Das Wasser durchströmt den Boden und macht die Böschungen instabil, was zu Böschungsrutschungen führen kann.

c) Grundwasser:
   - Das Wasser strömt beim Aushub von unten durch die Baugrubensohle, lockert diese auf und kann zum Auftrieb des Bauwerkes führen.

42. Unter welchen Bedingungen wird bei einer Baugrube eine offene Wasserhaltung eingesetzt? Beschreiben Sie die technische Vorgehensweise.

Die offene Wasserhaltung ist in der Lage, bei geringen Mengen an Niederschlag und Schichtenwasser die Baugrube trocken zu halten. Bei anstehendem Grundwasser ist dieses Verfahren nicht einsetzbar.
Auf der Fläche der Baugrube wird ein Flächendrän mit 1 % Gefälle in Richtung Böschung angelegt und mit Filterkies abgedeckt. Entlang der Böschungen wird in einem Graben ein Ringdrän mit dem Tiefpunkt (Pumpensumpf) in einer Baugrubenecke angelegt. Im Pumpensumpf sammelt sich das Wasser und wird mittels Pumpe aus der Baugrube gefördert.

43. In der Wasserversorgung werden entsprechend ihrer Funktion verschiedene Leitungsarten unterschieden. Erklären Sie die Begriffe
a) Zuleitung,
b) Versorgungsleitung,
c) Anschlussleitung,
d) Verbrauchsleitung,
e) Verteilleitung,
f) Steigleitung,
g) Stockwerksleitung.

a) Zuleitung:
Leitung vom Hochbehälter zum Versorgungsgebiet.
b) Versorgungsleitung:
Alle Leitungen im Straßennetz des Versorgungsgebietes.
c) Anschlussleitung:
Leitung von der Versorgungsleitung in der Straße bis ins Gebäude.
d) Verbrauchsleitung:
Alle Leitungen innerhalb des Gebäudes.
e) Verteilleitung:
Waagerechte Verteilung im Keller oder Erdgeschoss des Gebäudes in verschiedene Steigleitungen.
f) Steigleitung:
Senkrechte Leitung vom Keller des Gebäudes in die einzelnen Etagen.
g) Stockwerksleitung:
Leitungen in der Etage bis in die einzelnen Räume an die Verbrauchsstellen.

44. Welche Bezeichnungen tragen die mit „A" … „D" gekennzeichneten Wasserleitungen im Bild?

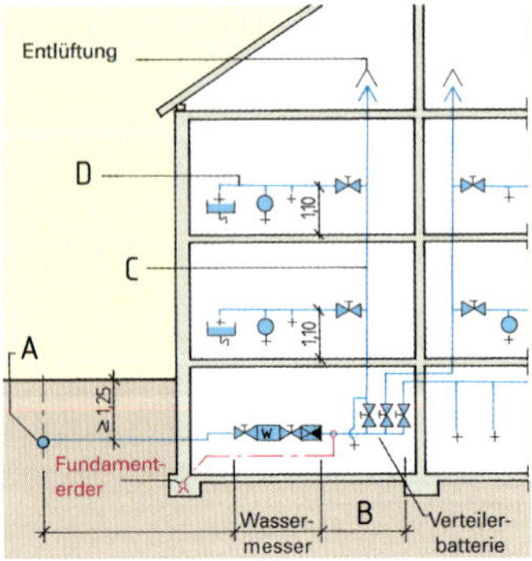

A	Versorgungsleitung
B	Verteilleitung
C	Steigleitung
D	Stockwerksleitung

**45. Die Ableitung von Abwasser kann über ein Abwassermischsystem oder Abwassertrennsystem erfolgen.
Erklären Sie den Unterschied zwischen diesen beiden Varianten.
Nennen Sie jeweils einen Vor- sowie Nachteil dieser beiden Systeme.**

Mischsystem	Trennsystem
Schmutz- und Regenwasser werden in einem Kanal abgeleitet.	Schmutz- und Regenwasser werden in getrennten Leitungen abgeleitet.
Vorteil: – Nur eine Leitung, daher Materialersparnis. Nachteil: – Größere Mengen an Abwasser bedeuten zusätzliche Belastungen für Klärwerke und somit größere Dimensionierungen dieser Bauwerke.	Vorteil: – Regenwasser kann sofort in Vorfluter abgeleitet werden, – kleinere Klärwerke. Nachteil: – Höherer Leitungsaufwand sowie zusätzlicher Kontrollschacht.

46. Benennen Sie die in der Darstellung mit 1 … 7 gekennzeichneten Bauteile eines Kontrollschachtes.

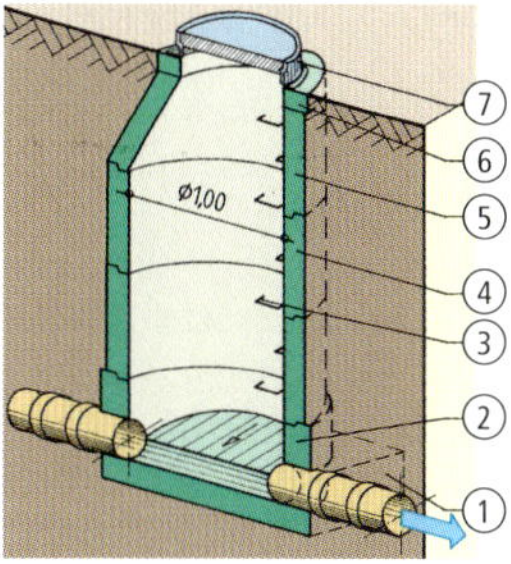

1 – Fundament
2 – Schachtunterteil mit Fließrinne
3 – Steigeisen bzw. Steigbügel
4 – Schachtring
5 – Schachthals (Konus)
6 – Auflagering
7 – Schachtabdeckung

47. Zählen Sie vier Baustoffe auf, aus denen Abwasserkanalrohre hergestellt werden können.

- Kunststoff (PVC)
- Steinzeug (Stz)
- Beton (B)
- Späroguss (GJS)

48. Welche Eigenschaften werden von Kanalrohren verlangt? Nennen Sie mindestens fünf.

- dicht,
- glatte Innenoberfläche,
- chemisch beständig,
- preiswert,
- hohe mechanische Festigkeit,
- Langlebigkeit.

49. Erklären Sie, welche Kanäle in den Bauzeichnungen mit folgenden Linienarten dargestellt sind:
a) ________________________
b) — — — — — — — — — -
c) ——- · ——- · ——- · ——- · ——- · —

a) Schmutzwasserkanal
b) Regenwasserkanal
c) Mischwasserkanal

50. Beschreiben Sie die Vorgehensweise bei der Verlegung eines Abwasserkanals.

1. Die in der Zeichnung geplante Lage des Kanals wird im Gelände abgesteckt.
2. Graben mit der erforderlichen Tiefe ausheben, dabei ist das nötige Gefälle des Kanals schon zu berücksichtigen.
3. Ein Auflager von mindestens 10 cm (bei Felsboden 15 cm) Stärke aus Sand, Kies oder Splitt einbringen.
4. Rohre vom tiefer liegenden Punkt aus verlegen, dabei Flucht und Gefälle exakt einhalten.
5. Rohre in den Zwickeln seitlich unterstopfen, sodass sie auf der gesamten Länge im Auflager satt aufliegen.
6. Vor dem Zusammenschieben Muffe und Spitzende säubern, den exakten Sitz der Dichtung in der Muffe prüfen und Gleitmittel auf beide Enden auftragen.
7. Vorsichtiges Zusammenschieben mittels Brechstange (bei großen Rohren Baggerlöffel).
8. Anschließend Dichtheitsprüfung des Kanals.

51. Erläutern Sie den Begriff der „Dränung".
Erklären Sie die Begriffe
a) Dränleitung,

→

Dränung ist die Ableitung von Sicker- oder Schichtenwasser in einer Schicht aus durchlässigem Material.

→

b) Dränschicht,
c) Dränelemente.

a) Leitung, die von außen Wasser aufnimmt und innen mit einem Gefälle von mindestens 0,5 % ableitet.
b) Durchlässige Bodenschicht aus einem Kies- oder Kies-Sand-Gemisch, in der das Wasser abfließen kann.
c) Hohlraumreiche Steine, Matten oder Platten, die das Wasser aufnehmen und ableiten können.

52. Welche Anforderungen werden an eine Verkehrsfläche gestellt?

- tragfähig,
- ebenflächig,
- frostbeständig,
- sichere Ableitung des Niederschlages.

53. Bezeichnen Sie in dem dargestellten Schichtenaufbau einer Pflasterfläche die einzelnen Schichten. Ordnen Sie die Schichten dem Oberbau, Unterbau und Untergrund zu.

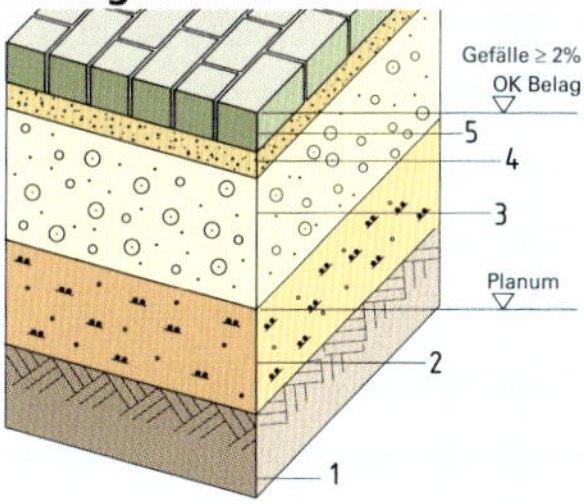

1 – natürlicher Boden
2 – Schüttung
3 – Tragschicht/Frostschutz
4 – Bettung
5 – Pflaster

Untergrund:
- natürlicher Boden

Unterbau:
- Schüttung, wenn nötig

Oberbau:
- Tragschicht/Frostschutz,
- Bettung,
- Pflaster.

54. Welche Funktionen erfüllen im Schichtenaufbau einer Verkehrsfläche der
a) Oberbau,
b) Unterbau,
c) Untergrund?

Oberbau:
- Aufnahme und Verteilung der Verkehrslasten,
- Ableiten des Oberflächenwassers,
- Verschleißschicht, abriebfest,
- Frostschutz.

Unterbau:
- Erreichen der planmäßigen Höhenlage nach Projekt (Planum).

Untergrund:
- Natürlicher Boden, muss in der Lage sein die Lasten aufzunehmen.

55. Zählen Sie fünf Materialien auf, mit denen Sie einen Fußweg befestigen können.

1. Betonverbundpflaster
2. Klinkerplatten
3. Gehwegplatten aus Beton
4. keramische Platten
5. Rasensteine

56. Sie sollen den Fußweg zu einem neu gebauten Haus herstellen. Nennen Sie die dazu notwendigen Arbeitsgänge in der richtigen Reihenfolge.

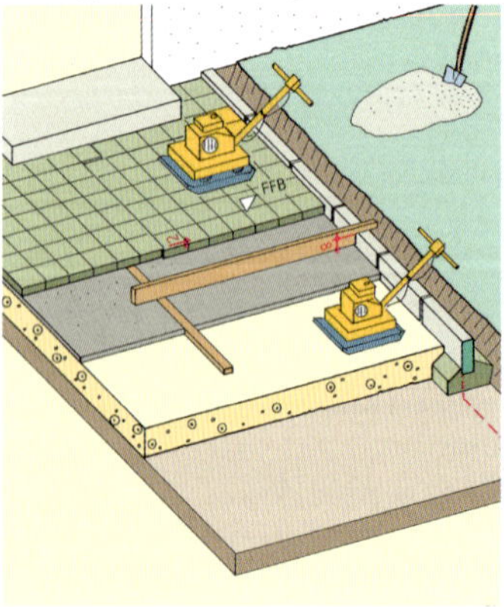

1. Abtragen des vorhandenen Oberbodens und Lagerung.
2. Ausheben des natürlichen Bodens bis zur Planumshöhe.
3. Herstellen des Planums (Verdichtung, Längs- und Quergefälle).
4. Herstellen der Randeinfassungen (Bordsteine, Betonbettung, ...).
5. Einbringen der Tragschicht/Frostschutzschicht und Verdichtung.
6. Einbauen der Bettung, Abziehen in der richtigen Höhe und Gefälle.
7. Verlegen der Platten oder Betonpflastersteine.
8. Einsanden der Fugen.
9. Verdichten der fertigen Fläche mit Rüttelplatte.
10. Herstellen der Grünfläche zu beiden Seiten der Randeinfassungen.

Lernfeld 2
Fachmathematik

1. Berechnen Sie die Böschungsbreite eines 2,60 m tiefen Grabens im mindestens steifen, bindigen Boden.

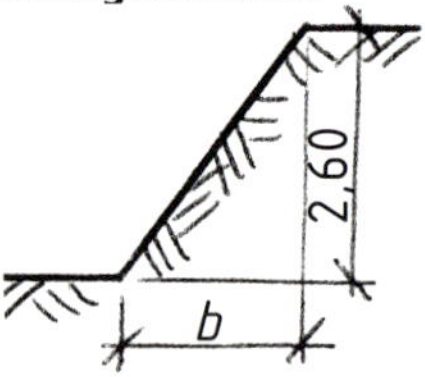

Böschungswinkel im mindestens steifen, bindigen Boden = 60°

Umrechnungsfaktor 60° = 0,58

$b = 0{,}58 \cdot 2{,}60\,\text{m} = \underline{\underline{1{,}51\,\text{m}}}$

2. Berechnen Sie die Böschungsbreite eines 4,20 m tiefen Grabens im Fels.

Böschungswinkel im Fels = 80°

Umrechnungsfaktor 80° = 0,18

$b = 0{,}18 \cdot 4{,}20\,\text{m} = \underline{\underline{0{,}76\,\text{m}}}$

3. Berechnen Sie die Böschungsbreite eines 1,80 m tiefen Grabens im nichtbindigen Boden.

Böschungswinkel im nichtbindigen Boden = 45°

Umrechnungsfaktor 45° = 1,00

$b = 1{,}00 \cdot 1{,}80\,\text{m} = \underline{\underline{1{,}80\,\text{m}}}$

4. Ermitteln Sie die Böschungsbreiten von Baugrubenböschungen in folgenden Situationen:

Boden	Tiefe	Breite
nichtbindig	3,30 m	?
bindig, mind. steif	2,20 m	?
bindig, mind. steif	3,65 m	?
Fels	3,85 m	?
nichtbindig	2,15 m	?

Boden	Tiefe	Breite
nichtbindig	3,30 m	3,30 m
bindig, mind. steif	2,20 m	1,28 m
bindig, mind. steif	3,65 m	2,12 m
Fels	3,85 m	0,69 m
nichtbindig	2,15 m	2,15 m

5. Berechnen Sie die obere Grabenbreite eines 3,00 m tiefen geböschten Grabens mit einer Sohlbreite von 80 cm im nichtbindigen Boden.

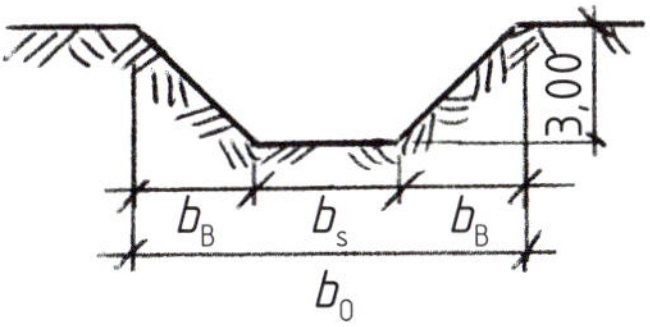

Obere Grabenbreite (b_O)
= 2 × Böschungsbreite (b_B) + Sohlbreite (b_s)

$$\boxed{b_O = 2 \cdot b_B + b_s}$$

$b_B = 1{,}0 \cdot 3{,}00\,\text{m}$

$b_O = 2 \cdot 3{,}00\,\text{m} + 0{,}80\,\text{m}$

$b_O = \underline{\underline{6{,}80\,\text{m}}}$

6. Berechnen Sie jeweils die oberen Grabenbreiten für folgende Bedingungen:

Boden	Tiefe	Sohle	Breite
bindig, mind. steif	2,75 m	0,90 m	?
nicht-bindig	2,10 m	0,80 m	?
bindig, mind. steif	3,05 m	1,00 m	?
Fels	3,50 m	1,10 m	?
Fels	4,30 m	1,00 m	?

Boden	Tiefe	Sohle	Breite
bindig, mind. steif	2,75 m	0,90 m	4,10 m
nicht-bindig	2,10 m	0,80 m	5,00 m
bindig, mind. steif	3,05 m	1,00 m	4,54 m
Fels	3,50 m	1,10 m	2,36 m
Fels	4,30 m	1,00 m	2,55 m

7. Im mindestens steifen, bindigen Boden soll die 2,15 m tiefe geböschte Baugrube für ein Ziegelgebäude von 13,50 m Länge und 11,30 m Breite ausgehoben werden. Berechnen Sie den Platzbedarf der Baugrube im Gelände (obere Länge und Breite).

Sohle = Gebäudemaß + 2 · 50 cm Arbeitsraum + 2 · 0,15 cm Schalung (wenn nötig). Wegen der Ziegelbauweise wird keine Schalung benötigt, also:

Länge = 13,50 m + 2 · 0,50 m = 14,50 m
Breite = 11,30 m + 2 · 0,50 m = 12,30 m
Obere Länge = untere Länge + 2 · Böschungsbreite (*b*)

$b = 0{,}58 \cdot 2{,}15\,\text{m} = 1{,}25\,\text{m}$

Obere Länge = 14,50 m + 2 · 1,25 m = 17,00 m
Obere Breite = untere Breite + 2 · Böschungsbreite (*b*)
Obere Breite = 12,30 m + 2 · 1,25 m = 14,80 m
Der Platzbedarf beträgt 17,00 × 14,80 m.

8. Für ein Bauwerk von 4,50 × 6,50 m soll im Fels eine 3,00 m tiefe Baugrube ausgehoben werden. Wie groß ist der Platzbedarf für die Baugrube?

Sohle = Bauwerk + 2 · 50 cm Arbeitsraum + 2 · 0,15 cm Schalung (auch wenn nicht bekannt ist, ob eine benötigt wird).

Länge = 6,50 m + 2 · 0,50 m + 2 · 0,15 m = 7,80 m
Breite = 4,50 m + 2 · 0,50 m + 2 · 0,15 m = 5,80 m
Obere Länge = untere Länge + 2 · Böschungsbreite (*b*)

$b = 0{,}18 \cdot 3{,}00\,\text{m} = 0{,}54\,\text{m}$

→

Obere Länge = 7,80 m + 2 · 0,54 m
= 8,88 m

Obere Breite = untere Breite
+ 2 · Böschungsbreite (*b*)

Obere Breite = 5,80 m + 2 · 0,54 m
= 6,88 m

Der Platzbedarf beträgt 8,88 × 6,88 m.

9. Welcher Platzbedarf ist für folgende Baugruben im Baugelände nötig? (Die Gebäude sollen aus Stahlbeton hergestellt werden.)

Bauwerksmaße:

	Länge	Breite	Tiefe	Boden
a)	12,40 m	6,30 m	2,10 m	nicht-bindig
b)	18,80 m	9,90 m	2,85 m	bindig, mind. steif
c)	6,85 m	4,45 m	3,30 m	bindig, mind. steif
d)	13,70 m	7,85 m	1,90 m	Fels
e)	25,20 m	8,95 m	4,15 m	Fels

Baugrubenmaße/Platzbedarf:

	Länge (oben)	Breite (oben)
a)	17,90 m	11,80 m
b)	23,40 m	14,50 m
c)	11,97 m	9,57 m
d)	15,68 m	9,83 m
e)	28,00 m	11,75 m

10. Berechnen Sie den Erdaushub und die Verfüllung einer 3,20 m tiefen geböschten Baugrube im mindestens steifen, bindigen Boden für ein Gebäude von 12,60 × 15,40 m in Ziegelbauweise:

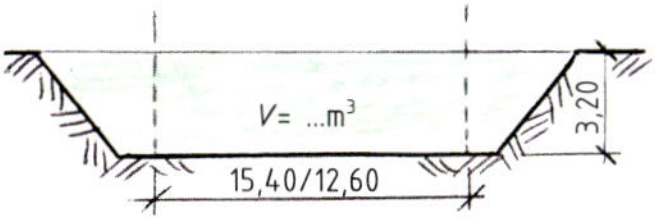

a) Aushubvolumen,

→

a) Aushubvolumen:
Maße der Baugrubensohle = Bauwerk + 2 · 50 cm Arbeitsraum (keine Schalung, da Ziegelbauweise)

$A_{unten} = l_{unten} \cdot b_{unten}$

$A_{unten} = (15{,}40\,m + 2 \cdot 0{,}50\,m) \cdot (12{,}60\,m + 2 \cdot 0{,}50\,m)$

$A_{unten} = 16{,}40\,m \cdot 13{,}60\,m = \underline{223{,}04\,m^2}$

Böschungsbreite bei mindestens steifem, bindigem Boden:

$b = 0{,}58 \cdot 3{,}20\,m = \underline{1{,}86\,m}$

→

b) Masse Bodentransport bei einer Dichte von 1,85 t/m³ (nicht aufgelockert),
c) Anzahl der Lkw-Ladungen bei 12,5 t/Lkw,
d) abzutransportierendes Volumen bei 15 % Auflockerung,
e) Volumen der Verfüllung,
f) Masse Bodenantransport bei einer Dichte von 1,85 t/m³ (fertig verdichtet),
g) Anzahl der Lkw-Ladungen bei 12,5 t/Lkw,
h) anzutransportierendes Volumen bei 12 % Verdichtung.

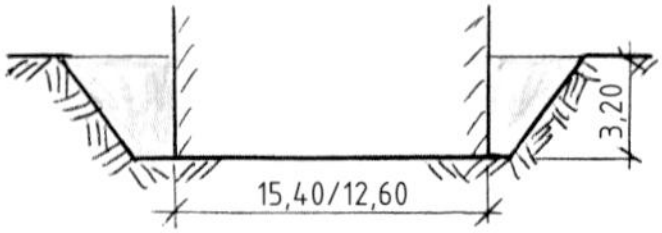

Obere Maße der Baugrube
= untere Maße + 2 · Böschungsbreite, also:

$$A_{oben} = l_{oben} \cdot b_{oben}$$

$$A_{oben} = (16{,}40\,\text{m} + 2 \cdot 1{,}86\,\text{m}) \cdot (13{,}60\,\text{m} + 2 \cdot 1{,}86\,\text{m})$$

$$A_{oben} = 20{,}12\,\text{m} \cdot 17{,}32\,\text{m} = \underline{348{,}48\,\text{m}^2}$$

$$V_{Aushub} = \frac{A_{oben} + A_{unten}}{2} \cdot h$$

$$V_{Aushub} = \frac{223{,}04\,\text{m}^2 + 348{,}48\,\text{m}^2}{2} \cdot 3{,}20\,\text{m}$$

$$V_{Aushub} = \underline{\underline{914{,}432\,\text{m}^3}}$$

b) $m = 914{,}432\,\text{m}^3 \cdot 1{,}85\,\text{t/m}^3 = \underline{\underline{1691{,}7\,\text{t}}}$

c) $\text{Ladungen} = \dfrac{1691{,}7\,\text{t}}{12{,}5\,\text{t/Lkw}} = 135{,}336,$

also müssen <u>136 Ladungen</u> gefahren werden.

d) <u>Abtransportvolumen:</u>

$$V_{Abtransport} = 914{,}432\,\text{m}^3 \cdot 1{,}15 = \underline{\underline{1051{,}597\,\text{m}^3}}$$

e) <u>Volumen Verfüllung:</u>
Verfüllung = Aushub – Bauwerksvolumen

$$V_{Bauwerk} = l \cdot b \cdot h = 15{,}40\,\text{m} \cdot 12{,}60\,\text{m} \cdot 3{,}20\,\text{m}$$

$$V_{Bauwerk} = \underline{620{,}928\,\text{m}^3}$$

$$V_{Verfüllung} = 914{,}432\,\text{m}^3 - 620{,}928\,\text{m}^3$$

$$V_{Verfüllung} = \underline{\underline{293{,}504\,\text{m}^3}}$$

f) $m = 293{,}504\,\text{m}^3 \cdot 1{,}85\,\text{t/m}^3 = \underline{\underline{543{,}0\,\text{t}}}$

g) $\text{Ladungen} = \dfrac{543{,}0\,\text{t}}{12{,}5\,\text{t/Lkw}} = 43{,}43,$

also müssen <u>44 Ladungen</u> zur Baustelle gefahren werden.

h) <u>Antransportvolumen:</u>

$$V_{Antransport} = 293{,}504\,\text{m}^3 \cdot 1{,}12 = \underline{\underline{328{,}724\,\text{m}^3}}$$

11. Berechnen Sie den Erdaushub und die Verfüllung einer 2,60 m tiefen geböschten Baugrube im Fels für ein Gebäude von 27,30 × 18,25 m, welches vor Ort betoniert wird:

a) Aushubvolumen,

b) Masse Bodentransport bei einer Dichte von 1,75 t/m³ (nicht aufgelockert),

c) Anzahl der Lkw-Ladungen bei 32 t/Lkw,

d) abzutransportierendes Volumen bei 18 % Auflockerung,

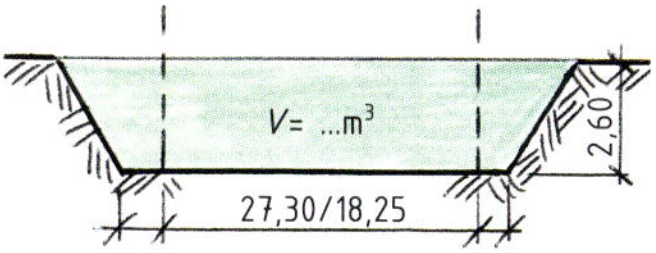

a) Aushubvolumen:

Maße der Baugrubensohle = Bauwerk + 2 · 50 cm Arbeitsraum + 2 · 15 cm Schalung, da betoniert werden muss.

$A_{\text{unten}} = l_{\text{unten}} \cdot b_{\text{unten}}$

$l_{\text{unten}} = 27{,}30\,\text{m} + 2 \cdot 0{,}50\,\text{m} + 2 \cdot 0{,}15\,\text{m} = 28{,}60\,\text{m}$

$b_{\text{unten}} = 18{,}25\,\text{m} + 2 \cdot 0{,}50\,\text{m} + 2 \cdot 0{,}15\,\text{m} = 19{,}55\,\text{m}$

$A_{\text{unten}} = 28{,}60\,\text{m} \cdot 19{,}55\,\text{m} = \underline{559{,}13\,\text{m}^2}$

Böschungsbreite bei Fels:

$b = 0{,}18 \cdot 2{,}60\,\text{m} = \underline{0{,}47\,\text{m}}$

Obere Maße der Baugrube = untere Maße + 2 · Böschungsbreite, also:

$A_{\text{oben}} = l_{\text{oben}} \cdot b_{\text{oben}}$

$A_{\text{oben}} = (28{,}60\,\text{m} + 2 \cdot 0{,}47\,\text{m}) \cdot (19{,}55\,\text{m} + 2 \cdot 0{,}47\,\text{m})$

$A_{\text{oben}} = 29{,}54\,\text{m} \cdot 20{,}49\,\text{m} = \underline{605{,}27\,\text{m}^2}$

$$V_{\text{Aushub}} = \frac{A_{\text{oben}} + A_{\text{unten}}}{2} \cdot h$$

$$V_{\text{Aushub}} = \frac{559{,}13\,\text{m}^2 + 605{,}27\,\text{m}^2}{2} \cdot 2{,}60\,\text{m}$$

$$V_{\text{Aushub}} = \underline{\underline{1513{,}720\,\text{m}^3}}$$

b) $m = 1513{,}720\,\text{m}^3 \cdot 1{,}75\,\text{t/m}^3 = \underline{\underline{2649{,}010\,\text{t}}}$

c) $\text{Ladungen} = \dfrac{2649{,}0\,\text{t}}{32\,\text{t/Lkw}} = 82{,}781,$

also müssen $\underline{\underline{\text{83 Ladungen}}}$ gefahren werden.

d) Abtransportvolumen:

$V_{\text{Abtransport}} = 1513{,}720\,\text{m}^3 \cdot 1{,}18 = \underline{\underline{1786{,}190\,\text{m}^3}}$

e) Volumen der Verfüllung,
f) Masse Bodenantransport bei einer Dichte von 1,75 t/m³ (fertig verdichtet),
g) Anzahl der Lkw-Ladungen bei 32 t/Lkw,
h) anzutransportierendes Volumen bei 14 % Verdichtung.

e) Volumen Verfüllung:
Verfüllung = Aushub – Bauwerksvolumen

$V_{\text{Bauwerk}} = l \cdot b \cdot h = 27{,}30\,\text{m} \cdot 18{,}25\,\text{m} \cdot 2{,}60\,\text{m}$

$V_{\text{Bauwerk}} = 1295{,}385\,\text{m}^3$

$V_{\text{Verfüllung}} = 1513{,}720\,{}^3\text{m} - 1295{,}385\,\text{m}^3$

$V_{\text{Verfüllung}} = \underline{\underline{218{,}335\,\text{m}^3}}$

f) $m = 218{,}335\,\text{m}^3 \cdot 1{,}75\,\text{t/m}^3 = \underline{\underline{382{,}086\,\text{t}}}$

g) $\text{Ladungen} = \dfrac{382{,}086\,\text{t}}{32\,\text{t/Lkw}} = 11{,}94,$

also müssen 12 Ladungen zur Baustelle gefahren werden.

h) Antransportvolumen:
$V_{\text{Antransport}} = 218{,}335\,\text{m}^3 \cdot 1{,}14 = \underline{\underline{248{,}902\,\text{m}^3}}$

12. Berechnen Sie das Aushubvolumen eines 46,00 m langen verbauten Grabens mit einer Sohlbreite von 90 cm und einer Tiefe von 2,85 m.

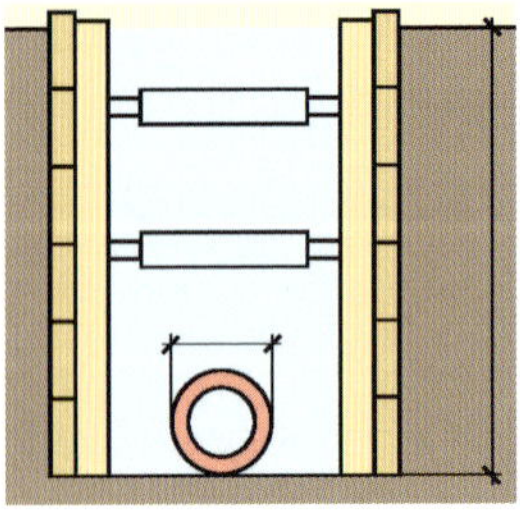

Zur Aushubbreite ist beidseitig der Verbau zuzurechnen, wenn die Verbaustärke unbekannt ist, pauschal 15 cm.

$B = b + 2 \cdot 15\ \text{cm} = 1{,}20\ \text{m}$

$V = l \cdot B \cdot h$

$V = 46{,}00\,\text{m} \cdot 1{,}20\,\text{m} \cdot 2{,}85\,\text{m}$

$V = \underline{\underline{157{,}320\,\text{m}^3}}$

13. Wie groß ist das Aushubvolumen für den 1,20 m tiefen unverbauten Graben zur Verlegung eines 12,50 m langen Regenwasserkanals (Sohlbreite = 80 cm) im mindestens steifen, bindigen Boden?

Gräben bis 1,25 m Tiefe werden unverbaut senkrecht ausgehoben. Daher gilt hier:

$V = l \cdot b \cdot h$

$V = 12{,}50\,\text{m} \cdot 0{,}80\,\text{m} \cdot 1{,}20\,\text{m}$

$V = \underline{\underline{12{,}000\,\text{m}^3}}$

14. Welches Aushubvolumen entsteht an einem 1,90 m tiefen und 26,80 m langen geböschten Graben mit einer Sohlbreite von 0,90 m im nichtbindigen Boden?

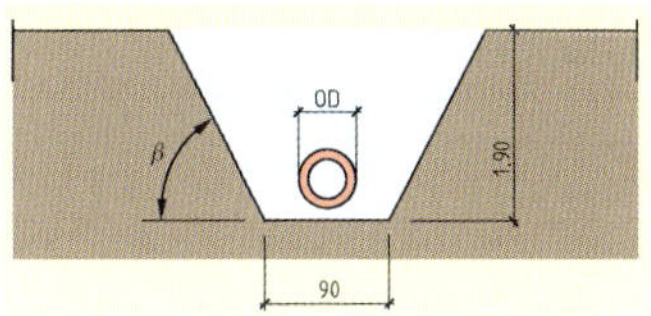

Nichtbindiger Boden ist nach DIN 4124 mit einem Böschungswinkel von 45° auszuheben, also:

Obere Grabenbreite (b_O)
= 2 · Böschungsbreite (b_B) + Sohlbreite (b_s)

$$\boxed{b_O = 2 \cdot b_B + b_s}$$

$$b_B = 1{,}0 \cdot 1{,}90\,\text{m} = 1{,}90\,\text{m}$$

$$b_O = 2 \cdot 1{,}90\,\text{m} + 0{,}90\,\text{m}$$

$$b_O = \underline{\underline{4{,}70\,\text{m}}}$$

$$V = \frac{b_O + b_s}{2} \cdot h \cdot l$$

$$V = \frac{4{,}70\,\text{m} + 0{,}90\,\text{m}}{2} \cdot 1{,}90\,\text{m} \cdot 26{,}80\,\text{m}$$

$$V = \underline{\underline{142{,}576\,\text{m}^3}}$$

15. Berechnen Sie das Aushubvolumen folgender unverbauter Gräben im mindestens steifen, bindigen Boden:

	l	b_s	*h*	*V*
a)	24,20 m	0,90 m	1,60 m	**?**
b)	12,35 m	0,80 m	1,10 m	**?**
c)	18,70 m	1,00 m	4,20 m	**?**
d)	34,20 m	0,90 m	2,60 m	**?**
e)	55,90 m	0,90 m	3,30 m	**?**

Bei der Berechnung ist zu beachten, dass entsprechend der Tiefe nach DIN 4124 ein Graben nicht, einer nur teilweise und drei Gräben vollständig zu böschen sind.

	l	b_s	*h*	*V*
a)	24,20 m	0,90 m	1,60 m	37,813 m³
b)	12,35 m	0,80 m	1,10 m	10,868 m³
c)	18,70 m	1,00 m	4,20 m	270,178 m³
d)	34,20 m	0,90 m	2,60 m	214,297 m³
e)	55,90 m	0,90 m	3,30 m	518,361 m³

16. Wie groß ist der Sohldruck eines 60 cm breiten Streifenfundamentes bei einer Bemessungslast von 130 kN/m?

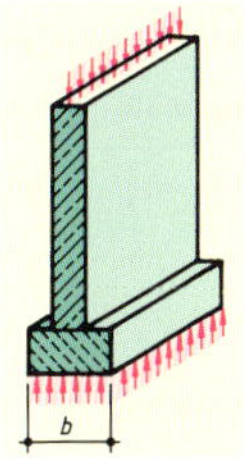

Streifenfundamente werden pro laufenden Meter berechnet.

$$\sigma_{E,d} = \frac{F}{A},$$

für eine Breite von 60 cm ergibt sich eine Fläche von:

$$A = 0{,}60\,\text{m} \cdot 1{,}00\,\text{m} = 0{,}60\,\text{m}^2,$$

daraus folgt:

$$\sigma_{E,d} = \frac{F}{A} = \frac{130\,\text{kN}}{0{,}60\,\text{m}^2} = \underline{\underline{216{,}7\,\text{kN/m}^2}}$$

17. Ein 80 cm breites Streifenfundament steht auf einem Baugrund, der nach Tabelle einen Bemessungswert des Sohldruckes von 185 kN/m² hat. Wie groß darf die Bemessungslast maximal sein?

Aus

$$\sigma_{R,d} = \frac{F}{A}$$

folgt durch Umstellen der Gleichung:

$$F = \sigma_{R,d} \cdot A$$

$$F = 185\,\text{kN/m}^2 \cdot (0{,}80\,\text{m} \cdot 1{,}00\,\text{m})$$

$$F = \underline{\underline{148\,\text{kN}}}$$

18. Wie breit muss ein mit 220 kN/m belastetes Streifenfundament mindestens sein, wenn der Bemessungswert des Sohldruckes von 190 kN/m² nicht überschritten werden darf?

Aus $\sigma_{R,d} = \frac{F}{A}$

folgt durch Umstellen der Gleichung:

$$A = \frac{F}{\sigma_{R,d}} = \frac{220\,\text{kN}}{190\,\text{kN/m}^2} = 1{,}16\,\text{m}^2$$

Da Streifenfundamente immer pro laufenden Meter gerechnet werden, ist die Länge $l = 1{,}00$ m. Aus $A = l \cdot b$ folgt:

$$b = \frac{A}{l} = \frac{1{,}16\,\text{m}^2}{1{,}00\,\text{m}} = \underline{\underline{1{,}16\,\text{m}}}$$

19. Berechnen Sie die in der Tabelle jeweils fehlenden Werte für die Streifenfundamente:

	$\sigma_{R,d}$	b	F
a)	210 kN/m²	0,70 m	?
b)	?	0,60 m	145 kN/m
c)	180 kN/m²	?	205 kN/m
d)	?	1,20 m	260 kN/m
e)	140 kN/m²	?	165 kN/m

	$\sigma_{R,d}$	b	F
a)	210 kN/m²	0,70 m	147 kN/m
b)	242 kN/m²	0,60 m	145 kN/m
c)	180 kN/m²	1,14 m	205 kN/m
d)	217 kN/m²	1,20 m	260 kN/m
e)	140 kN/m²	1,18 m	165 kN/m

20. Welchen Sohldruck erzeugt ein mit 245 kN belastetes rechteckiges Einzelfundament mit einer Breite von 85 cm und einer Länge von 1,15 m auf dem natürlichen Boden?

$$A = l \cdot b = 1{,}15\,\text{m} \cdot 0{,}85\,\text{m} = 0{,}98\,\text{m}^2$$

$$\sigma_{E,d} = \frac{F}{A} = \frac{245\,\text{kN}}{0{,}98\,\text{m}^2} = \underline{\underline{250{,}0\,\text{kN/m}^2}}$$

21. **Ein quadratisches Fundament 1,20 × 1,20 m steht auf einem Baugrund der nach Tabelle einen Bemessungswert des Sohldruckes von 175 kN/m² hat. Wie groß darf die Bemessungslast maximal sein?**

Aus $\sigma = \frac{F}{A}$

folgt durch Umstellen der Gleichung:

$F = \sigma \cdot A$

$F = 175\,\text{kN/m}^2 \cdot (1{,}20\,\text{m} \cdot 1{,}20\,\text{m})$

$F = \underline{\underline{252\,\text{kN}}}$

22. **Wie lang und wie breit muss ein mit einer Bemessungslast von 260 kN belastetes quadratisches Fundament mindestens sein, wenn der Bemessungswert des Sohldruckes von 155 kN/m² nicht überschritten werden darf?**

Aus $\sigma_{R,d} = \frac{F}{A}$

folgt durch Umstellen der Gleichung:

$A = \frac{F}{\sigma_{R,d}} = \frac{260\,\text{kN}}{155\,\text{kN/m}^2} = 1{,}68\,\text{m}^2$

Aus der Fläche des Quadrates $A = l^2$ lässt sich durch Umstellung die Kantenlänge des quadratischen Fundamentes ermitteln:

$l = \sqrt{A} = \sqrt{1{,}68\,\text{m}^2} = \underline{1{,}30\,\text{m}}$

Das Fundament muss also mindestens $\underline{\underline{1{,}30 \times 1{,}30\,\text{m}}}$ sein.

23. **Berechnen Sie die in der Tabelle jeweils fehlenden Werte für quadratische Fundamente:**

	$\sigma_{R,d}$	$l = b$	F
a)	150 kN/m²	0,65 m	?
b)	?	0,85 m	165 kN
c)	230 kN/m²	?	175 kN
d)	?	1,40 m	360 kN
e)	260 kN/m²	?	245 kN

	$\sigma_{R,d}$	$l = b$	F
a)	150 kN/m²	0,65 m	63 kN
b)	228 kN/m²	0,85 m	165 kN
c)	230 kN/m²	0,87 m	175 kN
d)	184 kN/m²	1,40 m	360 kN
e)	260 kN/m²	0,97 m	245 kN

24. **Berechnen Sie die erforderliche Breite und Tiefe eines Streifenfundamentes unter einer 24 cm dicken Wand mit einer Bemessungslast (Eigenlast und Fundamentlast) von 165 kN/m auf einem mindestens steifen,** →

Aus $\sigma_{R,d} = \frac{F}{A}$

folgt durch Umstellen der Gleichung:

$A = \frac{F}{\sigma_{R,d}} = \frac{165\,\text{kN}}{210\,\text{kN/m}^2} = 0{,}79\,\text{m}^2$

→

bindigen Boden mit einem Bemessungswert des Sohldruckes von maximal 210 kN/m².

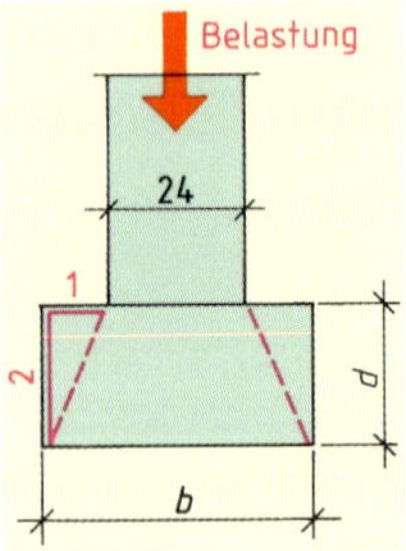

(Hinweis: Der Druckverteilungswinkel soll mit 63,4°, das heißt im Verhältnis 2:1 angenommen werden.)

Da Streifenfundamente immer pro laufenden Meter gerechnet werden, ist die Länge $l = 1{,}00$ m. Aus $A = l \cdot b$ folgt:

$$b = \frac{A}{l} = \frac{0{,}79\,\text{m}^2}{1{,}00\,\text{m}} = \underline{0{,}79\,\text{m}}$$

Der seitliche Überstand ergibt sich, wenn man die Wandstärke abzieht:

$$ü = \frac{0{,}79\,\text{m} - 0{,}24\,\text{m}}{2} = 27{,}5\,\text{cm (beidseitig)}$$

Die Tiefe des Fundamentes muss also

$$h = 2 \cdot 0{,}275\,\text{m} = \underline{0{,}55\,\text{m}}$$

betragen.
Das Fundament muss also mindestens 79 cm breit und 55 cm tief sein.

25. Ermitteln Sie die Mindestabmessungen der Streifenfundamente (*F* = Bemessungslast, $\sigma_{R,d}$ = Bemessungswert des Sohlwiderstandes):

	$\sigma_{R,d}$	Wand	F
a)	180 kN/m²	24 cm	120 kN
b)	200 kN/m²	15 cm	165 kN
c)	230 kN/m²	36,5 cm	175 kN
d)	270 kN/m²	30 cm	360 kN
e)	260 kN/m²	24 cm	245 kN

Lösung: (Mindestabmessungen, in der Regel wird auf jeweils 5 cm aufgerundet, d. h. statt 0,67 × 0,43 m → 0,70 × 0,45 m)

	Breite	Tiefe
a)	0,67 m	0,43 m
b)	0,83 m	0,68 m
c)	0,76 m	0,40 m
d)	1,33 m	1,03 m
e)	0,94 m	0,70 m

26. Berechnen Sie die erforderliche Länge, Breite und Tiefe eines Einzelfundamentes unter einer Stütze von 30 × 30 cm mit einer Bemessungslast (Eigenlast und Fundamentlast) von 250 kN auf einem nichtbindigen Boden mit einem Bemessungswert des Sohlwiderstandes von 210 kN/m². →

Aus $\sigma_{R,d} = \frac{F}{A}$

folgt durch Umstellen der Gleichung:

$$A = \frac{F}{\sigma_{R,d}} = \frac{250\,\text{kN}}{210\,\text{kN/m}^2} = 1{,}19\,\text{m}$$

Da das Einzelfundament quadratisch ist folgt aus $A = l \times l = l^2$, durch Umstellen nach l: →

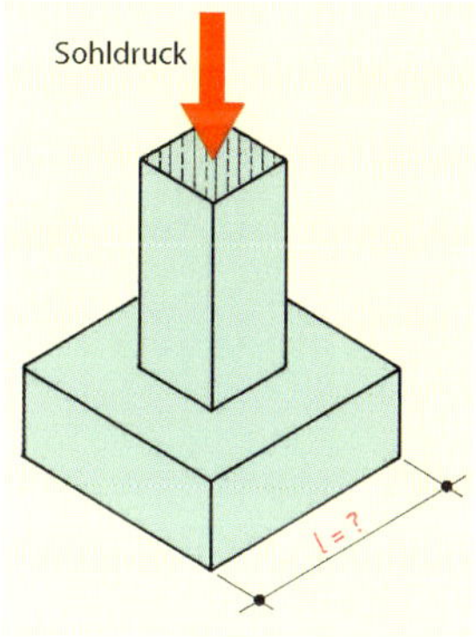

$$l = \sqrt{A} = \sqrt{1{,}19\,m^2} = \underline{1{,}09\,m}$$

Die Länge und Breite betragen also jeweils 1,09 m.
Der seitliche Überstand ergibt sich, wenn man die Wandstärke abzieht:

$$ü = \frac{1{,}09\,m - 0{,}30\,m}{2} = 39{,}5\,cm \text{ (beidseitig)}$$

Die Tiefe des Fundamentes muss also
$h = 2 \cdot 0{,}395\,m = \underline{0{,}79\,m}$ betragen.

Es sollten also mindestens folgende Fundamentabmessungen gewählt werden:
$\underline{\underline{l = b = 1{,}10\,m,\ h = 80\,cm.}}$

27. Ein Kanal hat auf einer Länge von 37,60 m ein Gefälle von 2,5 %. Wie groß ist der Höhenunterschied?

$$h = \frac{p \cdot l}{100\,\%} = \frac{2{,}5\,\% \cdot 37{,}60\,m}{100\,\%} = \underline{\underline{0{,}94\,m}}$$

28. Der Regenwasserkanal hat von einem zum nächsten Schacht einen Höhenunterschied in der Schachtsohle von 76 cm. Wie weit sind die Schächte entfernt, wenn das Gefälle 1,25 % beträgt?

$$l = \frac{h}{p} \cdot 100\,\% = \frac{0{,}76\,m}{1{,}25\,\%} \cdot 100\,\%$$

$$l = \underline{\underline{60{,}80\,m}}$$

29. Ein Abwasserkanal soll auf einer Länge von 38,90 m einen Höhenunterschied von 68 cm haben. In welchem Gefälle muss er verlegt werden?

$$p = \frac{h}{l} \cdot 100\,\% = \frac{0{,}68\,m}{38{,}90\,m} \cdot 100\,\%$$

$$p = \underline{\underline{1{,}75\,\%}}$$

30. Berechnen Sie die in der Tabelle fehlenden Werte.

	p	*h*	*l*
a)	3,50 %	1,25 m	?
b)	2,25 %	?	47,55 m
c)	?	0,75 m	100,00 m
d)	1,25 %	?	128,00 m
e)	?	2,75 m	110,00 m

	p	*h*	*l*
a)	3,50 %	1,25 m	35,70 m
b)	2,25 %	1,07 m	47,55 m
c)	0,75 %	0,75 m	100,00 m
d)	1,25 %	1,60 m	128,00 m
e)	2,50 %	2,75 m	110,00 m

31. Ein Regenwasserkanal ist in der Zeichnung mit einem Gefälle von 1: 80 angegeben. Wie groß ist das Gefälle in %?

$$p = \frac{1}{n} \cdot 100\,\% = \frac{1}{80} \cdot 100\,\% = \underline{\underline{1{,}25\,\%}}$$

32. Eine 6,75 m breite Böschung soll mit einer Neigung von 1:1,5 angelegt werden. Wie groß ist der Höhenunterschied?

$$h = \frac{l}{n} = \frac{6{,}75\,\text{m}}{1{,}5} = \underline{\underline{4{,}50\,\text{m}}}$$

33. Welche Neigung weist eine Böschung auf, die auf einer Länge von 11,90 m einen Höhenunterschied von 6,80 m hat?

$$n = \frac{l}{h} = \frac{11{,}90\,\text{m}}{6{,}80\,\text{m}} = \underline{1{,}75}$$

Die Neigung beträgt also $\underline{\underline{1{:}1{,}75}}$.

34. Eine Tiefgaragenabfahrt soll mit einer maximalen Neigung von 1: 15 einen Höhenunterschied von 3,75 m überwinden. Wie lang muss die Abfahrt sein?

$$l = n \cdot h = 15 \cdot 3{,}75\,\text{m}$$

$$l = \underline{\underline{56{,}25\,\text{m}}}$$

35. Berechnen Sie die in der Tabelle fehlenden Werte.

	1:*n*	***p***	***l***	***h***
a)	?	?	26,00 m	1,04 m
b)	1: 50	?	155,00 m	?
c)	?	0,8 %	81,25 m	?
d)	1: 33	?	?	2,65 m
e)	?	1,25 %	?	1,35 m

	1:*n*	***p***	***l***	***h***
a)	1: 25	4,0 %	26,00 m	1,04 m
b)	1: 50	2,0 %	155,00 m	3,10 m
c)	1: 125	0,8 %	81,25 m	0,65 m
d)	1: 33	3,0 %	87,45	2,65 m
e)	1: 80	1,25 %	108,00 m	1,35 m

36. Zwei Schächte werden in der Bauzeichnung mit den Sohltiefen Schacht1 = 421,70 m ü. NHN und Schacht2 = 419,20 m ü. NHN angegeben. Die Entfernung zwischen den Schächten beträgt 111,00 m. Ermitteln Sie das Gefälle des Kanals in % bzw. 1 : *n*.

$$h = 421{,}70\text{ m ü. NHN} - 419{,}20\text{ m ü. NHN}$$
$$= 2{,}50\text{ m}$$

$$p = \frac{h}{l} \cdot 100\,\% = \frac{2{,}50\,\text{m}}{111{,}00\,\text{m}} \cdot 100\,\%$$

$$p = \underline{\underline{2{,}25\,\%}}$$

$$n = \frac{l}{h} = \frac{111{,}00\,\text{m}}{2{,}50\,\text{m}} = \underline{44{,}4}$$

Die Neigung beträgt also $\underline{\underline{1{:}\,44{,}4}}$.

Lernfeld 3
Mauern eines einschaligen Baukörpers

1. Welche Arten von Wänden werden nach ihrer Funktion unterschieden?

- tragende Wände,
- nichttragende Wände,
- aussteifende Wände,
- Brandwände.

2. Erläutern Sie, welche Funktionen die folgenden Wände zu erfüllen haben:
a) Tragende Wände,
b) aussteifende Wände,
c) nichttragende Wände,
d) Brandwände.

a) Tragende Wände nehmen die senkrechten Lasten des Gebäudes auf und leiten sie über die darunterliegenden Bauwerksteile auf die Fundamente ab.
b) Aussteifende Wände stehen rechtwinklig zu den tragenden Wänden und verhindern so das Ausknicken durch die Bauwerks- oder Windlast.
c) Nichttragende Wände dienen der Raumabgrenzung. An der Gebäudeaußenseite müssen sie auch Windlasten aufnehmen können.
d) Brandwände verhindern die Brandausbreitung in andere Gebäudeteile und dürfen im Brandfall ihre Standfestigkeit bzw. Tragfähigkeit nicht verlieren.

3. Welche Anforderungen werden an tragende Wände gestellt?

- Sie müssen die Bauwerkslasten aufnehmen können, d. h. ausreichend druckfest sein.
- Mindestwandstärke 17,5 cm.
- Außenwände im Regelfall mind. 30 cm dick wegen Schall- und Wärmeschutz.

4. Wie muss die Brandwand in einem Gebäude beschaffen sein?

- aus nichtbrennbaren Baustoffen,
- mindestens 24 cm dick,
- keine Aussparungen,
- bei Einfamilienhäusern mit Massivdecke in zweischaliger Ausführung sind auch $2 \cdot 17{,}5$ cm zulässig.

5. Nennen Sie mindestens sieben Aufgaben, die Wände erfüllen können.

1. Raumabgrenzung
2. Senkrechte Lastableitung
3. Aufnahme von Windlasten
4. Aussteifung des Gebäudes
5. Brandschutz
6. Wärmeschutz
7. Schallschutz
8. Wetterschutz

6. Welche Funktionen haben die im Bild mit A … E bezeichneten Wände zu erfüllen?

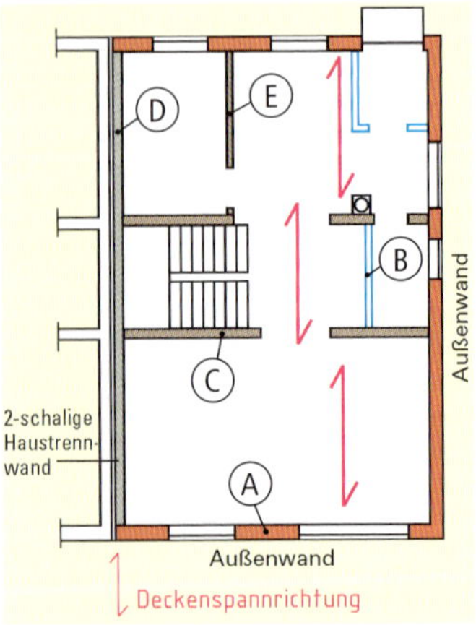

	Funktionen
A	Tragende Außenwand: – Lastableitung – Schallschutz – Wetterschutz – Wärmeschutz
B	Nichttragende Wand: – Raumabgrenzung
C	Tragende Innenwand: – Lastableitung – Schallschutz zum Treppenhaus – Aussteifung der Außenwand
D	Brandwand: – Brandschutz – Schallschutz zum Nachbarhaus
E	Aussteifende Wand: – Aussteifung der Außenwand – Raumbegrenzung

7. Teilen Sie die künstlichen Mauersteine nach ihrer Herstellung ein und ordnen Sie jeder Gruppe vier typische Vertreter zu.

Gebrannte Steine	Ungebrannte Steine
– Mauerziegel – Vormauerziegel – Klinker – Schamotte	– Kalksandsteine – Mauersteine aus – Normalbeton – Leichtbeton – Porenbetonsteine

8. Geben Sie die exakten Abmessungen folgender Mauerziegel in mm an:
a) Dünnformat,
b) Normalformat,
c) 2DF-Stein.

a) 240 × 115 × 52 mm
b) 240 × 115 × 71 mm
c) 240 × 115 × 113 mm

9. Welche Eigenschaften werden von künstlichen Mauersteinen je nach Anwendung verlangt? Nennen Sie mindestens sieben.

1. Maßhaltigkeit
2. Druckfestigkeit
3. Frostbeständigkeit
4. Wärmedämmfähigkeit
5. Wärmespeicherfähigkeit
6. gute Schalldämmung
7. optisch ansprechende Oberfläche
8. gute Verarbeitbarkeit

10. Benennen Sie die mit A ... G gekennzeichneten Steine und Fugen und geben Sie jeweils die exakten Maße an.

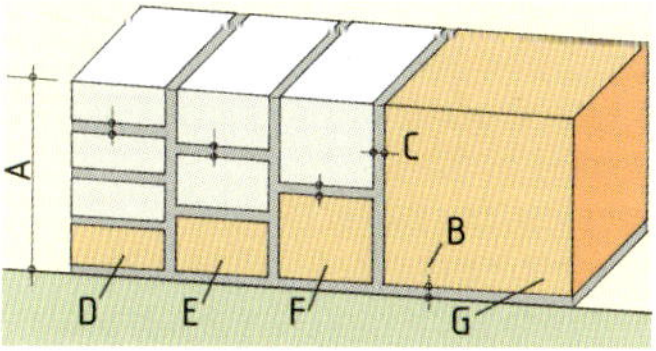

	Benennung	Maße
A	Baurichtmaß	25 cm
B	Lagerfuge	1,2 cm
C	Stoßfuge	1,0 cm
D	DF-Ziegel	240 × 115 × 52 mm
E	NF-Ziegel	240 × 115 × 71 mm
F	2DF-Ziegel	240 × 115 × 113 mm
G	Großformat z. B. 8DF-Stein	240 × 240 × 238 mm

11. Beschreiben Sie den Produktionsablauf bei der Herstellung von Ziegeln und Klinkern.

Ton, Lehm und Sand werden zerkleinert, gemischt und mit entsprechendem Feuchtegehalt zu einer plastischen Masse aufbereitet. In der Strangpresse wird ein Strang geformt, mittels Schneiddraht in Rohlinge bestimmter Größe geteilt, die dann vorgetrocknet und im Tunnelofen gebrannt werden.

12. Gebrannte Mauersteine werden in Bauzeichnungen und auf Lieferlisten mit Kurzzeichen gekennzeichnet. Erläutern Sie, welche Mauersteine zu folgenden Kurzbezeichnungen gehören:
a) Mz,
b) HLzB,
c) VMz,
d) KHLzA,
e) VHLzA,
f) WDz,
g) KMz.

a) Vollziegel (max. 15 % der Fläche gelocht),
b) Hochlochziegel mit Lochung B,
c) Vormauerziegel (max. 15 % der Fläche gelocht),
d) Hochlochklinker Lochung A,
e) Vormauerhochlochziegel mit A-Lochung,
f) Wärmedämmziegel,
g) Vollklinker (max. 15 % der Fläche gelocht).

13. Erläutern Sie den Unterschied zwischen Mauerziegel, Vormauerziegel und Klinker bezüglich ihrer Eigenschaften und Einsatzmöglichkeiten.

Mauerziegel:
- geringe Druckfestigkeit,
- für tragende und nichttragende Wände geeignet,
- für wärmedämmendes Mauerwerk geeignet,
- nicht wetterfest, nur für geschütztes (verputztes oder beschichtetes) Mauerwerk geeignet.

Vormauerziegel:
- höhere Druckfestigkeit,
- wetterfest, frostsicher,
- für Sicht- und Verblendmauerwerk geeignet.

Klinker:
- höchste Druckfestigkeit (mind. 28 MPa (N/mm^2)),
- wetterfest, frostsicher,
- für Sichtmauerwerk, Gewölbe, Schächte, Schornsteinköpfe und Sockelmauerwerk geeignet.

14. Auf einer Materialbestellung sind Ziegel mit der Bezeichnung „DIN 20000-401 – HLzA 12–1,4–3 DF“ angegeben. Beschreiben Sie, um welche Ziegel es sich dabei handelt.

DIN 20000-401 – Norm für Mauerziegel
HLzA – Hochlochziegel mit Lochung A
12 – Druckfestigkeitsklasse 12 MPa (N/mm^2)
1,4 – Rohdichte in kg/dm^3
3 DF – Format 240 × 175 × 115 mm

15. Erläutern Sie folgende Ziegelbezeichnung: „DIN 20000-401 – KMz 36–1,9 – NF“.

DIN 20000-401 – Norm für Mauerziegel
KMz – Vollklinker
36 – Druckfestigkeitsklasse 36 MPa (N/mm^2)
1,9 – Rohdichte in kg/dm^3
NF – Normalformat 240 × 115 × 71 mm

16. Zu welchem Zweck haben Hochlochklinker, aber auch Vollklinker (max. 15 % der Fläche) Löcher?

Die Klinker werden bei max. 1450 °C bis zur Sinterung (Schmelzen) gebrannt. Dabei entsteht eine harte, sehr glatte Oberfläche, auf der der Mörtel der Lagerfugen nur unzureichend haften kann. Die Löcher ermöglichen durch eine Art Verzahnung die Haftung des Mörtelbettes am Klinker.

3

17. Der skizzierte Kalksandstein der Druckfestigkeitsklasse 8 hat eine Rohdichte von 1,0 kg/dm³.
a) Unter welcher Kurzbezeichnung kann man diesen Stein bestellen?
b) Welche Eigenschaften hat ein solcher Stein?

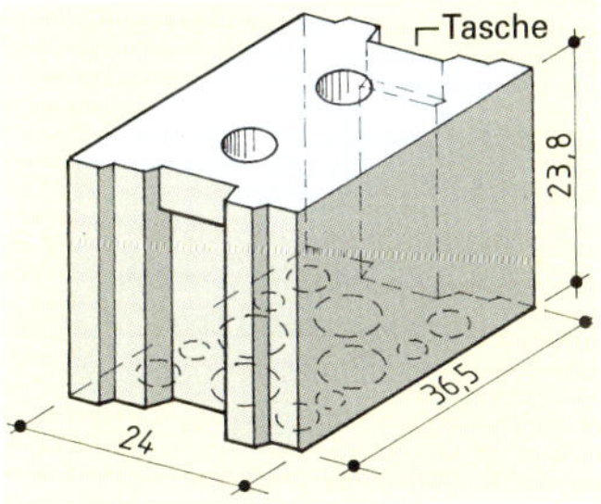

a) DIN 20000-402–KS L 8–1,0–12 DF (24)
b) Eigenschaften:
- schwer,
- dichtes Materialgefüge,
- gute Schalldämmung,
- viel Hohlraum zur Wärmedämmung,
- ausreichend druckfest für den Einsatz in tragenden Wänden.

18. Beschreiben Sie den Produktionsablauf bei der Herstellung von Kalksandsteinen.

Branntkalk, Quarzsand und Wasser werden gemischt und etwa drei Stunden gelagert, bis der Branntkalk (CaO) vollständig zu Kalkhydrat ($Ca(OH)_2$) abgelöscht ist. Danach wird das Mischgut zu Rohlingen gepresst und unter Wasserdampf ausgehärtet.

19. Beschreiben Sie die Herstellung von Mauersteinen aus Leichtbeton.

Leichtes poriges Gestein (Bims, Ziegelsplitt,…) wird mit Zement und Wasser gemischt, in die Form gegeben und auf dem Rütteltisch verdichtet. Nach 28 Tagen ist der Betonstein dann ausgehärtet.

20. Nennen Sie die drei prinzipiellen Arten Leichtbeton herzustellen.

1. Verwendung von leichtem und porigem Gestein.
2. Ein-Korn-Sieblinien der Gesteinskörnung, z. B. 4/8.
3. Zugabe von Luftporenbildnern.

21. Welcher künstliche Mauerstein ist im Bild (auf der folgenden Seite) gezeigt? →

- Mauerstein aus Leichtbeton,
- Vollblock geschlitzt mit Nut,
- Format 12DF, also 365 × 240 × 238 mm, →

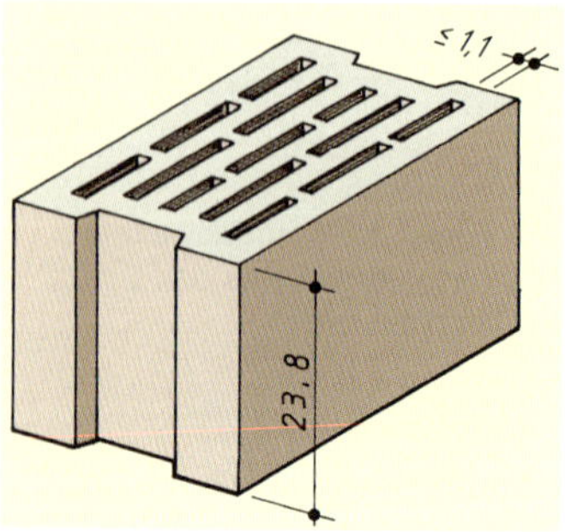

- für den Einsatz in einer 24er-Wand,
- zu verarbeiten mit 12 mm Lagerfuge aus Mörtel oder Leichtmörtel.

22. Beschreiben Sie die Herstellung von Porenbetonsteinen.

Fein gemahlener Quarzsand, Zement, Kalk und Wasser werden gemischt und ein Luftporenbildner zugesetzt. In einer Form bildet der Luftporenbildner dann Treibgas, das in dem Beton viele kleine Kugelporen entstehen lässt. Die Blöcke werden ausgeschalt, mit Schneiddrähten auf die exakte Größe geschnitten und unter Wasserdampf gehärtet.

23. Nennen Sie vier typische Eigenschaften von Porenbetonsteinen.

1. leicht, gut bearbeitbar,
2. hohe Wärmedämmung,
3. nicht frostsicher, nicht wetterfest,
4. wasserdampfdurchlässig.

24. Erläutern Sie die Unterschiede zwischen Luftkalk und hydraulischem Kalk in Bezug auf
a) die Herstellung,
b) die Eigenschaften.

	Luftkalk	Hydraulischer Kalk
a)	Kalkstein wird gebrochen, gemahlen, bei etwa 900 °C gebrannt und dann fein aufgemahlen.	Herstellung durch Mischung geeigneter Stoffe (Calciumhydroxid, -silicate und -aluminate).
b)	Braucht zum Abbinden das CO_2 aus der Luft. Hat keine prüfbare Druckfestigkeit.	Bindet auch unter Luftabschluss ab. Höhere Druckfestigkeit, eingeteilt in Festigkeitsklassen von 2 … 5 MPa (N/mm^2).

25. Beschreiben Sie den „Kalkkreislauf“ bei der Herstellung und Verwendung von Luftkalk.

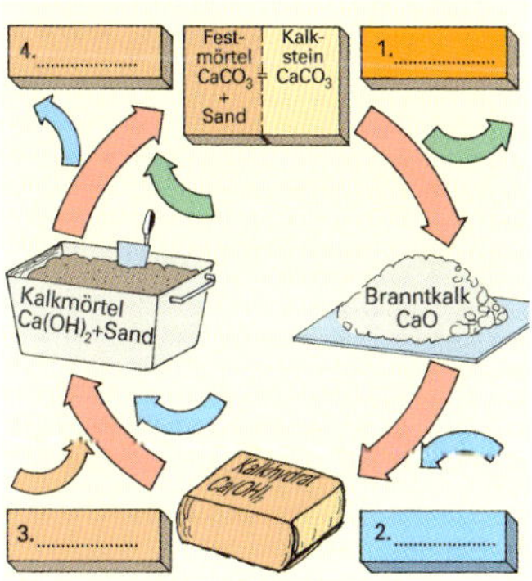

1. Brennen
Beim Brennen wird dem Kalkstein CO_2 entzogen, es entsteht Branntkalk.
$CaCO_3 \rightarrow CaO + CO_2$

2. Löschen:
Dem Branntkalk wird Wasser zugegeben, wodurch Kalkhydrat entsteht.
$CaO + H_2O \rightarrow Ca(OH)_2$

3. Mischen:
Beim Mischen wird dem Kalkhydrat Wasser und Sand zugegeben, wodurch ein gut verarbeitbarer Mörtel entsteht.

4. Erhärten:
Beim Erhärten bindet der Luftkalk CO_2 aus der Luft, das überschüssige Wasser verdunstet. $Ca(OH)_2 + CO_2 \rightarrow CaO_3 + H_2O$

26. Erklären Sie, welche Kalke mit diesen Kurzzeichen versehen sind:
a) CL 90-Q,
b) DL 80-S,
c) HL 5.

a) Weißkalk mit einem CaO-Gehalt von mindestens 90 %, das Q steht für ungelöscht, d. h. es ist ein Branntkalk.
b) Dolomitkalk mit einem CaO- und MgO-Gehalt von mindestens 80 %, das S steht für gelöscht, d. h. es handelt sich um ein Kalkhydrat.
c) Hydraulischer Kalk mit einer Mindestdruckfestigkeit von 5 MPa (N/mm^2).

27. Welche Anforderungen werden an die Gesteinskörnung in der Mörtelmischung gestellt?

- gemischtkörnige Zusammensetzung nach Sieblinie,
- gedrungene, kompakte Gesteinsform,
- keine schädlichen Beimengungen wie Salze, Ton, oder organische Stoffe.

28. Nennen Sie die typischen Mischungsverhältnisse zur Herstellung von Mörtel der Mörtelgruppen (MG) I, II und III bzw. der Mörtelklassen M1, M2,5 und M10.

MG	Mörtelklasse	Kalk	Zement	Sand
I	M1	1	–	3
II	M2,5	2	1	8
III	M10	–	1	4

29. Worin unterscheiden sich Mörtel der Mörtelgruppe I von Mörteln der Mörtelgruppe III? Nennen Sie Eigenschaften und typische Einsatzmöglichkeiten dieser Mörtel.

MG I ist Kalkmörtel, d. h. eine Mischung aus Kalk, Sand und Wasser. Dieser Mörtel hat die geringste Mindestfestigkeit von nur 1,0 MPa, also M1.
Eigenschaften:
- langsames Abbinden,
- kaum Risse,
- elastisch, gut verarbeitbar.

Einsatz:
- Wände, mindestens 24 cm dick,
- Gebäude mit max. zwei Geschossen,
- für nichttragende Wände.

MG III ist Zementmörtel, d. h. eine Mischung aus Zement, Sand und Wasser. Dieser Mörtel hat eine hohe Festigkeit von mindestens 10 MPa (N/mm^2), also M10.
Eigenschaften:
- schnelles Abbinden,
- wetterfest,
- hart, spröde, Rissgefahr.

Einsatz:
- Schachtbauwerke,
- Gewölbe, Pfeiler,
- hoch belastete tragende Wände,
- Sockel- und Verblendmauerwerk,
- bewehrtes Mauerwerk.

30. Sie sollen mit NF-Klinkern Sichtmauerwerk herstellen. Wie viele Binder, Läufer bzw. Schichten ergeben jeweils ein Baurichtmaß von:
a) 25 cm,
b) 1,00 m.

	Binder	Läufer	Schichten
a)	2	1	3
b)	8	4	12

31. Die Nennmaße auf der Bauzeichnung ergeben sich jeweils aus den Achtelmetermaßen (1 am = 12,5 cm), unter Berücksichtigung der Fugen. Beschreiben Sie für folgende Nennmaße die Bildung des Maßes und je ein Beispiel, wo dieses vorkommen kann:
a) Außenmaß,
b) Innenmaß,
c) Anbaumaß.

a) Außenmaß:
Außenmaß = ... · am – 1 cm (Fuge)
z. B. Außenmaße von Gebäuden, Pfeilermaße, kurze freistehende Wände

b) Innenmaß:
Innenmaß = ... · am + 1 cm (Fuge)
z. B. Tür- und Fensteröffnungen, Rauminnenmaße

c) Anbaumaß:
Anbaumaß = ... · am +/– 0
z. B. einseitig anstoßende Wände

32. Der abgebildete Ausschnitt einer Zeichnung ist nur mit den Baurichtmaßen versehen. Bestimmen Sie für die genannten Baurichtmaße die Nennmaße und legen Sie fest, ob es sich dabei um ein Außen-, Innen- oder Anbaumaß handelt.

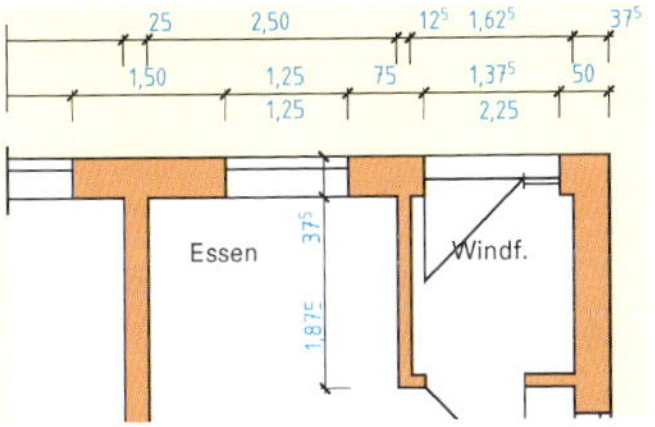

Richtmaß	Nennmaß	Maßart
12,5 cm	11,5 cm	Außenmaß
25 cm	24 cm	Außenmaß
37,5 cm	36,5 cm	Außenmaß
50 cm	49 cm	Außenmaß
75 cm	74 cm	Außenmaß
1,25 m	1,26 m	Innenmaß
1,375 m	1,385 m	Innenmaß
1,50 m	1,49 m	Außenmaß
1,625 m	1,635 m	Innenmaß
1,875 m	1,875 m	Anbaumaß
2,25 m	2,26 m	Innenmaß
2,50 m	2,51 m	Innenmaß

33. Eine aus elf Schichten Großformatsteinen gemauerte Wand soll auf der Außenseite eine Verklinkerung erhalten. Wie viele Schichten DF-, NF- bzw. 2DF-Klinker werden dafür benötigt?

DF = 44 Schichten
NF = 33 Schichten
2DF = 22 Schichten

34. Benennen Sie die drei Fugenarten und geben Sie die Fugenmaße an.

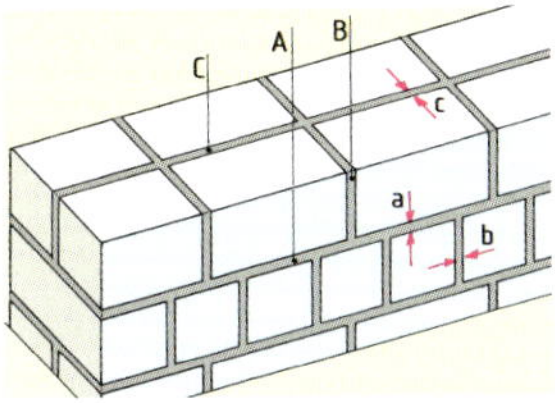

A – Lagerfuge
B – Stoßfuge
C – Längsfuge
a – 1,2 cm
b – 1,0 cm
c – 1,0 cm

35. Nennen Sie vier wichtige Werkzeuge zum Mauern und erklären Sie, wozu sie verwendet werden.

1. **Maurerkelle** – Auftragen des Mörtels.
2. **Wasserwaage** – Kontrolle, ob das Mauerwerk waagerecht bzw. senkrecht ist.
3. **Maurerhammer** – Schlagen von Teilstücken.
4. **Maurerschnur** – Einhalten der Flucht zwischen den Mauerecken.

36. Welche Arbeitsgänge sind beim Mauern zum Setzen eines Steines erforderlich?

1. Stein mit einer Hand greifen.
2. Stoßfuge am Stein anbringen.
3. Lagerfuge aufbringen und verteilen.
4. Stein setzen und ausrichten.
5. Vorquellenden Mörtel sauber abstreichen und auf Lagerfuge geben.

37. Welche max. Masse dürfen folgende Mauersteine haben:
a) Einhandstein ohne Griffschlitz,
b) Einhandstein mit Griffschlitz,
c) Zweihandstein?

a) 6 kg
b) 7,5 kg
c) 25 kg

38. Die Verzahnung (das „Überbindemaß" = *ü*) verhindert die Bildung durchgehender Risse bei der Belastung der Wand.
a) Wie groß muss *ü* mindestens sein?
b) Ermitteln Sie *ü* für eine Steinhöhe von 7,1 cm, 11,3 cm und 23,8 cm.

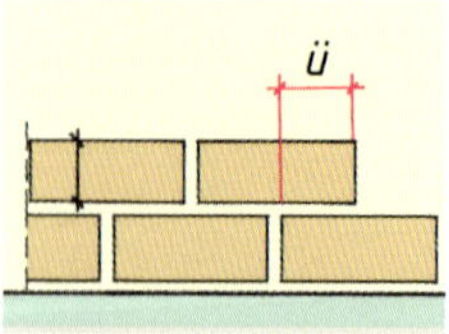

Mindest-Überbindemaß = 0,4 · Steinhöhe
Für die Steinhöhe 7,1 cm folgt:
$ü = 0{,}4 \cdot 7{,}1 \text{ cm} = 3 \text{ cm}$,
also mind. **½ am**
Für die Steinhöhe 11,3 cm folgt:
$ü = 0{,}4 \cdot 11{,}3 \text{ cm} = 4{,}5 \text{ cm}$,
also mind. **½ am**
Für die Steinhöhe 23,8 cm folgt:
$ü = 0{,}4 \cdot 23{,}8 \text{ cm} = 9{,}5 \text{ cm}$,
also mind. **1 am**

39. Nennen Sie sieben Regeln, die beim Mauern einer Wand immer zu berücksichtigen sind.

1. Die Schichten müssen immer waagerecht liegen.
2. Es sind möglichst viele ganze Steine zu verwenden.
3. Bei heißem Wetter die Steine vornässen, damit sie dem Mörtel nicht das Abbindewasser entziehen.
4. Mauerwerk immer lot- und fluchtrecht herstellen.
5. Vollfugig mauern.
6. Mittelformatige Steine werden zusammen mit kleinformatigen Steinen verwendet.

→

7. Niemals verschiedene Steinarten (Ziegel mit KS-Steinen oder Porenbetonsteinen) gemeinsam in einer Wand verwenden.

40. Wie heißt der typische Mauerwerksverband, der in einer 11,5er-Wand verwendet wird? Nennen Sie die Verbandsregeln zum Mauern einer 11,5er-Wand mit NF- oder 2DF-Steinen.

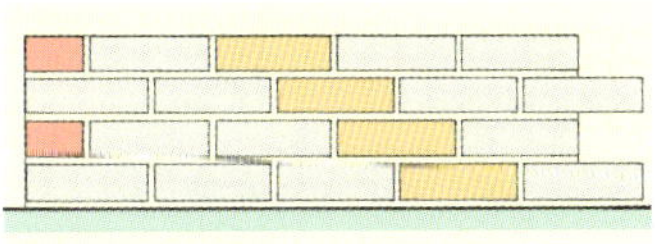

Die 11,5er-Wand wird im Läuferverband erstellt.

- Am Wandende wechseln sich je ein ganzer und ein halber Stein ab.
- Das Überbindemaß beträgt generell 1 am.
- An Ecken zeigt der Läufer abwechselnd in die eine bzw. andere Wand.
- An Wandkreuzungen werden zur Vermeidung von Kreuzfugen zwei ¾-Steine eingesetzt.

41. Was versteht man unter einem „umgeworfenen Verband"?

Im Regelfall sollten die Maße des Mauerwerkes entsprechend der Baurichtmaße in ganzzahligen am-Maßen herstellbar sein. Ein umgeworfener Verband entsteht, wenn die Länge einer Wand mit ½ am aufhört. Hier wird z. B. in der 11,5er-Wand statt ½-Stein ein ¾-Stein und vor dem ganzen ein ¼-Stein eingebaut.

42. Skizzieren Sie den dargestellten Wandabschnitt einer 11,5er-Wand zweimal auf kariertes Papier (1 Kästchen = 1 am) und tragen Sie die Steine der ersten und zweiten Schicht im Läuferverband ein.

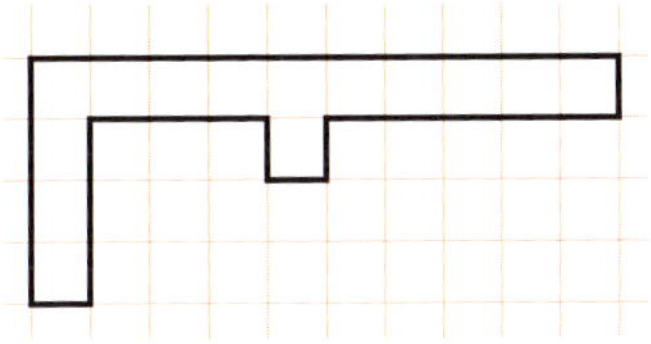

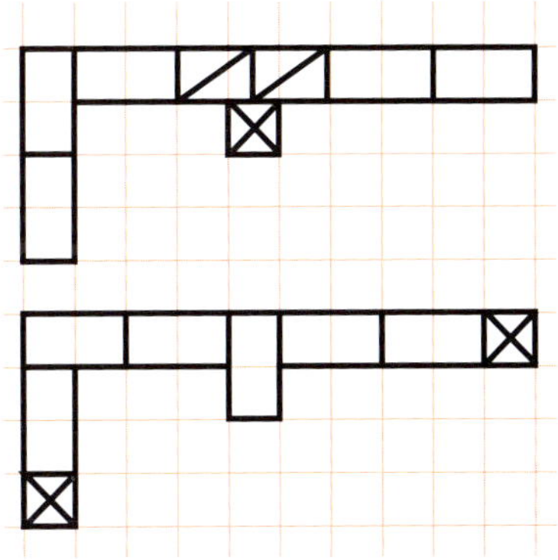

43. Skizzieren Sie den dargestellten Wandabschnitt einer 11,5er-Wand zweimal auf kariertes Papier (1 Kästchen = 1 am) und tragen Sie die Steine der ersten und zweiten Schicht im Läuferverband ein.

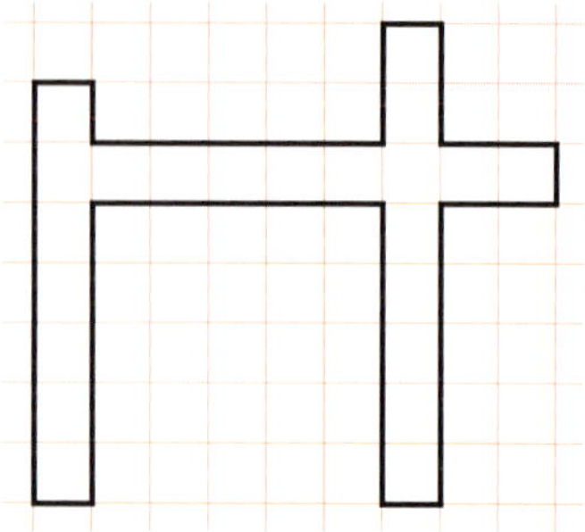

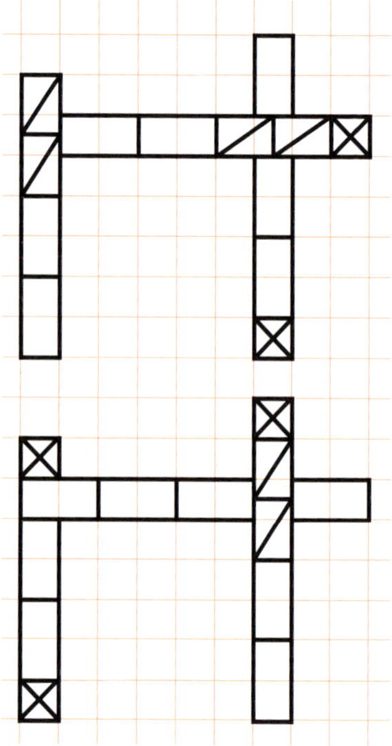

44. Nennen Sie die beiden typischen Mauerwerksverbände zur Herstellung einer 24er-Wand mit kleinformatigen Steinen. Worin unterscheiden sich die Verbände?

Blockverband:
- Binder liegen senkrecht übereinander,
- Läufer liegen senkrecht übereinander,
- regelmäßige Verzahnung,
- unregelmäßige Abtreppung.

Kreuzverband:
- Binder liegen senkrecht übereinander,
- Läufer sind senkrecht um 1 am versetzt,
- unregelmäßige Verzahnung,
- regelmäßige Abtreppung.

45. Nennen Sie die vier Regeln zum Mauern einer mindestens 24er-Wand mit kleinformatigen Steinen.
Was ist beim Kreuzverband zusätzlich zu beachten?

1. Läufer- und Binderschichten wechseln sich ab.
2. Die Läuferschicht beginnt mit so viel ¾-Steinen, wie die Wand ½-Steine dick ist.
3. An Kreuzungen und Einbindungen geht immer die Läuferschicht durch, die Binderschicht schließt an.
4. Überbindemaß generell ½ am.

Beim Kreuzverband wird in jeder 2. Läuferschicht gleich nach den ¾-Steinen ein ½-Stein (Binder) eingebaut, der alle weiteren Läufer um 1 am verschiebt.

46. Skizzieren Sie den dargestellten Wandabschnitt einer 24er-Wand zweimal auf kariertes Papier (1 Kästchen = 1 am) und tragen Sie die NF-Steine der ersten und zweiten Schicht im Blockverband ein.

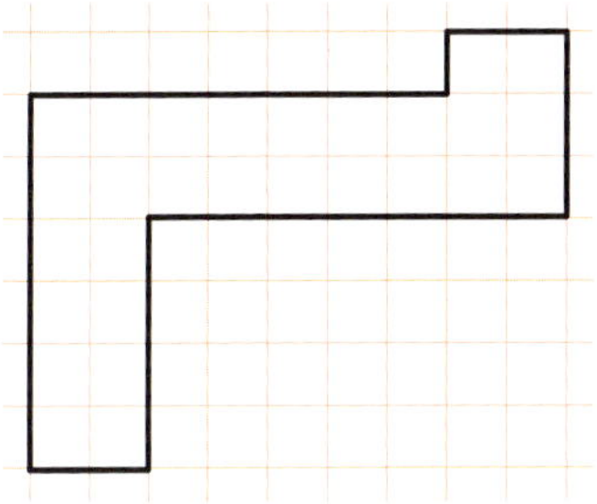

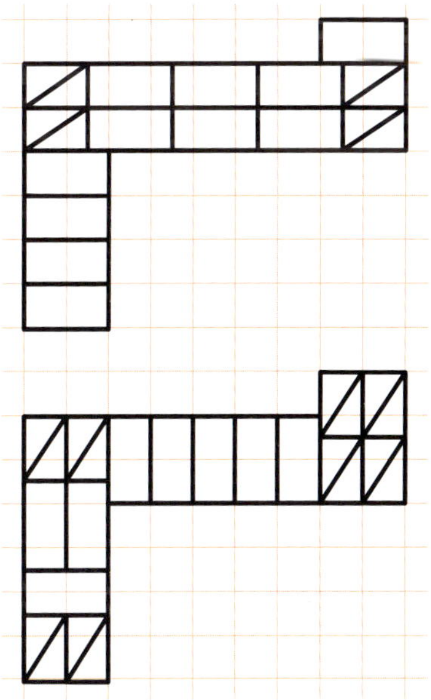

47. Skizzieren Sie den dargestellten Wandabschnitt einer 24er-Wand zweimal auf kariertes Papier (1 Kästchen = 1 am) und tragen Sie die NF-Steine der ersten und zweiten Schicht im Blockverband ein.

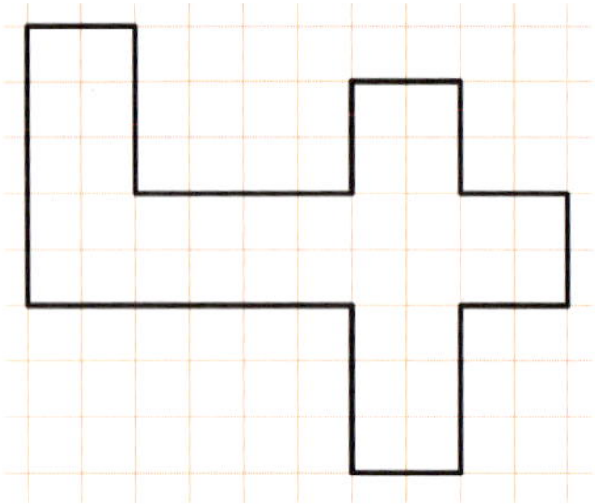

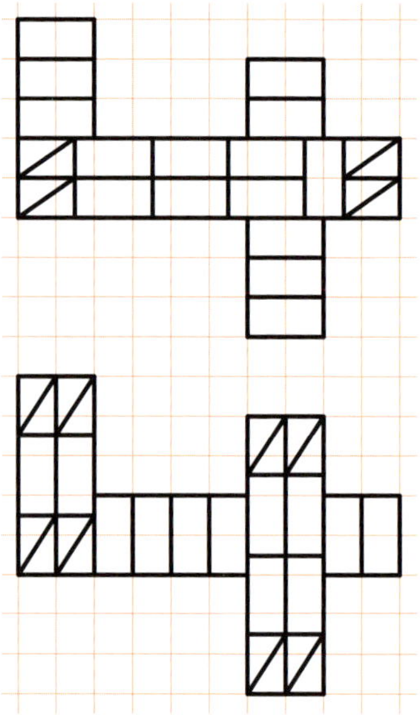

48. Nennen Sie drei Arten der Stoßfugenausbildung beim Mauern mit großformatigen Steinen.

1. Stein mit Nut und Feder – ohne Mörtel.
2. Stein mit Mörteltasche – keine Stoßfuge, Mörteltasche wird gefüllt.
3. Stein mit Mörteltasche – beidseits Stoßfugen, Mörteltasche bleibt leer.

49. Welche Besonderheit ist beim Mauern einer 36,5er-Wand mit kleinformatigen Steinen zu berücksichtigen?

Die Wandstärke ist zu groß, um normale Binder zu verwenden. Daher sind auf der Sichtseite (Außenseite) die Läufer- und Binderschichten sichtbar, dahinter jedoch die jeweils andere Schicht. Am Wandende werden in der Binderschicht statt Binder je zwei ¾-Steine gesetzt. Alle anderen in **45.** genannten Regeln behalten ihre Gültigkeit.

50. Welche Schäden können entstehen, wenn die Abdichtung eines Bauwerkes gegen aufsteigende Feuchtigkeit beschädigt oder fehlerhaft ausgeführt wird?

- Durchfeuchtung des Mauerwerkes,
- Ausblühungen,
- Putzschäden,
- Abplatzungen des Betons durch Bewehrungskorrosion,
- Schimmelbildung.

51. Nennen Sie Baustoffe, die zur Abdichtung eines Gebäudes gegen Erdfeuchte verwendet werden können.

- Bitumenbahnen
- Polymerbitumenbahnen
- Kunststoff- und Elastomerbahnen
- Bitumendickbeschichtungen
- Gussasphalt
- Asphaltmastix
- mineralische Dichtungsschlämmen (MDS)

52. Unter der Bodenplatte eines Gebäudes wird eine etwa 15 cm dicke Kiesschicht eingebracht. Wozu dient diese Schicht?

Der Kies dient als „kapillarbrechende Schicht". Besonders im bindigen Boden steigt in den sehr engen Hohlräumen Bodenfeuchte auf, die zu einer Durchfeuchtung des Betons führen kann. Der Kies unterbricht das Aufsteigen des Wassers, sodass die Bodenplatte stets trocken bleibt.

53. Erläutern Sie, um welche Maße es sich bei OKD, UKD, RFB, FFB sowie A … D handelt, und warum einige Dreiecke nicht ausgemalt sind.

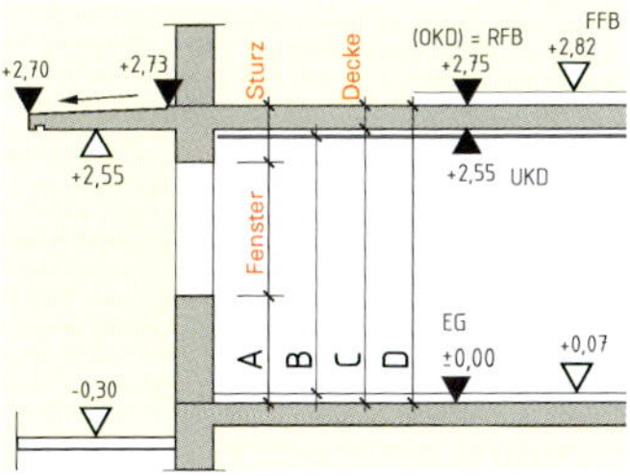

Abkürzung	Maßbezeichnung
OKD	Oberkante (Roh-) Decke
UKD	Unterkante (Roh-) Decke
RFB	Höhe Rohfußboden
FFB	Höhe fertiger Fußboden
A	Brüstungshöhe (BRH)
B	Lichte Höhe
C	Lichte Rohbauhöhe
D	Geschosshöhe

Die nicht ausgemalten Dreiecke bezeichnen Höhen, die im fertig gestellten Zustand des Gebäudes eingehalten werden müssen (Fertighöhen).

54. Eine Treppe ist in der Bauzeichnung mit der Bemaßung 12 × 172/280 versehen. Erklären Sie, was damit gemeint ist.

12 – Anzahl der Steigungen, d. h. 11 Stufen und die Steigung aufs nächste Podest
172 – Steigung (172 mm)
280 – Auftritt (280 mm), ohne etwaige Unterschneidungen

55. Grundrisszeichnungen von Bauwerken sind im Regelfall mit mindestens drei Maßketten versehen. Erklären Sie, welche Maße auf den Maßketten zu finden sind.

1. Maßkette (am Gebäude):
   Alle Rohbaumaße an der Gebäudeaußenseite, wie
   - Tür- und Fensteröffnungen,
   - Wandlängen,
   - Pfeiler.
2. Maßkette:
   Alle Rohbaumaße im Inneren des Gebäudes, wie
   - Raumlängen und -breiten,
   - Wandstärken.
3. Maßkette (ganz außen angebracht):
   - Das Gesamtmaß des Bauwerkes.

56. Welche Baustoffe werden in Bauzeichnungen mit den abgebildeten Schraffuren dargestellt?

Schraffur	Baustoff
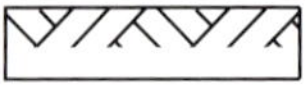	

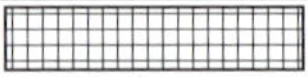	

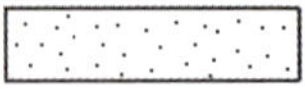	

Schraffur	Baustoff
	Natürlicher Boden
	Mauerwerk aus künstlichen Steinen
	Unbewehrter Beton
	Stahlbeton
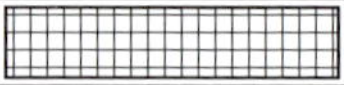	Betonfertigteile
	Dichtungsschichten
	Dämmschichten
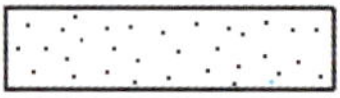	Putzschichten

57. Auf Bauzeichnungen werden häufig Kurzzeichen verwendet. Erklären Sie, worum es sich bei folgenden Kurzzeichen handelt: UG, EG, OG, DG, UK, OK, OKG, Stg, BRH, HKN, WD, WS, DD, DA, m ü. NHN.

UG – Untergeschoss
EG – Erdgeschoss
OG – Obergeschoss
DG – Dachgeschoss
UK – Unterkante
OK – Oberkante
OKG – Oberkante Gelände
Stg – Steigung
BRH – Brüstungshöhe
HKN – Heizkörpernische
WD – Wanddurchbruch
WS – Wandschlitz
DD – Deckendurchbruch
DA – Deckenaussparung
m ü. NHN – Meter über Normalhöhennull

Lernfeld 3
Fachmathematik

1. Ein Vollziegel darf maximal einen Lochanteil von 15 % der Lagerfläche aufweisen. Der dargestellte 2DF-Ziegel hat 10 quadratische Löcher. Wie groß dürfen die Löcher höchstens sein?

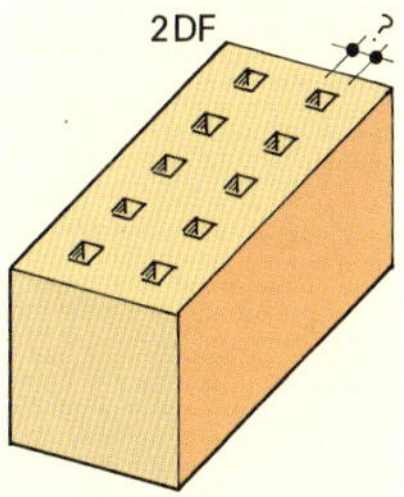

Lagerfläche des Ziegels:

$$A_{\text{Lagerfläche}} = l \cdot b = 24\,\text{cm} \cdot 11{,}5\,\text{cm} = \underline{276\,\text{cm}^2}$$

Maximal möglicher Lochanteil:

$$A_{\text{Lochanteil}} = A_{\text{Lagerfläche}} \cdot 0{,}15 = 276\,\text{cm}^2 \cdot 0{,}15$$

$$A_{\text{Lochanteil}} = \underline{41\,\text{cm}^2}$$

Maximale Lochgröße:

$$A_{\text{Loch}} = \frac{41\,\text{cm}^2}{10\ \text{Löcher}} = 4{,}1\,\text{cm}^2$$

$$l = b = \sqrt{4{,}1\,\text{cm}^2} = \underline{\underline{2\,\text{cm}}}$$

Die Löcher dürfen also nicht größer als $\underline{\underline{2 \times 2\ \text{cm}}}$ sein.

2. Wie groß ist der Lochanteil des dargestellten 2DF-Hochlochziegels (HLzA), wenn die Größe der Löcher 1,5 × 1,5 cm beträgt?

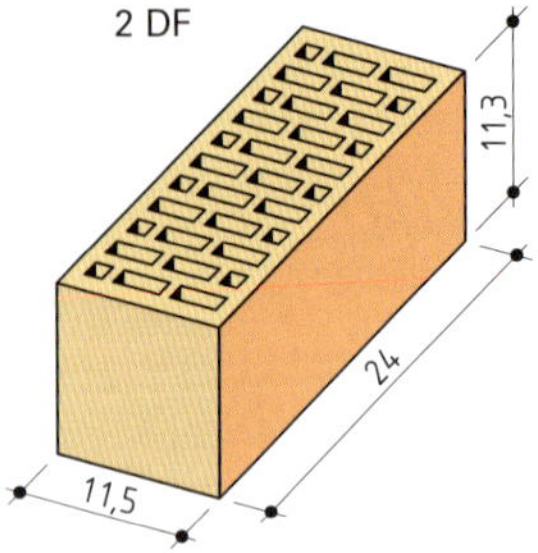

Lagerfläche des 2DF-Ziegels:

$A_{\text{Lagerfläche}} = l \cdot b = 24\,\text{cm} \cdot 11{,}5\,\text{cm} = \underline{276\,\text{cm}^2}$

Fläche der Löcher:

$A_{\text{Lochanteil}} = 45\ \text{Löcher} \cdot (1{,}5\,\text{cm} \cdot 1{,}5\,\text{cm})$

$A_{\text{Lochanteil}} = \underline{101{,}25\,\text{cm}^2}$

Lochung in %:

$$p\,\% = \frac{101{,}25\,\text{cm}^2}{276\,\text{cm}^2} \cdot 100\,\%$$

$p\,\% = \underline{\underline{36{,}7}}$

3. Ein Ziegel hat eine Rohdichteklasse von 1,4. Wie schwer ist ein 5DF-Stein maximal?

Rohdichteklasse 1,4:

$\varrho = 1{,}201 \ldots 1{,}4\,\text{kg/dm}^3$

Volumen des Steins:
5 DF = 30,0 cm · 24,0 cm · 11,3 cm

$V = 3\,\text{dm} \cdot 2{,}4\,\text{dm} \cdot 1{,}13\,\text{dm} = \underline{8{,}136\,\text{dm}^3}$

Masse:

$m = \varrho \cdot V = 1{,}4\,\text{kg/dm}^3 \cdot 8{,}136\,\text{dm}^3$

$m = \underline{\underline{11{,}4\,\text{kg}}}$

4. Ein 8DF-Stein wiegt 19,2 kg. Welcher Rohdichteklasse ist dieser Stein zuzuordnen?

Volumen des Steins:
8 DF = 24,0 cm · 24,0 cm · 23,8 cm

$V = 2{,}4\,\text{dm} \cdot 2{,}4\,\text{dm} \cdot 2{,}38\,\text{dm} = \underline{13{,}709\,\text{dm}^3}$

Rohdichteklasse:

$$\varrho = \frac{m}{V} = \frac{19{,}2\,\text{kg}}{13{,}709\,\text{dm}^3}$$

$\varrho = \underline{\underline{1{,}40\,\text{kg/dm}^3}}$

Der Stein ist der $\underline{\underline{\text{Rohdichteklasse 1,4}}}$ zuzuordnen.

5. **Berechnen Sie für die Ziegel in der Tabelle die fehlenden Werte:**

	Format	Masse	Rohdichte
a)	2 DF	?	2,2 kg/dm³
b)	3 DF	8,54 kg	?
c)	12 DF	?	1,0 kg/dm³
d)	10 DF	12,00 kg	?
e)	?	7,322 kg	0,9 kg/dm³

	Format	Masse	Rohdichte
a)	2 DF	6,86 kg	2,2 kg/dm³
b)	3 DF	8,54 kg	1,8 kg/dm³
c)	12 DF	20,85 kg	1,0 kg/dm³
d)	10 DF	12,00 kg	0,7 kg/dm³
e)	5 DF	7,322 kg	0,9 kg/dm³

6. **Welche Druckspannung muss ein 8DF-Hochlochziegel HLzA6 bei der Überprüfung im Labor mindestens aushalten?**

Druckfläche des 8DF-Steins:

$A = l \cdot b = 240\,\text{mm} \cdot 240\,\text{mm} = \underline{57\,600\,\text{mm}^2}$

Aus $\sigma = \frac{F}{A}$ folgt durch Umstellen

$F = \sigma \cdot A$

$F = 6\ \text{MPa}\ (\text{N/mm}^2) \cdot 57\,600\,\text{mm}^2 = \underline{\underline{345{,}6\,\text{kN}}}$

$(\hat{=}\ 34{,}6\,\text{t})$

7. **Ein 3DF-Kalksandstein bricht bei der Kontrolle der Druckfestigkeit im Baustofflabor unter einer Bruchlast von 480 kN. Welcher Druckfestigkeitsklasse kann der Stein zugeordnet werden?**

Druckfläche des 3DF-Steins:

$A = l \cdot b = 240\,\text{mm} \cdot 175\,\text{mm} = \underline{42\,000\,\text{mm}^2}$

$$\sigma = \frac{F}{A} = \frac{480\,000\,\text{N}}{42\,000\,\text{mm}^2} = 11{,}43\,\text{N/mm}^2 = 11{,}43\ \text{MPa}$$

Der Stein ist also der <u>Druckfestigkeitsklasse 10</u> zuzuordnen.

8. **Fünf verschiedene Kalksandsteine wurden auf ihre Druckfestigkeit untersucht. Berechnen Sie für diese Steine die in der Tabelle fehlenden Werte:**

	Format	Bruchlast	Druckfestigkeit
a)	NF	?	16 MPa
b)	3 DF	340 kN	?
c)	2 DF	?	12 MPa
d)	10 DF	295 kN	?
e)	?	576 kN	10 MPa

	Format	Bruchlast	Druckfestigkeit
a)	NF	442 kN	16 MPa
b)	3 DF	340 kN	8 MPa
c)	2 DF	331 kN	12 MPa
d)	10 DF	295 kN	4 MPa
e)	8 DF	576 kN	10 MPa

9. Sie sollen 1500 l Zementmörtel im Mischungsverhältnis MV 1: 4 mischen. Berechnen Sie den Materialbedarf bei einem Mörtelfaktor von 1,6. (Hinweis: 1 Sack Zement = 21 l, 1 Sack Kalk = 40 l)

Mischung = 1 + 4 = 5 Raumteile (RT)
1 RT = (1500 l · 1,6) : 5 = 480 l
Zement = 1 RT = 480 l : 21 l/Sack
= 23 Sack

Sand = 4 RT = 4 · 480 l = 1920 l
= 1,92 m^3

10. Berechnen Sie den Materialbedarf an Weißkalk, Zement und Sand für 780 l Mörtel der Mörtelgruppe II, M2,5, bei einem Mörtelfaktor von 1,4.

Mischung = 2 : 1 : 8, also 11 RT
1 RT = (780 l · 1,4) : 11 = 99 l
Kalk = 2 RT = 198 l : 40 l/Sack = 5 Sack
Zement = 1 RT = 99 l : 21 l/Sack = 5 Sack
Sand = 8 RT = 8 · 99 l = 792 l = 0,8 m^3

11. Ermitteln Sie jeweils den Materialbedarf an Weißkalk, Zement und Sand für die folgenden Mörtelgruppen und Mörtelmengen:

	Mörtelfaktor	Menge	MG
a)	1,4	2250 l	I
b)	1,6	650 l	II
c)	1,55	1250 l	IIa
d)	1,45	2625 l	III
e)	1,5	1640 l	II

	Weißkalk	Zement	Sand
a)	20 Sack	–	2,4 m^3
b)	5 Sack	5 Sack	0,8 m^3
c)	6 Sack	12 Sack	1,5 m^3
d)	–	36 Sack	3,0 m^3
e)	11 Sack	11 Sack	1,8 m^3

12. Der Windfang ist 2 cm dick mit Mörtel der MG I (Mörtelklasse M1), zu verputzen. Die lichte Raumhöhe beträgt 2,85 m. Berechnen Sie den Materialbedarf (Mörtelfaktor 1,4; Laibungen bleiben unberücksichtigt).

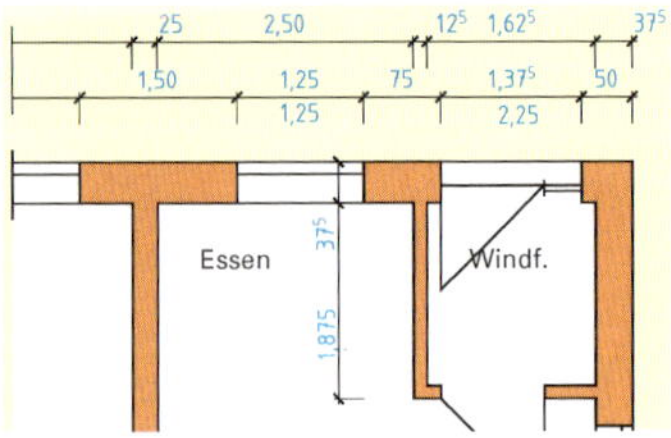

Putzfläche:
2 Wände: 1,76 m · 2,85 m = 10,03 m^2
2 Wände: 1,635 m · 2,85 m = 9,32 m^2
Tür 1: 1,01 m · 2,135 m = – 2,16 m^2
Tür 2: 1,385 m · 2,26 m = – 3,13 m^2
Gesamtfläche = 14,06 m^2

$V = A \cdot 0{,}02\ \text{m} = 0{,}281\ \text{m}^3 = 281\ \text{l}$

Mischung = 1 : 3, also 4 RT
1 RT = (281 · 1,4) : 4 = 98 l
Kalk = 1 RT = 98 l : 40 l/Sack = 3 Sack
Sand = 3 RT = 3 · 98 l = 294 l = 0,3 m^3

13. Berechnen Sie für den Zeichnungsausschnitt in Aufgabe 12. Materialmengen:

a) m^2 36,5er-Wand (3,00 m hoch),
b) Anzahl 12DF-Steine und Liter Mörtel,
c) m^2 24er-Wand (2,75 m hoch),
d) Anzahl 6DF-Steine und Liter Mörtel,
e) m^2 11,5er-Wand (2,75 m hoch),
f) Anzahl 2DF-Steine und Liter Mörtel,
g) Bedarf an Zement, Weißkalk und Sand für den Mauermörtel MG II für alle drei Wandarten (Mörtelfaktor = 1,4).

a) $A = ([1{,}49 + 1{,}26 + 0{,}74 + 1{,}385 + 0{,}49 + 2{,}125]\ \text{m}) \cdot 3{,}00\ \text{m}$
$= 7{,}49\ \text{m} \cdot 3{,}00\ \text{m} = \underline{\underline{22{,}47\ \text{m}^2}}$

b) laut Tabelle: 16,5 Steine und 38 l Mörtel pro m^2, also: <u>371 Steine und 854 l Mörtel</u>

c) $A = 2{,}50\ \text{m} \cdot 2{,}75\ \text{m} = \underline{\underline{6{,}88\ \text{m}^2}}$

d) laut Tabelle: 22 Steine und 40 l Mörtel pro m^2, also: <u>151 Steine und 275 l Mörtel</u>

e) $A = ([1{,}635 + 0{,}115 + 1{,}76]\ \text{m}) \cdot 2{,}75\ \text{m}$
$= 3{,}51\ \text{m} \cdot 2{,}75\ \text{m} = \underline{\underline{9{,}65\ \text{m}^2}}$

f) laut Tabelle: 33 Steine und 20 l Mörtel pro m^2, also: <u>318 Steine und 193 l Mörtel</u>

Mörtel gesamt = 854 l + 275 l + 193 l
= <u>1322 l</u>

g) Mischung = 2 : 1 : 8, also 11 RT
1 RT = (1322 · 1,4) : 11 = 168 l
Kalk = 2 RT = 336 l : 40 l/Sack = <u>9 Sack</u>
Zement = 1 RT = 168 l : 21 l/Sack
= <u>8 Sack</u>
Sand = 8 RT = 8 · 168 l = 1344 l
$= \underline{\underline{1{,}34\ \text{m}^3}}$

14. Eine Wand (12,50 m lang und 2,75 m hoch) soll 1,5 cm dick mit Mörtel der Mörtelgruppe II verputzt werden. Berechnen Sie den Materialbedarf an Weißkalk, Zement und Sand bei einem Mörtelfaktor von 1,6.

$V = l \cdot h \cdot d = 12{,}50\ \text{m} \cdot 2{,}75\ \text{m} \cdot 0{,}015\ \text{m}$

$V = 0{,}516\ \text{m}^3 = \underline{516\ \text{l}}$

Mischung = 2 : 1 : 8, also 11 RT
1 RT = (516 · 1,6) : 11 = 75 l
Kalk = 2 RT = 150 l : 40 l/Sack = <u>4 Sack</u>
Zement = 1 RT = 75 l : 21 l/Sack = <u>4 Sack</u>
Sand = 8 RT = 8 · 75 l = 600 l = $\underline{\underline{0{,}6\ \text{m}^3}}$

15. Aus 210 l Zement, 210 l Kalk und 1,26 m³ Sand sind 1050 l Mauermörtel der Mörtelgruppe IIa hergestellt worden.

a) Wie groß war der Mörtelfaktor (Mf)?
b) Wie groß war die Mörtelausbeute (Ma)?

→

<u>Ausgangsstoffe der Mischung:</u>
210 l + 210 l + 1260 l = <u>1680 l</u>

a)
$$\text{Mörtelfaktor} = \frac{\text{Volumen der Ausgangsstoffe}}{\text{Volumen des Mörtels}}$$
$= 1680\ \text{l} : 1050\ \text{l} = \underline{\underline{1{,}6}}$

b)
$$\text{Mörtelausbeute} = \frac{\text{Mörtelvolumen} \cdot 100\ \%}{\text{Volumen Ausgangsstoffe}}$$

→

$$= \frac{1050\,l \cdot 100\,\%}{1680\,l} = \underline{\underline{62{,}5\,\%}}$$

16. **Aus 160 l Weißkalk, 80 l Zement und 0,64 m³ Sand soll Mauermörtel der Mörtelgruppe II (M2,5) hergestellt werden. Der Mörtelfaktor beträgt 1,4.**

a) Nennen Sie das Mischungsverhältnis (MV).

b) Wie viel Mörtel ist hergestellt worden?

c) Wie groß war die Mörtelausbeute (Ma)?

Ausgangsstoffe der Mischung:
160 l + 80 l + 640 l = <u>880 l</u>

a) 1 RT = 80 l (Zement), also 2 RT Kalk und 8 RT Sand
Mischungsverhältnis = <u>2 : 1 : 8</u>

b) $\text{Mörtel} = \frac{\text{Volumen der Ausgangsstoffe}}{\text{Mörtelfaktor}}$

$= 880\,l : 1{,}4 = \underline{\underline{629\,l}}$

c) $\text{Mörtelausbeute} = \frac{\text{Mörtelvolumen} \cdot 100\,\%}{\text{Volumen Ausgangsstoffe}}$

$$= \frac{629\,l \cdot 100\,\%}{880\,l} = \underline{\underline{71{,}5\,\%}}$$

17. **Berechnen Sie die in der Tabelle fehlenden Werte.**

	$V_{Ausgangsstoffe}$	$V_{Mörtel}$	Mf	Ma
a)	2650 l	1710 l	?	?
b)	785 l	?	?	69,0 %
c)	?	986 l	1,4	?
d)	2730 l	?	1,6	?
e)	3135 l	2090 l	?	?

	$V_{Ausgangsstoffe}$	$V_{Mörtel}$	Mf	Ma
a)	2650 l	1710 l	1,55	64,5 %
b)	785 l	541 l	1,45	69,0 %
c)	1380 l	986 l	1,4	71,4 %
d)	2730 l	1706 l	1,6	62,5 %
e)	3135 l	2090 l	1,5	66,7 %

18. **Auf die Baustelle werden 5 t Sand geliefert (Rohdichte = 1,85 t/m³), Zement ist ausreichend vorhanden. Wie viel l Mörtel MG III können bei einem Mörtelfaktor von 1,4 gemischt werden?**

$$V = \frac{m}{\varrho} = \frac{5\,t}{1{,}85\,t/m^3} = 2{,}7\,m^3 = \underline{2700\,l}$$

Mischungsverhältnis MG III = 1 : 4, also
Zement = 2700 : 4 = <u>675 l</u>
Ausgangsstoffe = 675 l + 2700 l = 3375 l
Mörtel = 3375 l : 1,4 = <u>2411 l</u>

19. Auf der Baustelle sind noch 31 Sack Weißkalk je 40 l, 41 Sack Zement je 21 l und etwa 15 t Sand vorhanden.
Für das zu erstellende Mauerwerk wird nach Zeichnung und Tabelle 7070 l Mauermörtel der MG II (M2,5) benötigt. Reicht das Material für diesen Arbeitsauftrag? (Mörtelfaktor = 1,4)

Benötigte Ausgangsstoffe
= 1,4 · 7070 l = 9898 l
MG II; also
Mischung = 2 : 1 : 8, d. h. 11 RT
1 RT = 9898 : 11 = 900 l
Kalk = 2 RT = 1800 l : 40 l/Sack = 45 Sack
Zement = 1 RT = 900 l : 21 l/Sack = 43 Sack
Sand = 8 RT = 8 · 900 l = 7200 l = $7{,}2\ m^3$
$m = 1{,}85\ t/m^3 \cdot 7{,}2\ m^3 = 13{,}32\ t$
Es fehlen 14 Sack Kalk sowie 2 Sack Zement; Sand ist genug vorhanden.

20. Sie sollen den Keller eines Einfamilienhauses mauern. Nach Zeichnung und Tabelle werden dafür 8640 l Mauermörtel der MG IIa (M5) benötigt. Eine Palette mit 50 Sack Zement je 21 l und 20 t Sand ist schon angeliefert worden. Vom Weißkalk sind noch 28 Sack von der vorherigen Baustelle übriggeblieben. Wie viel Material muss noch zur Herstellung des Mörtels bestellt werden? (Mörtelfaktor = 1,5; Sand = 1,85 t/m³)

Benötigte Ausgangsstoffe
= 1,5 · 8640 l = 12 960 l
MG IIa; also
Mischung = 1 : 1 : 6, d. h. 8 RT
1 RT = 12 960 l : 8 = 1620 l
Kalk = 1 RT = 1620 l : 40 l/Sack = 41 Sack
Zement = 1 RT = 1620 l : 21 l/Sack = 81 Sack
Sand = 6 RT = 6 · 1620 l = 9720 l = $9{,}72\ m^3$
$m = 1{,}85\ t/m^3 \cdot 9{,}72\ m^3 = 17{,}98\ t$
Es müssen noch mindestens 13 Sack Kalk und 31 Sack Zement bestellt werden, Sand ist genug vorhanden.

21. Die Fassade eines Einfamilienhauses ist mit NF-Klinkern im Läuferverband zu verkleiden. Geben Sie folgende Maße ($l \cdot h$) exakt an:
a) Fensteröffnung 8 Läufer lang und 15 Schichten hoch,
b) angebaute Wand 5 Läufer lang und 36 Schichten hoch,
c) Wand zwischen Tür und Fenster 6 Läufer lang und 33 Schichten hoch.

a) Öffnung = Innenmaß, also am-Maß + 1 cm
$l = 8 \cdot 25\ cm + 1\ cm = 2{,}01\ m$
3 Schichten NF = 25 cm, also
$h = 15 : 3 \cdot 25\ cm = 1{,}25\ m + 1\ cm = 1{,}26\ m$

b) Anbaumaß = am-Maß +/– 0
$l = 5 \cdot 25\ cm = 1{,}25\ m$
$h = 36 : 3 \cdot 25\ cm = 3{,}00\ m$

c) Zwischenwand = Außenmaß, also am-Maß – 1 cm
$l = 6 \cdot 25\ cm - 1\ cm = 1{,}49\ m$
$h = 33 : 3 \cdot 25\ cm = 2{,}75\ m$

22. **Die Fassade eines Einkaufszentrums soll mit 2DF-Kalksandsteinen verklinkert werden. Ermitteln Sie die Abmessungen dieser Bauwerksteile:**

	Bauwerksteil	Läufer	Schichten
a)	Fassade	124	96
b)	Fenster	13	12
c)	Pfeiler	3	30
d)	Fenster	8	9
e)	Tür	10	18

	Bauwerksteil	Länge	Höhe
a)	Fassade	30,99 m	12,00 m
b)	Fenster	3,26 m	1,51 m
c)	Pfeiler	0,74 m	3,75 m
d)	Fenster	2,01 m	1,135 m
e)	Tür	2,51 m	2,26 m

23. **Ein mit DF-Klinkern verblendetes Zweifamilienhaus hat folgende Abmessungen:**

	Abmessung	L	S
a)	Länge = 14,49 m		
b)	Breite = 8,24 m		
c)	Pfeilerbreite = 49 cm		
d)	Fensterhöhe = 1,26 m		
e)	Türbreite = 1,01 m		

		L	S
a)		58	–
b)		33	–
c)		2	–
d)		–	20
e)		4	–

Berechnen Sie die erforderliche Anzahl an Läufern (L) und Schichten (S).

Lernfeld 4
Herstellen eines Stahlbetonbauteiles

1. Erklären Sie die Begriffe
a) Beton,
b) Zement,
c) Zementklinker,
d) Zementleim,
e) Zementstein.

a) Beton ist ein künstlicher Baustoff, hergestellt aus einem Gemisch von Zement, Wasser und abgestufter Gesteinskörnung.
b) Zement ist ein fein gemahlenes hochhydraulisches Bindemittel zur Herstellung von Mörtel und Beton.
c) Zementklinker ist das Zwischenprodukt bei der Herstellung von Zement, aus dem der Zement fein aufgemahlen wird.
d) Zementleim ist das Wasser-Zement-Gemisch beim Anmachen des Zementes.
e) Zementstein ist der ausgehärtete Zementleim im Festbeton.

2. Beschreiben Sie die technische Herstellung von Zement.

Die Ausgangsstoffe Kalkstein und tonhaltiges Gestein werden gebrochen, gemahlen und im Verhältnis von 3 : 1 (Kalk : Ton) gemischt. Das Gemisch wird dann im Drehrohrofen bei etwa 1450 °C bis zur Sinterung (zum Schmelzen) gebrannt, wobei kleine Kugeln (Zementklinker) entstehen. Diese werden mit etwa 3 % Gips zu Zement fein aufgemahlen.

3. Welchen Einfluss hat die Mahlfeinheit des Zementes auf die Eigenschaften des Betons?

Je feiner der Zement aufgemahlen ist, desto größer ist seine Reaktionsoberfläche bei der Reaktion mit Wasser. Das führt zu
- schnellerer Abbindereaktion,
- höherer Betonfestigkeit,
- höherer Wärmeentwicklung.

4. Was versteht man unter dem Begriff „*w*/*z*-Wert" und welchen Einfluss hat er auf die Betoneigenschaften?

Der *w*/*z*-Wert sagt aus, wie viel Wasser bezogen auf die Zementmenge in der Mischung enthalten ist, gibt also deren Massenverhältnisse an:

$$w/z = \frac{w}{z} = \frac{\text{Wassermenge}}{\text{Zementmenge}}$$

Zum vollständigen Abbinden braucht der Zement etwa 40 % seiner Masse an Wasser (*w*/*z* = 0,4). Alles überschüssige Wasser verdunstet und hinterlässt im Beton Hohlräume. Das führt zu

- geringerer Druckfestigkeit,
- Undichtheit/eindringendem Wasser,
- Frostempfindlichkeit.

5. Welche Folgen hat ein zu geringer *w*/*z*-Wert für die Betonqualität?

Teile des in der Mischung vorhandenen Zementes können, weil das Wasser fehlt, chemisch nicht abbinden. Der Beton erreicht nicht die nötige Festigkeit.

6. Nennen Sie die fünf Hauptgruppen der Normalzemente (DIN EN 197-1) und das jeweilige Kurzzeichen.

Zementgruppe	Kurzzeichen
Portlandzement	CEM I
Portlandkompositzement	CEM II
Hochofenzement	CEM III
Puzzolanzement	CEM IV
Kompositzement	CEM V

7. Ein Zement trägt die Lieferbezeichnung „CEM I 32,5 R". Um welchen Zement handelt es sich?

CEM I: Portlandzement
32,5: Druckfestigkeitsklasse 32,5 MPa (N/mm^2)
R: hohe Anfangsfestigkeit (R = „rapid")

8. Erläutern Sie, um welchen Zement es sich bei dieser Lieferbezeichnung handelt: „CEM II/B-S 32,5 – LH"

CEM II: Portlandkompositzement
B: Mischung (Anteil der Zumahlstoffe) (A = max. 20 % Zumahlstoffe, B = max. 35 % Zumahlstoffe)
S: Zumahlstoff Sand, also gemahlene Hochofenschlacke (= „Hüttensand")
32,5: Druckfestigkeitsklasse 32,5 MPa (N/mm^2)
LH: niedrige Wärmeentwicklung (low heat)

9. Nennen Sie fünf Zumahlstoffe, die in Zementen verwendet werden, und ihre Kurzzeichen.

Zumahlstoff	Kurzzeichen
Hüttensand	S
Puzzolan	P
Flugasche	V
Kalkstein	L
Ölschiefer	T

10. Nach welcher Dauer werden Zemente auf ihre Festigkeit überprüft:
a) Anfangsfestigkeit,
b) Normfestigkeit?

a) in der Regel nach 2 Tagen (Ausnahme CEM 32,5N nach 7 Tagen)
b) nach 28 Tagen

11. In welche Druckfestigkeitsklassen werden Zemente unterschieden?
Welche Farbe haben die jeweiligen Zementsäcke?

32,5 MPa (N/mm^2): hellbraun
42,5 MPa (N/mm^2): hellgrün
52,5 MPa (N/mm^2): rot

12. Nennen Sie mindestens fünf Zusatzbezeichnungen für Zemente.

1. N: übliche Anfangsfestigkeit
2. R: hohe Anfangsfestigkeit
3. L. niedrige Anfangsfestigkeit (nur CEM III)
4. LH: niedrige Hydratationswärme
5. SR: hoher Sulfatwiderstand
6. NA: niedriger wirksamer Alkaligehalt
7. FE: mit frühem Erstarren
8. SE: schnell erstarrender
9. HO: mit erhöhtem Anteil an organischen Zusätzen

13. Welche Betoneigenschaften lassen sich durch die Wahl des Zementes beeinflussen?

- Druckfestigkeit durch die Zementart und Druckfestigkeitsklasse,
- Abbindegeschwindigkeit durch Verwendung von N- oder R-Zemente,
- Wärmeentwicklung beim Abbinden durch LH-Zemente,
- Korrosionsschutz der Bewehrung (pH-Wert) durch Verwendung von CEM I oder CEM II/A mit hohem Ca^{2+}-Anteil,
- Chemische Beständigkeit, z. B. bei Schächten durch Verwendung von SR-Zement.

14. Welche Betoneigenschaften lassen sich durch die Wasserqualität und Wassermenge beeinflussen?

- Langlebigkeit/Festigkeit durch Verwendung von „Trinkwasserqualität", also keine gelösten organischen Stoffe oder Salze.

→ →

- Druckfestigkeit:
  zu wenig Wasser – unvollständige Reaktion und damit geringe Festigkeit,
  zu viel Wasser – Verdunstungshohlräume und dadurch geringere Festigkeit.
- Dichtheit/Frostbeständigkeit:
  Zu viel Wasser führt zu Kapillarporenbildung, wodurch Wasser später eindringen kann.

15. Welche Betoneigenschaften lassen sich durch die Gesteinskörnung beeinflussen?

- Druckfestigkeit durch:
  - druckfestes Gestein,
  - abgestuftes Korngemisch, wenig Hohlräume,
  - gute Verzahnung bei gebrochenem Gestein.
- Dichtheit/Wasserundurchlässigkeit durch:
  - abgestuftes Korngemisch,
  - wenig Hohlräume.
- Masse des Betons:
  Leichtbeton durch:
  - leichtes Gestein,
  - Ein-Korn-Gemische.

  Schwerbeton durch:
  - schweres Gestein, schwere Zusätze,
  - dichtes abgestuftes Gesteinsgefüge.

16. Bei welcher Rohdichte gilt ein Beton als „Leichtbeton", „Normalbeton" bzw. „Schwerbeton"?

Beton	**Rohdichte kg/dm³**
Leichtbeton	$\leq 2{,}0$
Normalbeton	$> 2{,}0 \leq 2{,}6$
Schwerbeton	$> 2{,}6$

17. Nennen Sie mögliche Gesteine, die für die Herstellung eines Leicht-, Normal- bzw. Schwerbetons geeignet sind.

Leichtbeton	**Normalbeton**	**Schwerbeton**
– Naturbims – Hüttenbims – Blähton – Blähschiefer	– Kiessand – Granit – Kalkstein	– Basalt – Schwerspat – Magnetit

18. Nennen Sie mögliche Recyclingmaterialien, die für die Herstellung eines Leicht-, Normal- bzw. Schwerbetons geeignet sind.

Leichtbeton	Normalbeton	Schwerbeton
– Kunststoffgranulat – Ziegelsplitt	– Betonsplitt – Hochofenschlacke	– Stahlschrott

19. Welche nachteilige Wirkung haben Feinststoffe (abschlämmbare Bestandteile) in einer Betonmischung?

Sind in der Gesteinskörnung Bestandteile mit einem Durchmesser unter 0,063 mm enthalten, so wird wesentlich mehr Zement benötigt, um alle Bestandteile der Gesteinskörnung mit Zementleim zu ummanteln. Bei normaler Zementmenge erfolgt keine ausreichende Verbindung des Gesteins, die gewünschte Druckfestigkeit wird nicht erreicht.

20. Wählen Sie jeweils aus, wie eine Gesteinskörnung beschaffen sein sollte, wenn ein möglichst dichter druckfester Beton hergestellt werden soll.

Merkmal	Beispiele
Kornform	plattig, gedrungen, kompakt, länglich
Kornoberfläche	glatt, eben, rau
Kornstruktur	dicht, druckfest, offenporig

Merkmal	Beispiele
Kornform	gedrungen, kompakt
Kornoberfläche	rau
Kornstruktur	dicht, druckfest

21. Was ist eine „Sieblinie" und wozu wird sie benötigt? Was sind „Regelsieblinien"?

Die Sieblinie gibt die Kornzusammensetzung der Gesteinskörnung in % in den einzelnen Korngrößen an. Um ein möglichst dichtes Gesteinsgerüst im Beton zu erreichen, muss viel druckfestes Größtkorn, aber auch so viel mittlere und kleine Körnung vorhanden sein, dass alle Hohlräume gefüllt sind. So ist der Zement nicht Füllstoff, sondern wirklich nur Bindemittel.

Die Regelsieblinien gelten als Vergleichswerte zur Herstellung eines solchen dichten Gesteinsgefüges. Es gibt die Regelsieblinien für die Sieblinienbereiche 0/63 mm, 0/32 mm, 0/16 mm und auch 0/8 mm.

22. Das Bild zeigt die Regelsieblinien im Kornbereich 0/32 mm.

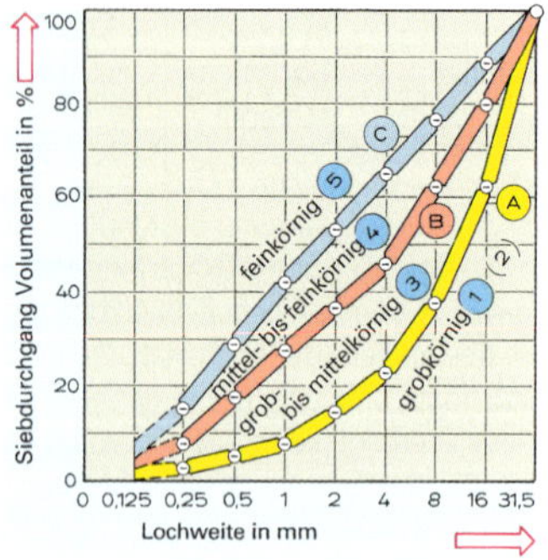

a) Erklären Sie, welche Bedeutung die Grenzsieblinie A hat.
b) Welche Bedeutung hat die Grenzsieblinie B?
c) Wie sind Gesteinskörnungen oberhalb der Grenzsieblinie C zu bewerten?

a) Grenzsieblinie A:
Jede Mischung, deren Sieblinie unterhalb dieser Grenzsieblinie verläuft, ist für die Herstellung eines Betons zu grob. Entweder hat der Beton große Hohlräume, was die Druckfestigkeit stark herabsetzt, oder die Hohlräume würden mit Zementleim gefüllt. Durch den hohen Zementeinsatz käme es zu großem Schwundmaß, großer Wärmeentwicklung und vielen Rissen.

b) Grenzsieblinie B:
Die Linie teilt den für eine Betonmischung möglichen Sieblinienbereich in einen brauchbaren und einen günstigen Bereich. Der unter der Linie liegende Bereich ist der günstige, denn hier ist möglichst viel großes Gestein, aber alle Hohlräume sind mit jeweils kleiner Körnung gefüllt. Mit geringen Zementmengen lassen sich sehr druckfeste Betonmischungen herstellen.

c) Grenzsieblinie C:
Alle Gesteinskörnungen, deren Sieblinie oberhalb der Grenzsieblinie C verläuft, sind für die Betonherstellung zu fein. Anstelle einzelner Größtkörner sind viele kleine Körner vorhanden, die alle mit Zementleim verbunden werden müssen. Durch den hohen Zementeinsatz käme es zu großem Schwundmaß, großer Wärmeentwicklung und vielen Rissen.

23. Erklären Sie folgende Begriffe:
a) Beton,
b) Stahlbeton,
c) Spannbeton,
d) Baustellenbeton,
e) Transportbeton,
f) Ortbeton,
g) Frischbeton,
h) junger Beton,
i) Festbeton.

→

a) Beton – künstlicher Baustoff aus Zement, Wasser und Gesteinskörnungen (ohne Bewehrung)
b) Stahlbeton – Beton mit schlaffer Bewehrung
c) Spannbeton – Beton mit gespannter Bewehrung
d) Baustellenbeton – auf der Baustelle gemischter Beton
e) Transportbeton – auf die Baustelle transportierter, fertig gemischter Beton

→

f) Ortbeton – auf der Baustelle frisch verarbeiteter Beton
g) Frischbeton – Beton, so lange er noch verarbeitbar ist
h) junger Beton – Beton, der erhärtet und nicht mehr verarbeitet werden kann
i) Festbeton – fertig erhärteter Beton

24. Was versteht man unter dem Begriff „Ausfallkörnung"?

In der Sieblinie fehlen eine oder mehrere Korngruppen, was zu einem unsteten Verlauf der Sieblinie führt.

25. Ein Beton trägt auf dem Lieferschein die Bezeichnung „C 30/37".
a) Wofür steht diese Bezeichnung?
b) Wann wird die Druckfestigkeitsprüfung durchgeführt?
c) Wie sieht der Probekörper aus?
d) Welche Druckfestigkeit haben die Betonprobekörper mindestens zu erbringen?

a) C – concrete (englisches Wort für Beton) 30/37 – Mindestdruckfestigkeit (Druckfestigkeitsklasse) in MPa (N/mm²).
b) Nach 28 Tagen Lagerung unter Wasser.
c) Würfel 15 × 15 × 15 cm (in Deutschland üblich) oder Zylinder $\phi = 15$ cm, $h = 30$ cm (in anderen Ländern Europas).
d) Würfeldruckfestigkeit = 37 MPa (N/mm²), Zylinderdruckfestigkeit = 30 MPa (N/mm²).

26. Was versteht man beim Frischbeton unter „Konsistenz" und wie werden verschiedene Konsistenzstufen in der Herstellung erreicht? Wofür ist die Angabe der Konsistenz wichtig?

„Konsistenz" = die Verarbeitbarkeit des Betons von sehr steif bis sehr fließfähig.

- Erreichbar durch die zugegebene Wassermenge oder die Zugabe von Fließmitteln,
- wichtig für den Einsatz der verschiedenen Verdichtungsgeräte.

27. Mit welchen Verfahren wird üblicherweise die Konsistenz des Frischbetons festgestellt?

- Ausbreitmaß (Klasse F1 bis F6),
- Verdichtungsmaß (Klasse C0 bis C4).

28. Ordnen Sie die Konsistenzen des Frischbetons den jeweiligen Konsistenzbereichen zu.

Konsistenz	F	C
sehr steif		
steif		
plastisch		
weich		
sehr weich		
fließfähig		
sehr fließfähig		

Konsistenz	F	C
sehr steif		C 0
steif	F 1	C 1
plastisch	F 2	C 2
weich	F 3	C 3
sehr weich	F 4	C 4
fließfähig	F 5	
sehr fließfähig	F 6	

29. Mit welchem Verdichtungsverfahren kann man Frischbeton der einzelnen Konsistenzbereiche verdichten?

Konsistenzbereiche	Verfahren
F 1	
F 2	
F 3	
F 4	
F 5	
F 6	

Konsistenzbereiche	Verfahren
F 1	Stampfen
F 2	Stampfen/Rütteln
F 3	Rütteln
F 4	Stochern
F 5	Stochern
F 6	(selbst verdichtend)

30. Welche Eigenschaften sind bei einem Beton mit hohem Porenvolumen zu erwarten?

- geringere Druckfestigkeit,
- geringere Rohdichte,
- wasserdurchlässig,
- frostgefährdet,
- kaum Korrosionsschutz der Bewehrung.

31. Bei welcher Betonart sind die bauphysikalischen Eigenschaften als gut (+) oder schlecht (–) zu beurteilen?

Eigenschaft	Normalbeton	Leichtbeton
Wärmeschutz		
Luftschallschutz		
Trittschallschutz		
Brandschutz		
Feuchteschutz		

Eigenschaft	Normalbeton	Leichtbeton
Wärmeschutz	–	+
Luftschallschutz	+	–
Trittschallschutz	–	–
Brandschutz	+	+
Feuchteschutz	+	–

32. Beschreiben Sie, warum die Druckfestigkeit mit steigendem *w*/*z*-Wert abnimmt.

Zum vollständigen Abbinden des Zementes genügt ein *w*/*z*-Wert von 0,4. Alles zusätzlich in die Mischung gegebene Wasser verdunstet aus dem jungen Beton und hinterlässt auf dem Weg an die Oberfläche Kapillarporen. Anstelle des Wassers bleiben im Festbeton Hohlräume zurück. Je höher der *w*/*z*-Wert, desto mehr Kapillarporen und Hohlräume hat der Beton, wodurch die Druckfestigkeit herabgesetzt wird.

33. Erklären Sie den Begriff „Expositionsklasse".

Die Expositionsklasse gibt die Gefährdungen an, denen der Festbeton im Bauwerk ausgesetzt sein wird. Entsprechend diesen Gefährdungen wird die Betonrezeptur ausgerichtet.

34. Welche Expositionsklassen weisen auf einen Angriff durch Salze oder Taumittel hin?

- XD
- XS
- XF

35. Warum wird Beton, der Salzen oder Taumitteln ausgesetzt ist, ein Luftporenbildner (LP) zugesetzt?

Der Luftporenbildner bildet im Festbeton kleine geschlossene Kugelporen. Sollte Salz in den Beton eindringen und auskristallisieren, so dehnen sich die Salze in die Hohlräume hinein aus, ohne dass der Beton durch die Volumenzunahme Risse bekommt.

36. In der Tabelle sind die typischen Gefährdungen, auf die mit den Expositionsklassen hingewiesen wird, den entsprechenden Kurzzeichen zugeordnet. Ergänzen Sie.

Kurzz.	Schädigungsvorgang
XO	?
?	Bewehrungskorrosion durch Karbonatisierung
?	Bewehrungskorrosion durch Chloride außer Meerwasser
XS	?
?	Frostangriff (mit/ohne Taumittel)
XA	?
?	Betonkorrosion durch Verschleißbeanspruchung

Kurzz.	Schädigungsvorgang
XO	Ohne Korrosions- und Angriffsrisiko
XC	Bewehrungskorrosion durch Karbonatisierung
XD	Bewehrungskorrosion durch Chloride außer Meerwasser
XS	Bewehrungskorrosion durch Chloride aus Meerwasser
XF	Frostangriff (mit/ohne Taumittel)
XA	Betonkorrosion durch chemischen Angriff
XM	Betonkorrosion durch Verschleißbeanspruchung

37. Was verstehen Sie unter „Standardbeton"?

Die Festlegung einer Betonmischung nach Tabellenwerten bei geringer Gefährdung (Exposition) und geringer Druckfestigkeitsklasse.

38. Worin unterscheiden sich
a) Beton nach Zusammensetzung,
b) Beton nach Eigenschaften,
c) Standardbeton.

→

a) Beton nach Zusammensetzung:
Der Planer (Architekt) gibt die gesamte Rezeptur des Betons (Zementgehalt, Zementfestigkeitsklasse, Zementmenge, Korngrößen, Sieblinie, Zusätze,…) vor, die Mischanlage stellt den Beton danach her.

→

b) Beton nach Eigenschaften:
Der Planer gibt nur die gewünschten Eigenschaften des Betons vor, die Mischanlage legt die dazu passende Rezeptur fest.

c) Standardbeton:
Mischung in der Mischanlage nach Tabellenwerten – nur bis maximal C16/20 und bei Expositionsklasse X0, XC1 und XC2 erlaubt.

39. Welchen Einfluss hat die Korngröße auf den erforderlichen Zementgehalt im Beton?

Je kleiner die Korngröße, desto mehr Zement muss eingesetzt werden, um alle Teile der Gesteinskörnung mit Zementleim zu ummanteln und so zu verbinden.

40. Welche Auswirkungen hat ein hoher Zementgehalt in der Mischung auf den Beton?

Je höher die eingesetzte Zementmenge, desto höher ist die Wärmeentwicklung beim Abbinden, die Schwindneigung und die Gefahr der Rissbildung nehmen zu.

41. Innerhalb welcher Frist nach der Wasserzugabe sollte Beton verarbeitet sein?

- im Regelfall max. nach 1 Stunde,
- bei warmer trockener Witterung schon nach ½ Stunde.

42. Welche Betonzusatzmittel können für die folgenden Anforderungen eingesetzt werden?
a) Erhöhung der Konsistenzstufe ohne Einsatz von zusätzlichem Wasser,
b) Beschleunigung des Abbindens,
c) Verzögerung des Abbindens,
d) Verhinderung des Entmischens beim Schütten aus großen Höhen (Wandschalungen).
Nennen Sie die Kurzzeichen und die Farbkennzeichnung des Zusatzmittels auf dem Lieferschein.

	Zusatzmittel	Zeichen	Farbe
a)	Fließmittel	FM	grau
b)	Erstarrungs-beschleuniger	BE	grün
c)	Erstarrungs-verzögerer	VZ	rot
d)	Stabilisierer	ST	violett

43. Was passiert, wenn Frischbeton beim Einbringen in die →

Die Erdanziehungskraft bewirkt bei verschieden schweren Körnungen eine unter- →

**Schalung aus größeren Höhen herabfällt?
Wie groß ist die maximal zulässige Fallhöhe?**

schiedliche Fallbewegung, wodurch der Beton sich im Fallen entmischt. Die maximale Fallhöhe sollte 1,00 m nicht übersteigen.

44. Welche Geräte kann man verwenden, um beim Einbringen des Frischbetons eine Entmischung zu vermeiden?

- Prallbleche,
- Schütttrichter/Schüttrohre,
- Krankübel mit Schüttschlauch,
- Betonpumpen mit Schlauch.

45. Wovon ist die Dicke einer Schüttlage beim Betonieren in Wandschalungen abhängig? Geben Sie Richtwerte an.

Die Schütthöhen sollten zwischen 30 cm und 50 cm betragen. Die Dicke hängt vom eingesetzten Verdichtungsgerät ab.

46. Nennen Sie vier Verdichtungsgeräte für Frischbeton.

- Innenrüttler
- Schalungsrüttler („Außenrüttler")
- Rüttelbohle
- Rütteltisch

47. Erklären Sie den Unterschied zwischen Innenrüttler und Außenrüttler. Wann wird ein Außenrüttler eingesetzt?

Innenrüttler:
Der Innenrüttler wird in den Beton eingetaucht und verdichtet den Beton direkt über die eingebrachten Schwingungen.
Außenrüttler:
Der Außenrüttler wird außen an die Schalung angebracht und angeschaltet. Er bringt die Schalung und damit auch den innen liegenden Beton zum Schwingen. Einsatz:

- nur bei dünnen Wänden, Pfeilern und Platten, da sonst die Schwingungen nicht den ganzen Betonquerschnitt erreichen,
- wenn bei dünnen Bauteilen die Bewehrung zu eng liegt, um mit dem Innenrüttler dazwischen zu verdichten.

48. Was versteht man unter der „Nachbehandlung" von Beton?

Alle Maßnahmen, die getroffen werden müssen, damit der Beton seine volle Qualität erreicht.

49. Wovor muss der „junge Beton" während der Erhärtung geschützt werden?

- Vor zu hohen Temperaturen,
- vor zu niedrigen Temperaturen/Frost,
- vor zu schneller Austrocknung,
- vor der Einwirkung von Schwingungen.

50. Auf welche Art lässt sich Beton vor zu schneller Austrocknung schützen?

- Aufsprühen von Wasser,
- Aufsprühen eines Wachsfilmes,
- Abdecken mit Folie.

51. Wovon hängt die Dauer der Nachbehandlung ab?

- Bauteilabmessungen,
- Witterung,
- Betonzusammensetzung,
- Frischbetontemperatur bzw. Wärmeentwicklung des Betons,
- Zementart,
- Festigkeitsentwicklung des Betons.

52. Im Bild ist das Dehnungsverhalten eines Betonstabstahles unter Belastung zu sehen („Spannung/Extensometer-Dehnungs-Kurve"). Beschreiben Sie, was im Abschnitt A, B bzw. C mit dem Stahl passiert.

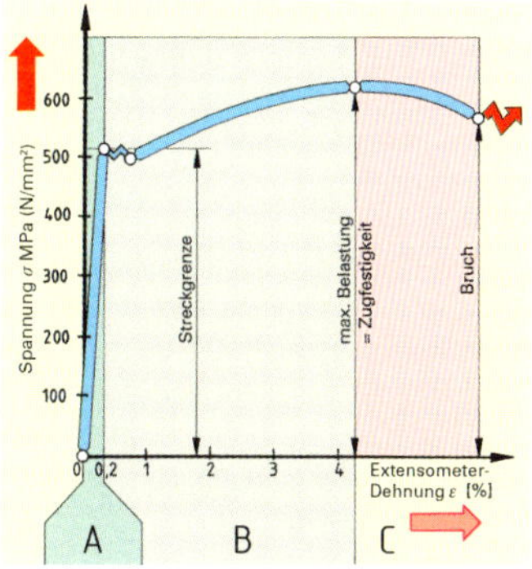

Abschnitt A:
In diesem Bereich dehnt sich der Stahl bei Belastung elastisch und geht bei Entlastung wieder in die Ausgangslänge zurück.
Abschnitt B:
Mit dem Erreichen der „Streckgrenze" wird der Stahl kalt verformt, was zu einer Gefügeveränderung führt. Der Stahl dehnt sich aus, streckt sich und geht nicht wieder auf die Ausgangslänge zurück.
Abschnitt C:
Mit dem Erreichen der maximalen Zugspannung („Zugfestigkeit") schnürt sich der Stahl im Querschnitt ein, wird nochmals länger und reißt dann.

53. Welche Festigkeit wird beim Betonstabstahl als Mindestzugfestigkeit angegeben?

Es wird die Grenze angegeben, innerhalb der sich der Stahl elastisch verhält – also die Streckgrenze.

54. Ein Betonstahl ist mit der Bezeichnung „B500A" versehen. Was bedeutet diese Bezeichnung?

B – Betonstahl
500 – Mindestzugfestigkeit = 500 MPa (N/mm²) (Streckgrenze)
A – normale Duktilität (Dehnbarkeit) kalt verformter Stabstahl

55. Erklären Sie den Unterschied zwischen:
a) Lagermatten,
b) Listenmatten und
c) Vorratsmatten.

a) Lagermatten:
Standardisierte Matten mit einer Größe von 6,00 × 2,30 m mit quadratischen (Q-Matte) oder rechteckigen (R-Matte) Stababständen.

b) Listenmatten:
Matten, die nach Stahlliste für ein bestimmtes Bauobjekt angefertigt werden – nicht standardisiert.

c) Vorratsmatten:
Großflächige Matten mit Überständen an je einer Längs- und Querseite und quadratischen Stababständen.

56. Eine Betonstahlmatte wird mit „R 335" angegeben. Beschreiben Sie den Aufbau der Matte.

Mit „R" bzw. „Q" werden Lagermatten gekennzeichnet, also ist die Matte 6,00 m lang und 2,30 m breit.
R steht für Rechteckmatte, das heißt, der Abstand der Stähle ist in Haupttragrichtung 15 cm und in der anderen Richtung 25 cm.
Die 335 sagt aus, dass in Haupttragrichtung pro m Mattenbreite 335 mm² Stahlquerschnitt zum Tragen kommen.

57. Welchen Unterschied gibt es zwischen den Betonstahlmatten „Q 188" und „B 188"?

Q ist eine Lagermatte und B ist eine Vorratsmatte. Beide haben dieselben Stabdurchmesser und Abstände und damit auch denselben tragenden Stahlquerschnitt. Die Vorratsmatte hat aber im Randbereich auf der Längs- und Querseite einseitig 2 … 3 fehlende Stäbe, um eine einfachere Übergreifung zur nächsten Matte zu gewährleisten.

58. Stahlbeton gilt als „Verbundbaustoff". Was ist damit gemeint?

Ein Verbundbaustoff besteht aus mindestens zwei verschiedenen Baustoffen, die innerhalb des Verbundbaustoffes an räumlich getrennten Stellen verschiedene Funktionen zu erfüllen haben:
Stahl – Zugfestigkeit in der Zugzone
Beton – Druckfestigkeit in der Druckzone

59. Nennen Sie einen weiteren Verbundbaustoff und seine Funktionsweise.

Beispiel Gipskarton-Bauplatte:
Karton – Außenseite als Faserbewehrung
Gips – Innen als Wandbaustoff

60. Wie heißen die im Bild mit A…D gekennzeichneten Stähle, wo müssen sie liegen und welche Funktion haben sie im Stahlbetonbalken zu erfüllen?

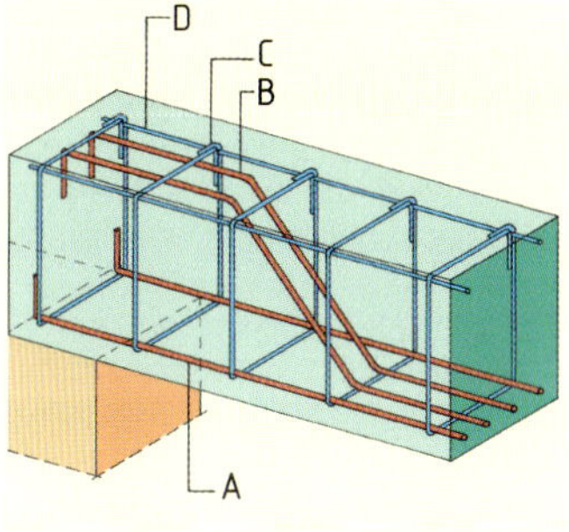

A – Tragstäbe:
Liegen in der Zugzone und nehmen die Hauptzugspannungen im Stahlbeton auf.

B – Schrägstäbe:
Liegen im Bereich von Zwischen- und Endauflagern und nehmen dort die Schubspannungen auf.

C – Bügel:
Bilden den Bewehrungskorb, liegen aber verstärkt im Bereich der Auflager, um Schubspannungen aufzunehmen und die Längsstäbe in Position zu halten.

D – Montagestäbe:
Dienen nur der Komplettierung des Bewehrungskorbes und verhindern, dass sich die Bewehrung während Transport, Einbau und Betonieren verschiebt.

61. Welche Spannungen werden im Stahlbeton von den genannten Bauteilen bzw. Baustoffen aufgenommen?

Bauteil	Spannung
Beton	?
Längstragstäbe	?
Bügel	?
Schrägstäbe	?

Bauteil	Spannung
Beton	– Druckspannung
Längstragstäbe	– Zugspannung – Querschubspannung
Bügel	– Längsschubspannung
Schrägstäbe	– Längsschubspannung – Querschubspannung

62. Nennen Sie mindestens drei Maßnahmen, die verhindern sollen, dass sich der Bewehrungsstahl bei Zugbelastung vom ummantelnden Beton löst.

1. Profilierung der Stahloberfläche.
2. Aufschweißen von Querstählen.
3. Verankerung an den Enden durch Endhaken.

63. Auf welche Art werden die Bewehrungsstäbe im Stahlbeton vor Korrosion geschützt?

- ausreichender Zementgehalt (der pH-Wert des Zementes liegt im alkalischen Bereich und verhindert die Korrosion),
- ausreichend dicke Betondeckung,
- ausreichend dichte Betondeckung.

64. Wovon ist die Dicke der Betondeckung abhängig?

- Größtkorn der Betonmischung,
- Abstände der Bewehrungsstäbe,
- Expositionsklasse.

65. Was versteht man bei der Betondeckung unter einem „Vorhaltemaß" und wie wird die auf der Baustelle einzuhaltende Betondeckung ermittelt?

Beim Einbau des Betons kann es zu Abweichungen von der planmäßigen Lage des Bewehrungsstabes kommen (z. B. stehen beim Betonieren einer Decke die Arbeiter auf der Bewehrung, wodurch sich diese durchbiegt). Das Vorhaltemaß soll derartige Toleranzen berücksichtigen und beträgt zwischen 1,0 und 1,5 cm.
Die einzuhaltende Betondeckung laut Projekt („Nennbetondeckung") setzt sich aus der Mindestbetondeckung + Vorhaltemaß zusammen, also:

$$c_{nom} = c_{min} + \Delta c$$

66. Erklären Sie die im Bild gezeigte Bezeichnung eines Bewehrungsstahles.

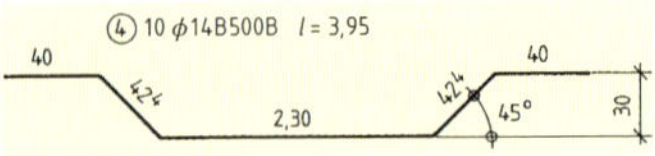

④ – Positionsnummer in Zeichnung und Stahlliste
10 – Anzahl gleicher Stäbe
ϕ 14 – Durchmesser 14 mm
B – Betonstahl
500 – Festigkeitsklasse 500 MPa (N/mm²)
B – hohe Duktilität (warm gewalzter Betonstahl)
l – Länge = 3,95 m
(entlang der Achse, also Schnittlänge)

67. Wie groß ist der Mindestabstand parallel laufender Bewehrungsstäbe?

- mind. Stabdurchmesser
- mind. 2 cm

68. Aus welchem Material werden Abstandhalter für die Sicherung der Lage der Bewehrung hergestellt? Wo werden diese bevorzugt eingesetzt?

Kunststoff:
Für die Lage der äußeren/unteren Bewehrung in allen Wand- und Deckenschalungen.
Beton:
Anstelle von Kunststoff bei Sicht- und WU-Beton (WU = wasserundurchlässig) .
Stahl:
In Form von Unterstützungen (Bügel, Körbe) für die obere Lage der Bewehrung in Deckenschalungen.

69. Benennen Sie die Einzelteile der gezeigten Schalung. Wozu dienen die einzelnen Elemente?

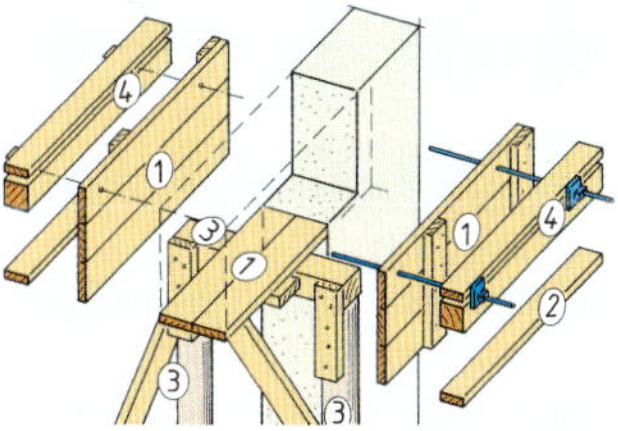

1. Schalhaut – gibt dem Beton Form und Oberflächenbeschaffenheit.
2. Drängbretter – verhindern unten das seitliche Ausweichen der Schalung durch den Betondruck.
3. Unterkonstruktion – sichert die Höhenlage und verhindert Durchbiegung unter Last.
4. Verspannung – verhindert im oberen Bereich das seitliche Ausweichen der Schalung durch den Betondruck.

70. Zeichnen Sie in die dargestellten Stahlbetonplatten die Lage der erforderlichen Hauptbewehrung ein.

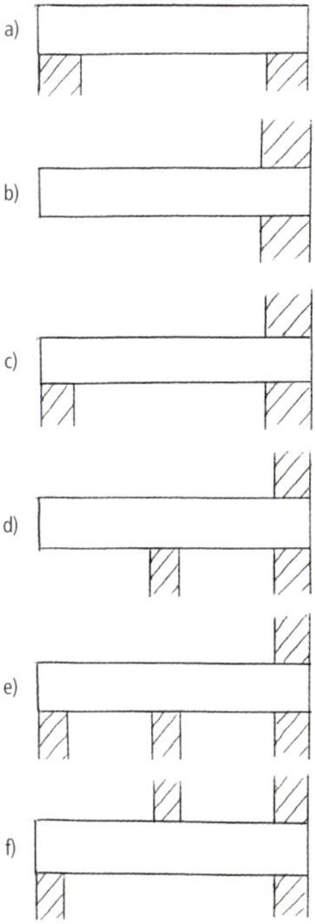

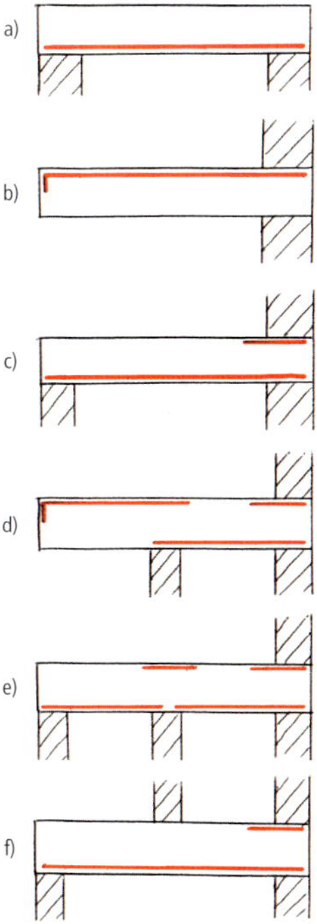

71. Wovon hängt der Schalungsdruck in einer Wand- oder Stützenschalung ab?

- Betonkonsistenz,
- Frischbetontemperatur,
- Betonrohdichte,
- Steiggeschwindigkeit,
- Verdichtungsart.

72. Unterscheiden Sie die verschiedenen Arten von Schalungen nach dem eingesetzten Schalmaterial.

- Brettschalungen,
- Schalungplatten aus:
  - Furniersperrholz,
  - Stäbchensperrholz,
  - Stabsperrholz,
- Rahmenschalungen mit Stahl- oder Aluminiumrahmenkonstruktionen,
- Stahlschalungen,
- Kunststoffschalungen.

73. Erklären Sie den Begriff „Kunststoffschalungen".

Kunststoffschalungen sind Schalhäute aus Kunststoffpaneelen, die bei geringer Masse und hoher Formstabilität auch gekrümmten Bauteilen ihre Form geben können.

74. Unterscheiden Sie die verschiedenen Arten von Schalungen nach dem herzustellenden Bauteil.

- Wandschalung,
- Deckenschalung,
- Unterzugschalung/Sturzschalung,
- Stützenschalung.

75. Benennen Sie die mit A … F bezeichneten Bauteile einer Sturzschalung und erklären Sie, welche Funktion die Bauteile erfüllen.

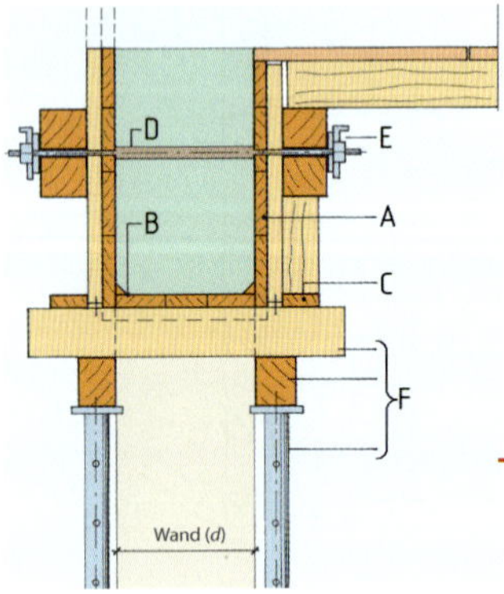

→

A – Schalhaut:
Formgebung für den Beton, muss ausreichend formstabil sein, um sich unter dem Betondruck nicht zu verformen.

B – Dreieckleiste:
Üblich in Schalungen, um scharfe Betonkanten am Festbeton in der Gebäudenutzung zu vermeiden.

C – Drängbrett:
Verhindert das seitliche Ausweichen der Schalhaut am unteren Rand beim Betonieren.

D – Hüllrohr:
Zum Einbau des Schalungsankers und als Abstandhalter der Schalungsplatten.

→

<u>E – Verspannung:</u>
Hält die beiden Schalungsseiten zusammen, verhindert ein Auseinanderbewegen beim Betonieren oder Verdichten.
<u>F – Unterstützungskonstruktion:</u>
Kopfholz, Jochholz und Stahlrohrstützen nehmen die Lasten auf und leiten sie auf die darunterliegende Geschossdecke ab.

76. Worin unterscheiden sich die beiden im Bild zu sehenden Verspannungen? Wo werden sie eingesetzt?

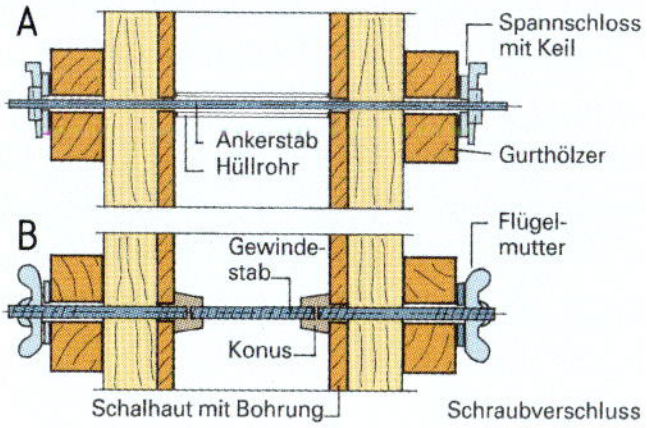

Die <u>Verspannung A</u> ist die einfachste, preiswerteste Verspannung. Hier wird ein Hüllrohr eingesetzt, das den Abstand der Schalungsplatten festlegt. Die Verspannung wird durch das Hüllrohr geführt. Beim Ausschalen sind sowohl der Ankerstab, als auch die Ankerplatten oder Spannschlösser wieder verwendbar. Dieses Verfahren wird im Regelfall eingesetzt.
Bei der <u>Verspannung B</u> sind nur die Ankerplatten und Flügelmuttern wieder verwendbar, der Rest (Konus, Gewindestab) verbleibt im Festbeton. Dieses Verfahren hat den Vorteil, dass im ausgeschalten Festbeton keine Hohlräume entstehen. Es wird besonders bei Bauteilen eingesetzt, die dicht/wasserdicht ausgeführt werden müssen.

77. Beschreiben Sie den Arbeitsablauf bei der Herstellung einer Wandschalung.

- Alle Schalungsteile nach dem vorherigen Einsatz säubern, Beschädigungen ausbessern.
- Oberflächen der Schalhaut mit Trennmittel behandeln.
- Erste Seitenwand herstellen, mit Bogenhölzern, Gurten und Richtstützen versehen und senkrecht und fluchtrecht ausrichten.
- Bewehrung stellen, Abstandhalter zwischen Bewehrung und Schalung einbauen.
- Zweite Seitenwand herstellen, Abstandhalter (Hüllrohre,...) einbauen und die Wand mit der ersten Seitenwand verspannen.
- Nochmals Kontrolle der exakten Ausrichtung und lückenlosen Herstellung der Wandschalung.

78. Welche Regeln sind beim Verdichten des Frischbetons in der Wandschalung mit einem Innenrüttler zu beachten?

- Schüttlagen des Betons nicht dicker als 30 ... 50 cm,
- Rüttler schnell eintauchen, dann langsam nach oben ziehen,
- Rüttelbereiche sollen sich überschneiden,
- nicht an die Schalung oder Bewehrung kommen,
- nicht zu lange an einer Stelle rütteln (Entmischung),
- Rüttler nicht zum Verteilen des Betons benutzen.

79. Beschreiben Sie, welche nachteilige Wirkung zu befürchten ist, wenn Sie beim Verdichten des Frischbetons in der Schalung den Innenrüttler an die Bewehrung halten.

Die Schwingungen des Rüttlers setzen sich über die gesamte Bewehrung des Geschosses hinweg bis in Bereiche, in denen der Beton schon am Erhärten ist. Dort löst sich der Bewehrungskorb durch die Schwingungen vom erhärtenden Beton, wobei der Verbund zwischen Beton und Stahlbewehrung gelöst wird. Der Stahlbeton verliert seine Tragfähigkeit.

80. Aus welchem Grund soll der Innenrüttler bei der Verdichtung schnell eingetaucht und dann langsam nach oben gezogen werden?

Wenn man den Rüttler langsam in die zu verdichtende Schicht eintaucht, wird der oben liegende Beton verdichtet und Luftblasen in der darunterliegenden Schicht können nicht mehr nach oben heraus. Der Festbeton hat dann trotz Verdichtung eine Vielzahl an Hohlräumen und wird weniger druckfest und nicht dicht.

81. Aus welchem Grund werden die Schaltafeln vor ihrem Einsatz mit Trennmitteln behandelt?

- Dadurch wird verhindert, dass der Festbeton beim Ausschalen zu stark an der Schalhaut haftet.
- Weniger Verschleiß an den Schaltafeln.
- Höhere Einsatzhäufigkeit der Schaltafeln.
- Höhere Wirtschaftlichkeit.

82. Benennen Sie die mit A … F gekennzeichneten Teile einer Wandschalung. Erklären Sie, wozu die einzelnen Bauteile benötigt werden.

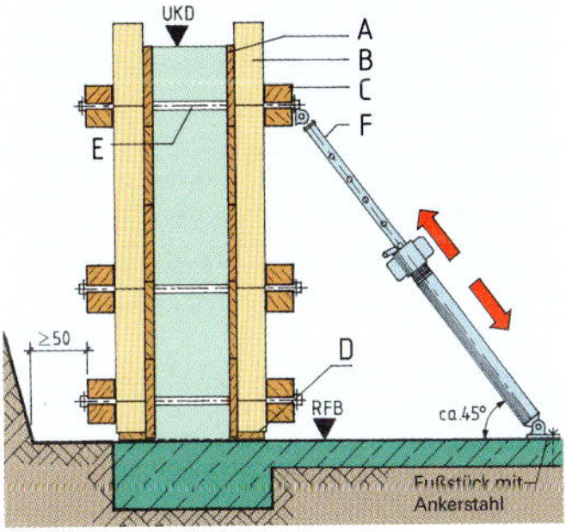

A – Schalhaut: Formgebung für den Beton, muss ausreichend formstabil sein, um sich unter dem Betondruck nicht zu verformen.
B – Bogenhölzer: Stützen die Schalhaut ab und verhindern so die Verformung.
C – Gurtung: Nimmt den Betondruck aus den Bogenhölzern auf. Da der Betondruck nach unten zunimmt, ist dort auch der Abstand der Gurthölzer enger zu wählen.
D – Drängbretter: Verhindern am Schalungsfuß das seitliche Auseinanderbewegen der Schalungsseiten unter dem Betondruck.
E – Hüllrohr/Verspannung: Hält die beiden Schalungsseiten zusammen, verhindert im oberen Bereich ein Auseinanderbewegen beim Betonieren oder Verdichten.
F – Richtstützen: Sichern die senkrechte und fluchtrechte Lage der Schalungswand.

Lernfeld 4
Fachmathematik

1. Aus einem Naturkies wird die Korngröße 8/16 mm ausgesiebt. Aus einer Tonne Naturkies erhält man 690 kg der Gesteinskörnung 8/16 mm. Wie hoch ist die Ausbeute?

$$\frac{\text{Gesamtmenge}}{100\,\%} = \frac{\text{Teilmenge}}{x\,\%}$$

$$x\,\% = \frac{\text{Teilmenge}}{\text{Gesamtmenge}} \cdot 100\,\%$$

$$x\,\% = \frac{690\text{ kg}}{1000\text{ kg}} \cdot 100\,\%$$

$$x\,\% = \underline{\underline{69\,\%}}$$

2. Wie viel Gesteinskörnung 2/8 mm erhält man aus 2,5 t Naturkies, wenn die Ausbeute bei 45 % liegt?

$$\frac{\text{Gesamtmenge}}{100\,\%} = \frac{\text{Teilmenge}}{x\,\%}$$

$$\text{Teilmenge} = \frac{\text{Gesamtmenge} \cdot x\,\%}{100\,\%}$$

$$= \frac{2500\text{ kg} \cdot 45\,\%}{100\,\%}$$

$$\text{Gesteinskörnung } 2/8\text{ mm} = \underline{\underline{1125\text{ kg}}}$$

3. Berechnen Sie die Masse (*m*) an gewinnbarer Gesteinskörnung für die folgenden Bedingungen:

	Ausbeute	Naturkies	*m*
a)	62 %	2,8 t	?
b)	85 %	3,2 t	?
c)	37 %	1,2 t	?
d)	43 %	2,9 t	?
e)	71 %	4,0 t	?

	Ausbeute	Naturkies	*m*
a)	62 %	2,8 t	1736 kg
b)	85 %	3,2 t	2720 kg
c)	37 %	1,2 t	444 kg
d)	43 %	2,9 t	1247 kg
e)	71 %	4,0 t	2840 kg

4. Bei einem Siebversuch mit 6,7 kg Kiessand fallen 400 g durch das unterste Sieb (0,06 mm). Der Kies ist nur dann frostsicher, wenn der Anteil der Körnung unter 0,06 mm max. 5 % beträgt. Ist der Kiessand frostsicher?

$$\frac{\text{Gesamtmenge}}{100\,\%} = \frac{\text{Teilmenge}}{x\,\%}$$

$$x\,\% = \frac{\text{Teilmenge}}{\text{Gesamtmenge}} \cdot 100\,\%$$

$$x\,\% = \frac{400\text{ g}}{6700\text{ g}} \cdot 100\,\%$$

$$x\,\% = \underline{\underline{5{,}97\,\%}}$$

Der Kiessand ist nicht frostsicher.

5. Ermitteln Sie für die in der Tabelle aufgeführten Siebversuche der Masse (*m*) jeweils den Anteil an Feinststoffen < 0,06 mm (*a*) in % und legen Sie fest, welche Gesteinskörnungen als Frostschutzmaterial eingebaut werden können.

	m	*a*	*a* in %
a)	8,3 kg	706 g	?
b)	6,2 kg	260 g	?
c)	4,9 kg	59 g	?
d)	7,7 kg	38 g	?
e)	5,2 kg	500 g	?

	m	*a*	*a* in %
a)	8,3 kg	706 g	8,5 %
b)	6,2 kg	260 g	4,2 %
c)	4,9 kg	59 g	1,2 %
d)	7,7 kg	38 g	0,5 %
e)	5,2 kg	500 g	9,6 %

Die Böden der Siebversuche b, c und d können als Frostschutzmaterial eingebaut werden, da sie weniger als 5 % Feinstoffe enthalten.

6. Von einem Kiesboden soll die Sieblinie erstellt und bewertet werden. Beim Wiegen der Probe von 6540 g wurden im Siebsatz auf den einzelnen Sieben folgende Siebrückstände (g) festgestellt:

Sieb (mm)	Rückstand (g)
0,125	200
0,25	530
0,5	580
1	390
2	520
4	650
8	780
16	920
32	1180
63	0

Ermitteln Sie den Siebdurchgang durch die einzelnen Siebe in g und in % und zeichnen Sie die Sieblinie in das Diagramm ein.

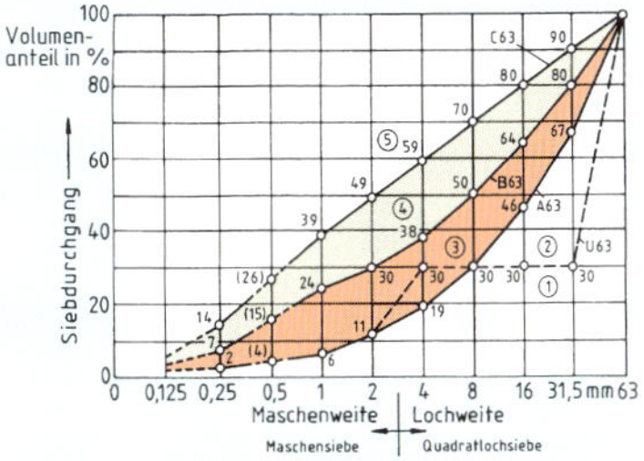

Bewerten Sie die Sieblinie. Was sagt die Sieblinie über die Eignung des Kieses aus?

→

Siebdurchgang ist jeweils 6540 g abzüglich der bis zu dem Sieb zurückgebliebenen Rückstände:

Durchgang (g):

Sieb 63 mm = 6540 g – 0 g = 6540 g

Sieb 32 mm = 6540 g – 1180 g = 5360 g

Sieb 16 mm = 5360 g – 920 g = 4440 g

Sieb 8 mm = 4440 g – 780 g = 3660 g ....

Berechnung der Durchgänge in %:

$$\text{Sieb 63 mm} = \frac{6540\ \text{g}}{6540\ \text{g}} \cdot 100\% = \underline{\underline{100\%}}$$

$$\text{Sieb 32 mm} = \frac{5360\ \text{g}}{6540\ \text{g}} \cdot 100\% = \underline{\underline{82\%}}$$

......

Sieb (mm)	Rückstand (g)	Durchgang (g)	Durchgang (%)
0,125	200	790	12
0,25	530	990	15
0,5	580	1520	23
1	390	2100	32
2	520	2490	38
4	650	3010	46
8	780	3660	56
16	920	4440	68
32	1180	5360	82
63	0	6540	100

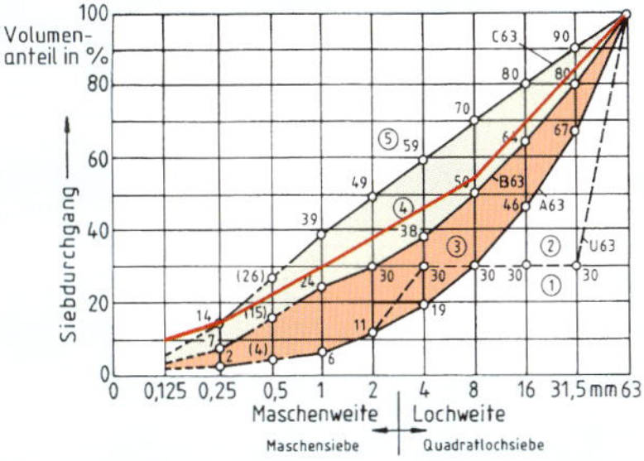

→

Die Sieblinie liegt im Bereich ④, also für die Herstellung eines Betons eigentlich im „brauchbaren" Bereich. Allerdings sind durch das untere Sieb (0,125 mm) noch 12 % hindurchgegangen. Dieser hohe Anteil an Feinststoffen ist für eine Betonherstellung unzulässig.
Mit einem Feinstkornanteil von über 5 % ist der Kies auch als Frostschutzschicht nicht mehr einsetzbar!

7. Ermitteln Sie für die angegebenen Proben von jeweils 5000 g den Siebdurchgang in g und %, und tragen Sie dann die drei Sieblinien in das unten stehende Diagramm ein.

a)

Sieb (mm)	Rückstand (g)
0,25	5
0,5	95
1	255
2	395
4	745
8	1015
16	2490
32	0

Lösung a):

Sieb (mm)	Rückstand (g)	Durchgang (g)	Durchgang (%)
0,25	5	0	0
0,5	95	5	0,1
1	255	100	2
2	395	355	7
4	745	750	15
8	1015	1495	30
16	2490	2510	50
32	0	5000	100

b)

Sieb (mm)	Rückstand (g)
0,25	220
0,5	465
1	515
2	620
4	750
8	915
16	1515
32	0

Lösung b):

Sieb (mm)	Rückstand (g)	Durchgang (g)	Durchgang (%)
0,25	220	0	0
0,5	465	220	4,4
1	515	685	14
2	620	1200	24
4	750	1820	36
8	915	2570	51
16	1515	3485	70
32	0	5000	100

→

c)

Sieb (mm)	**Rückstand (g)**
0,25	520
0,5	465
1	505
2	625
4	695
8	820
16	750
32	0

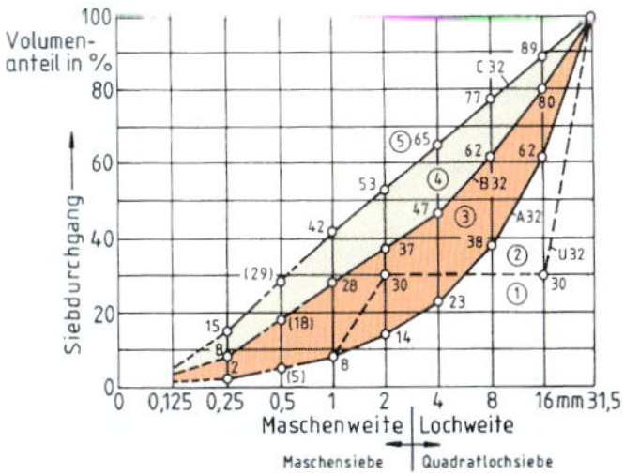

Bewerten Sie die Brauchbarkeit der Gesteinskörnungen für die Betonherstellung.

Lösung c):

Sieb (mm)	Rück-stand (g)	Durch-gang (g)	Durch-gang (%)
0,25	520	620	12
0,5	465	1140	23
1	505	1605	32
2	625	2110	42
4	695	2735	55
8	820	3430	69
16	750	4250	85
32	0	5000	100

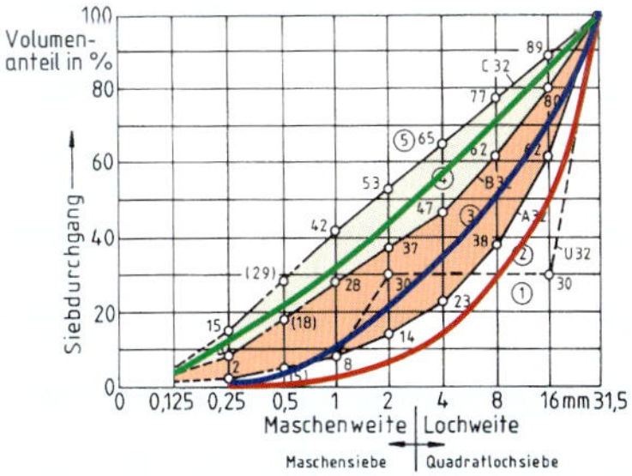

Auswertung:

- Sieblinie A (rot) liegt im Bereich ①, ist also für die Betonherstellung zu grob.
- Sieblinie B (blau) liegt im günstigen Bereich ③, also sehr gut geeignet.
- Sieblinie C (grün) liegt im brauchbaren Bereich ④, also geeignet.

8. Ermitteln Sie nach der Tabelle die Zusammensetzung des Betons für folgende Bauteile:

Konsistenz	Druckfestigkeitsklasse	Sieblinienbereich	Baustoffbedarf		
			Zement in kg/m³	Gesteinskörnung in kg/m³	Wasser in kg/m³
steif C1, F1	C 8/10	3 4	230 250	2045 1975	140 160
	C 12/15	3 4	290 320	1990 1915	140 160
	C 16/20	3 4	310 340	1975 1895	140 160
plastisch C2, F2	C 8/10	3 4	250 270	1975 1900	160 180
	C 12/15	3 4	320 350	1915 1835	160 180
	C 16/20	3 4	340 370	1895 1815	160 180

a) Pfeiler 40 × 60 cm, 3,75 m hoch in Beton C16/20, plastischer Beton, Sieblinienbereich ③.

b) 30er-Stahlbetonwand, *h* = 3,25 m, 12,80 m lang, C12/15, plastischer Beton, Sieblinienbereich ④.

c) Fundament 60 × 80 cm, 22,50 m lang, C8/10, steifer Beton, Sieblinienbereich ③.

d) Garagenfußboden 3,50 × 5,90 m, 15 cm dick, steifer Beton C12/15, Sieblinienbereich ③.

e) Bodenplatte Stahlbeton 16,45 × 24,60 m, 25 cm dick, plastischer Beton C16/20, Sieblinienbereich ④.

a) $V = l \cdot b \cdot h = 0{,}40\,\text{m} \cdot 0{,}60\,\text{m} \cdot 3{,}75\,\text{m}$

$V = \underline{0{,}900\,\text{m}^3}$

Zement $= 340\,\text{kg/m}^3 \cdot 0{,}9\,\text{m}^3 = \underline{\underline{306\,\text{kg}}}$

Gestein $= 1895\,\text{kg/m}^3 \cdot 0{,}9\,\text{m}^3 = \underline{\underline{1{,}706\,\text{t}}}$

Wasser $= 160\,\text{kg/m}^3 \cdot 0{,}9\,\text{m}^3 = \underline{\underline{144\,\text{l}}}$

b) $V = l \cdot b \cdot h = 12{,}80\,\text{m} \cdot 0{,}30\,\text{m} \cdot 3{,}25\,\text{m}$

$V = \underline{12{,}480\,\text{m}^3}$

Zement $= 350\,\text{kg/m}^3 \cdot 12{,}48\,\text{m}^3 = \underline{\underline{4368\,\text{kg}}}$

Gestein $= 1835\,\text{kg/m}^3 \cdot 12{,}48\,\text{m}^3 = \underline{\underline{22{,}901\,\text{t}}}$

Wasser $= 180\,\text{kg/m}^3 \cdot 12{,}48\,\text{m}^3 = \underline{\underline{2246\,\text{l}}}$

c) $V = l \cdot b \cdot h = 0{,}60\,\text{m} \cdot 0{,}80\,\text{m} \cdot 22{,}50\,\text{m}$

$V = \underline{10{,}800\,\text{m}^3}$

Zement $= 230\,\text{kg/m}^3 \cdot 10{,}8\,\text{m}^3 = \underline{\underline{2484\,\text{kg}}}$

Gestein $= 2045\,\text{kg/m}^3 \cdot 10{,}8\,\text{m}^3 = \underline{\underline{22{,}086\,\text{t}}}$

Wasser $= 140\,\text{kg/m}^3 \cdot 10{,}8\,\text{m}^3 = \underline{\underline{1512\,\text{l}}}$

d) $V = l \cdot b \cdot h = 3{,}50\,\text{m} \cdot 5{,}90\,\text{m} \cdot 0{,}15\,\text{m}$

$V = \underline{3{,}098\,\text{m}^3}$

Zement $= 290\,\text{kg/m}^3 \cdot 3{,}098\,\text{m}^3 = \underline{\underline{898\,\text{kg}}}$

Gestein $= 1990\,\text{kg/m}^3 \cdot 3{,}098\,\text{m}^3 = \underline{\underline{6{,}165\,\text{t}}}$

Wasser $= 140\,\text{kg/m}^3 \cdot 3{,}098\,\text{m}^3 = \underline{\underline{434\,\text{l}}}$

e) $V = l \cdot b \cdot h = 16{,}45\,\text{m} \cdot 24{,}60\,\text{m} \cdot 0{,}25\,\text{m}$

$V = \underline{101{,}168\,\text{m}^3}$

Zement $= 370\,\text{kg/m}^3 \cdot 101{,}168\,\text{m}^3 = \underline{\underline{37{,}432\,\text{t}}}$

Gestein $= 1815\,\text{kg/m}^3 \cdot 101{,}168\,\text{m}^3 = \underline{\underline{183{,}620\,\text{t}}}$

Wasser $= 180\,\text{kg/m}^3 \cdot 101{,}168\,\text{m}^3 = \underline{\underline{18210\,\text{l}}}$

9. Berechnen Sie die erforderlichen Mengen der Ausgangsstoffe für folgende zu betonierende Bauteile (F: Konsistenz, C: Betonfestigkeit, S: Sieblinienbereich, *l, b, h*, jeweils in m):

	l	*b*	*h*	*F*	C	S
a)	3,05	4,20	6,10	1	12/15	3
b)	4,55	0,25	3,00	2	16/20	4
c)	12,80	0,20	4,50	1	12/15	4
d)	22,10	0,15	3,85	2	8/10	3
e)	18,30	0,65	2,25	2	12/15	3

Nach Tabelle (siehe **8.**):

	Zement	**Gestein**	**Wasser**
a)	22,661 t	155,501 t	10940 l
b)	1,263 t	6,194 t	614 l
c)	3,686 t	22,061 t	1843 l
d)	3,191 t	25,206 t	2042 l
e)	8,564 t	51,253 t	4282 l

10. Berechnen Sie für die dargestellte Wand:

a) m³ erforderlicher Beton,

b) Bedarf an Zement, Gesteinskörnung und Wasser für die Mischung bei Verwendung eines C16/20, plastisch, Sieblinienbereich ④,

c) m² Wandschalung.

(Hinweis: Tür- und Fensterschalung sind Kastenschalungen in der geschlossenen Wandschalung.)

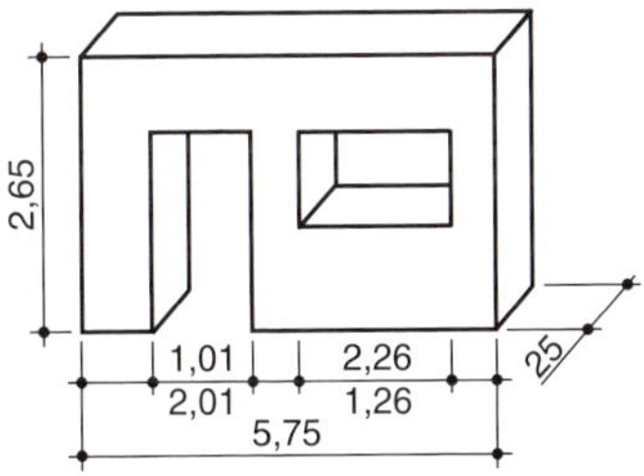

a) Beton:

$$V = 5{,}75\,\text{m} \cdot 2{,}65\,\text{m} \cdot 0{,}25\,\text{m} = 3{,}809\,\text{m}^3$$
$$-1{,}01\,\text{m} \cdot 2{,}01\,\text{m} \cdot 0{,}25\,\text{m} = -0{,}508\,\text{m}^3$$
$$-1{,}26\,\text{m} \cdot 2{,}26\,\text{m} \cdot 0{,}25\,\text{m} = -0{,}712\,\text{m}^3$$
$$V = \underline{\underline{2{,}589\,\text{m}^3}}$$

b) Mischung:

$$\text{Zement} = 370\,\text{kg/m}^3 \cdot 2{,}589\,\text{m}^3 = \underline{\underline{958\,\text{kg}}}$$
$$\text{Gestein} = 1815\,\text{kg/m}^3 \cdot 2{,}589\,\text{m}^3 = \underline{\underline{4{,}699\,\text{t}}}$$
$$\text{Wasser} = 180\,\text{kg/m}^3 \cdot 2{,}589\,\text{m}^3 = \underline{\underline{466\,\text{l}}}$$

c) Schalung:

$$A_{\text{Wand}} = 2 \cdot 5{,}75\,\text{m} \cdot 2{,}65\,\text{m} = 30{,}48\,\text{m}^2$$
$$A_{\text{Stirnseiten}} = 2 \cdot 0{,}25\,\text{m} \cdot 2{,}65\,\text{m} = 1{,}33\,\text{m}^2$$
$$A_{\text{Kasten Tür}} = 2 \cdot (2{,}01\,\text{m} + 1{,}01\,\text{m}) \cdot 0{,}25\,\text{m} = 1{,}51\,\text{m}^2$$
$$A_{\text{Kasten Fenster}} = 2 \cdot (2{,}26\,\text{m} + 1{,}26\,\text{m}) \cdot 0{,}25\,\text{m} = 1{,}76\,\text{m}^2$$
$$A_{\text{gesamt}} = \underline{\underline{35{,}08\,\text{m}^2}}$$

11. Die Stütze ist in Beton C16/20, plastisch, Sieblinienbereich ③ herzustellen.

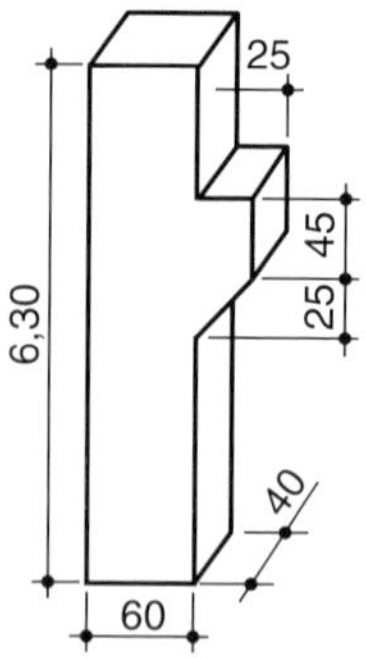

a) Berechnen Sie die Ausgangsstoffe für den Beton.
b) Berechnen Sie die Fläche der Schalhaut.

a) Ausgangsstoffe:

$V = 0{,}40\,\text{m} \cdot 0{,}60\,\text{m} \cdot 6{,}30\,\text{m} = 1{,}512\,\text{m}^3$

$+\,0{,}45\,\text{m} \cdot 0{,}40\,\text{m} \cdot 0{,}25\,\text{m} = 0{,}045\,\text{m}^3$

$+\,\dfrac{0{,}25\,\text{m} \cdot 0{,}25\,\text{m}}{2} \cdot 0{,}40\,\text{m} = 0{,}013\,\text{m}^3$

$V_{\text{gesamt}} = \underline{\underline{1{,}570\,\text{m}^3}}$

Zement $= 340\,\text{kg/m}^3 \cdot 1{,}570\,\text{m}^3 = \underline{\underline{534\,\text{kg}}}$

Gestein $= 1895\,\text{kg/m}^3 \cdot 1{,}570\,\text{m}^3 = \underline{\underline{2{,}975\,\text{t}}}$

Wasser $= 160\,\text{kg/m}^3 \cdot 1{,}570\,\text{m}^3 = \underline{\underline{251\,\text{l}}}$

b) Schalhaut:

$A_{\text{vorn+hinten}} = (0{,}60\,\text{m} \cdot 6{,}30\,\text{m} + 0{,}45\,\text{m} \cdot 0{,}25\,\text{m} + 0{,}25\,\text{m} \cdot 0{,}25\,\text{m} : 2) \cdot 2 = 7{,}85\,\text{m}^2$

$A_{\text{links}} = 6{,}30\,\text{m} \cdot 0{,}40\,\text{m} = 2{,}52\,\text{m}^2$

$A_{\text{rechts}} = (6{,}30\,\text{m} - 0{,}70\,\text{m} + 0{,}25\,\text{m} + 0{,}45\,\text{m} + 0{,}35\,\text{m}) \cdot 0{,}40\,\text{m}$

$A_{\text{rechts}} = 2{,}66\,\text{m}^2$

$A_{\text{gesamt}} = \underline{\underline{13{,}03\,\text{m}^2}}$

12. Wie viel Beton ist für das Hülsenfundament zu bestellen, wenn die Aussparung eine Größe von 40 × 40 × 60 cm hat?

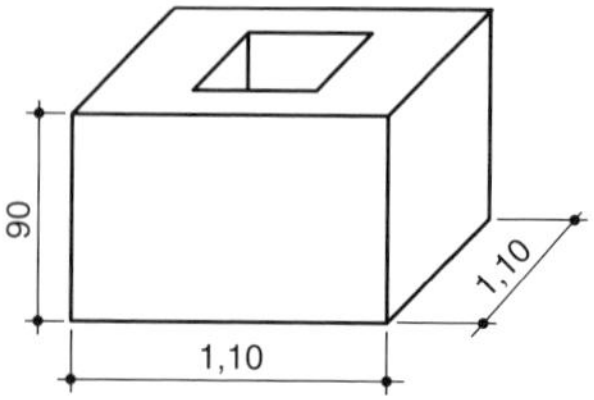

$V = 1{,}10\,\text{m} \cdot 1{,}10\,\text{m} \cdot 0{,}90\,\text{m} = 1{,}089\,\text{m}^3$

$-\,0{,}40\,\text{m} \cdot 0{,}40\,\text{m} \cdot 0{,}60\,\text{m} = -0{,}096\,\text{m}^3$

$V = \underline{\underline{0{,}993\,\text{m}^3}}$

Also ist $\underline{\underline{1\,\text{m}^3 \text{ Beton}}}$ zu bestellen.

13. Das in der Draufsicht dargestellte 1,20 m tiefe Fundament ist zu betonieren. Berechnen Sie die erforderliche Menge an Zement, Gesteinskörnung und Wasser für einen Beton C 8/10, steif im Sieblinienbereich ③.

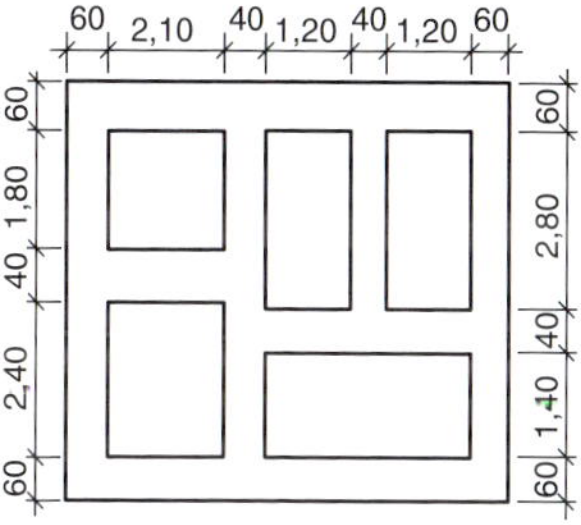

Volumen = Gesamtfläche · 1,20 m, also:

$$A = 6{,}50\,\text{m} \cdot 5{,}80\,\text{m} = 37{,}70\,\text{m}^2$$
$$-\,2{,}10\,\text{m} \cdot 2{,}40\,\text{m} = -5{,}04\,\text{m}^2$$
$$-\,2{,}10\,\text{m} \cdot 1{,}80\,\text{m} = -3{,}78\,\text{m}^2$$
$$-\,(1{,}20\,\text{m} \cdot 2{,}80\,\text{m}) \cdot 2 = -6{,}72\,\text{m}^2$$
$$-\,1{,}40\,\text{m} \cdot 2{,}80\,\text{m} = -3{,}92\,\text{m}^2$$
$$A_{gesamt} = \underline{18{,}24\,\text{m}^2}$$
$$V = 18{,}24\,\text{m}^2 \cdot 1{,}20\,\text{m} = \underline{21{,}888\,\text{m}^3}$$

Mischung:

Zement = 230 kg/m³ · 21,888 m³ = 5,034 t

Gestein = 2045 kg/m³ · 21,888 m³ = 44,761 t

Wasser = 140 kg/m³ · 21,888 m³ = 3064 l

14. Ein Betonrohr mit einer Länge von 2,50 m wird im Sommer bei 30 °C in den Kanal eingebaut. Im verfüllten Boden herrscht später eine Temperatur von 5 °C. Um wie viel verkürzt sich das Rohr? ($\alpha = 0{,}01$ mm/(m · K))

$$\Delta l = \alpha \cdot l_1 \cdot \Delta T$$
$$\Delta l = 0{,}01\,\frac{\text{mm}}{\text{m} \cdot \text{K}} \cdot 2{,}50\,\text{m} \cdot 25\,\text{K}$$
$$\Delta l = \underline{\underline{0{,}6\,\text{mm}}}$$

15. Berechnen Sie das Maß, um das sich eine Stahlbetonbrücke mit 26,40 m Länge ausdehnt, wenn im Winter mit –18 °C und im Sommer mit +30 °C zu rechnen ist.

$$\Delta T = T_1 - T_2 = 30\,°\text{C} - (-18\,°\text{C})$$
$$= 48\,°\text{C} = \underline{48\,\text{K}}$$
$$\Delta l = \alpha \cdot l_1 \cdot \Delta T$$
$$\Delta l = 0{,}01\,\frac{\text{mm}}{\text{m} \cdot \text{K}} \cdot 26{,}40\,\text{m} \cdot 48\,\text{K}$$
$$\Delta l = \underline{\underline{13\,\text{mm}}}$$

16. Ermitteln Sie jeweils die Längenänderung für die Stahlbetonbauteile unter den angegebenen Bedingungen:

	l_1	T_1	T_2	Δl
a)	12,00 m	−13 °C	+22 °C	**?**
b)	26,50 m	−10 °C	+24 °C	**?**
c)	18,60 m	+10 °C	+31 °C	**?**
d)	15,70 m	+ 5 °C	+20 °C	**?**
e)	40,00 m	+ 2 °C	+37 °C	**?**

	l_1	T_1	T_2	Δl
a)	12,00 m	−13 °C	+22 °C	4,2 mm
b)	26,50 m	−10 °C	+24 °C	9,0 mm
c)	18,60 m	+10 °C	+31 °C	3,9 mm
d)	15,70 m	+ 5 °C	+20 °C	2,4 mm
e)	40,00 m	+ 2 °C	+37 °C	14,0 mm

17. Eine Baustahlmatte ist in der Produktion bei 15 °C mit den Abmessungen 6,00 × 2,30 m zugeschnitten worden.
($\alpha = 0{,}012\ \text{mm/(m} \cdot \text{K))}$)

a) Wie groß ist sie im Winter bei −20 °C?

b) Wie groß ist sie im Sommer bei +35 °C?

a) $\Delta T = T_1 - T_2 = 15\,°\text{C} - (-20\,°\text{C})$

$= 35\,°\text{C} = \underline{35\,\text{K}}$

$\Delta l_\text{b} = \alpha \cdot l_1 \cdot \Delta T$

$= 0{,}012\,\dfrac{\text{mm}}{\text{m} \cdot \text{K}} \cdot 2{,}30\,\text{m} \cdot 35\,\text{K} = \underline{\underline{1{,}0\,\text{mm}}}$

$\Delta l_\text{l} = \alpha \cdot l_1 \cdot \Delta T$

$= 0{,}012\,\dfrac{\text{mm}}{\text{m} \cdot \text{K}} \cdot 6{,}00\,\text{m} \cdot 35\,\text{K} = \underline{\underline{2{,}5\,\text{mm}}}$

Die Betonstahlmatte ist im Winter 1 mm schmaler und 2,5 mm kürzer.

b) $\Delta T = T_1 - T_2 = 35\,°\text{C} - 15\,°\text{C}$

$= 20\,°\text{C} = \underline{20\,\text{K}}$

$\Delta l_\text{b} = \alpha \cdot l_1 \cdot \Delta T = 0{,}012\,\dfrac{\text{mm}}{\text{m} \cdot \text{K}} \cdot 2{,}30\,\text{m} \cdot 20\,\text{K}$

$= \underline{\underline{0{,}6\,\text{mm}}}$

$\Delta l_l = \alpha \cdot l_1 \cdot \Delta T = 0{,}012\,\dfrac{\text{mm}}{\text{m} \cdot \text{K}} \cdot 6{,}00\,\text{m} \cdot 20\,\text{K}$

$= \underline{\underline{1{,}4\,\text{mm}}}$

Die Betonstahlmatte ist im Sommer 0,6 mm breiter und 1,4 mm länger.

18. **Im Bild ist die Bewehrung eines Unterzuges zu sehen. Berechnen Sie**
a) die Schnittlängen der 3 verschiedenen Stähle,
b) die zu bestellende Gesamtlänge der Stähle ϕ 8 mm und ϕ 16 mm,
c) die Gesamtmasse des Bewehrungskorbes.

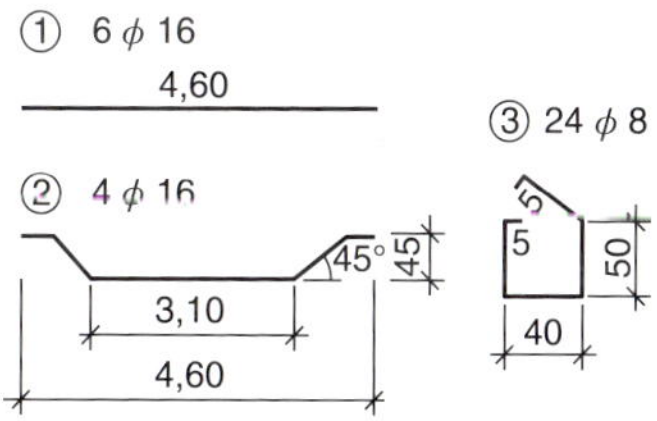

a) Position 1: $6 \cdot 4{,}60$ m

Position 2:

Schräge $= \sqrt{45^2 + 45^2} = 64$ cm

$L = 3{,}10\text{ m} + 2 \cdot 0{,}64\text{ m} + 2 \cdot 0{,}30\text{ m}$
$= 4{,}98$ m

Also $4 \cdot 4{,}98$ m

Position 3:

$L = 2 \cdot 0{,}05\text{ m} + 2 \cdot 0{,}50\text{ m} + 2 \cdot 0{,}40\text{ m}$
$= 1{,}90$ m, also $24 \cdot 1{,}90$ m

b) ϕ 8 mm $= 24 \cdot 1{,}90\text{ m} = 45{,}60$ m
ϕ 16 mm $= 4 \cdot 4{,}98\text{ m} + 6 \cdot 4{,}60\text{ m}$
$= 47{,}52$ m

c) $V = \left(\frac{\pi}{4} \cdot d^2 \cdot l\right)$

$V = 0{,}785 \cdot (0{,}8\text{ cm})^2 \cdot 4560\text{ cm}$

$V = 2291\text{ cm}^3 = 2{,}291\text{ dm}^3$

$m = 2{,}291\text{ dm}^3 \cdot 7{,}85\text{ kg/dm}^3 = 17{,}98\text{ kg}$

$m = 18$ kg

$V = 0{,}785 \cdot (1{,}6\text{ cm})^2 \cdot 4752\text{ cm}$

$V = 9550\text{ cm}^3 = 9{,}550\text{ dm}^3$

$m = 9{,}550\text{ dm}^3 \cdot 7{,}85\text{ kg/dm}^3 = 74{,}97\text{ kg}$

$m = 75$ kg

Gesamtmasse = 18 kg + 75 kg = 93 kg

19. **Eine Baustahlmatte (Vorratsmatte B 257) mit den Maßen von 2,45 × 6,00 m hat in Längsrichtung 14 Stähle ϕ 7 mm und in Querrichtung 37 Stähle ϕ 7 mm.**
Wie schwer ist die Matte bei einer Rohdichte von 7,85 kg/dm³?

$L = 14 \cdot 6{,}00\text{ m} + 37 \cdot 2{,}45\text{ m} = 174{,}65\text{ m}$

$V = \left(\frac{\pi}{4} \cdot d^2 \cdot l\right)$

$V = 0{,}785 \cdot (0{,}7\text{ cm})^2 \cdot 17465\text{ cm}$

$V = 6717{,}91\text{ cm}^3 = 6{,}718\text{ dm}^3$

$m = 6{,}718\text{ dm}^3 \cdot 7{,}85\text{ kg/dm}^3 = 52{,}74\text{ kg}$

$m = 53$ kg

20. Wie schwer ist eine Lagermatte R 188 mit 16 × ϕ 6 mm in Längsrichtung und 24 × ϕ 6 mm in Querrichtung bei einer Größe von 2,30 × 6,00 m?

$L = 16 \cdot 6{,}00\,\text{m} + 24 \cdot 2{,}30\,\text{m} = 151{,}20\,\text{m}$

$V = \left(\frac{\pi}{4} \cdot d^2 \cdot l\right)$

$V = 0{,}785 \cdot (0{,}6\,\text{cm})^2 \cdot 15\,120\,\text{cm}$

$V = 4272{,}9\,\text{cm}^3 = \underline{4{,}273\,\text{dm}^3}$

$m = 4{,}273\,\text{dm}^3 \cdot 7{,}85\,\text{kg/dm}^3 = \underline{\underline{33{,}54\,\text{kg}}}$

21. Berechnen Sie die Masse folgender Baustahlmatten (Lagermatten 6,00 × 2,30 m):

	Matte	Längs	Quer	Masse
a)	Q 188	16 ϕ 6	40 ϕ 6	**?**
b)	Q 335	16 ϕ 8	40 ϕ 8	**?**
c)	Q 424	16 ϕ 9	40 ϕ 9	**?**
d)	R 257	16 ϕ 7	24 ϕ 6	**?**
e)	R 335	16 ϕ 8	24 ϕ 6	**?**

	Matte	Längs	Quer	Masse
a)	Q 188	16 ϕ 6	40 ϕ 6	41,71 kg
b)	Q 335	16 ϕ 8	40 ϕ 8	74,14 kg
c)	Q 424	16 ϕ 9	40 ϕ 9	93,84 kg
d)	R 257	16 ϕ 7	24 ϕ 6	41,24 kg
e)	R 335	16 ϕ 8	24 ϕ 6	50,10 kg

22. Ermitteln Sie für die Bewehrung der Stütze die
a) Gesamtlänge der Stähle ϕ 8 mm, ϕ 12 mm und ϕ 28 mm,
b) Gesamtmasse des Bewehrungskorbes

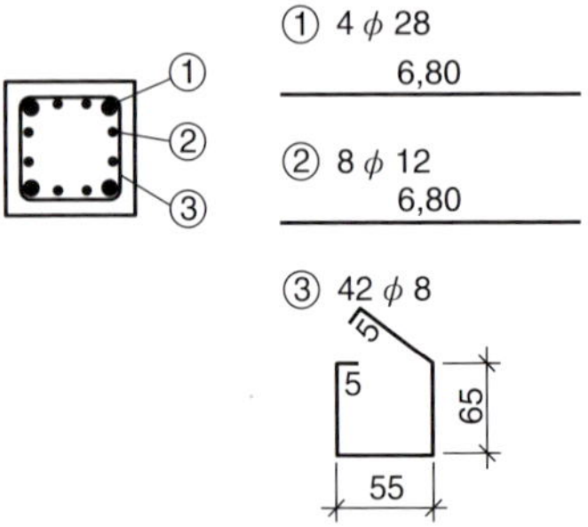

a) Position 1: $4 \cdot 6{,}80\,\text{m}$
Position 2: $8 \cdot 6{,}80\,\text{m}$
Position 3:
$L = 2 \cdot 0{,}05\,\text{m} + 2 \cdot 0{,}65\,\text{m} + 2 \cdot 0{,}55\,\text{m}$
$= 2{,}50\,\text{m}$, also $\underline{42 \cdot 2{,}50\,\text{m}}$

$\phi\,28\,\text{mm} = \quad 4 \cdot 6{,}80\,\text{m} = \underline{\underline{27{,}20\,\text{m}}}$

$\phi\,12\,\text{mm} = \quad 8 \cdot 6{,}80\,\text{m} = \underline{\underline{54{,}40\,\text{m}}}$

$\phi\,8\,\text{mm} \quad = 42 \cdot 2{,}50\,\text{m} = \underline{\underline{105{,}00\,\text{m}}}$

b) $V = \left(\frac{\pi}{4} \cdot d^2 \cdot l\right)$

$V = 0{,}785 \cdot (0{,}8\,\text{cm})^2 \cdot 10\,500\,\text{cm}$

$V = 5275\,\text{cm}^3 = 5{,}275\,\text{dm}^3$

$m = 5{,}275\,\text{dm}^3 \cdot 7{,}85\,\text{kg/dm}^3 = 41{,}41\,\text{kg}$

$m = \underline{41{,}4\,\text{kg}}$

→

$V = 0{,}785 \cdot (1{,}2\,\text{cm})^2 \cdot 5440\,\text{cm}$

$V = 6149\,\text{cm}^3 = 6{,}149\,\text{dm}^3$

$m = 6{,}149\,\text{dm}^3 \cdot 7{,}85\,\text{kg/dm}^3 = 48{,}27\,\text{kg}$

$m = \underline{48{,}3\,\text{kg}}$

$V = 0{,}785 \cdot (2{,}8\,\text{cm})^2 \cdot 2720\,\text{cm}$

$V = 16\,740\,\text{cm}^3 = 16{,}740\,\text{dm}^3$

$m = 16{,}740\,\text{dm}^3 \cdot 7{,}85\,\text{kg/dm}^3 = 131{,}41\,\text{kg}$

$m = \underline{131{,}4\,\text{kg}}$

Gesamtmasse

$= 41{,}4\,\text{kg} + 48{,}3\,\text{kg} + 131{,}4\,\text{kg}$

$= \underline{\underline{221{,}1\,\text{kg}}}$

23. Für eine Deckenschalung werden 82 m² Schalbretter mit einer Dicke von 24 mm geliefert. Welche Masse (*m*) in kg hat das Schalmaterial bei einer Rohdichte von 480 kg/m³?

$V = A \cdot d = 82{,}00\,\text{m}^2 \cdot 0{,}024\,\text{m}$

$V = 1{,}968\,\text{m}^3$

$m = V \cdot 480\,\text{kg/m}^3$

$m = \underline{\underline{945\,\text{kg}}}$

24. Das im Bild gezeigte Streifenfundament mit einer Höhe von 85 cm soll eingeschalt werden. (Dicke der Schalbretter = 24 mm)

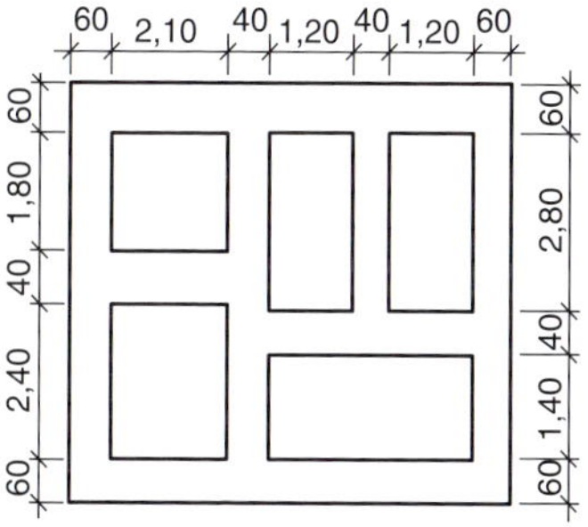

a) Berechnen Sie die Fläche der Schalhaut (die Stöße in den Ecken bleiben unberücksichtigt).

a) $L = 2 \cdot 6{,}50\,\text{m}$
$+ 2 \cdot 5{,}80\,\text{m}$
$+ 2 \cdot 1{,}80\,\text{m}$
$+ 4 \cdot 2{,}10\,\text{m}$
$+ 2 \cdot 2{,}40\,\text{m}$
$+ 4 \cdot 1{,}20\,\text{m}$
$+ 4 \cdot 2{,}80\,\text{m}$
$+ 2 \cdot 1{,}40\,\text{m}$
$+ 2 \cdot 2{,}80\,\text{m} = \underline{65{,}80\,\text{m}}$

$A = L \cdot 0{,}85\,\text{m} = \underline{\underline{55{,}93\,\text{m}^2}}$

b) Wie viel Schalung muss bei einem Verschnitt von 3,5 % bestellt werden?

c) Ermitteln Sie die Transportmasse der Schalbretter bei einer Rohdichte von 520 kg/m³.

b) $A = 55{,}93\ m^2 \cdot 1{,}035 = \underline{\underline{57{,}89\ m^2}}$

c) $m = 57{,}89\ m^2 \cdot 0{,}024\ m \cdot 520\ kg/m^3$
$m = 722{,}5\ kg$
$m = \underline{\underline{0{,}723\ t}}$

25. Die abgebildete Geschossdecke eines Gebäudes soll eingeschalt werden.

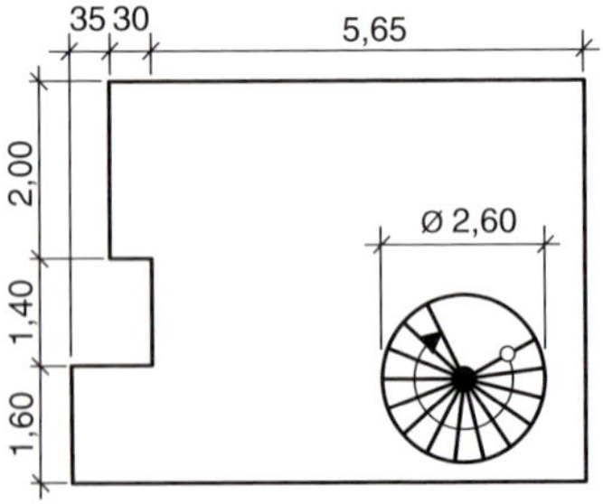

a) Berechnen Sie die Fläche der Geschossdecke.

b) Wie viele Schaltafeln 1,50 × 0,75 m werden benötigt, wenn mit einem Verschnitt von 15 % gerechnet werden muss?

c) Berechnen Sie die Masse einer Schaltafel (32 mm dick, Rohdichte = 600 kg/m³).

d) Wie schwer ist die gesamte Schalfläche?

a) $A = 5{,}95\ m \cdot 5{,}00\ m = 29{,}75\ m^2$
$- 1{,}40\ m \cdot 0{,}30\ m = -0{,}42\ m^2$
$- \frac{\pi}{4} \cdot d^2 = -0{,}785 \cdot (2{,}60\ m)^2$
$= -5{,}31\ m^2$
$+ 1{,}60\ m \cdot 0{,}35\ m = +0{,}56\ m^2$
$A = \underline{\underline{24{,}58\ m^2}}$

b) 1 Schaltafel $= 1{,}50\ m \cdot 0{,}75\ m$
$= 1{,}125\ m^2$
Anzahl Schaltafeln:
$= \frac{24{,}58\ m^2}{1{,}125\ m^2} = 21{,}85$

Anzahl mit Verschnitt:
$= 21{,}85 \cdot 1{,}15$
$= 25{,}13$, es werden also $\underline{\underline{\text{26 Tafeln}}}$ benötigt.

c) $V = l \cdot b \cdot h$
$= 1{,}50\ m \cdot 0{,}75\ m \cdot 0{,}032\ m$
$= 0{,}036\ m^3$
$m = 0{,}036\ m^3 \cdot 600\ kg/m^3$
$m = \underline{\underline{21{,}6\ kg}}$

d) $m = 21{,}6\ kg \cdot 21{,}85$ Stück (eingebaute Fläche!)
$m = \underline{\underline{472\ kg}}$

Lernfeld 5
Herstellen einer Holzkonstruktion

1. Nennen Sie mindestens fünf europäische Bäume, die als Bauholz verwendet werden.

1. Kiefer
2. Fichte
3. Tanne
4. Lärche
5. Buche
6. Eiche

2. Ordnen Sie den Eigenschaften entsprechende Holzarten zu:

Eigenschaften	Holzarten
weich, elastisch	?
wasserbeständig	?
Hartholz	?
gut bearbeitbar	?
harzhaltig	?
hohe Tragfähigkeit	?

Eigenschaften	Holzarten
weich, elastisch	Fichte, Tanne
wasserbeständig	Kiefer, Lärche, Eiche
Hartholz	Eiche, Buche
gut bearbeitbar	Tanne, Fichte, Kiefer, Lärche
harzhaltig	Fichte, Kiefer, Lärche
hohe Tragfähigkeit	Lärche, Eiche, Buche

3. Beschreiben Sie die unterschiedlichen für die Verwendung als Baustoff wichtigen Eigenschaften von
a) Buche,
b) Kiefer,
c) Fichte.

a) Buche:
- sehr hohe Tragfähigkeit,
- kaum elastisch,
- nicht wetterbeständig,
- sehr hart,
- schwer, dicht.

b) Kiefer:
- gute Tragfähigkeit,
- elastisch,
- wetterbeständiger durch hohen Harzgehalt,
- gut bearbeitbar.

c) Fichte:
- geringe Tragfähigkeit,
- sehr elastisch,
- nicht wetterbeständig,
- gut bearbeitbar,
- leicht, geringe Dichte,
- leicht entflammbar.

4. **Nennen Sie zu jeder Holzart drei Verwendungsmöglichkeiten als Bauholz.**

Holzart	Verwendung
Fichte	– – –
Tanne	– – –
Kiefer	– – –
Lärche	– – –
Eiche	– – –
Buche	– – –
Esche	– –
Douglasie	– – –

Holzart	Verwendung
Fichte	– Betonschalungen – Dachkonstruktionen – Deckenbalken
Tanne	– Bohlen, Bretter – Kanthölzer, Balken – Innenverkleidungen
Kiefer	– Außenverkleidungen – Garten- und Landschaftsbau – Fenster, Außentüren
Lärche	– Wasserbau – Treppen – Fußböden
Eiche	– Wasserbau – Treppen, Parkett – Schwellen, Fachwerk
Buche	– Treppen – Parkett, Holzpflaster – Werkzeugtisch
Esche	– Brettschichtholz, Treppen, Fußböden – Innenverkleidungen
Douglasie	– Bauholz, MH Plus (Massivholz gehobelt, getrocknet) – Kantholz, Balken – Fußböden, Brettschichtholz, Außenverkleidungen

5. **Benennen Sie die Schichten A … E, aus denen jeder Baum aufgebaut ist und erklären Sie, wozu die jeweilige Schicht im Baum dient.**

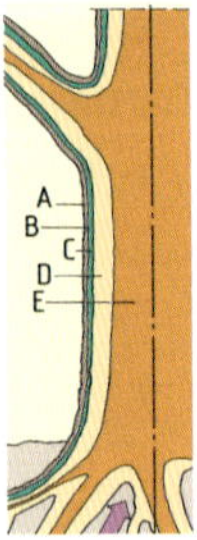

→

A – Rinde:
Mechanischer Schutz des Baumes.

B – Bast:
Transport der Aufbaustoffe von der Krone nach unten und Verteilung entlang der Kambiumschicht.

C – Kambium:
Die Kambiumschicht ist die Wachstumsschicht des Baumes, hier wird der neue Jahrring gebildet.

→

D – Splint:
Das Splintholz transportiert das Wasser und die darin gelösten Nährsalze (Stickstoff, Phosphor, Kalium,…) von den Wurzeln nach oben.
E – Kern:
Das Kernholz ist abgelagertes, dichtes und durch Verkernungs- und Farbstoffe konserviertes Holz.

6. Welche Bedeutung hat der Wald?

- Erzeugung von Rohstoffen
  - für die Holz- und Papierindustrie,
  - zur Energiegewinnung,
- Naherholungsgebiet für Menschen,
- Lebensraum für Tiere,
- Wasserreservoir,
- Schutz des Bodens vor Erosion,
- Bindung des Luftschadstoffes CO_2,
- Bildung von Sauerstoff.

7. Welches Bauholz
a) ist durch seine deutlich sichtbare Maserung optisch sehr schön,
b) ist wegen des auslaufenden Harzes für Verkleidungen im Innenbereich wenig geeignet,
c) gilt als Hartholz,
d) hat kaum sichtbare Maserung,
e) ist weich und elastisch,
f) ist im Außenbereich beständig gegen Feuchte?

a) – Kiefer
– Eiche
– Lärche
– Esche

b) – Lärche
– Kiefer
– Douglasie

c) – Buche
– Eiche
– Esche

d) – Buche
– Tanne
– Fichte

e) – Fichte
– Tanne

f) – Lärche
– Kiefer
– Eiche
– Douglasie

8. Erklären Sie die Begriffe „Splintholzbaum", „Kernholzbaum" sowie „Reifholzbaum" und nennen Sie jeweils drei typische Vertreter.

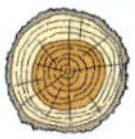

Splintholzbaum:
Der Querschnitt besteht nur aus weichem, einfarbigem Splintholz – daher kaum sichtbare Maserung.

- Ahorn
- Birke
- Weißbuche

→

Kernholzbaum:
Der Querschnitt hat außen helles, weiches Splintholz und im Inneren dunkleres, hartes Kernholz – der Kontrast führt beim Schnittholz zu einer deutlichen Maserung.
- Eiche
- Kiefer
- Lärche

Reifholzbaum:
Der Querschnitt besteht außen aus weichem, hellem Splintholz und im Inneren aus deutlich festerem Kernholz, das sich allerdings nicht verfärbt hat – daher auch hier kaum sichtbare Maserung.
- Fichte
- Tanne
- Rotbuche

9. Nennen Sie mindestens sieben Wachstumsfehler, die einen Baum für die Verwendung als Bauholz weniger geeignet machen.

1. Drehwuchs
2. Krummwuchs
3. Gabelwuchs
4. Abholzigkeit
5. Exzenterwuchs
6. abgestorbene Äste
7. Harzgallen
8. Ringrisse

10. Welche Wirkung haben folgende Wachstumsfehler:
a) Drehwuchs/Krummwuchs,
b) Gabelwuchs,
c) Exzenterwuchs,
d) abgestorbene Äste,
e) Harzgallen?

a) Drehwuchs/Krummwuchs:
Das Holz verzieht sich bei der Trocknung, die Querschnitte werden krumm und verzogen.

b) Gabelwuchs:
Der Baum teilt sich in zwei kleine kaum nutzbare Querschnitte – unwirtschaftlich.

c) Exzenterwuchs:
Die Dichte der Holzzellen ist im Querschnitt unterschiedlich verteilt, weswegen es nicht gleichmäßig bearbeitet werden kann.

→

d) Abgestorbene Äste:
Am noch wachsenden Baum abgebrochene Äste stecken im Holz. Jedes Jahr werden neue Jahrringe rundum gebildet, ohne Verbindung zum abgestorbenen Ast. Bei der Trocknung fallen die toten Äste heraus, so entstehen „Astlöcher" im Bauholz.

e) Harzgallen:
Die Harzgallen sind Harzansammlungen, die auch durch Lackschichten und Lasuren hindurch auslaufen.

11. Nennen Sie die vier Gruppen (Lieferformen), in die das Bauschnittholz unterteilt wird.

1. Kanthölzer/Balken
2. Latten
3. Bohlen
4. Bretter

12. Erklären Sie, welche Abmessungen die Holzquerschnitte haben müssen.

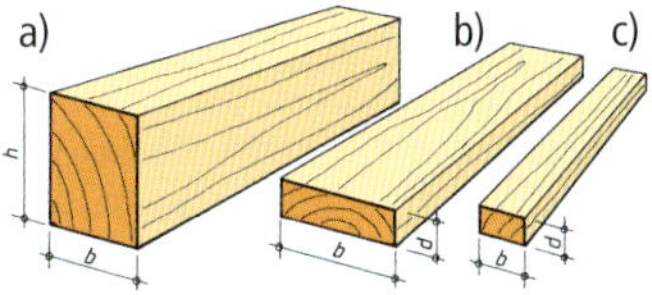

Balken/ Kantholz   Bohle/ Brett   Latte

a) Balken/Kantholz:
– kompakte Querschnitte, $h = \text{max. } 3 \cdot b$.

b) Bohle/Brett:
– flache Querschnitte, $b = \text{mehr als } 3 \cdot d$,
– Bohlen sind dicker, mehr als 4 cm dick,
– Bretter sind mind. 8 cm breit.

c) Latte:
– Dicke wie Brett (max. 4 cm),
– weniger als 8 cm breit.

13. Benennen Sie die mit A … D gekennzeichneten Lieferformen von Baurundholz.

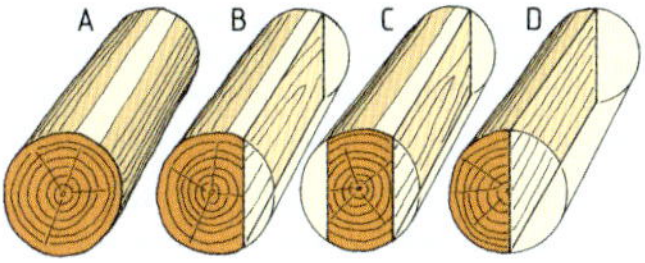

A – unbesäumtes Rundholz
B – einseitig besäumtes Rundholz
C – beidseitig besäumtes Rundholz
D – Halbrundholz

14. Erklären Sie das „Arbeiten" des Holzes.

Unter dem „Arbeiten" des Holzes versteht man die Verformung des Holzquerschnittes bei Wasseraufnahme (Quellen) bzw. Wasserabgabe (Schwinden).

15. Nach dem Einschnitt des Stammes zu Schnittholz wird in „Ganzholz", „Halbholz" und „Viertelholz" unterschieden. Was ist damit gemeint? Welche Auswirkungen hat die jeweilige Einschnittform auf das „Arbeiten" des Holzes?

Ganzholz:
- Aus dem Stamm wird ein großer Querschnitt hergestellt.
- Der Kern liegt in der Mitte, was zu einem gleichmäßigen „Arbeiten" des Holzes führt.

Halbholz:
- Aus dem Stamm werden zwei schmalere Querschnitte geschnitten.
- Der Kern liegt an den Seitenflächen, was beim „Arbeiten" des Holzes zu Verkrümmungen führt.

Viertelholz:
- Aus dem Stamm werden vier kompakte Querschnitte geschnitten.
- Der Kern liegt jeweils an einer Ecke des Holzquerschnittes, dadurch verformt sich das Holz beim „Arbeiten" rautenförmig.

16. Begründen Sie, warum das Holz nicht in jedem Feuchtebereich arbeitet. Erklären Sie dabei die Begriffe
- **„Fasersättigung",**
- **„lufttrockenes Holz",**
- **„darrgetrocknetes Holz".**

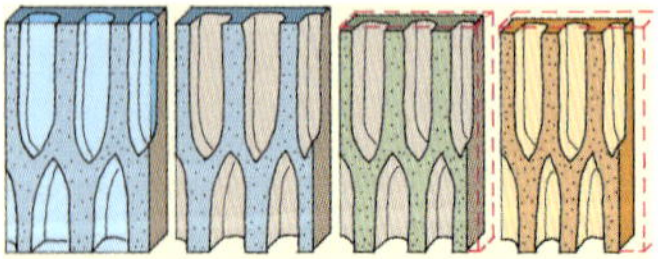

Direkt nach dem Einschnitt des Stammes im Wald hat das Holz eine Feuchte von über 50 %. Dabei sind die Zellwände und die Zellhohlräume mit Wasser gefüllt.
Beim Trocknen bis auf 30 % Feuchte bleiben alle Zellwände wassergefüllt („Fasersättigung"), nur die Hohlräume trocknen aus. Daher verformt sich hier das Holz noch nicht.
Bei weiterer Trocknung trocknen dann auch die Zellwände aus, was zu einer Abnahme des Volumens (Schwinden) führt.
An der Luft lässt sich Holz wegen der umgebenden Luftfeuchte nur bis etwa 15 % (lufttrocken) trocknen, technisch kann man Holz auch bis 0 % Feuchte (darrtrocken) trocknen.

17. Beschreiben Sie, wie sich das Holz richtungsabhängig beim Schwinden verformt.

Das Holz ist ein Faserbaustoff. In Querrichtung liegen viel mehr Zellwände (pro cm) nebeneinander, als in der Längsrichtung des Holzes. Daher schwindet das Holz quer zur Faserrichtung (bei der Austrocknung der Zellwände) auch deutlich stärker als in Längsrichtung.

18. Geben Sie ungefähre Richtwerte für das Schwinden des Bauholzes in Längs- und Querrichtung an.

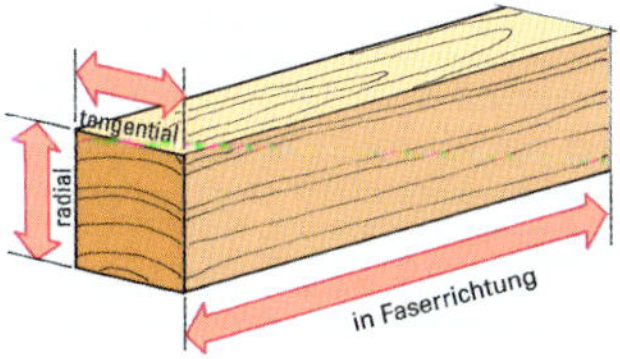

Ungefähre Richtwerte:

Längsrichtung (axial)	0,1 …0,5 %
Querrichtung (radial)	5 %
Querrichtung (tangential)	10 %

19. Wie verformen sich die verschieden eingeschnittenen Holzquerschnitte beim Schwinden?

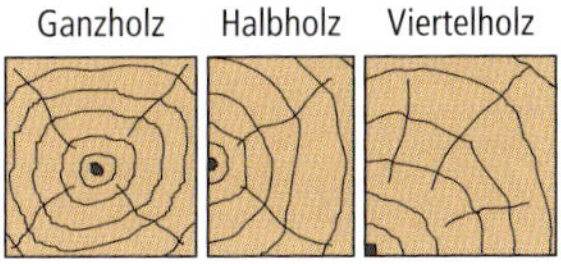

Entsprechend der Tabelle ist das Schwindmaß tangential doppelt so groß wie radial. Also ergeben sich folgende Querschnitte:

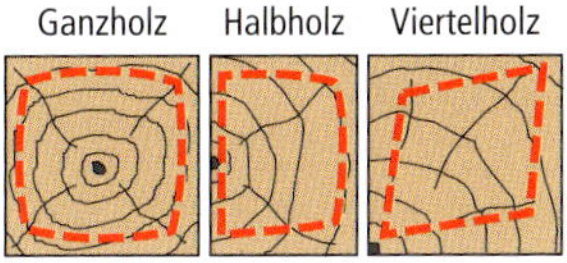

20. Beschreiben Sie bei Brettern und Bohlen die „rechte" bzw. „linke" Seite?
Erklären Sie, wofür diese Bezeichnungen wichtig sind.

Die rechte Seite ist dem Kern des Baumes zugewandt, die linke dem Splintholz. Die rechte Seite arbeitet deutlich weniger, was zu einer Verkrümmung des Holzquerschnittes beim „Arbeiten" führt. Bei Holzschalungen sollte daher die rechte Seite zum Beton zeigen.

Ausnahme:

Das Kernbrett oder auch „Herzbrett" hat den Kern in der Mitte des Brettes, damit zwei rechte Seiten und verformt sich kaum.

21. Auf welche Art lässt sich das „Arbeiten" des Holzes bei der Verwendung von Holzwerkstoffen deutlich vermindern? Skizzieren Sie mindestens drei Beispiele.

Der Querschnitt verformt sich tangential doppelt so stark wie radial. Also werden vor der Verleimung die Querschnitte so gedreht, dass die benachbarten Hölzer sich gegenseitig an der Ausdehnung hindern:

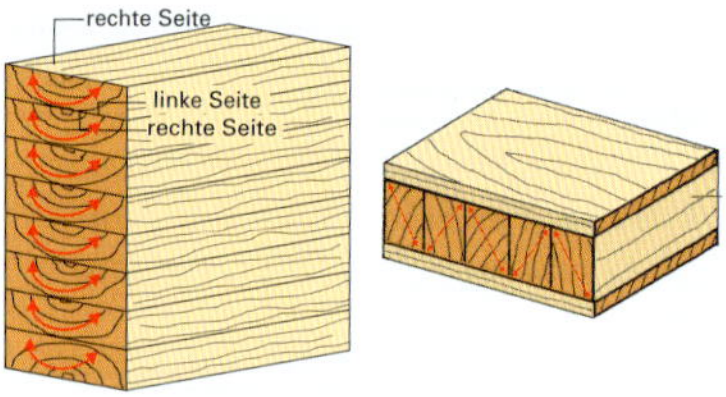

Beim Sperrholz wird die Dehnung in Querrichtung von der Faserlängsrichtung verhindert, die sich nur um 1/10 der Länge dehnt.

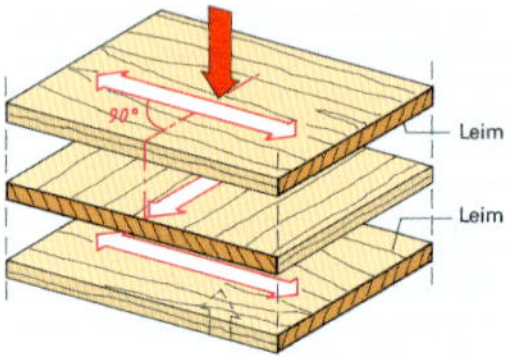

22. Nennen Sie mindestens zehn Holzwerkstoffe.

- Brettschichtholz (BSH)
- Sperrholz:
  - Furnierplatte (FU)
  - Baufurnierplatte (BFU)
  - Tischlerplatte (TI)
  - Bautischlerplatte (BTI)
- Holzspanplatte:
  - Flachpressplatte
  - OSB-Platte
  - Strangpressplatte (voll – SV, mit Röhren – SR)
- Holzfaserplatte:
  - hart gepresste Faserplatte
  - poröse Faserplatte:
    - mineralisch gebunden
    - bituminös gebunden
    - ohne Bindemittel

23. Beschreiben Sie den Unterschied zwischen Furnierplatten und Baufurnierplatten sowie Tischlerplatten und Bautischlerplatten.

Durch die wasserfeste Verleimung sind die Bauplatten auch im Außenbereich bzw. bei direkter Feuchteberührung, z. B. im Schalungsbau verwendbar.

24. Warum werden Sperrholzplatten in der Regel mit einer ungeraden Anzahl an Schichten (3, 5, 7,..) hergestellt?

Damit die Maserung auf der Vorder- und Rückseite in die gleiche Richtung zeigt und so bei fehlerhaften Stellen die Platten auch gedreht werden können.

25. Erklären Sie die Holzbezeichnung „Kantholz DIN 4074 – S 10 TS – KI".

Kantholz – Kompaktquerschnitt
(h = max. 20 cm)
DIN 4074 – Norm für Holzbezeichnung
S 10 – Sortierklasse 10,
also Holz mit normaler Tragfähigkeit
TS – trocken sortiert
KI – Holzart = Kiefer

26. Welche Merkmale werden bei der Sortierung von Schnittholz in Sortierklassen berücksichtigt? Nennen Sie mindestens sechs davon.

1. Äste (Größe, Anzahl)
2. Baumkanten (Länge, Breite)
3. Jahrringbreite
4. Faserneigung zur Längsachse
5. Risse (Tiefe, Länge)
6. Längskrümmung, Verdrehung
7. Druckholzanteil

27. Was sagt die Einstufung der Bauhölzer in die Sortierklassen hauptsächlich aus?

S 7	**?**
S 10	**?**
S 13	**?**
S 15	**?**

S 7	Geringe Tragfähigkeit
S 10	Normale Tragfähigkeit
S 13	Hohe Tragfähigkeit
S 15	Besonders hohe Tragfähigkeit (nur mit technischen Geräten feststellbar)

28. Ordnen Sie zu, in welcher Richtung zur Faser die Festigkeit hoch bzw. gering ist.

Festigkeit	Faser-längs-rich-tung	Faser-quer-rich-tung
Druckfestigkeit	?	?
Zugfestigkeit	?	?
Scherfestigkeit	?	?

Festigkeit	Faser-längs-rich-tung	Faser-quer-rich-tung
Druckfestigkeit	hoch	gering
Zugfestigkeit	hoch	gering
Scherfestigkeit	gering	hoch

29. Wovon sind die Druckfestigkeit und die Härte des Holzes abhängig?
Nennen Sie drei sehr harte und druckfeste Hölzer.
Wo werden solche Hölzer eingesetzt?

Die Härte und Druckfestigkeit werden durch die Rohdichte des Holzes bestimmt. Je höher die Rohdichte, desto höher die Druckfestigkeit bzw. Härte des Holzes.

- Eiche
- Buche
- Lärche

Einsatz:
Wo hohe mechanische Beanspruchungen erfolgen, z. B. Treppenstufen, Fußboden.

30. Wie verändert eine hohe Astigkeit die Zug- und Scherfestigkeit des Holzes in Längsrichtung der Fasern?

Zugfestigkeit:
Die Äste stören die längs auf Zug beanspruchte Faserstruktur und mindern so die Zugfestigkeit in Längsrichtung.
Scherfestigkeit:
Die Äste erhöhen die Scherfestigkeit in Längsrichtung, da so keine parallelen Scherflächen gegeben sind.

31. Nennen Sie Stichpunkte, die bei der Stapelung der Hölzer zur Trocknung (Lufttrocknung) zu beachten sind.

- Abstand vom Boden mindestens 50 cm,
- Sperrschicht unter der untersten Holzlage anbringen,
- gleich dicke Hölzer in die Lagen einstapeln,
- Stapelleisten immer senkrecht übereinander,
- Stapelleisten nicht in zu großen Abständen (max. 1,25 m),

→

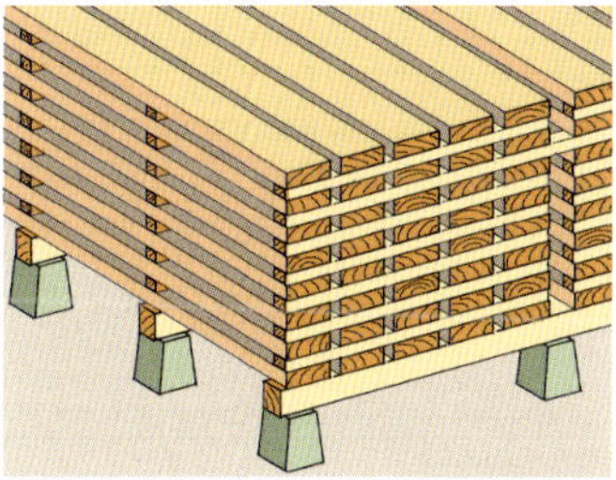

- den Stapel möglichst quer zur Hauptwindrichtung anlegen,
- bei besonderen Holzarten Stirnholzflächen mit Wachs versiegeln,
- Stapelleisten ganz an die Stirnholzränder legen.

32. Welche Vor- und Nachteile hat die Lufttrocknung gegenüber der technischen Trocknung?

Vorteile:
- langsame Trocknung, dadurch kaum Rissbildung.

Nachteile:
- hohe Kosten für Lagerhaltung,
- nur Trocknung bis max. 15 % Feuchte möglich (lufttrocken = „Gleichgewichtsfeuchte").

33. Nennen Sie mindestens fünf Schädlinge, die Holzkonstruktionen zerstören können.

Pilze:
- Echter Hausschwamm
- Kellerschwamm

Insekten:
- Hausbockkäfer
- Klopfkäfer
- Holzwespen
- Termiten

34. Unter welchen Bedingungen kann eine Holzkonstruktion von Pilzen angegriffen werden?

- Temperaturen über +3 °C.
- Holzfeuchte über 18 %.

35. Beschreiben Sie, wie die Schädigung des Holzes durch Pilze erfolgt.

Pilzsporen, die in der Luft enthalten sind, setzen sich am Holz ab und bilden ein Myzel (dünnes Geflecht an Strängen, die durch das Holz wachsen). Der Pilz ernährt sich von der Cellulose und zerstört so die gesamte Holzstruktur. Entlang des Myzels bilden sich neue Fruchtkörper, die wieder neue Sporen an die Luft abgeben. Der Pilz setzt sich also durch die Luft (Sporen) und durch die Wände und Decken (Myzel) zugleich fort und befällt immer neue Konstruktionsteile.

36. Welche Maßnahmen sind zu treffen, wenn eine Holzkonstruktion durch den „Echten Hausschwamm" befallen ist?

- Ausbau aller befallenen Konstruktionsteile,
- Verbrennen des schadhaften Holzes,
- umgebendes Mauerwerk gründlich reinigen (evtl. abflammen, imprägnieren, vollständig austrocknen).
- Der Hausschwamm ist meldepflichtig.

37. Erklären Sie den Begriff „vorbeugender Schutz von Holz durch bauliche Maßnahmen". Wogegen kann man Holz so schützen?

<u>„vorbeugender Schutz von Holz durch bauliche Maßnahmen":</u>
umfasst alle Maßnahmen, die verhindern, dass das Holz geschädigt wird.
<u>Schutz gegen:</u>
- Feuchte,
- Pilze/Insekten,
- Brand.

38. Beschreiben Sie Möglichkeiten, mit Maßnahmen des vorbeugenden Schutzes von Holz durch bauliche Maßnahmen Brandschutz zu betreiben.

<u>Brandschutz:</u>
- Verwendung weniger, größerer Holzquerschnitte, statt vieler kleiner (Decken, Dachsparren, ...). Das Feuer hat weniger Angriffsfläche und die Konstruktion hält länger stand.
- Verwendung gehobelter Konstruktionshölzer. Da keine losen Fasern auf der Oberfläche vorhanden sind, braucht das Feuer länger zum Angriff.

39. Nennen Sie mindestens sieben bauliche Maßnahmen des vorbeugenden Holzschutzes, um die Konstruktionen vor Durchfeuchtung und in der Folge vor dem Befall durch Insekten und Pilze zu bewahren. →

<u>Feuchteschutz:</u>
1. Unter den Holzbalken am Auflager Sperrschicht anbringen.
2. Balkenköpfe an der Stirnseite mit Dämmung versehen und Luftschicht zur Zirkulation einbauen.
3. Unter Schwellen (Fußpfette oder Fachwerk) auf Mauerwerk oder Beton Sperrschicht einbauen.
4. Holzstützen durch Fußkonstruktionen aus Metall 30 cm aus dem Spritzwasserbereich herausheben.
5. Holzverschalungen möglichst mit senkrechten Brettern, damit der Regen nicht in den waagerechten Fugen steht.

→

6. Größere Dachüberstände schützen die Holzverkleidungen am Giebel.
7. Holzverkleidungen auf doppelter Lattung anbringen, damit die Hinterlüftung das Holz trocken hält.
8. Waagerechte Handläufe an Terrassen mit dem Splintholz nach oben. Beim Quellen durch Feuchte wird das Holz rund und das Wasser kann ablaufen.

40. Welche Maßnahmen sind zum Schutz des Balkenkopfes vorzusehen?

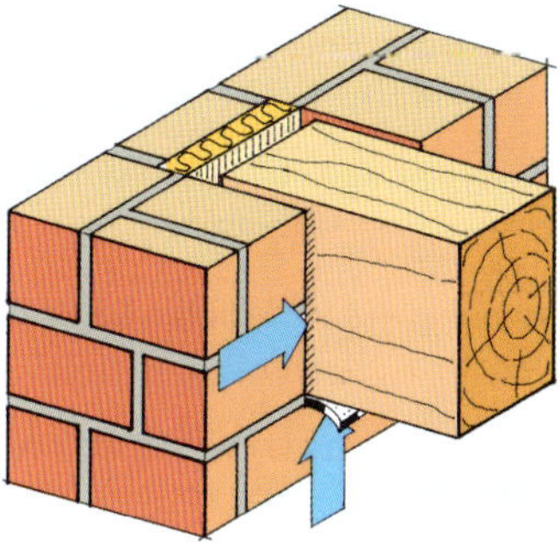

- Sperrschicht unter dem Balkenkopf, damit die Feuchte des Mauerwerkes nicht in den Balkenkopf ziehen kann.
- Dämmung an der Stirnseite, da hier durch die Schwächung der Wand Frostgefahr besteht. Bei Unterschreitung des Taupunktes entsteht Schwitzwasser, was zur Fäulnis führt.
- Rund um den Balken muss 2 cm Abstand zum Mauerwerk sein, damit die Luft zirkulieren kann.

41. Ölige, wasserlösliche und lösemittelhaltige Holzschutzmittel werden gegen verschiedene Gefährdungen des Holzes verwendet. Auf welche Einsatzmöglichkeiten wird in der Bezeichnung mit folgenden Kurzzeichen hingewiesen?

→

→

Kurzzeichen	Einsatzmöglichkeit
P	?
Iv	?
E	?
B	?

Kurzzeichen	Einsatzmöglichkeit
P	Vorbeugend gegen Pilze (Fäulnisschutz)
Iv	Vorbeugend gegen Insekten
E	Für Holz, das extremer Beanspruchung ausgesetzt ist
B	Schutz gegen Verblauung

42. Der Holzschutz mit Holzschutzmitteln kann in unterschiedlicher Eindringtiefe ausgeführt werden.
Nennen Sie die verschiedenen Schutzarten und die jeweilige Eindringtiefe.

Oberflächenschutz: (NP1)
Nur oberflächlich aufgetragen, keine Anforderungen an die Eindringtiefe.
Randschutz: (NP2)
Mindestens 3 mm Eindringtiefe.
Tiefenschutz: (NP4)
Mindestens 25 mm Eindringtiefe.
Vollschutz: (NP6)
Durchdringung aller zugänglichen Konstruktionsteile.

43. Wie können Holzschutzmittel aufgebracht werden?

- Oberflächenschutz durch Streichen oder Spritzen,
- Randschutz durch einige Stunden Lagerung im Tauchbett,
- Tiefenschutz durch tagelange Lagerung im Tauchbett,
- Vollschutz durch Kesseldruckimprägnierung.

44. Nennen Sie Sicherheitsmaßnahmen, die beim Umgang mit Holzschutzmitteln beachtet werden müssen.

- Kennzeichnung als Gift,
- sorgfältig verschlossen aufbewahren,
- bei der Arbeit:
  - Schutzkleidung tragen,
  - nicht essen,
  - nicht rauchen,
- nach der Arbeit Hände und Gesicht gründlich reinigen.

45. Welche Bezeichnungen tragen die mit A ... H gekennzeichneten Bauteile einer Fachwerkwand?

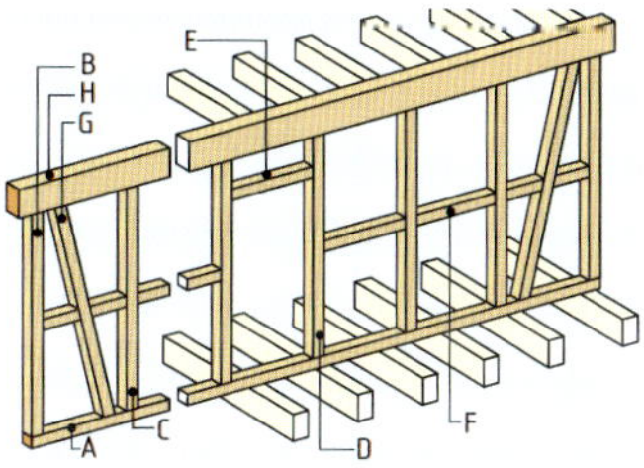

A – Schwelle
B – Eckpfosten
C – Pfosten
D – Türpfosten
E – Sturzriegel
F – Fachriegel
G – Strebe
H – Rähm

46. Welche Aufgabe hat der Rähm, wie wird er belastet und welcher Querschnitt ist daher notwendig?

Aufgabe:
Aufnahme der Lasten aus Decke, darüberliegenden Wänden und Dach und Ableitung in die Pfosten.
Belastung:
Biegezugbelastung.
Querschnitt:
Hochkantquerschnitt.

47. Die Streben in der Fachwerkwand sind jeweils in den ersten Feldern nach unten innen geneigt angeordnet.
Warum dürfen die Streben der Fachwerkwand nicht in die andere Richtung geneigt sein?

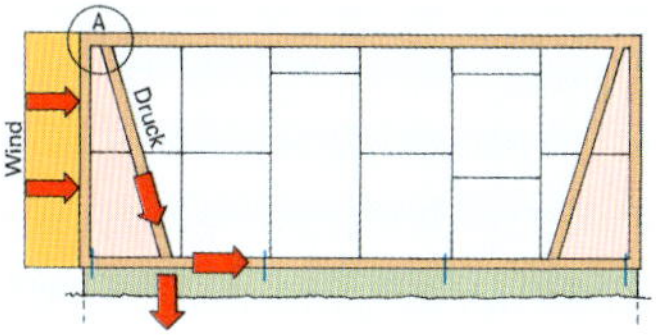

Die Strebe wird durch die Windlast auf Druck belastet und leitet diese Kräfte in die Schwelle ab.
Da die Verbindungen druck- aber nicht zugfest sind, würde sonst die Windlast erst oben durch das gesamte Tragwerk geleitet und erst am Ende der Wand in die Schwelle abgeleitet, was alle Knotenpunkte in der Wand belasten würde.

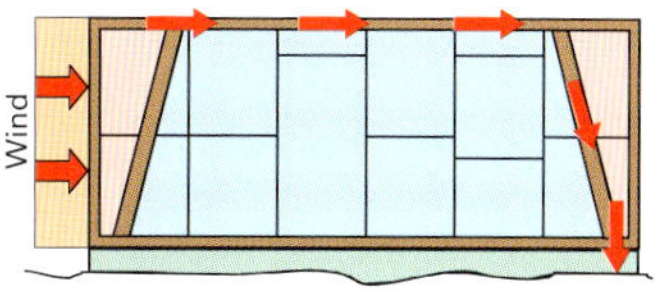

48. Ordnen Sie die Bauteile der Fachwerkwand nach ihrer Funktion in zwei Gruppen.

Tragende Hölzer	Aussteifende Hölzer
– – –	– – –

Tragende Hölzer	Aussteifende Hölzer
– Rähm – Pfosten – Schwelle	– Streben – Riegel

49. Welche Aufgabe haben Streben und Riegel in einer Fachwerkwand?
Wie werden sie beansprucht und welcher Querschnitt ist daher notwendig?
Begründen Sie Ihre Aussagen.

Streben und Riegel steifen die Wand aus.

Streben:

Aussteifung gegen Windlasten. Sie werden aufgenommen, entlang der Strebe geleitet und an die Schwelle abgegeben. Dabei wird die Strebe auf Druck beansprucht und könnte in alle vier Richtungen ausknicken. Um das zu verhindern, muss die Strebe in alle Richtungen denselben Querschnitt haben, also quadratisch sein.

Riegel:

Steifen die Wand gegen Windlasten aus und geben der Ausfachung Halt. Wegen der Druckbeanspruchung sollen auch Riegel quadratisch sein, da sonst ein Ausknicken zu befürchten ist.

50. Nennen Sie zehn zimmermannsmäßige Holzverbindungen.

1. Gerades Blatt
2. Hakenblatt
3. Eckblatt
4. Zapfen
5. Abgesetzter Zapfen
6. Scherzapfen
7. Brustzapfen
8. Stirnversatz
9. Fersenversatz
10. Doppelter Versatz

51. Zählen Sie in jeder Gruppe mindestens zwei zimmermannsmäßige Holzverbindungen auf:
a) zugfeste Längsverbindungen,

→

a) zugfeste Längsverbindungen:
- Hakenblatt
- Schwalbenschwanz

→

b) nicht zugfeste Längsverbindungen,
c) rechtwinklige Verbindungen,
d) schräge Verbindungen.

b) nicht zugfeste Längsverbindungen:
- Gerades Blatt
- Zapfenstoß

c) rechtwinklige Verbindungen:
- Eckblatt
- Scherzapfen

d) schräge Verbindungen:
- Stirnversatz
- Fersenversatz

52. Erklären Sie, worauf bei der Herstellung einer Zapfenverbindung zu achten ist. Begründen Sie die Aussagen.

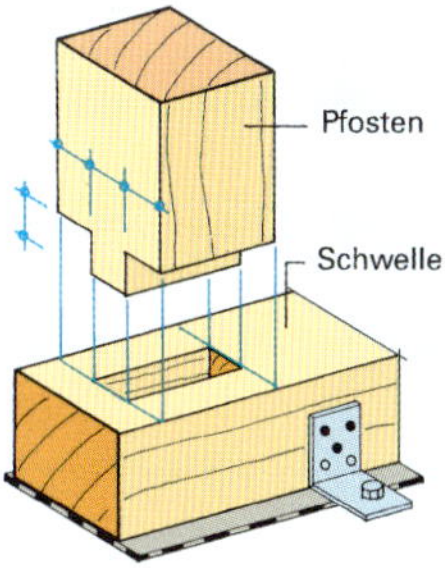

Einerseits darf der Zapfen nicht zu schmal sein, da er die Position des Pfostens in der Wand sichert und sonst abbrechen könnte.
Andererseits dürfen die beidseitig liegenden Wangen aber auch nicht zu schmal werden, da nur sie die Druckkräfte aufnehmen – der Zapfen trägt nicht mit!
Insgesamt soll daher die Breite der Wangen und der Zapfen jeweils $1/3$ des Holzquerschnittes betragen.
Die Tiefe des Zapfens soll etwa 4 .. 5 cm sein, damit er dem Pfosten sicher Halt geben kann.
Das Zapfenloch soll tiefer als der Zapfen sein, um sicherzustellen, dass nicht statt der Wangen vielleicht nur die Zapfenfläche die Lasten überträgt.

53. Worauf ist bei der Herstellung eines Stirnversatzes zu achten? Welches konstruktive Problem gibt es bei dieser Holzverbindung? Machen Sie Vorschläge, wie man dieses Problem lösen könnte.

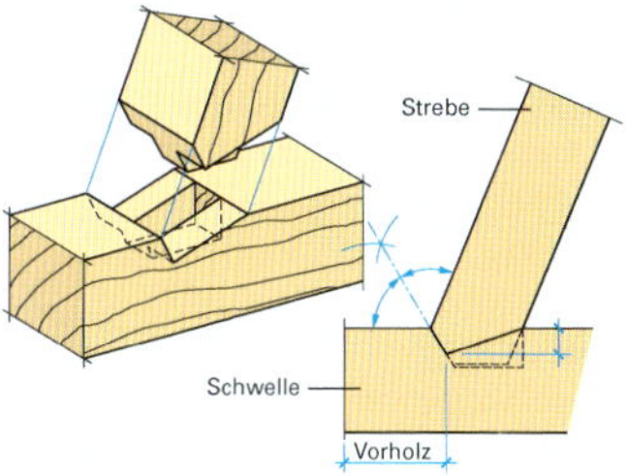

- Die Übertragung der Druckkräfte erfolgt über die Stirnseite der Strebe in die Schwelle – hohe Passgenauigkeit dieser Versatzfläche!
- Neigung der Versatzfläche exakt in der Winkelhalbierenden zwischen Schwelle und Strebe.
- Versatztiefe etwa $1/4$ .. $1/6$ der Schwellenhöhe.
- Zapfenbreite $1/3$ der Holzbreite, mittig in der Schwelle.
- Zapfenloch tiefer als die Zapfenlänge, da der Zapfen keine Kräfte übertragen soll.

Problem:
Die schräge Kraft erzeugt über die Versatzfläche eine senkrechte Druckkraft auf

→

die Schwelle, aber auch eine waagerechte Scherkraft längs der Faserrichtung der Schwelle. Je flacher die Strebe geneigt ist, desto größer wird diese Scherkraft, die zum Abspalten des Vorholzes führen kann.

Vorschläge:

- längeres Vorholz,
- astreiches Vorholz,
- zusätzlichen Fersenversatz (doppelter Versatz) einbauen, um das Vorholz in zwei Ebenen nutzen zu können,
- zusätzliche Brettlaschen,
- zusätzliche Bolzenverbindung.

54. Benennen Sie die Konstruktionsteile A … I des dargestellten Pfettendaches.

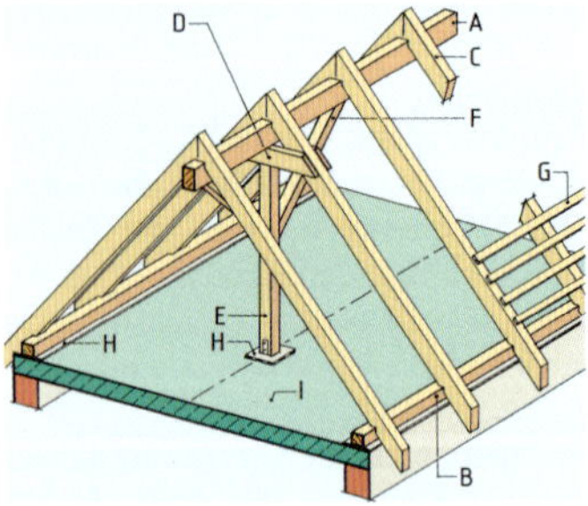

A – Firstpfette
B – Fußpfette (Schwelle)
C – Dachsparren
D – Firstlaschen
E – Pfosten
F – Kopfband
G – Lattung
H – Dichtungsschichten
I – Stahlbetondecke

55. Beschreiben Sie die Funktionsweise des Pfettendaches anhand der Ableitung der Kräfte.

Das Pfettendach funktioniert wie eine schräg liegende Balkendecke. Die Lasten (Dacheindeckung, Schnee usw.) werden von den Sparren aufgenommen und über waagerechte Auflageflächen senkrecht auf die Pfetten übertragen. Die First- und Mittelpfetten werden auf Biegung beansprucht und übertragen die senkrechten Kräfte weiter in die Stuhlsäulen und Wände des Hauses.

56. Wie und mit welchen Bauteilen wird die Pfettendachkon- →

a) Querrichtung:
Herstellen von unverschieblichen Dreiecken aus Stahlbetondecke, Pfosten und Sparren. →

struktion gegen Windkräfte ausgesteift:
a) in Querrichtung,
b) in Längsrichtung?

Zusätzliche Dreiecke können mit Kehlbalken und Firstlaschen gebildet werden.

b) Längsrichtung:
Unverschiebliche Dreiecke, gebildet durch Kopfbänder, Pfetten und Pfosten. Zusätzlich sind starre Längswände im Dach möglich.

57. Erläutern Sie für die folgenden Konstruktionsteile des Pfettendaches jeweils die Aufgaben, die Beanspruchung und dementsprechend die erforderliche Querschnittsform des Holzes:
a) Lattung,
b) Sparren,
c) Firstpfette,
d) Fußpfette,
e) Pfosten,
f) Kopfband,
g) Firstlasche.

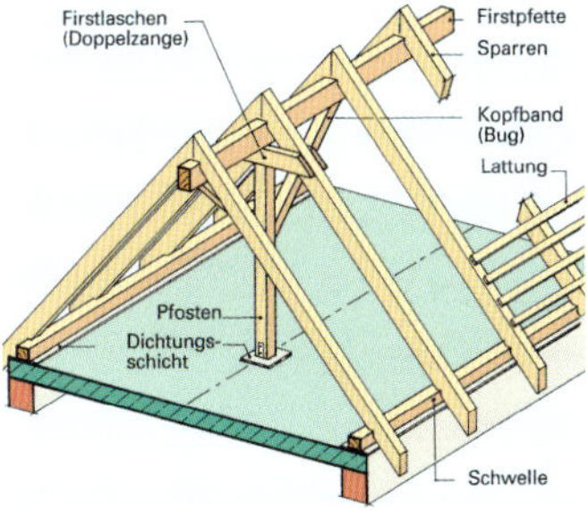

a) Lattung:
- Aufnahme der senkrechten Lasten der Dacheindeckung und Schneelast und Abtragen der Last auf die Sparren,
- Biegebeanspruchung,
- Flachquerschnitt diagonal belastet.

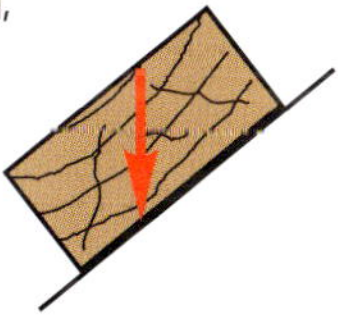

b) Sparren:
- Lasten aufnehmen und senkrecht auf die Pfetten ableiten,
- Windlasten aufnehmen und gegen die Pfetten (quer) bzw. Pfosten und Kopfbänder (längs) aussteifen,
- Biegebeanspruchung,
- Hochkantquerschnitt.

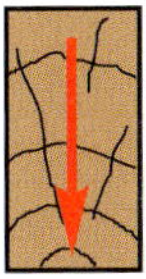

c) Firstpfette:
- Lasten aus den Sparren aufnehmen und auf Pfosten und Wände abtragen,
- Biegebeanspruchung,
- Hochkantquerschnitt.

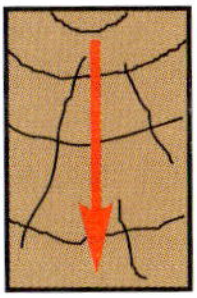

d) Fußpfette:
- Lasten der Sparren aufnehmen und direkt an die darunterliegende Decke weiterleiten,
- Druckbeanspruchung,
- Flachquerschnitt.

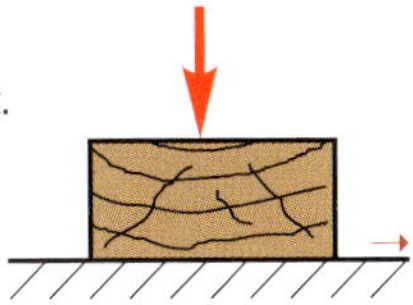

e) Pfosten:
- trägt die Lasten aus den Pfetten senkrecht nach unten auf die Geschossdecke ab,
- Druck-/Knick-beanspruchung,
- Quadratquerschnitt.

f) Kopfband:
- verringert die Durchbiegung der Pfetten zwischen den Pfosten,
- dient der Längsaussteifung des Daches,
- Druck-/Knickbeanspruchung,
- Quadratquerschnitt.

g) Firstlasche:
- hält die gegenüberliegenden Sparren zusammen,
- unterstützt die Mittelpfette,
- bildet ein unverschiebliches Dreieck,
- Biegezugbeanspruchung,
- Hochkantquerschnitt.

58. Welche Bauteile werden zur Längsaussteifung des Pfettendaches zu einem unverschieblichen Dreieck verbunden?

- First- bzw. Mittelpfette,
- Pfosten,
- Kopfbänder.

59. Nennen Sie den Unterschied zwischen „zimmermannsmäßigen Holzverbindungen" und „ingenieurmäßgen Holzverbindungen".

Zimmermannsmäßige Holzverbindungen:
Verbinden die Holzbauteile ohne jedwede Art von Metall. Wenn nicht anders möglich, werden auch Nägel eingesetzt, allerdings Holznägel aus Eichenholz.
Ingenieurmäßige Holzverbindungen:
Verbinden die einzelnen Holzbauteile mit metallischen Hilfsmitteln wie Schrauben, Nägeln oder Bolzen.

60. Welchen bauphysikalischen Nachteil haben die Ingenieurholzbauverbindungen gegenüber den zimmermannsmäßigen?

An allem im Holz verbauten Metall sammelt sich Kondenswasser. An diesen Stellen hat das Holz also eine deutlich höhere Feuchte, was Pilze und Fäulnis anregt.

61. Nennen Sie mindestens fünf typische Verbindungsteile des Ingenieurholzbaus.

1. Nägel („Drahtstifte")
2. Bolzen
3. Schrauben
4. Stahldübel
5. Blechformteile
6. Dübel besonderer Bauart

62. Erklären Sie, um welche Drahtstifte es sich in den Darstellungen handelt, und wozu diese sinnvoll eingesetzt werden.

a) 

b) 

c) 

Ein Drahtstift ist ein aus Walzdraht hergestellter Metallstift, also ein „Nagel".

a) glatter Nagel:
Verbindet zwei Holzbauteile, die rechtwinklig zur Drahtachse belastet werden – der Metallquerschnitt wird nur auf Abscheren des Querschnittes beansprucht.

b) Schraubnagel:
Kann zusätzlich das Auseinanderbewegen der verbundenen Holzteile verhindern.

c) Rillennagel (Ankernagel):
Wird verwendet, wenn z. B. Holzteile an der Decke angenagelt werden. Diese versuchen, durch ihre Eigenlast sich von der Decke zu lösen. Der Rillennagel ist „auszugfest". Rillennägel dienen der Verbindung von Blechformteilen mit Holzteilen (Balkenschuh mit Deckenbalken).

63. Nennen Sie Grundsätze bei der Herstellung von Nagelverbindungen.

- Nicht zu nahe am Rand des Holzes nageln (am Ende und parallel zur Faser ist die Gefahr des Aufspaltens besonders groß).
- Den Nagel vor dem Einschlagen „stauchen" (mit dem Hammer auf die Spitze schlagen, damit diese nicht mehr spitz ist). Dadurch zerschlägt der Nagel beim Eintreiben die Faser, statt sie seitlich auseinanderzutreiben. Die Spaltgefahr ist deutlich geringer.

64. **Wie werden Nagelverbindungen nach der Lage der Nägel in der Verbindung unterschieden? Welche Bezeichnung trägt die skizzierte Verbindung mit 2 × 3 Nägeln?**

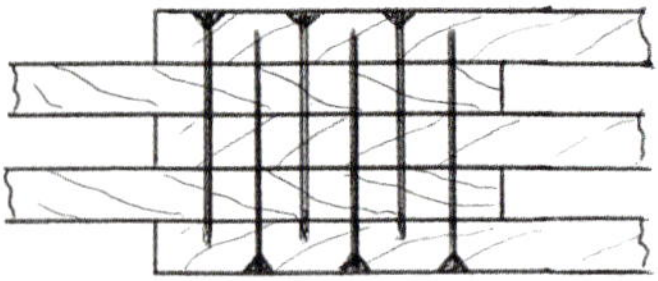

- Nach der Richtung in einseitig oder beidseitig.
- Nach der Anzahl der auf Abscheren belasteten Nagelquerschnitte eines Nagels in einschnittig oder mehrschnittig

Bezeichnung:
„beidseitige vierschnittige Nagelung", da von beiden Seiten genagelt und jeder Nagel auf vier Scherflächen beansprucht wird.

65. **An einer Holzverbindung steht in der Bauzeichnung die Angabe: „2x 6N 38x100". Erklären Sie, was damit gemeint ist.**

- 2x – beidseitig genagelt
- 6N – von jeder Seite 6 Nägel
- 38 – Nagelschaftdurchmesser 3,8 mm
- 100 – Nagellänge 100 mm

66. **Im Bild ist eine einschnittige (links) und eine zweischnittige (rechts) Nagelverbindung zu sehen. Welchen Vorteil hat eine zweischnittige Holzverbindung? Begründen Sie Ihre Aussage.**

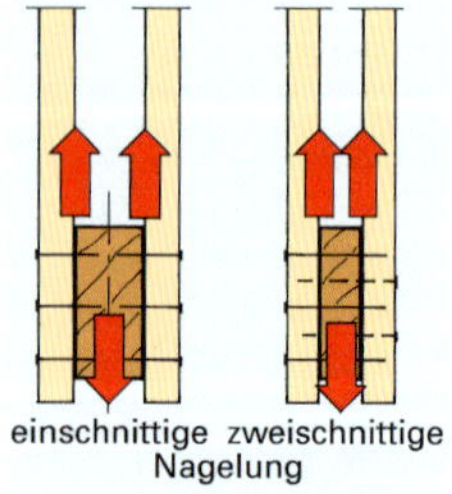

Bei der einschnittigen Verbindung werden genügend Nägel ins Holz geschlagen, damit die Stahlquerschnitte die Verbindungskräfte übertragen können. Wenn sich allerdings aufgrund der Kraftrichtungen die Hölzer auseinander bewegen, können sich die Nägel verbiegen, was die Tragfähigkeit der Verbindung beeinträchtigt.
Bei zwei- oder mehrschnittigen Verbindungen wird der Stahlquerschnitt des Nagels an mehreren Stellen jeweils im vollen Querschnitt beansprucht – was weniger Nägel notwendig macht und die Gefahr des Aufspaltens reduziert. Da die außen liegenden Hölzer in die gleiche Richtung ziehen, können sich die Nägel auch nicht verformen.

67. **Wovon hängt der Mindestabstand ab, den ein Nagel von der Außenseite des Holzes haben muss?**

- Von der Faserrichtung,
- von der Dicke des Nagels.

68. Wie lang sollte ein Nagel sein, um einen Holzquerschnitt an der Unterkonstruktion sicher zu befestigen?

Mindestens dreimal so lang wie das zu befestigende Holz dick ist, sodass der Nagel $2 \cdot d$ in der Unterkonstruktion steckt.

69. Wie viele Nägel muss eine tragende Holzverbindung mindestens haben?

Mindestens vier Nägel pro Scherfläche.

70. Benennen Sie die in der Darstellung zu sehenden Holzschrauben.

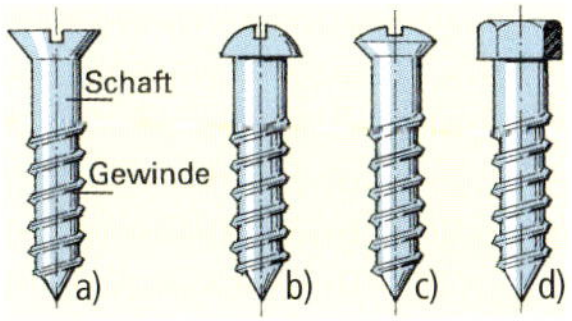

a) Flachkopfschraube (auch „Senkkopfschraube" genannt)
b) Rundkopfschraube
c) Linsenkopfschraube
d) Sechskantschraube

5

71. Welche Verbindungsformen kann man statt der Nägel oder Schrauben wählen, um große Kräfte mit wenigen Scherflächen zu übertragen?

- Schraubbolzen
- Passbolzen
- Stabdübel
- Metalldübel

72. Welche Funktion hat ein Metalldübel in der Holzverbindung?

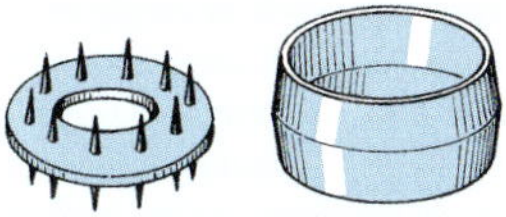

Der Metalldübel wird in die Verbindungsstelle eingelegt (Krallendübel) oder in der Verbindung in eine ausgefräste Öffnung eingesetzt (Ringdübel), bevor die Verbindung fest angezogen wird. Die durch Scherkräfte belastete Holzverbindung versagt erst dann, wenn auch die gesamte Scherfläche des Dübels abgeschert wird – das heißt, der Dübel vergrößert die wirkende Scherfläche.

73. Erklären Sie den Unterschied zwischen Schraubbolzen, Passbolzen und Stabdübel.

→

Schraubbolzen:
Das Loch im Holz wird etwas größer vorgebohrt, der Bolzen eingesetzt und auf beiden Seiten mit Unterlegscheibe und Mutter fest angezogen. Der Bolzenquerschnitt hat in der Verbindung etwas „Spiel", das heißt, er liegt nicht vollflächig kraftschlüssig im Holz an.

→

Passbolzen:
Der Passbolzen wird in ein Loch, das genau auf seine Größe gebohrt ist, eingeschlagen und liegt im Holz vollflächig kraftschlüssig an. Die Schraubenden werden dann noch mit Unterlegscheiben und Muttern angezogen.
Stabdübel:
Selbe Funktion wie Passbolzen, allerdings ohne Schraubenden. Die Stabdübel stecken nach dem Einschlagen komplett **im** Holz.

74. Nennen Sie fünf Werkzeuge zur Holzbearbeitung.

1. Hobel
2. Stemmeisen
3. Handsäge
4. Fuchsschwanz
5. Bohrer

75. Benennen Sie die Teile A ... G des Stemmeisens/Stechbeitels.

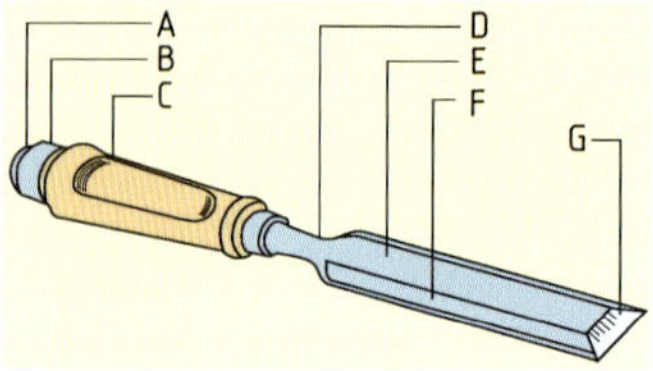

A – Schlagkopf
B – Zwinge
C – Griff
D – Hals
E – Blatt
F – Seitenfase
G – Schneide

76. Was versteht man unter dem „Schränken" einer Säge? Welche Wirkung hat die Schränkung beim Sägen?

Schränkung	Wirkung
zu wenig	?
zu breit	?
einseitig	?

Die Zähne des Sägeblatts werden abwechselnd nach links und nach rechts gebogen, um ein Festklemmen der Säge im Schnitt zu verhindern.

Schränkung	Wirkung
zu wenig	– zu enger Schnitt, das Sägeblatt verklemmt beim Schneiden
zu breit	– zu breiter Schnitt – der Schnitt kann verlaufen
einseitig	– der Schnitt verläuft in Tiefe und Richtung (schiefe Schnitte)

77. In der Darstellung sind zwei verschiedene Arten der Anordnung der Zähne am Sägeblatt zu sehen. Worin unterscheiden sie sich im Einsatz?

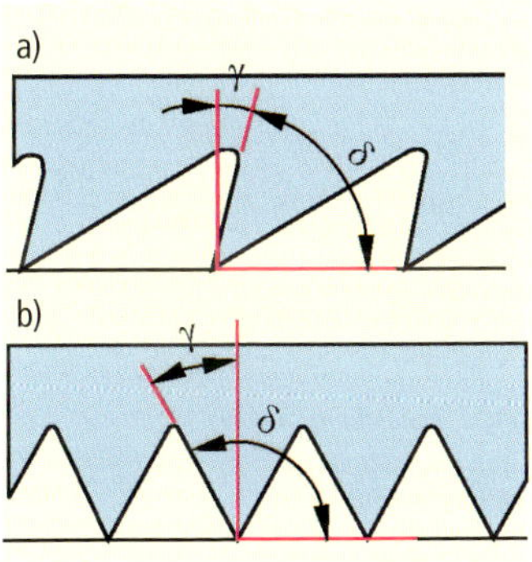

a) einseitig arbeitende Säge:
- Die Säge arbeitet nur in Stoßrichtung, der Rückzug bleibt ohne Wirkung.
- Sehr gut geeignet für Schnitte in Faserlängsrichtung.

b) beidseitig arbeitende Säge:
- Durch die Anordnung der Zähne als gleichschenklige Dreiecke schneidet die Säge auf Stoß und auf Zug.
- Sehr gut geeignet für Schnitte in Faserquerrichtung.

5

78. Nennen Sie vier typische Arten von Handsägen und ordnen Sie die Sägen in Ein- bzw. beidseitig wirksame Sägen.

Einseitig sägend	Beidseitig sägend
Fuchsschwanz	Gestellsäge
Stichsäge	Rückensäge

79. Unter welchen Umständen ist es ratsam, in einer Nagelverbindung die Nagellöcher vorzubohren? Mit welchem Durchmesser wird vorgebohrt?

Wenn die Gefahr des Aufspaltens des Holzes beim Einschlagen der Nägel hoch ist, z. B.
- bei vielen eng liegenden Nägeln,
- nahe am Holzrand,
- bei sehr dicken Nägeln,
- bei Hartholz (Buche, Eiche, ..).

Durchmesser = 0,9 · Nageldurchmesser

80. Nennen Sie vier Arten von Holzbohrern.

1. Schneckenbohrer
2. Schlangenbohrer
3. Spiralbohrer
4. Forstnerbohrer

Lernfeld 5
Fachmathematik

1. Ein Paket mit 6 Dachlatten je 2,60 m lang kostet 18,95 €. Eine Dachlatte (2,60 m lang) kostet 3,85 €.
Welches Angebot ist günstiger?

$$\text{Preis pro Latte} = \frac{18{,}95\ €}{6} = \underline{\underline{3{,}16\ €}}$$

Also ist das Paketangebot billiger.

2. Sie sollen eine Dachschalung von 8 m² auf einen Schuppen nageln. Ein Brett (12,5 cm breit, 24 mm dick und 3 m lang) kostet 4,95 €. Eine Packung von 10 gleichen Brettern kostet 44,95 €.
Welches Angebot ist preiswerter?

1 Brett $= 3{,}00\ \text{m} \cdot 0{,}125\ \text{m} = 0{,}375\ \text{m}^2$
Bedarf an Brettern:

$$= \frac{\text{Gesamtfläche}}{1\ \text{Brett}} = \frac{8{,}00\ \text{m}}{0{,}375\ \text{m}} = 21{,}33$$

also sind 22 Bretter zu kaufen.
Nach Einzelpreis:
$22 \cdot 4{,}95\ € = \underline{108{,}90\ €}$
Nach Packungen:
3 Packungen $\cdot\ 44{,}95\ € = \underline{134{,}85\ €}$
Zwei Packungen reichen nicht, bei 3 Packungen ist ein großer Rest – also ist hier der Kauf einzelner Bretter günstiger.

3. Auf einen Pkw-Anhänger sollen maximal 350 kg geladen werden. Sie kaufen im Baustoffhandel
- **8 Balken 12/24 cm, 4,50 m lang (Kiefer)**
- **20 m² Dielung 28 mm dick (Kiefer)**

Wie oft müssen Sie fahren, wenn das Kiefernholz 530 kg/m³ wiegt?

1 Balken:
$0{,}12\ \text{m} \cdot 0{,}24\ \text{m} \cdot 4{,}50\ \text{m} \cdot 530\ \text{kg/m}^3$
$= 68{,}7\ \text{kg}$
1. Ladung $= 350\ \text{kg} : 68{,}7\ \text{kg} = 5{,}09$
also maximal 5 Balken ($= 343{,}5$ kg)
Dielung:
$20\ \text{m}^2 \cdot 0{,}028\ \text{m} \cdot 530\ \text{kg/m}^3 = 296{,}8\ \text{kg}$,
also 2. Ladung = komplette Dielung
Für die letzten drei Balken muss man noch ein drittes Mal fahren.

4. Für die Balken und die Dielung in Aufgabe 3. soll statt Kiefer doch besser Eiche (750 kg/m³) verwendet werden.

→

1 Balken:
$0{,}12\ \text{m} \cdot 0{,}24\ \text{m} \cdot 4{,}50\ \text{m} \cdot 750\ \text{kg/m}^3$
$= 97{,}2\ \text{kg}$
Dielung:
$20\ \text{m}^2 \cdot 0{,}028\ \text{m} \cdot 750\ \text{kg/m}^3 = 420\ \text{kg}$

→

a) Wie oft müssen Sie mit dem Pkw-Anhänger fahren?
b) Der Baustoffhandel bietet Ihnen die Ausleihe eines Transporters mit 1 t maximaler Zuladung an. Wie oft müsste man mit dem Transporter fahren?

a) Pkw-Ladungen:
insgesamt 4 Ladungen:

2 Ladungen mit 3 Balken (291,6 kg)
1 Ladung mit Dielungsholz (350 kg)
1 Ladung mit Dielungsholz und 2 Balken (70 kg + 194,4 kg = 294,4 kg)

b) Transporter:
Auch der Transporter muss zweimal fahren, denn mit

8 · 97,2 kg + 420 kg = 1197,6 kg
wäre er überladen.

5

5. Über einen 9,74 m langen und 6,24 m breiten Raum soll eine Holzbalkendecke mit Balken 10/24 cm verlegt werden. Das maximale Bundmaß soll 85 cm betragen. Der Abstand der Balken von der Wand soll jeweils 5 cm betragen, das Auflager auf der Wand 15 cm.

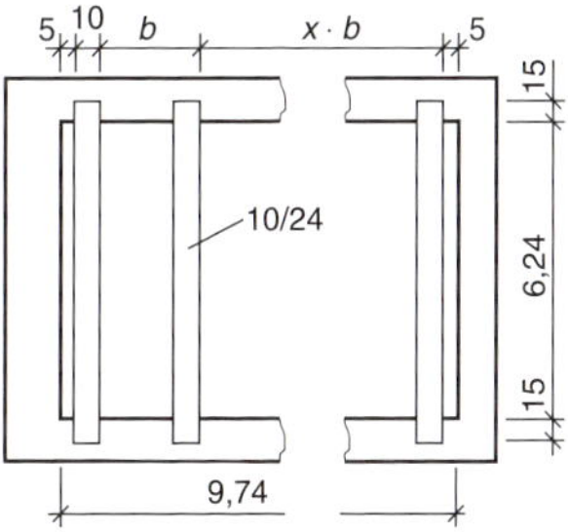

a) Berechnen Sie das zu wählende gleichmäßige Bundmaß (*b*) der Decke.
b) Ermitteln Sie den Holzbedarf für die Balken in Stück und m³.
c) Die Balken sollen einen Holzschutzanstrich mit 0,8 l/m² erhalten. Eine Büchse (5 l) kostet 32,95 €. Wie teuer ist der Anstrich?

→

a) Aufteilung in gleich große Felder (Bundmaß = *b*):
$L = 9{,}74\ \text{m} - 2 \cdot 5\ \text{cm} - 10\ \text{cm} = 9{,}54\ \text{m}$
Felder = 9,54 m : 0,85 m = 11,22,
also mindestens 12 Felder
$b = 9{,}54\ \text{m} : 12\ \text{Felder} = \underline{\underline{79{,}5\ \text{cm}}}$

Es werden also 13 Balken im Abstand von 69,5 cm (Bundmaß 79,5 cm) verlegt.

b) 13 Balken 10/24, Länge = 6,54 m
$V = St. \cdot l \cdot b \cdot h$
$V = 13 \cdot 6{,}54\ \text{m} \cdot 0{,}10\ \text{m} \cdot 0{,}24\ \text{m}$
$V = \underline{\underline{2{,}040\ \text{m}^3}}$

c) Fläche 1 Balken:
$A = (2 \cdot 0{,}24\ \text{m} + 2 \cdot 0{,}10\ \text{m}) \cdot 6{,}54\ \text{m} + 2 \cdot 0{,}24\ \text{m} \cdot 0{,}10\ \text{m}$
$A = 4{,}45\ \text{m}^2 + 0{,}05\ \text{m}^2 = \underline{4{,}50\ \text{m}^2}$
Gesamtfläche = $13 \cdot 4{,}50\ \text{m}^2 = \underline{58{,}5\ \text{m}^2}$
Anzahl Büchsen:
58,5 m² · 0,8 l/m² : 5 l/Büchse = 9,36
Also 10 Büchsen.
Preis:
$10 \cdot 32{,}95\ € = \underline{\underline{329{,}50\ €}}$

d) Dielung:
$A = 6{,}24\ \text{m} \cdot 9{,}74\ \text{m} \cdot 1{,}05$
$A = \underline{\underline{63{,}82\ \text{m}^2}}$

→

d) Auf die Holzbalken soll eine Dielung (*d* = 28 mm) aufgebracht werden. Berechnen Sie die m² Dielung bei einem Verschnitt von 5 %.

e) Berechnen Sie die Gesamtmasse der Holzladung (Kiefernholz = 520 kg/m³).

e) $V = 63{,}82\,\text{m}^2 \cdot 0{,}028\,\text{m} + 2{,}040\,\text{m}^3$

$V = 3{,}827\,\text{m}^3$

$m = 3{,}827\ \text{m}^3 \cdot 520\ \text{kg/m}^3 = 1990\ \text{kg}$

$m = \underline{\underline{1{,}990\,\text{t}}}$

6. Dachsparren sollen zwischen den Giebelwänden (Maß *Z*) im Bundmaß angeordnet werden. Maximales Bundmaß $b_{max.}$, Wandabstand 5 cm. Berechnen Sie Stückzahl und Bundmaß *(b)* für folgende Querschnitte:

	Z (m)	*b/h* (cm)	$b_{max.}$
a)	11,66 m	8/18	0,85 m
b)	26,16 m	10/22	1,20 m
c)	22,58 m	6/16	0,60 m
d)	12,10 m	8/24	0,75 m
e)	35,78 m	12/24	1,30 m

Nach Abzug der Wandabstände und eines Sparrens ergeben sich die aufzuteilenden Längen *(L)* und damit folgende Ergebnisse:

	Sparrenanzahl	Bundmaß
a)	15	0,82 m
b)	23	1,18 m
c)	39	0,59 m
d)	17	0,745 m
e)	29	1,27 m

7. Berechnen Sie für die Sparren in Aufgabe 6. jeweils die Transportmasse *(m)*, die zu streichende Fläche *(A)* und den Bedarf an Holzschutzmittel (l). (Die Sparren werden im vollen Querschnitt berechnet, ohne Schrägschnitte und Kerven.)

	Länge	Rohdichte des Holzes	Holzschutzmittel
a)	9,25 m	470 kg/m³	0,7 l/m²
b)	12,60 m	520 kg/m³	0,9 l/m²
c)	7,20 m	450 kg/m³	0,6 l/m²
d)	9,65 m	470 kg/m³	0,8 l/m²
e)	13,50 m	520 kg/m³	0,9 l/m²

Nach den Formeln (Aufgabe 5.):
$V = St. \cdot l \cdot b \cdot h$ und

A = (Umfang) · Länge + 2 · Stirnfläche

errechnen sich folgende Ergebnisse:

	Masse	Fläche des Holzes	Holzschutzmittel
a)	0,939 t	72,58 m²	50,8 l
b)	3,315 t	186,48 m²	167,8 l
c)	1,213 t	124,30 m²	74,6 l
d)	1,480 t	105,64 m²	84,5 l
e)	5,863 t	283,55 m²	255,2 l

8. Ermitteln Sie für die dargestellte Fachwerkwand den Materialbedarf getrennt nach Positionen:
Pos. 1 Schwelle,
Pos. 2 Rähm,
Pos. 3 Pfosten,
Pos. 4 Streben,
Pos. 5 Riegel,
(Die Zapfenlängen betragen 4 cm.)

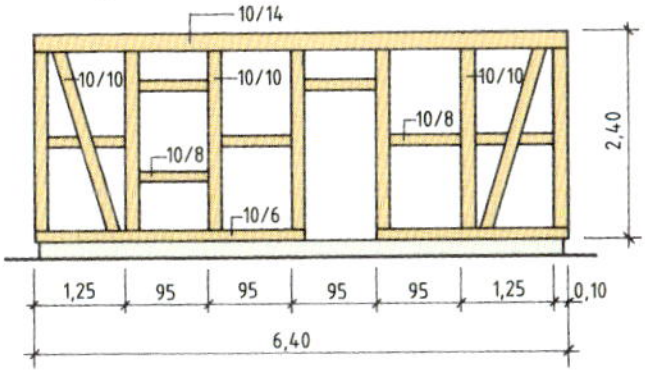

Erstellen Sie die Holzliste wie folgt:

Pos.	Anz.	Maße	Länge	m³
1				
2				
3				
4				
5				

Länge Rähm = $\underline{6{,}40\text{ m}}$

$$V = 0{,}10\,\text{m} \cdot 0{,}14\,\text{m} \cdot 6{,}40\,\text{m} = \underline{0{,}090\,\text{m}^3}$$

Länge Schwelle = 6,40 m – 0,85 m
= $\underline{5{,}55\text{ m}}$

$$V = 0{,}10\,\text{m} \cdot 0{,}06\,\text{m} \cdot 5{,}55\,\text{m} = \underline{0{,}033\,\text{m}^3}$$

Länge Strebe = $\sqrt{1{,}15^2 + 2{,}20^2} = 2{,}48\,\text{m}$
$\underline{+\,2 \cdot 4\text{ cm}}$
$= \underline{2{,}56\text{ m}}$

$$V = 2 \cdot 0{,}10\,\text{m} \cdot 0{,}10\,\text{m} \cdot 2{,}56\,\text{m} = \underline{0{,}051\,\text{m}^3}$$

Länge Pfosten = 2,40 m – 0,06 m – 0,14 m
+ 2 · 0,04 m = $\underline{2{,}28\text{ m}}$

$$V = 7 \cdot 0{,}10\,\text{m} \cdot 0{,}10\,\text{m} \cdot 2{,}28\,\text{m} = \underline{0{,}160\,\text{m}^3}$$

Länge Feldriegel = 0,85 m + 2 · 0,04 m
= $\underline{0{,}93\text{ m}}$

$$V = 5 \cdot 0{,}10\,\text{m} \cdot 0{,}08\,\text{m} \cdot 0{,}93\,\text{m} = \underline{0{,}037\,\text{m}^3}$$

Länge Riegel (Strebenfeld) = $\underline{1{,}23\text{ m}}$

$$V = 2 \cdot 0{,}10\,\text{m} \cdot 0{,}08\,\text{m} \cdot 1{,}23\,\text{m} = \underline{0{,}020\,\text{m}^3}$$

$$V_{gesamt} = \underline{\underline{0{,}391\,\text{m}^3}}$$

Pos.	Anz.	Maße	Länge	m³
1	1	10/6	5,55 m	0,033
2	1	10/14	6,40 m	0,090
3	7	10/10	2,28 m	0,160
4	2	10/10	2,56 m	0,051
5	5	10/8	0,93 m	0,037
	2	10/8	1,23 m	0,020
Σ				**0,391 m³**

9. **Berechnen Sie die Gesamtmasse der Holzlieferung. Es handelt sich um Fichtenholz mit einer Rohdichte von 470 kg/m³.**

$m = 0{,}391\ \text{m}^3 \cdot 470\ \text{kg/m}^3$
$m = \underline{\underline{184\ \text{kg}}}$

10. **Berechnen Sie das Volumen und die Masse der einzelnen Holzpositionen sowie das Gesamtvolumen und die Gesamttransportmasse der Ladung. (Rohdichte = 520 kg/m³)**

a) 15 Balken 12/24 cm, l = 12,80 m
b) 140 m² Schalholz, d = 24 mm
c) 36 Sparren 8/18 cm, l = 8,35 m
d) 55 Schaltafeln 0,50 × 1,50 m (d = 3 cm)
e) 165 m Dachlatten 3 × 5 cm

	Volumen	**Masse**
a)	5,530 m³	2,875 t
b)	3,360 m³	1,747 t
c)	4,329 m³	2,251 t
d)	1,238 m³	0,644 t
e)	0,248 m³	0,129 t

Gesamtvolumen:
$V = 5{,}530 + 3{,}360 + 4{,}329 + 1{,}238 + 0{,}248\ \text{m}^3$
$V = \underline{\underline{14{,}705\ \text{m}^3}}$

Transportmasse:
$m = 14{,}705\ \text{m}^3 \cdot 520\ \text{kg/m}^3 = \underline{\underline{7{,}647\ \text{t}}}$

11. **Beide Giebel des Hauses sind mit einer Holzverkleidung zu versehen.**

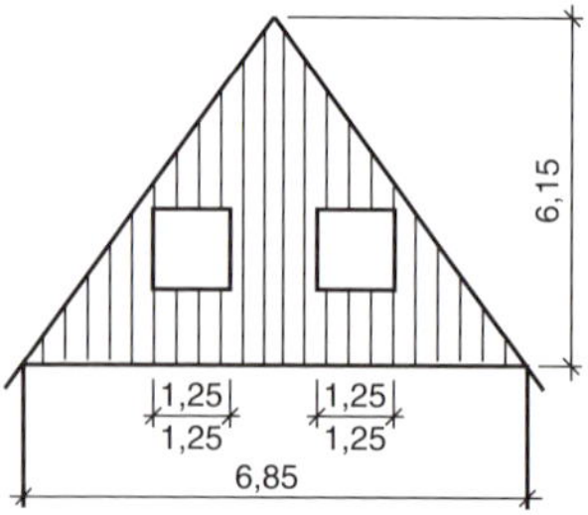

a) Berechnen Sie die zu verkleidende Fläche in m².
b) Die Bretter sind 12,5 cm breit, 24 mm dick und 2,60 m lang. Wie viele Bretter sind zu kaufen, wenn mit einem Verschnitt von 7 % gerechnet wird?

→

a) Fläche:
$$A = 2 \cdot \left(\frac{6{,}85\ \text{m} \cdot 6{,}15\ \text{m}}{2} - 2 \cdot 1{,}25\ \text{m} \cdot 1{,}25\ \text{m}\right)$$
$A = \underline{\underline{35{,}88\ \text{m}^2}}$

b) Bretter:
1 Brett $= 0{,}125\ \text{m} \cdot 2{,}60\ \text{m} = 0{,}325\ \text{m}^2$
Anzahl Bretter $= 35{,}88\ \text{m}^2 : 0{,}325\ \text{m}^2$
$= 110{,}4$ Bretter $\cdot\ 1{,}07$
$= \underline{\underline{118\ \text{Bretter}}}$

c) 118 Bretter : 6 = 19,7 Pakete,
also müssen 20 Pakete gekauft werden.
$20 \cdot 32{,}80\ € = \underline{\underline{656{,}00\ €}}$

d) 1 Brett:
$A = (2 \cdot 0{,}125\ \text{m} + 2 \cdot 0{,}024\ \text{m}) \cdot 2{,}60\ \text{m}$
$= 0{,}775\ \text{m}^2$
alle Bretter:
$A = 120 \cdot 0{,}775\ \text{m}^2 = 93\ \text{m}^2$
Holzschutz:
$93\ \text{m}^3 \cdot 0{,}8\ \text{l/m}^2 : 2{,}5\ \text{l/Büchse}$
$= \underline{\underline{30\ \text{Büchsen}}}$
Preis $= 30 \cdot 21{,}95\ € = \underline{\underline{658{,}50\ €}}$

→

c) Ein Paket mit 6 Brettern kostet 32,80 €. Wie hoch ist der Preis?

d) Vor dem Zuschnitt werden alle Bretter mit 0,8 l/m² Holzschutz versehen (ohne Stirnseiten). Eine 2,5-l-Büchse kostet 21,95 €. Was kostet der Holzschutz?

e) Die Unterkonstruktion besteht aus einem doppelten Lattenrost. Senkrechte Lattung alle 80 cm, waagerechte Konterlattung alle 50 cm. Wie viele Latten je 2,60 m sind bei 5 % Verschnitt zu bestellen?

f) Was kosten die Latten wenn ein Paket mit 10 Latten 13,95 € kostet?

g) Was kostet die gesamte Giebelverkleidung, wenn für die Befestigungsmittel (Dübel) nochmals mit 15,00 €/m² gerechnet werden muss?

e) $1\ m^2 = 1 : 0{,}50\ m + 1 : 0{,}80\ m$
$= 2{,}00\ m + 1{,}25\ m = \underline{3{,}25\ m/m^2}$
$\text{Lattung} = 35{,}88\ m^2 \cdot 3{,}25\ m/m^2$
$= 116{,}61\ m \cdot 1{,}05$
$= 122{,}44\ m : 2{,}60\ m/\text{Latte}$
$= \underline{47\ \text{Latten}}$

f) 47 Latten: 10 Latten/Paket = 4,7
also 5 Pakete Latten · 13,95 €
= <u>69,75 €</u>

g) $35{,}88\ m^2 \cdot 15{,}00\ €/m^2 = 538{,}20\ €$
538,20 € (Befestigung) + 656,00 € (Bretter) + 658,50 € (Holzschutz) + 69,75 € (Latten)
= <u>1922,45 €</u>

12. Das in der Draufsicht gezeigte Dach hat eine Dachneigung von 45°.

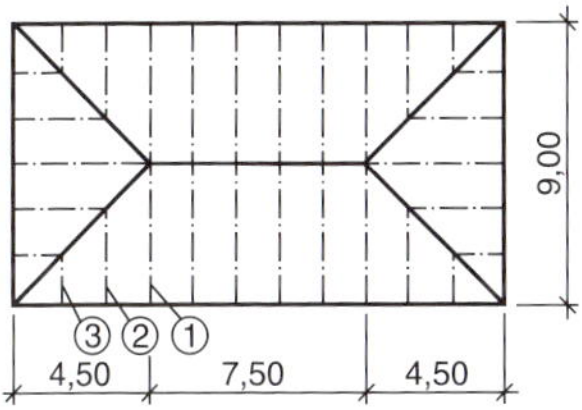

a) Berechnen Sie die Längen der Hölzer der Positionen 1 … 3 für das gesamte Dach.

a) <u>Längen:</u>

Position 1:
$l = \sqrt{4{,}50^2 + 4{,}50^2} = \underline{\underline{6{,}36\ m}}$

Position 2:
$l = \sqrt{3{,}00^2 + 3{,}00^2} = \underline{\underline{4{,}24\ m}}$

Position 3:
$l = \sqrt{1{,}50^2 + 1{,}50^2} = \underline{\underline{2{,}12\ m}}$

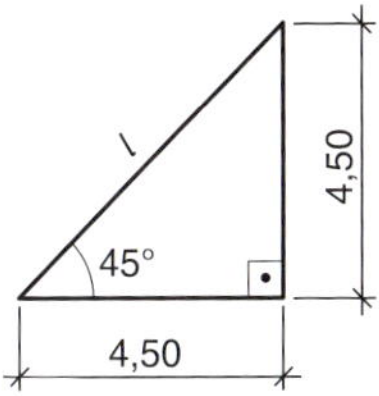

→

→

b) Vervollständigen Sie die Holzliste.

Pos.	Anz.	Maße	Länge	m³
1	?	10/18	?	?
2	?	10/18	?	?
3	?	10/18	?	?

b) Holzliste:

Pos.	Anz.	Maße	Länge	m³
1	14	10/18	6,36 m	1,603 m³
2	8	10/18	4,24 m	0,611 m³
3	8	10/18	2,12 m	0,305 m³
Σ				**2,519 m³**

c) Wie viel m² Dämmung werden für das Dach benötigt? (Die Holzquerschnitte werden übermessen.)

d) Ermitteln Sie die Gesamtlänge Dachlattung in m, wenn das Bundmaß 15 cm beträgt.

e) Das Dach soll eine „doppelte

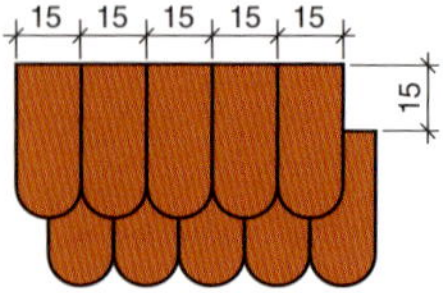

Biberschwanzdeckung" bekommen. Jeder Dachziegel ist 15 cm breit und 32 cm lang. Berechnen Sie die Anzahl der Dachziegel bei 3 % Verschnitt.

c) $A_{\text{Trapez}} = \dfrac{16{,}50\,\text{m} + 7{,}50\,\text{m}}{2} \cdot 6{,}36\,\text{m}$

$= 76{,}32\,\text{m}^2$

$A_{\text{Dreieck}} = \dfrac{9{,}00\,\text{m} \cdot 6{,}36\,\text{m}}{2} = 28{,}62\,\text{m}^2$

$A_{\text{gesamt}} = 2 \cdot 76{,}32\,\text{m}^2 + 2 \cdot 28{,}62\,\text{m}^2$

$= \underline{\underline{209{,}88\,\text{m}^2}}$

d) 1 m² = 1 : 0,15 m = 6,67 m Lattung
Lattung = 209,88 m² · 6,67 m/m²
= <u>1399, 20 m</u>

e) 1 Dachziegel deckt 0,15 m · 0,15 m
= 0,0225 m² Dach
Anzahl = 209,88 m² : 0,0225 Ziegel/m²
= 9328 Dachziegel · 1,03
= <u>9608 Dachziegel</u>

13. **Für die im Bild zu sehenden Dachsparren ist die Materialberechnung durchzuführen.**

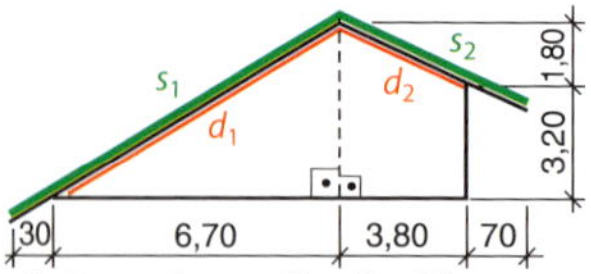

a) Berechnen Sie die Längen d_1 und d_2

b) Ermitteln Sie die Längen der beiden Sparren s_1 und s_2.

a) $d_1 = \sqrt{6{,}70^2 + 5{,}00^2} = \underline{\underline{8{,}36\,\text{m}}}$

$d_2 = \sqrt{3{,}80^2 + 1{,}80^2} = \underline{\underline{4{,}20\,\text{m}}}$

b) Verhältnisrechnung:

$\dfrac{s_1}{d_1} = \dfrac{7{,}00\,\text{m}}{6{,}70\,\text{m}}$

$s_1 = \dfrac{7{,}00\,\text{m} \cdot 8{,}36\,\text{m}}{6{,}70\,\text{m}} = \underline{\underline{8{,}73\,\text{m}}}$

$\dfrac{s_2}{d_2} = \dfrac{4{,}50\,\text{m}}{3{,}80\,\text{m}}$

$s_2 = \dfrac{4{,}50\,\text{m} \cdot 4{,}20\,\text{m}}{3{,}80\,\text{m}} = \underline{\underline{4{,}97\,\text{m}}}$

14. Berechnen Sie für den Brettbinder folgende Längen der Hölzer:

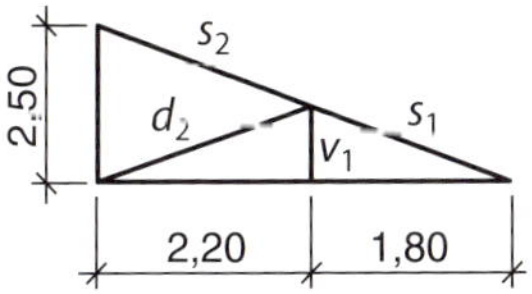

a) v_1
b) s_1
c) s_2
d) d_2

a) Verhältnisrechnung:

$$\frac{v_1}{2{,}50\,\text{m}} = \frac{1{,}80\,\text{m}}{4{,}00\,\text{m}}$$

$$v_1 = \frac{1{,}80\,\text{m} \cdot 2{,}50\,\text{m}}{4{,}00\,\text{m}} = \underline{\underline{1{,}125\,\text{m}}}$$

b) $s_1 = \sqrt{1{,}125^2 + 1{,}80^2} = \underline{\underline{2{,}12\,\text{m}}}$

c) $s_2 = \sqrt{(2{,}50 - 1{,}125)^2 + (2{,}20)^2}$

$s_2 = \underline{\underline{2{,}59\,\text{m}}}$

d) $d_2 = \sqrt{1{,}125^2 + 2{,}20^2} = \underline{\underline{2{,}47\,\text{m}}}$

15. Ermitteln Sie die fehlenden Längen für die Hölzer in dem dargestellten Dachbinder:

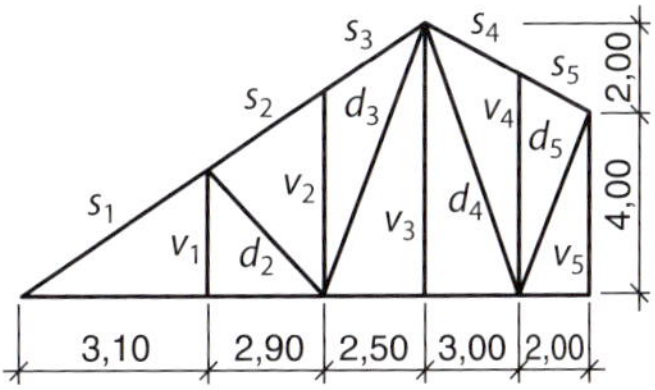

Feld	*v*	*d*	*s*
1	?	–	?
2	?	?	?
3	6,00 m	?	?
4	?	?	?
5	4,00 m	?	?

Die V-Hölzer („Vertikalstäbe") lassen sich durch Verhältnisrechnung ermitteln.
Die D-Hölzer („Diagonalstäbe") sind mittels Satz des Pythagoras errechenbar.
Die S-Hölzer („Streben") kann man mit dem Satz des Pythagoras berechnen, wenn man die Höhendifferenzen der V-Hölzer verwendet.

Folgende Ergebnisse sind zu erreichen:

Feld	*v*	*d*	*s*
1	2,19 m	–	3,80 m
2	4,24 m	3,63 m	3,55 m
3	6,00 m	6,50 m	3,06 m
4	4,80 m	6,71 m	3,23 m
5	4,00 m	4,47 m	2,15 m

16. Die Giebelseite des Dachbinders soll mit Schalholz verkleidet werden.
Berechnen Sie
a) m² Schalfläche,
b) Anzahl der Bretter (*b* = 14 cm, *d* = 28 mm, *l* = 2,50 m) bei 7 % Verschnittmenge,
c) benötigte Holzschutzmenge am fertig verschalten Giebel bei einem Verbrauch von 0,95 l/m²,
d) den günstigsten Gesamtpreis:
– der m² Schalbretter kostet 16,75 €,
– 8 Schalbretter kosten im Paket 48,50 €,
– 1 Kanister Holzschutzmittel (20 l) kostet 105,00 €,
– 1 Büchse Holzschutzmittel (5 l) kostet 31,95 €.

a) Schalfläche:

$$A_{\text{Dreieck}} = \frac{8{,}50\,\text{m} \cdot 6{,}00\,\text{m}}{2} = 25{,}50\,\text{m}^2$$

$$A_{\text{Trapez}} = \frac{6{,}00\,\text{m} + 4{,}00\,\text{m}}{2} \cdot 5{,}00\,\text{m} = 25{,}00\,\text{m}^2$$

$$A_{\text{Gesamt}} = 25{,}50\,\text{m}^2 + 25{,}00\,\text{m}^2 = \underline{\underline{50{,}50\,\text{m}^2}}$$

b) Bretter:
1 Brett = 0,14 m · 2,50 m = 0,35 m²
Anzahl = 50,50 m² : 0,35 m²
= 144,3 Bretter · 1,07
= 154,4 Bretter
also müssen 155 Bretter bestellt werden.

c) Holzschutz:
50,50 m² · 0,95 l/m² = 48 l

d) günstigster Preis:
Bretter: 50,50 m² · 1,07 = 54,04 m²
· 16,75 € = 905,17 €,
oder 20 Pakete · 48,50 € = 970,00 €
Holzschutz: 3 Kanister = 315,00 €
10 Büchsen = 319,50 €
Bester Preis = 905,17 € + 315,00 €
= 1220,17 €

Lernfeld 6

Beschichten und Bekleiden eines Bauteiles

6

1. Wo sind die einzelnen Putzmörtel bei Wohngebäuden am besten einsetzbar?

Kalkmörtel:
- Untergeschosse,
- Feuchträume (Bad, Küche).

Kalkzementmörtel:
- Außenputz,
- mechanisch beanspruchter Innenputz.

Zementmörtel:
- Sockelbereich,
- Erdbau (Schächte außen,...).

Gipsmörtel:
- Innenputz in allen Wohn- und Schlafräumen.

2. Im Bild ist der prinzipielle Aufbau eines mehrlagigen Außenputzes gezeigt. Benennen Sie die Schichten A...C und erläutern Sie ihre Aufgaben.

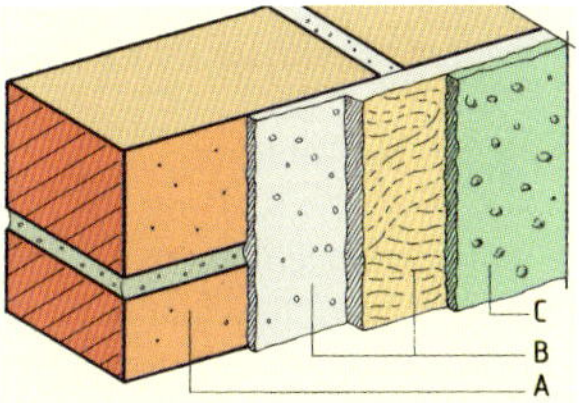

A – Putzgrund:
Bildet die Unterlage für den Putz, muss eine Haftung des Putzes ermöglichen.
B – Spritzbewurf + Unterputz:
Tragende Funktion, höhere Festigkeit als der Deckputz, daher mitunter Rissbildung. Ausgleich von Unebenheiten.
C – Oberputz:
Weich, elastisch, rissfrei, zusätzlich gestalterische Funktion (Struktur, Farbe, ...).

3. Welche Anforderungen muss ein Außenputz erfüllen?

- witterungsbeständig, schlagregenfest,
- frostbeständig,
- wasserdampfdurchlässig,
- rissfrei bei Temperatur- und Feuchtewechsel,
- haftfähig und elastisch, um die Spannungen des Mauerwerkes aufzunehmen,
- gute optische Gestaltung,
- mechanische Festigkeit der Oberfläche.

4. Eine Fachwerkwand ist zu verputzen. Welche Aufgabe erfüllen die Bauteile A...E?

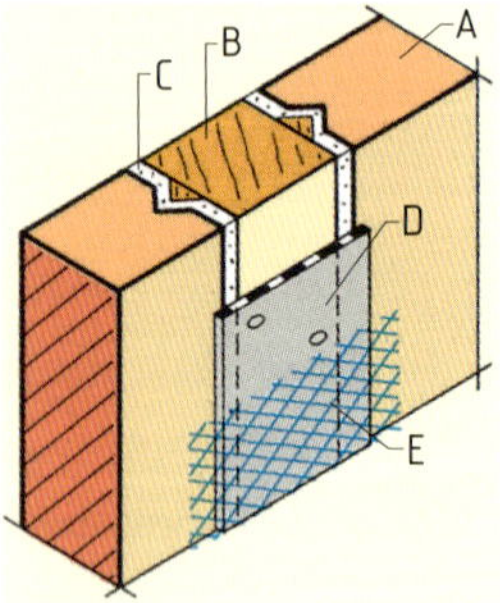

A – Ausfachung:
Wandbaustoff ohne tragende Funktion.
B – Pfosten:
Das Fachwerk ist die tragende Konstruktion in der Wand. Der Pfosten leitet die Lasten senkrecht in die Schwelle ab.
C – Mörtelfuge:
Dichter Anschluss zwischen Fachwerk und Ausfachung.
D – Trennschicht:
Verhindert, dass der Mörtel eine Verbindung mit dem Holz eingeht. Dadurch werden Spannungen in der Tragkonstruktion nicht auf den Putz übertragen.
E – Putzträger:
Trägt die Putzschicht zwischen den Ausfachungen.

5. Welche Eigenschaften hat Gips? Nennen Sie Vor- und Nachteile dieses Baustoffes.

Vorteile:
- haftet gut auf glatten Flächen,
- kein Schwundmaß beim Erhärten, daher keine Rissbildung,
- raumklimatisierend, da er kurzfristig Wasserdampf aufnimmt und dann wieder an den Raum zurückführt,
- feuerhemmend ab 10 mm Schichtdicke.

Nachteile:
- nicht wetterfest, löst sich bei Dauerfeuchte,
- kein Rostschutz für Stahleinlagen.

6. Was ist bei der Verwendung von Gips als Wandputz zu beachten?

- zum Teil sehr schnelle Erhärtung,
- alle Stahlteile (Nägel, Bewehrung,...) im Oberflächenbereich müssen verzinkt sein,
- Gips darf nicht mit Zement vermischt werden.

7. Erklären Sie, wie beim Kreislauf des Stuckgipses aus dem Gipsstein Stuckgips entsteht.

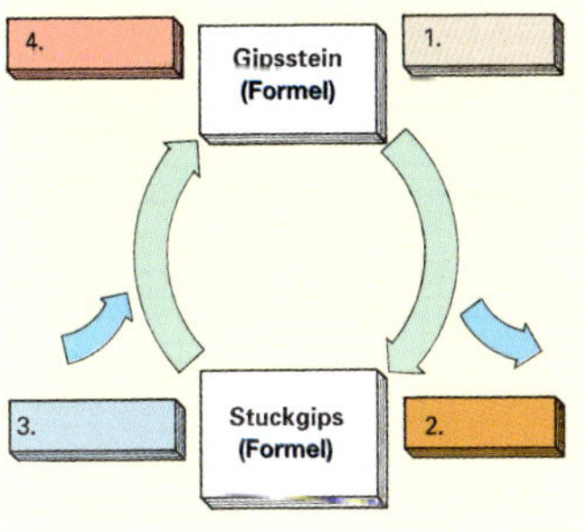

1. Mahlen:
Der Gipsstein CaSO4 · $2H_2O$ („Calciumsulfatdihydrat") wird gebrochen und gemahlen.
2. Brennen:
Der Gips wird bei etwa 180 °C gebrannt. Dabei wird 75 % des Kristallwassers ausgetrieben. Es entsteht $CaSO_4 \cdot 0{,}5\ H_2O$ („Calciumsulfathalbhydrat").
3. Anmachen:
Durch die Zugabe des Anmachwassers bindet der Gips wieder 1,5 H_2O.
4. Erhärtung (Rekristallisation):
Der Gips bildet durch die Wassereinlagerung wieder Gipskristalle, die allerdings in der kurzen Zeit ungeordnet entstehen, was zu einer geringen Volumenzunahme (1…2 %) führt. Das Endprodukt ist wieder Gipsstein, $CaSO_4 \cdot 2H_2O$.

6

8. Worin unterscheiden sich Stuckgips und Putzgips bei Herstellung und Verarbeitung?

Putzgips wird bei Temperaturen bis zu 700 °C gebrannt, es entsteht dabei zum Teil auch völlig entwässerter Gips. Dieser Gips versteift schneller, bleibt aber länger plastisch und so verarbeitbar.

9. Nennen Sie mindestens sechs Arten von Baugips und die jeweilige Verwendung.

Baugips	Verwendung
1. Stuckgips	– Stuckarbeiten – Form- und Zugarbeiten – Rabitzarbeiten – Gipsbauplattenherstellung
2. Putzgips	– Herstellung verschiedener Innenputze (Gipsputz, Gipskalkputz, Gipssandputz) – Rabitzarbeiten

→ →

3. Fertigputzgips	– Putzgips mit Zusätzen und Füllstoffen
4. Maschinenputzgips	– Fertigputz zum Einbau mit Putzmaschinen
5. Haftputzgips	– einlagige, meist sehr dünne Putzschichten
6. Ansetzgips	– Haftgips zum Ansetzen von Gipsplatten
7. Fugen-/Spachtelgips	– zum Verbinden und Verspachteln der Stöße von Gipsplatten

10. Erklären Sie die Begriffe „Calciumsulfatbinder", „Putz- und Mauerbinder" und „Magnesiabinder".

Calciumsulfatbinder (Anhydritbinder):
Mörtel aus Calciumsulfat ohne Wasser ($CaSO_4$) mit Zusatz von kristallisationsanregenden Stoffen.
Putz- und Mauerbinder:
Bindemittel aus Portlandzement oder Zement und anorganischen Zusätzen (Gesteinsmehl, ...).
Magnesiabinder:
Mörtel aus Magnesiumoxid (MgO) und Füllstoffen, dem Magnesiumchlorid zugesetzt wird, was zu einer sehr schnellen Erhärtung führt.

11. Ordnen Sie den Bindemitteln die entsprechenden Einsatzmöglichkeiten zu: (X ≙ geeignet, – ≙ ungeeignet)
B – Betonherstellung, P – Putze, E – Estriche.

→ →

Bindemittel	B	P	E
Zement	?	?	?
Kalk	?	?	?
Gips	?	?	?
Calciumsulfatbinder	?	?	?
Putz- und Mauerbinder	?	?	?
Magnesiabinder	?	?	?

Bindemittel	B	P	E
Zement	X	X	X
Kalk	–	X	–
Gips	–	X	–
Calciumsulfatbinder	–	–	X
Putz- und Mauerbinder	–	X	–
Magnesiabinder	–	–	X

12. Welche Funktionen erfüllt die Gesteinskörnung im Putz und wie muss sie beschaffen sein?

Funktionen:
- Die Gesteinskörnung ist das tragende Gerüst im Putz.
- Sie dient als Magerungsmittel und behindert das Entstehen von Schwundrissen im Putz.

Beschaffenheit:
Die Gesteinskörnung soll abgestuft sein, sodass die Hohlräume zwischen den großen Körnern immer noch durch kleinere Körnungen gefüllt sind und das Bindemittel nur die Haftung dazwischen herstellen muss.

6

13. Welchen Einfluss hat ein zu hoher oder zu niedriger Bindemittelgehalt in der Putzmischung?

Zu hoch:
Bei Zement- und Kalkputzen bilden sich vermehrt Schwundrisse.
Zu niedrig:
Das Bindemittel verbindet nicht alle Bestandteile der Kornstruktur, was zum „Absanden" der Oberflächen führt.

14. Erklären Sie, welche Anforderungen an das Zugabewasser eines Putzmörtels zu stellen sind.

Sauberkeit:
Es dürfen keine Verunreinigungen durch Humus oder Salze im Wasser vorhanden sein, da sonst der Putz seine Festigkeit verliert oder Ausblühungen entstehen. Das Wasser soll „Trinkwasserqualität" haben.
Wassermenge:
Zu wenig Wasser führt dazu, dass nicht alle Teile der Gesteinskörnung mit Bindemittelleim umhüllt sind, zu viel Wasser verursacht ein Ausschwemmen des Bindemittels. In beiden Fällen verliert der Putz seine Festigkeit und Frostbeständigkeit.

15. Ordnen Sie den Putzmörteln je ein typisches Anwendungsgebiet zu.

Mörtel	Anwendung
Kalkmörtel	?
Kalkzementmörtel	?
Zementmörtel	?
Gipsmörtel	?

Mörtel	Anwendung
Kalkmörtel	Innenputz Keller
Kalkzementmörtel	Außenputz
Zementmörtel	Sockelputz
Gipsmörtel	Innenputz Wohnraum

16. Unterscheiden Sie drei Arten von Gipsputzen nach der Zusammensetzung.

1. Gipsputz (ohne Zusätze)
2. Gips-Sand-Putz
3. Gips-Kalk-Putz

17. Beschreiben Sie die Eigenschaften eines Zementputzes.

- hohe mechanische Festigkeit,
- hart und spröde,
- neigt zur Rissbildung,
- wetterfest, spritzwasserbeständig,
- frostbeständig,
- kurze Abbindezeit.

18. Welche Eigenschaften weist ein Kalkputz auf?

- weich, elastisch,
- keine Rissbildung,
- atmungsaktiv,
- lange Verarbeitungszeit,
- gute Haftung auf der Oberfläche,
- geringe Festigkeit.

19. Ordnen Sie den Putzmörteln Kalkputz (K), Kalkzementputz (KZ), Zementputz (Z) und Gipsputz (G) die Bewertung der folgenden Eigenschaften zu: (+ ≙ gut, +/– ≙ mittel, – ≙ schlecht)

→

→

Eigenschaft	K	KZ	Z	G
Mechan. Festigkeit	?	?	?	?
Wetter-festigkeit	?	?	?	?
Frostbestän-digkeit	?	?	?	?
Raumklima-tisierend	?	?	?	?
Gut verarbeitbar	?	?	?	?
Oberflächen-haftung	?	?	?	?
Rissgefahr	?	?	?	?

Eigenschaft	K	KZ	Z	G
Mechanische Festigkeit	–	+/–	+	–
Wetter-festigkeit	–	+	+	–
Frostbestän-digkeit	–	+/–	+	–
Raumklima-tisierend	+	+/–	–	+
Gut verarbeitbar	+	+	–	+
Oberflächen-haftung	+	+/–	–	+
Rissgefahr	+	+/–	–	+

6

20. Welche Anforderungen werden an den Putzgrund gestellt?

- gute Haftung des Putzes (rau)
- sauber, frei von Verunreinigungen wie Schalöl, Gips, lose Mörtelreste, Staub,
- saugfähig,
- gleichmäßiges Material um Rissbildung im Putz bei Feuchteänderungen und Temperaturdehnungen zu vermeiden.

21. Welche Gefahr besteht für den Putz, wenn der Untergrund zu stark saugt?
Wo kann diese Situation auftreten?

Zu stark saugender Untergrund entzieht dem Putzmörtel in kurzer Zeit das Anmachwasser. Dadurch kann der Putz nicht chemisch reagieren. Er erreicht die geforderte Festigkeit nicht.
Dies kann durch stark saugende Untermaterialien (Porenbeton, Leichtbeton, Ziegel) oder durch das Aufheizen der Flächen durch die warme Witterung (Sommer) entstehen.

22. Nennen Sie Möglichkeiten, um eine gute Haftung des Putzes unter folgenden Bedingungen zu ermöglichen:
a) stark saugende Flächen,
b) wenig saugende glatte Flächen (Beton),
c) glatte nicht saugfähige Flächen (Stahlträger),

→

a) – Vornässen der Oberflächen mit Wasser.
b) – dünne Lage Spritzbewurf mit Zementmörtel,
– Aufstreichen einer Haftbrücke.
c) – Anbringen eines Putzträgers aus Streckmetall oder Rabitzdraht.

→

d) sehr unterschiedlicher Untergrund (Mischmauerwerk).

d) – Herstellen einer gleichmäßigen Haftung und Saugfähigkeit durch eine Lage Spritzbewurf mit Zementmörtel.

23. Unterscheiden Sie Putze nach
a) der Oberflächenstruktur,
b) der Putzlage,
c) speziellen bauphysikalischen Eigenschaften,
d) nach der Lage im Gebäude.

a) Oberflächenstruktur:
- Kratzputz
- Strukturputz
- Reibeputz
- Waschputz

b) Putzlage:
- Unterputz
- Oberputz

c) Bauphysikalische Eigenschaften:
- Wärmedämmputz
- wasserundurchlässiger Putz („Sperrputz")
- feuerhemmender Putz

d) nach der Lage:
- Innenputz
- Außenputz
- Wandputz
- Deckenputz
- Sockelputz

24. Wie groß ist die übliche (mittlere) Putzdicke an Wänden?

- Außenputz (zweilagig) 2 cm
- Innenputz (zweilagig) 1,0 … 1,5 cm
- Innenputz (einlagig) 1,0 cm

25. Nennen Sie Regeln, die beim Aufbringen des Putzes einzuhalten sind.

- Zu stark saugende Untergründe vornässen.
- Auf ungleiche Untergründe Spritzbewurf aus Zementmörtel aufbringen.
- Putzlage nicht zu dick aufbringen, damit der Putz haftet und nicht abrutscht (Schichtdicke max. 3 × Größtkorn der Putzmischung).
- Putzlagen gleichmäßig dick aufbringen.
- Große Unebenheiten mit extra Schicht ausgleichen.
- Nächste Putzlage erst nach ausreichender Austrocknung der vorherigen Putzschicht aufbringen.

→ →

- Bei schlechter Haftung die vorherige Putzschicht annässen oder aufrauen.
- Mörtel anwerfen (von Hand oder maschinell), damit eine Adhäsionskraft entsteht, nicht vom Brett aufziehen.

26. Wann darf Außenputz nicht angebracht werden?

- bei Schlagregen,
- bei Frost,
- auf gefrorenem Mauerwerk.

27. Unter welchen Umständen sind vor dem Putzen Putzträger anzubringen?

- bei stark unterschiedlichen Untergründen, z. B. Wärmedämmung am Sturz,
- beim Überputzen von Holzbauteilen (Fachwerk) und Stahlteilen.

28. Wie groß ist die Maßtoleranz, die bei der Ebenflächigkeit einer geputzten Wand eingehalten werden muss?

Maximal 3…5 mm auf einen Meter Länge/Höhe der Wand.

6

29. Wozu werden beim Putzen Putzleisten verwendet?

An Kanten:
- Zur Einhaltung der exakten senkrechten/waagerechten Lage der Kante.
- Zum mechanischen Schutz der fertigen Putzkante.

In der Fläche:
- Zur Einhaltung der Ebenflächigkeit, indem der Putz auf den Leisten mit dem Richtscheit abgezogen wird.

30. Was versteht man unter „Trockenputz"? Welche Vorteile hat der Trockenputz?

Beim Trockenputz werden Gipsplatten mit einem Ansetzmörtel versehen und dann an der Wand angebracht.

Vorteile:
- geringere Baufeuchte,
- große, exakt ebene Flächen,
- kurze Bauzeit,
- sofort fertige, weiter beschichtbare Fläche (Farbe, Tapete, …).

31. Welche Abmessungen sind bei Trockenbauplatten üblich?

Länge: 2,00 m, 2,50 m oder 2,60 m
Breite: 60 cm, 62,5 cm oder 1,25 m
Dicke: 9,5 mm, 12 mm oder 15 mm

32. Wofür sind die verschiedenen Typen von Gipsplatten besonders geeignet?

Typ	Verwendung
A	?
H	?
E	?
F	?
P	?
R	?
I	?
D	?

Typ	Verwendung
A	Standardplatte für Trockenputz
H	Feuchträume
E	Beplankung an Außenwänden
F	Feuerschutzplatte
P	Putzträger für andere Beschichtung
R	wenn höhere Tragfähigkeit verlangt wird
I	bei mechanischer Beanspruchung der Oberfläche
D	Platte mit definierter Dichte

33. Worin unterscheiden sich Gipsplatten von faserverstärkten Gipsplatten?

Faserverstärkte Gipsplatten haben durch die Faserbewehrung eine höhere Stabilität, aber ein ungünstigeres Schwindverhalten.

34. Welche Bezeichnungen haben die gezeigten Kantenformen von Gipsplatten?

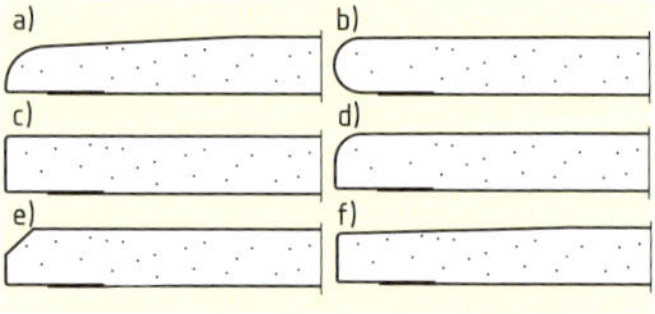

Kantenformen:
a) halbrunde abgeflachte Kante
b) runde Kante
c) volle Kante
d) halbrunde Kante
e) Winkelkante
f) abgeflachte Kante

35. Welche Kantenform von Gipsplatten ist zu wählen, wenn auf den Plattenstoß in die Spachtelmasse ein Bewehrungsstreifen einzubauen ist?

- halbrunde abgeflachte Kante
- abgeflachte Kante

36. Beschreiben Sie die drei Verfahren, Trockenbauplatten als Trockenputz an die Wand zu bringen. Wann ist welches Verfahren anzuwenden?

1. Ansetzmörtel:
   Der Mörtel wird als Batzen auf die Wand oder die Platte aufgetragen bzw. maschinell in Schlangen an die Wand gespritzt. Dann wird die Platte an der Wand angesetzt, ausgerichtet und mit Wasserwaage und Richtscheit kontrolliert. Einsatz bei „normalen" Wänden (Regelfall).
2. Dünnbettverfahren:
   Der Mörtel wird wie beim Fliesenlegen mit einer Zahnspachtel dünn auf die Platte aufgetragen, dann wird die Platte an der Wand angesetzt und ausgerichtet.
   Einsatz bei sehr ebenen Untergründen (z. B. Stahlbetonwände).
3. Ansetzen auf Plattenstreifen:
   Auf dem Untergrund werden erst Plattenstreifen (wenn nötig in mehreren Lagen) aufgebracht, bis diese eine ebene Fläche darstellen. Dann werden die Trockenbauplatten mit Ansetzmörtel auf den Streifen befestigt und ausgerichtet.
   Einsatz bei sehr unebenen Untergründen (z. B. Altbaumauerwerk).

6

37. Nennen Sie mindestens fünf Anforderungen, die an Fußböden gestellt werden können.

1. mechanische Festigkeit
2. Abriebfestigkeit
3. waagerecht und ebenflächig
4. trocken
5. wärmedämmend
6. trittschalldämmend

38. Aus welchen abriebfesten Materialien können Fußböden bestehen?

- Ziegel, Ziegelplatten
- Beton, Betonplatten
- Estrich
- keramische Platten

39. Beschreiben Sie den Arbeitsablauf beim Herstellen eines Fußbodens aus Ziegeln in einem Nutzraum.

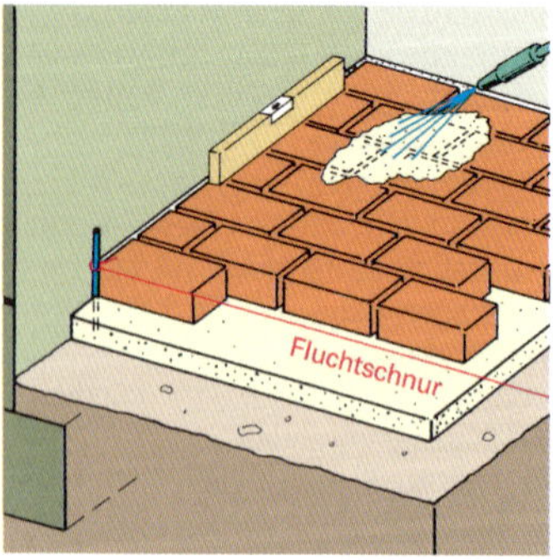

Zuerst den Untergrund verdichten, sowie waagerecht und ebenflächig abziehen (Planum herstellen). Dann wird 3 … 5 cm Sandbett eingebracht und ebenfalls auf Lehren waagerecht abgezogen. Die 1. Reihe und danach die beidseitigen Randsteine (im Verband) werden exakt nach Wasserwaage verlegt, dann die anderen Steine nach Schnur. Nach der Verlegung werden die Fugen mit Sand eingekehrt bzw. eingeschlämmt. Verdichtung mit Rüttelplatte (mit Gummischürze), wobei besonders auf die ausreichende Verdichtung am Rand geachtet werden muss. Anschließend nochmals einsanden.

40. Erläutern Sie den Schichtaufbau eines Betonfußbodens im Kellerbereich. Nennen Sie die Schichten des Aufbaus und ihre Funktion.

Kiesschicht:
Direkt auf den verdichteten Untergrund kommt eine mindestens 15 cm dicke Kiesschicht, um das Aufsteigen der Bodenfeuchte zu verhindern („kapillarbrechende Schicht").
Trennschicht:
Auf der Kiesschicht wird eine Folie ausgelegt – dies ist keine „Dichtung", sondern verhindert nur, dass der Zementleim des Betons nicht in den Kies abfließt.
Unterbeton:
Der Unterbeton ist die tragende Bodenschicht, die je nach Nutzung des Kellers dann noch weiter mit Dichtung oder auch Dämmung versehen werden kann. Der Unterbeton ist 10 … 15 cm dick und mindestens aus einem Beton C12/15.

41. Nennen Sie die vier Arten von Estrich, die nach der Bauart unterschieden werden.

1. Verbundestrich
2. Estrich auf Trennlage
3. Estrich auf Dämmschicht
4. Fertigteilestrich

42. Zählen Sie drei typische Estrichmaterialien auf.

- Zementestrich (CT)
- Calciumsulfatestrich (CA)
- Magnesiaestrich (MA)

43. Nennen Sie weitere mögliche Materialien, aus denen ein Estrich bestehen kann.

- Gussasphalt (AS)
- Kunstharz (SR)

44. Erklären Sie, um welchen Estrich es sich jeweils im Bild handelt.
Nennen Sie die Schichten und ihre Funktion.

a)

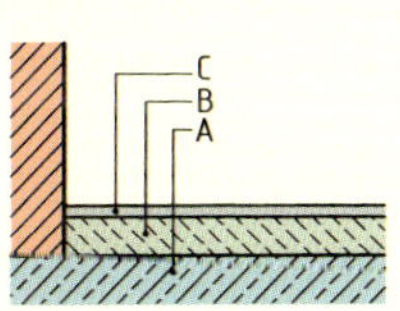

b)

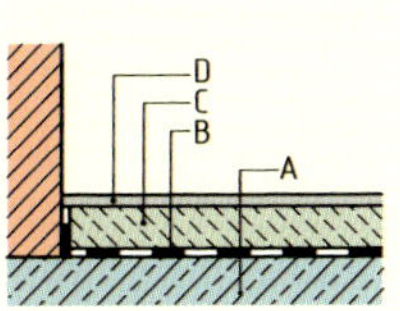

c)

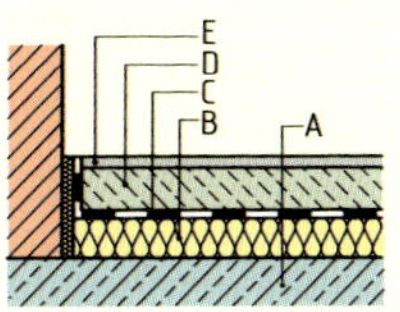

a) Verbundestrich:
A – Unterbeton (Tragschicht), rau abgezogen zum besseren Haftverbund mit dem Estrich.
B – Estrich (Nutzschicht).
C – Belag (Kunststoff, Fliesen, …).

b) Estrich auf Trennschicht:
A – Unterbeton (Tragschicht).
B – Trennschicht (Folie, …) gewährleistet, dass der Estrich sich ohne Verbund mit dem Unterbeton frei bewegen kann. Dadurch werden Spannungen der Unterkonstruktion nicht in den Estrich übertragen, was sonst zu Rissen (besonders bei keramischen Belägen) führen würde.
C – Estrich (Nutzschicht).
D – Belag (Kunststoff, Fliesen, …).

c) Estrich auf Dämmschicht (schwimmender Estrich):
A – Unterbeton/Unterkonstruktion.
B – Wärme- und Trittschalldämmung, muss durchgängig unten und entlang der Wände verlegt werden, um die Ausbreitung des Trittschalls zu verhindern.
C – Abdichtung, verhindert, dass die Dämmung durch den Estrich durchfeuchtet, unterbrochen oder beschädigt wird.
D – Estrich (Nutzschicht).
E – Belag (Kunststoff, Fliesen, …).

→ →

d)

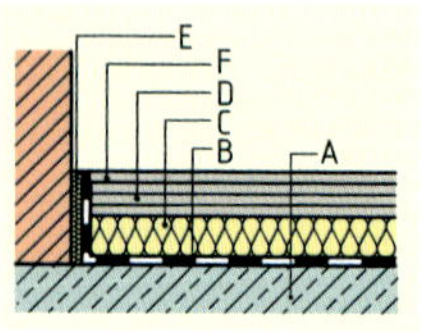

d) Fertigteilestrich:
A – Unterbeton/Unterkonstruktion.
B – Dichtung gegen Feuchte (PE-Folie).
C – Wärme- und Trittschalldämmung, muss durchgängig und lückenlos sein.
D – Fertigteile („Trockenestrich") als Nutz-/Tragschicht.
E – Randdämmstreifen, verhindert die Trittschallausbreitung in die Tragkonstruktion und weiter in andere Räume.
F – Belag (Kunststoff, Fliesen, …).

45. Für einen Lagerraum soll ein dichter Fußbodenaufbau hergestellt werden. Benennen Sie die erforderlichen Schichten.

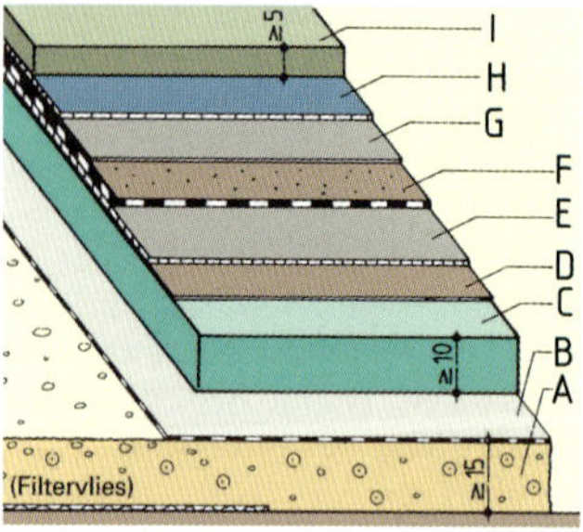

A – Kies (kapillarbrechende Schicht)
B – Trennschicht
C – Unterbeton C12/15
D – Voranstrich
E – Bitumenklebemasse
F – Abdichtungsschicht
G – Deckaufstrich
H – Trennlage
I – Estrich

46. Beschreiben Sie, worin sich die Estricharten in der Zusammensetzung unterscheiden:
a) Zementestrich,
b) Gussasphaltestrich,
c) Calciumsulfatestrich.

→

a) Zementestrich:
Gesteinskörnung 0/8 (ab 4 cm Dicke auch 0/16) + 400 kg/m^3 Zement + Wasser, kann wenn nötig mit Fließmittel und anderen Betonzusätzen gemischt und in jeder Konsistenz (steif bis fließfähig) eingebracht werden.

b) Gussasphaltestrich:
Gesteinskörnung aus Sand und Splitt bis 0/5 mm + Bitumen, mit Bitumenüberschuss fließ- oder streichfähig heiß eingebracht, danach Absanden der Oberflächen.

→

c) Calciumsulfatestrich:
Gesteinskörnung + Calciumsulfat (aus der Rauchgasentschwefelung) + Wasser in der Regel fließfähig eingebracht.

47. Welche Materialeigenschaften sind bei der Verarbeitung der folgenden Estriche besonders zu beachten:
a) Zementestrich,
b) Gussasphaltestrich,
c) Calciumsulfatestrich?

a) Zementestrich:
- Der Estrich schwindet bei der Erhärtung, daher sind Fugen zur kontrollierten Rissbildung einzuschneiden,
- erst nach etwa drei Tagen begehbar,
- vor zu schnellem Austrocknen schützen.

b) Gussasphaltestrich:
- Temperaturen über 200 °C, also Verbrennungsgefahr,
- gefährliche Dämpfe in geschlossenen Räumen.

c) Calciumsulfatestrich:
- Bei der Erhärtung bildet sich eine dichte Schicht, die abgeschliffen werden muss, damit weitere Schichten (Fliesen,…) haften können.

48. Erklären Sie, was unter der „Nachbehandlung" eines Zementestrichs zu verstehen ist und welche Folgen eine fehlende Nachbehandlung haben kann.

Nachbehandlung umfasst alle Schutzmaßnahmen, die verhindern, dass der Zementestrich zu schnell austrocknet. Der Estrich ist feucht zu halten und vor Zugluft und zu hoher Wärme zu schützen.
Trocknet der Estrich zu schnell aus,
- entstehen Schwundrisse,
- sandet die Oberfläche ab,
- erreicht er die geforderte Festigkeit nicht.

49. Worin unterscheiden sich die Fugen a) und b) (siehe Abbildungen auf der nächsten Seite)? In welchen Abständen sind im Zementestrich Fugen anzuordnen?

a) durchgehende Dehnungsfuge:
- ermöglicht Längenänderungen (Dehnungen, Schwinden) des Estrichs im eingebauten Zustand, die aus Temperaturänderungen resultieren,
- ist in der Tragkonstruktion des Gebäudes eine Bewegungsfuge eingebaut, ist auch genau dort eine Dehnungsfuge im Estrich anzuordnen.

→

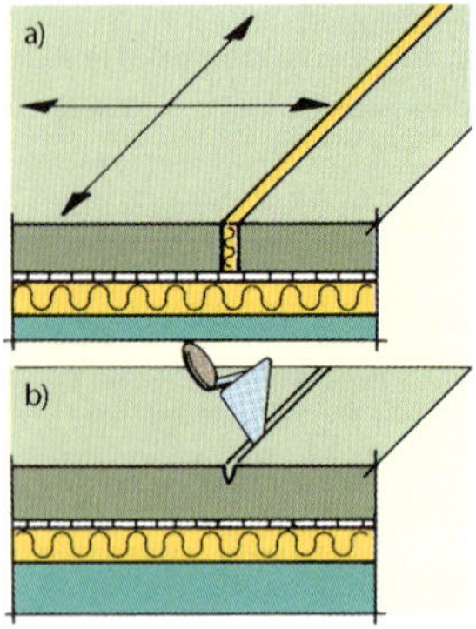

b) Scheinfuge:
- wird in den frischen Estrich mit einer Tiefe von etwa 1/3 der Estrichdicke eingeschnitten. Beim Schwinden des Zementleims während der Erhärtung reißt der Estrich dann vollständig durch (kontrollierte Rissbildung).

Die Fugen sollen im Estrich so geschnitten werden, dass etwa quadratische Felder mit gleichem Schwundmaß in beiden Richtungen entstehen. Die Feldgröße soll 20 … 30 m^2 nicht überschreiten, also müssen etwa alle 5 × 5 m solche Fugen angeordnet werden.

50. Erklären Sie die Begriffe „Fließestrich" und „Fertigteilestrich" und nennen Sie die jeweiligen Vorteile.

Fließestrich:
In fließfähiger Konsistenz eingebrachter Estrich (meist Calciumsulfatestrich – CA), der sich leicht verteilt und durch seine flüssige Konsistenz selbst in der Höhe nivelliert.
Fertigteilestrich:
Estrich aus kreuzweise verlegten Gips- oder Holzfaserbauplatten, der sofort begehbar ist und keine Baufeuchte verursacht.

51. Nennen Sie Eigenschaften, die Dämmstoffe aufweisen müssen.

- geringe Wärmeleitfähigkeit,
- geringe Rohdichte,
- hoher Luftporenanteil,
- geringe Feuchteaufnahme,
- Fäulnisbeständigkeit.

52. Wo muss beim Estrich auf Dämmschicht die Trittschalldämmung angebracht werden?

- lückenlos unter der gesamten Estrichfläche,
- umlaufend entlang aller Wände,
- um alle Einbauten im Fußboden, wie Pfeiler, Heizungsrohre etc.,
- quer durch die Türöffnungen im Estrich, damit der Fußboden des Nachbarraumes nicht mitschwingt.

53. Welche Dämmstoffe werden unter den Estrichen verwendet bei
a) plastisch eingebrachten Estrichen (CT, MA, CA),
b) Fertigteilestrichen?

a) plastisch eingebrachte Estriche:
Hier werden Dämmplatten verwendet, aus:
- Polystyrol („Styropor"), EPS
- Extruderschaum („Styrodur"), XPS
- Schaumglas,
- Kork,
- Holz- oder Kokosfasern.

b) Fertigteilestriche:
Hier sind sämtliche Dämmplatten ebenso verwendbar, aber auch lose Schüttungen aus Bims, Blähton, Perlit, …

54. Welchen Vorteil hat die Dämmung unter Fertigteilestrichen mit losen Schüttstoffen gegenüber einer Dämmung mit Dämmplatten?

Da auf der Rohdecke häufig auch die gesamten Installationen wie Elektrokabel, Heizungsrohre oder gar Abwasserleitungen entlang geführt werden, müssen die Platten des Dämmmaterials oft aufwendig ausgeschnitten werden und liegen dann nicht vollflächig an.
Die Schüttung verteilt sich komplett und lückenlos auf der gesamten Decke.

6

55. Nennen Sie Plattenmaterialien, die für die Verlegung im Fußbodenbereich infrage kommen.

Natursteinplatten	**Keramische Platten**	**Zementgebundene Platten**
–	–	–
–	–	–
–	–	
–		

Natursteinplatten	**Keramische Platten**	**Zementgebundene Platten**
– Granit – Marmor – Kalkstein – Schiefer	– Fliesen – Spaltplatten – Ziegelplatten	– Terrazzoplatten – Betonplatten

56. Erklären Sie, worin der Unterschied zwischen „Fliesen", „Mosaik" und „Riemchen" besteht.

Fliesen: > 90 cm^2 Fläche
Mosaik: max. 90 cm^2 Fläche
Riemchen: Flachquerschnitt, mit $l : b > 3 : 1$

57. Beschreiben Sie die Herstellung von Fliesen.

Ton, Quarzsand und Zusätze (Feldspat) werden gemahlen, gemischt, in Trockenpressen oder Strangpressen zu Rohlingen gepresst und bei 1000 … 1200 °C gebrannt.

58. Was versteht man bei der Herstellung der Fliesen unter dem „Koordinierungsmaß" bzw. dem „Werkmaß"?

Koordinierungsmaß:
Richtmaß zur Belagsaufteilung, besteht in Länge und Breite immer aus dem Maß der Fliese + 1 Fuge. Im Regelfall in 5 cm Schritten genormt, z. B. 20 × 20 cm oder 25 × 30 cm
Werkmaß:
Ist das Nennmaß oder Herstellungsmaß, also das reale Maß der Fliese.

59. Worin unterscheiden sich Fliesen mit der Bezeichnung „GL" von Fliesen mit der Bezeichnung „UGL"?

UGL = unglasierte Fliesen
GL = glasierte Fliesen
Diese werden nach einem ersten Brenndurchgang (Schrühbrand) mit Glasur überzogen und dann nochmals gebrannt (Glasurbrand).

60. Erklären Sie den Unterschied in der Herstellung und in den Eigenschaften zwischen
a) Steingutfliesen,
b) Steinzeugfliesen und
c) Feinsteinzeugfliesen.

a) Steingut:
Geringere Brenntemperatur (1000 °C) und hohe Wasseraufnahme von über 10 %:
- unglasiert nicht frostsicher,
- geringe Festigkeit,
- nur für den Innenbereich.

b) Steinzeug:
Höhere Brenntemperatur (1200 °C) und geringere Wasseraufnahme von 3 … 10 %:
- frostsicher,
- hohe Festigkeit,
- für den Innen- und Außenbereich geeignet,
- chemisch beständig.

c) Feinsteinzeug:
Bis zur Sinterung (Schmelze) gebrannte Fliese. Sehr dicht, Wasseraufnahme teilweise unter 0,5 %:
  - absolut dicht und wetterfest,
  - chemisch beständig, auch gegen Säuren (Laborfliesen),
  - sehr hohe Festigkeit.

61. Fliesen werden entsprechend ihrer Festigkeit in Abriebklassen eingeteilt. Für welche Nutzung sind die Abriebklassen einsetzbar?

→

→

Klasse	Nutzung
1	?
2	?
3	?
4	?

Klasse	Nutzung
1	– Schlafräume – Badbereich
2	– Wohnbereich
3	– Küche – Flur, Diele
4	– Eingangsbereich – Arbeitsräume – Verkaufsräume – Werkstätten

6

62. Was versteht man unter „Grobkeramik"? Nennen Sie Beispiele.

Grobkeramik wird aus Ton, Quarzsand, Feldspat, mineralischen Zusätzen und evtl. Schamotte zu einer plastischen Masse gemischt und wie auch bei der Ziegelherstellung in einer Strangpresse in langen Strängen geformt, die dann nur noch auf die Länge der einzelnen Platten geschnitten werden.

Beispiele:

- Spaltplatten
- Einzelplatten
- Trennwandsteine

63. Erläutern Sie den Unterschied zwischen einer „Betonwerksteinplatte" und einer „Terrazzoplatte".

Betonwerksteinplatte:

- besteht aus der Gesteinskörnung, Zement und evtl. Farbzusätzen,
- wird gemischt und in einer Form ausgehärtet,
- die Oberfläche wird bearbeitet (geschliffen, scharriert, sandgestrahlt, ausgewaschen,…).

Terrazzoplatte:

- ist eine Zweischichtplatte aus Kernbeton und einer Vorsatzschale aus Sichtbeton mit speziellem Splitt und Farbstoffen,
- die Vorsatzschale wird geschliffen, sodass die Kornstruktur gut zu sehen ist.

64. Welche Anforderungen werden an den Untergrund beim Fliesen gestellt?

- ebenflächig, rechtwinklig, maßhaltig,
- sauber, frei von Schalöl, Mörtelresten und Staub,
- saugfähig.

65. Nennen Sie Maßnahmen die zu treffen sind, wenn der Untergrund
a) zu stark saugfähig ist,
b) sehr unterschiedlich saugfähig ist,
c) stark uneben ist.

a) Vornässen der Oberflächen, oder Spritzbewurf mit Zementmörtel,
b) Spritzbewurf mit Zementmörtel,
c) Aufbringen einer Ausgleichsschicht aus Putzmörtel oder Trockenputz, oder Fliesen im Dickbettverfahren verlegen.

66. Beschreiben Sie den Arbeitsgang beim Ansetzen einer Wandfliese.

1. Fliese kurz ins Wasser tauchen, damit sie dem Mörtel nicht die Feuchte entziehen kann.
2. Auf Fliesenrückseite Mörtel aufbringen.
3. Fliese an die Wand drücken.
4. Mit Fliesenkellenstiel Fliese anklopfen, damit der Zementleim in die Poren der Fliesenrückseite eindringt und die Fliese an der Wand „verdübelt".

67. Wann werden die verschiedenen Mörtel zum Fliesen verwendet:
a) Zementmörtel 1 : 4 … 1 : 6,
b) Fliesenkleber,
c) kunststoffvergüteter Fliesenkleber,
d) kunstharzvergüteter Fliesenkleber?

a) Beim Fliesen im Dickbettverfahren.
b) Beim Fliesen im Dünnbettverfahren.
c) Im Dünnbettverfahren – der Kleber ist flexibler und weniger rissgefährdet (bei unterschiedlichen Untergründen,…).
d) Im Dünnbettverfahren – der Kleber haftet sehr stark (bei sehr glatten Wänden oder Fliesen mit sehr geringer Wasseraufnahme).

68. Beschreiben Sie die Vorgehensweise bei den drei verschiedenen Dünnbettverfahren. Erklären Sie, wann welches Dünnbettverfahren zum Einsatz kommen sollte
a) Floating-Verfahren,
b) Buttering-Verfahren,
c) kombiniertes Verfahren.

→

a) Floating-Verfahren:
Der Kleber wird als dünne Schicht auf den Untergrund aufgetragen, dann wird das Klebebett mit der Zahnspachtel aufgekämmt. Die Fliesen werden kurz in Wasser getaucht und dann sofort ohne weiteren Kleber an die Wand gedrückt.
Einfaches schnelles effektives Arbeiten – dies sollte der Regelfall sein.
b) Buttering-Verfahren:
Der Mörtel wird nur auf die Plattenrückseite aufgetragen, dann wird die Fliese an die Wand angesetzt. Das Verfahren eignet sich besonders bei stark unebenen oder profilierten Plattenrückseiten (Spaltplatten,…).

→

c) kombiniertes Verfahren:
Sowohl auf dem Untergrund als auch auf der Fliesenrückseite wird der Kleber aufgebracht. Das garantiert ein hohlraumfreies Kleberbett unter der Fliese – besonders bei großformatigen Fliesen und Platten eingesetzt.

69. Nennen Sie mindestens fünf Materialien, die zum Schutz eines Gebäudes vor Feuchte eingesetzt werden können.

1. Bitumenbahnen (Dichtungs- und Schweißbahnen)
2. Kunststoffbahnen
3. Flüssigkunststoffe
4. Bitumenanstriche, -emulsionen
5. Spachtelmassen

70. Benennen Sie die Bauteile A…I des Außenwandanschlusses im Bild.

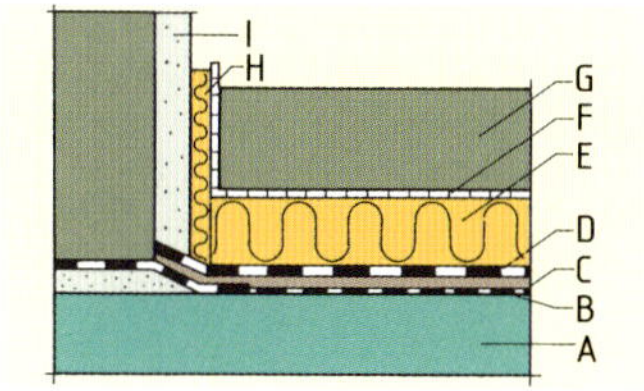

A – Bodenplatte
B – Voranstrich
C – Klebemasse
D – Abdichtungsschicht
E – Wärme- und Schalldämmung
F – Trennschicht
G – Estrich auf Dämmschicht
H – Randdämmstreifen
I – Putzschicht

Lernfeld 6
Fachmathematik

Hinweise:
Rechnen Sie alle folgenden Aufgaben mit folgenden Werten:
– Mörtelfaktor = 1,6
– 1 Sack Kalk = 40 l
– 1 Sack Zement = 21 l

1. Sie sollen mit 2 Sack Kalk Mörtel im Mischungsverhältnis 2 : 1 : 8 mischen. Wie viel Zement und Sand werden benötigt?

Mischungsverhältnis 2 : 1 : 8 ist nach Raumteilen (RT):
2 RT Kalk : 1 RT Zement : 8 RT Sand
2 Sack Kalk = 2 · 40 l = 80 l
2 RT = 80 l, also ist 1 RT = 40 l
Zement: 1 RT = 40 l = 2 Sack (je 21 l)
Sand: 8 RT · 40 l = 320 l = 0,32 m³

2. Wie viel Sand und Kalk werden benötigt, um mit 4 Sack Zement Mörtel im Mischungsverhältnis 1 : 1 : 6 zu mischen?

1 RT Kalk : 1 RT Zement : 6 RT Sand
4 Sack Zement = 4 · 21 l = 84 l
also ist 1 RT = 84 l
Kalk: 1 RT = 84 l = 2,1 Sack (je 40 l)
Sand: 6 RT · 84 l = 504 l = $0{,}504\ m^3$

3. Berechnen Sie die in der Tabelle jeweils fehlenden Werte (Kalk und Zement in Sack, Sand in m^3):

MV	Kalk	Zement	Sand
1 : 1 : 6	7 Sack	?	?
1 : 4	?	3 Sack	?
2 : 1 : 8	?	?	$0{,}96\ m^3$
1 : 3	6 Sack	?	?
1 : 1 : 6	?	?	$1{,}44\ m^3$

MV	Kalk	Zement	Sand
1 : 1 : 6	7 Sack	14 Sack	$1{,}68\ m^3$
1 : 4	–	3 Sack	$0{,}25\ m^3$
2 : 1 : 8	6 Sack	6 Sack	$0{,}96\ m^3$
1 : 3	6 Sack	–	$0{,}72\ m^3$
1 : 1 : 6	6 Sack	12 Sack	$1{,}44\ m^3$

4. Wie groß ist die Fläche, die man mit 600 l Mörtel an der Wand bei folgenden Schichtdicken putzen kann:
a) 2,5 cm,
b) 2,0 cm,
c) 1,5 cm,
d) 1,0 cm?

$600\ l = 600\ dm^3 = 0{,}600\ m^3$
$V = A \cdot d$
$$A = \frac{V}{d}$$
Für $V = 0{,}600\ m^3$ und die jeweilige Schichtdicke d folgt:
a) $A = 0{,}600\ m^3 : 0{,}025\ m = 24{,}00\ m^2$
b) $A = 0{,}600\ m^3 : 0{,}020\ m = 30{,}00\ m^2$
c) $A = 0{,}600\ m^3 : 0{,}015\ m = 40{,}00\ m^2$
d) $A = 0{,}600\ m^3 : 0{,}010\ m = 60{,}00\ m^2$

5. Sie haben 350 l Mörtel gemischt. Der Kleckerverlust beim Putzen beträgt 4 %.
a) Wie viel Mörtel ist an der Wand?
b) Wie viel Mörtel ist verloren gegangen?

a) Bei 4 % Verlust ist 96 % des Mörtels an der Wand, also 350 l · 0,96 = 336 l
b) Verlust:
350 l · 0,04 = 14 l

6. Berechnen Sie den Bedarf an Kalk, Zement und Sand, wenn eine Putzfläche von $127{,}40\ m^2$ 1,5 cm dick mit Mörtel der MG IIa verputzt werden soll. →

MG IIa entspricht einem Mischungsverhältnis von 1 : 1 : 6, also 1 RT Zement + 1 RT Kalk + 6 RT Sand = 8 RT
$V = A \cdot d = 127{,}40\ m^2 \cdot 0{,}015\ m$
$V = 1{,}911\ m^3 = 1911\ l$ →

Ausgangsstoffe = 1,6 · 1911 l = 3058 l
1 RT = 3058 : 8 = 382 l, also:
Zement = 382 l : 21 l/Sack = 19 Sack
Kalk = 382 l : 40 l/Sack = 10 Sack
Sand = 382 l · 6 RT = 2,292 m^3

7. Ermitteln Sie die benötigte Menge Sand und Zement, um auf einer Fläche von 17,80 m^2 einen Spritzbewurf von 5 l/m^2 aufzubringen (MG III).

Spritzbewurf:
Ausgangsstoffe = 17,80 m^2 · 5 l/m^2 · 1,6
= 142,4 l (MV = 1 : 4, also 5 RT)
1 RT = 142,4 l : 5 = 28,5 l
Zement = 28,5 l : 21 l/Sack = 1,4 Sack
Sand = 28,5 l · 4 RT = 0,114 m^3

8. Wie viel Zement, Kalk und Sand ist zu bestellen, um eine Fassade von 288 m^2 Fläche zu verputzen mit:
a) Spritzbewurf MG III, 6 l/m^2,
b) Unterputz MG IIa, 1,5 cm dick,
c) Deckputz MG II, 1 cm dick,
d) Gesamtbestellung.

a) Spritzbewurf:
Ausgangsstoffe = 288 m^2 · 6 l/m^2 · 1,6
= 2765 l (MV = 1 : 4, also 5 RT)
1 RT = 2765 : 5 = 553 l
Zement = 553 l : 21 l/Sack = 27 Sack
Sand = 553 l · 4 RT = 2,212 m^3

b) Unterputz:
Ausgangsstoffe = 288 m^2 · 0,015 m · 1,6
= 6,912 m^3 = 6912 l
(MV = 1 : 1 : 6, also 8 RT)
1 RT 6912 : 8 = 864 l
Zement = 864 l : 21 l/Sack = 42 Sack
Kalk = 864 l : 40 l/Sack = 22 Sack
Sand = 864 l · 6 RT = 5,184 m^3

c) Deckputz:
Ausgangsstoffe = 288 m^2 · 0,010 m · 1,6
= 4,608 m^3 = 4608 l
(MV = 2 : 1 : 8, also 11 RT)
1 RT 4608 l : 11 = 419 l
Zement = 419 l : 21 l/Sack = 20 Sack
Kalk = 419 l · 2 RT : 40 l/Sack = 21 Sack
Sand = 419 l · 8 RT = 3,352 m^3

d) Gesamtbestellung:
Zement = 89 Sack Kalk = 43 Sack
Sand = 10,748 m^3

9. Berechnen Sie den Materialbedarf für die Putzflächen:

	Putzfläche	Dicke	MG
a)	158,40 m^2	1,0 cm	MG I
b)	65,35 m^2	2,0 cm	MG IIa
c)	122,70 m^2	1,5 cm	MG II
d)	87,60 m^2	1,0 cm	MG III
e)	46,30 m^2	1,5 cm	MG II

	Zement	Kalk	Sand
a)	–	16 Sack	1,901 m^3
b)	13 Sack	7 Sack	1,568 m^3
c)	13 Sack	13 Sack	2,142 m^3
d)	14 Sack	–	1,121 m^3
e)	5 Sack	5 Sack	0,808 m^3

10. Ermitteln Sie den Materialbedarf zum Putzen der Fassade (Tiefe der Laibungen = 10 cm).

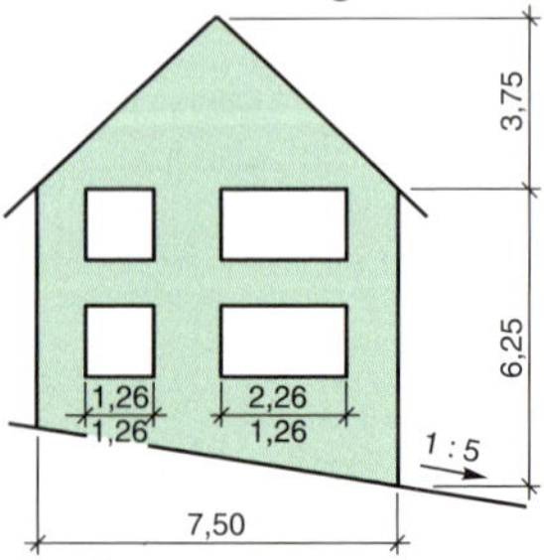

a) m^2 Putzfläche,
b) m^2 Fläche bei 6 % Kleckerverlust,
c) Spritzbewurf MG III, 4,5 l/m^2,
d) Unterputz MG IIa, 1,0 cm dick,

→

a) Putzfläche:

$$A_{\text{Dreieck oben}} = \frac{3{,}75\text{ m} \cdot 7{,}50\text{ m}}{2} = 14{,}06\text{ m}^2$$

$$A_{\text{Rechteck}} = 4{,}75\text{ m} \cdot 7{,}50\text{ m} - 2 \cdot (1{,}26^2\text{ m}^2) - 2 \cdot (1{,}26\text{ m} \cdot 2{,}26\text{ m})$$

$$A_{\text{Rechteck}} = 26{,}75\text{ m}^2$$

$$A_{\text{Dreieck unten}} = \frac{7{,}50\text{ m} \cdot 1{,}50\text{ m}}{2} = 5{,}63\text{ m}^2$$

$$A_{\text{Laibungen}} = (2 \cdot 2{,}26\text{ m} + 10 \cdot 1{,}26\text{ m}) \cdot 0{,}10\text{ m} = 1{,}71\text{ m}^2$$

$$A_{\text{gesamt}} = \underline{\underline{48{,}15\text{ m}^2}}$$

b) Fläche mit Verlust:

$A = 1{,}06 \cdot 48{,}15\text{ m}^2 = \underline{\underline{51{,}04\text{ m}^2}}$

c) Spritzbewurf:

Ausgangsstoffe $= 51{,}04\text{ m}^2 \cdot 4{,}5\text{ l/m}^2 \cdot 1{,}6 = 367{,}5\text{ l}$ (MV = 1 : 4, also 5 RT)

1 RT = 367,5 : 5 = 73,5 l

Zement = 73,5 l : 21 l/Sack = $\underline{\underline{4\text{ Sack}}}$

Sand = 73,5 l · 4 RT = $\underline{\underline{0{,}294\text{ m}^3}}$

d) Unterputz:

Ausgangsstoffe $= 51{,}04\text{ m}^2 \cdot 0{,}010\text{ m} \cdot 1{,}6 = 0{,}817\text{ m}^3 = 817\text{ l}$

(MV = 1 : 1 : 6, also 8 RT)

1 RT 817 : 8 = 102 l

Zement = 102 l : 21 l/Sack = $\underline{\underline{5\text{ Sack}}}$

Kalk = 102 l : 40 l/Sack = $\underline{\underline{3\text{ Sack}}}$

Sand = 102 l · 6 RT = $\underline{\underline{0{,}612\text{ m}^3}}$

→

e) Deckputz MG II, 1,5 cm dick,
f) Putzeckleisten, je 2,60 m lang,
g) gesamte Materialbestellung.

e) Deckputz:
Ausgangsstoffe = 51,04 m² · 0,015 m · 1,6
= 1,225 m³ = 1225 l
(MV = 2 : 1 : 8, also 11 RT)
1 RT 1225 l : 11 = 111 l
Zement = 111 l · 21 l/Sack = 6 Sack
Kalk = 111 l · 2 RT : 40 l/Sack = 6 Sack
Sand = 111 l · 8 RT = 0,888 m³

f) Eckleisten:
l = 6,25 m + 4,75 m + 10 · 1,26 m + 2 · 2,26 m = 28,12 m
Anzahl = 28,12 m : 2,60 m = 11 Stück

g) Gesamtbestellung:
15 Sack Zement, 9 Sack Kalk, 1,8 m³ Sand und 11 Putzeckleisten.

6

11. In dem Raum (Höhe 2,62 m) sollen alle Wände 1,5 cm dick mit Putz der MG I (MV 1 : 3) verputzt werden.

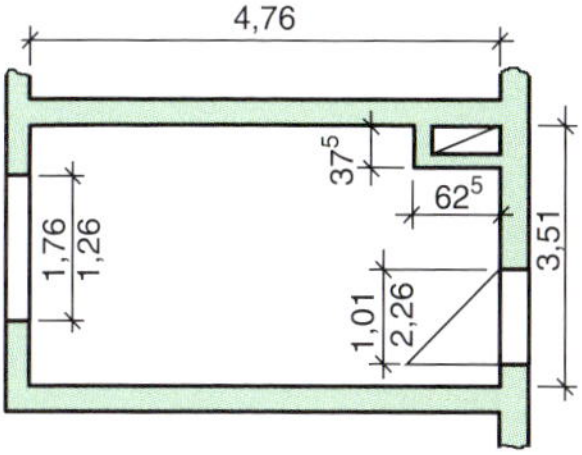

Berechnen Sie
a) die Putzfläche in m² (Laibungstiefe = 20 cm),
b) den Materialbedarf an Kalk und Sand, bei 2,5 % Kleckerverlust.

→

a) Putzfläche:
$A_{Wände}$ = (2 · 4,76 m + 2 · 3,51 m) · 2,62 m
= 43,33 m²
− $A_{Fenster}$ = (1,76 m · 1,26 m) = −2,22 m²
− $A_{Tür}$ = 1,01 m · 2,26 m = −2,28 m²
+ $A_{Laibung}$ = (2 · 1,26 m + 1,76 m) · 0,20 m
= +0,86 m²

Die Laibung der Tür wird aus technischen Gründen nicht verputzt.

A_{gesamt} = 39,69 m²

b) Materialbedarf:
A = 1,025 · 39,69 m² = 40,68 m²
Ausgangsstoffe = 40,68 m² · 0,015 m · 1,6
= 0,976 m³ = 976 l (MV = 1 : 3, also 4 RT)
1 RT = 976 : 4 = 244 l
Kalk = 244 l : 40 l/Sack = 6 Sack
Sand = 244 l · 3 RT = 0,732 m³

→

c) Nach dem Abtrocknen soll eine Grundierung (0,9 l/m²) gestrichen werden. Wie viele 2,5-l-Büchsen müssen Sie kaufen?

d) Eine Büchse Grundierung kostet 7,95 €, ein 10-l-Kanister 32,95 €. Was ist die preiswertere Lösung?

c) Grundierung:
$= 39{,}69\ m^2 \cdot 0{,}9\ l/m^2 = 35{,}7\ l$
35,7 l : 2,5 l/Büchse = 15 Büchsen

d) 15 Büchsen · 7,95 € = 119,25 €

4 Kanister · 32,95 € = 131,80 €

In dem Fall ist es preiswerter, 15 kleine Büchsen zu kaufen.

12. Der Fußboden in dem Raum (Aufgabe 11.) soll als CT-Estrich auf Dämmschicht hergestellt werden. Berechnen Sie die Kosten

a) bei 6 cm Dämmplatten Styropor, ein Paket mit 8 Platten je 0,50 × 1,00 m kostet 14,99 €,

b) für eine Rolle Randdämmstreifen (50 m), sie kostet 5,49 €,

c) für die Trennfolie, eine Rolle 2 m breit und 10 m lang kostet 22,65 € (Überlappung mind. 15 cm),

d) für die Estrichmörtel-Fertigmischung (5 cm dick), ein Sack mit 30 kg = 20 l kostet 9,99 €,

e) insgesamt.

a) Dämmung:
$A = 4{,}76\ m \cdot 3{,}51\ m - 0{,}375\ m \cdot 0{,}625\ m = 16{,}47\ m^2$
$1\ Paket = 8 \cdot 0{,}50\ m \cdot 1{,}00\ m = 4{,}00\ m^2$
$16{,}47\ m^2 : 4{,}00\ m^2 = 4{,}12$ Pakete
(4 Pakete reichen nicht, es müssen 5 gekauft werden)
5 · 14,99 € = 74,95 €

b) Randdämmstreifen:
$l = 2 \cdot 4{,}76\ m + 2 \cdot 3{,}51\ m$
= 16,54 m, also reicht eine Rolle
= 5,49 €

c) Trennfolie:
$A = 16{,}47\ m^2$ (Fläche)
$+ 16{,}54\ m \cdot 0{,}05\ m = 0{,}83\ m^2$ (Rand)
$+ (4{,}76\ m + 2 \cdot 0{,}05\ m) \cdot 0{,}15\ m$
$= 0{,}73\ m^2$ (Überlappung)
$= 18{,}03\ m^2$ 1 Rolle reicht,
also 22,65 €

d) Estrichmörtel:
$A = 0{,}05\ m \cdot 16{,}47\ m^2$
$= 0{,}824\ m^3 = 824\ l$
824 l : 20 l/Sack = 41 Sack
41 Sack · 9,99 € = 409,59 €

e) Gesamtkosten:
Preis = 74,95 € + 5,49 € + 22,65 € + 409,59 €
= 512,68 €

13. Ermitteln Sie den Preis, den ein Fertigteilestrich in dem Raum (siehe Aufgabe 11.) kosten würde:
a) 6 cm Trockenschüttung (ein 50-l-Sack Schüttung kostet 9,99 €),
b) eine Rolle Randdämmstreifen (50 m) kostet 5,49 €,
c) 2 Lagen Estrichverlegeplatten, 1 Platte 0,50 × 1,50 m kostet 11,49 €,
d) Gesamtpreis.

a) Trockenschüttung:
$A = 4{,}76\ \text{m} \cdot 3{,}51\ \text{m} - 0{,}375\ \text{m} \cdot 0{,}625\ \text{m} = \underline{16{,}47\ \text{m}^2}$
$V = A \cdot 0{,}06\ \text{m} = 0{,}988\ \text{m}^3 = \underline{988\ \text{l}}$
988 l : 50 l/Sack = 19,76 Sack,
es müssen also 20 Sack · 9,99 € gekauft werden
= 199,80 €

b) Randdämmstreifen:
$l = 2 \cdot 4{,}76\ \text{m} + 2 \cdot 3{,}51\ \text{m} = 16{,}54\ \text{m}$, also reicht eine Rolle
= 5,49 €

c) Estrichplatten:
2 Lagen = $2 \cdot 16{,}47\ \text{m}^2 = \underline{32{,}94\ \text{m}^2}$
1 Platte = $0{,}50\ \text{m} \cdot 1{,}50\ \text{m} = \underline{0{,}75\ \text{m}^2}$
$32{,}94\ \text{m}^2 : 0{,}75\ \text{m}^2/\text{Platte} = 43{,}92$ Platten
44 Platten · 11,49 €/Platte = 505,56 €

d) Gesamtpreis:
Preis = 199,80 € + 5,49 € + 505,56 €
= 710,85 €

14. Das im Bild gezeigte Bad soll neue Wandfliesen erhalten (Laibungen 20 cm tief, Raumhöhe = 2,75 m).

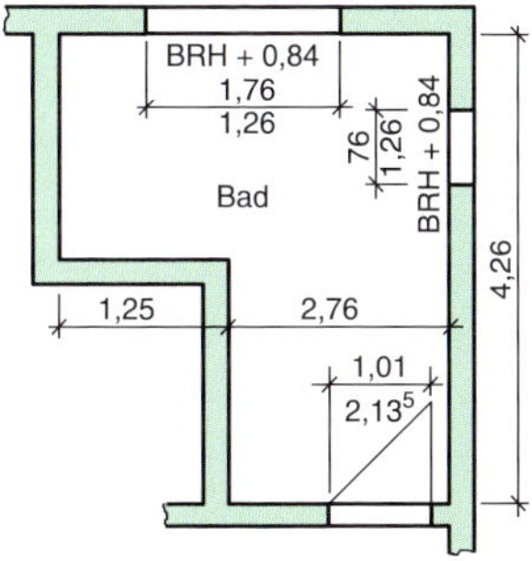

Berechnen Sie die Kosten
a) für eine Grundierung (0,6 l/m²) auf allen Wänden (volle Höhe), 10 l-Kanister = 33,49 €,

→

a) Grundierung:
$A_{\text{Wände}} = 2 \cdot (4{,}26\ \text{m} + 4{,}01\ \text{m}) \cdot 2{,}75\ \text{m} = 45{,}49\ \text{m}^2$

$- A_{\text{Fenster}} = (1{,}76\ \text{m} \cdot 1{,}26\ \text{m} + 0{,}76\ \text{m} \cdot 1{,}26\ \text{m}) = -3{,}18\ \text{m}^2$

$- A_{\text{Tür}} = 1{,}01\ \text{m} \cdot 2{,}135\ \text{m} = -2{,}16\ \text{m}^2$

$+ A_{\text{Laibung}} = (4 \cdot 1{,}26\ \text{m} + 1{,}76\ \text{m} + 0{,}76\ \text{m}) \cdot 0{,}20\ \text{m} = +1{,}51\ \text{m}^2$

$A_{\text{gesamt}} = \underline{41{,}66\ \text{m}^2}$

$41{,}66\ \text{m}^2 \cdot 0{,}6\ \text{l/m}^2 = 25\ \text{l}$,
also 3 Kanister je 33,49 € = 100,47 €

→

b) für die Wandfliesen (4 % Verschnitt) bis zu einer Höhe von 1,85 m über Fußboden, (1 m^2 Fliesen = 10,99 €, 1 Paket Fliesen = 1,44 m^2)

c) für den Fliesenkleber, 1 Sack (für etwa 5 m^2) kostet 7,39 €,

d) insgesamt.

b) Wandfliesen:

$A_{Wände} = (2 \cdot 4{,}26\ m + 2 \cdot 4{,}01\ m) \cdot 1{,}85\ m = 30{,}60\ m^2$

$- A_{Fenster} = (1{,}76\ m \cdot 1{,}01\ m + 0{,}76\ m \cdot 1{,}01\ m) = -2{,}55\ m^2$

$A_{Tür} = 1{,}01\ m \cdot 1{,}85\ m = -1{,}87\ m^2$

$+ A_{Laibung} = (4 \cdot 1{,}01\ m) \cdot 0{,}20\ m = +0{,}81\ m^2$

$A_{gesamt} = \underline{26{,}99\ m^2}$

$A = 26{,}99\ m^2 \cdot 1{,}04 = \underline{28{,}07\ m^2}$

Pakete = $28{,}07\ m^2 : 1{,}44\ m^2$/Paket = 19,49, also 20 Pakete

20 Pakete · $1{,}44\ m^2$/Paket · 10,99 €/m^2 = 316,51 €

c) Fliesenkleber:

$26{,}99\ m^2 : 5\ m^2$/Sack = 5,4 Säcke, also 6 Säcke · 7,39 €/Sack = 44,34 €

d) Gesamtpreis:

Preis = 100,47 € + 316,51 € + 44,34 € = 461,32 €

15. Die 3,30 m breite Wand im Dachgeschoss soll einen Trockenputz aus Trockenbauplatten 60 cm × 2,60 m erhalten. Sie sollen die Platten zuschneiden.

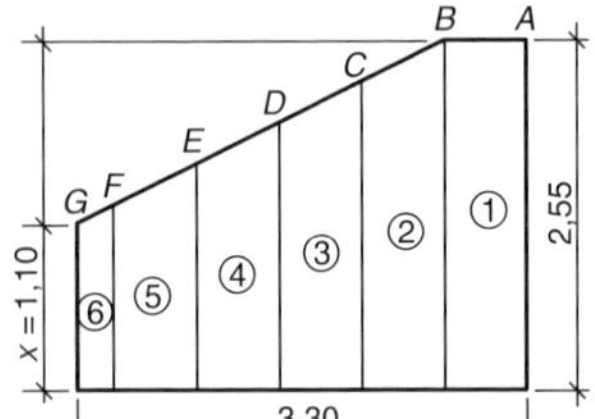

Ermitteln Sie die Zuschnittmaße *A…G*.

$A = B = \underline{\underline{2{,}55\ m}}$ (Raumhöhe)

Verhältnisrechnung an der Dachschräge:

$$\frac{\text{Gesamthöhe}}{\text{Gesamtbreite}} = \frac{\text{Teilhöhe}}{\text{Teilbreite}}$$

$$\frac{1{,}45\ m}{2{,}70\ m} = \frac{x}{0{,}60\ m}$$

$x = \underline{32{,}2\ cm}$

Je 60 cm Breite nimmt also die Höhe um 32,2 cm ab.

$C = 2{,}55\ m - 0{,}322\ m = \underline{\underline{2{,}23\ m}}$

$D = 2{,}55\ m - 2 \cdot 0{,}322\ m = \underline{\underline{1{,}91\ m}}$

$E = 2{,}55\ m - 3 \cdot 0{,}322\ m = \underline{\underline{1{,}58\ m}}$

$F = 2{,}55\ m - 4 \cdot 0{,}322\ m = \underline{\underline{1{,}26\ m}}$

G = die Wandseite, also = $\underline{\underline{1{,}10\ m}}$

16. Ermitteln Sie die Zuschnittmaße *C, D, E* und *F* (siehe Bild Aufgabe 15.) für die Trockenputzplatten 60 cm × 2,60 m, wenn das senkrechte Maß „*x*" folgende Werte annimmt:

x	*C*	*D*	*E*	*F*
0,40 m	?	?	?	?
0,90 m	?	?	?	?
1,20 m	?	?	?	?
1,50 m	?	?	?	?
1,80 m	?	?	?	?

x	*C*	*D*	*E*	*F*
0,40 m	2,07 m	1,59 m	1,12 m	0,64 m
0,90 m	2,18 m	1,82 m	1,45 m	1,08 m
1,20 m	2,25 m	1,95 m	1,65 m	1,35 m
1,50 m	2,32 m	2,08 m	1,85 m	1,62 m
1,80 m	2,38 m	2,22 m	2,05 m	1,88 m

17. Berechnen Sie für die dargestellte Treppenhauswand

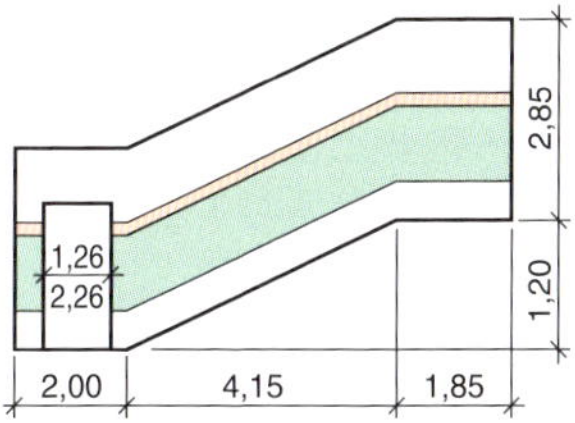

a) m² Wandputz bei 3 % Kleckerverlust,

b) m² Wandfliesen (grüner Bereich, 1,15 m hoch) bei 14 % Verschnitt,

c) Anzahl Bordüren (rot) 5 × 25 cm, bei 6 % Verschnitt.

a) Wandputz:

$A = 8{,}00\text{ m} \cdot 2{,}85\text{ m} - 1{,}26\text{ m} \cdot 2{,}26\text{ m}$

$A = 19{,}95\text{ m}^2 \cdot 1{,}03$

$A = \underline{\underline{20{,}55\text{ m}^2}}$

b) Wandfliesen:

$A = 8{,}00\text{ m} \cdot 1{,}15\text{ m} - 1{,}26\text{ m} \cdot 1{,}15\text{ m}$

$A = 7{,}75\text{ m}^2 \cdot 1{,}14$

$A = \underline{\underline{8{,}84\text{ m}^2}}$

c) Bordüre:

$\text{Schräge} = \sqrt{4{,}15^2 + 1{,}20^2} = 4{,}32\text{ m}$

$l = (2{,}00\text{ m} - 1{,}26\text{ m}) + 4{,}32\text{ m} + 1{,}85\text{ m}$

$l = 6{,}91\text{ m} \cdot 1{,}06$

$l = \underline{7{,}32\text{ m}}$

Anzahl Bordüren = 7,32 m : 0,25 m/Stück = <u>29,3 Stück,</u>

also müssen <u>30 Bordüren</u> gekauft werden.

Lernfeld 7
Abbinden und Richten eines Satteldaches

1. Welche Eigenschaften machen den Baustoff Holz besonders geeignet zur Herstellung von Dachkonstruktionen?

Leichte Bearbeitbarkeit, geringe Dichte bei hoher Festigkeit, geringe Wärmeleitfähigkeit, Nachhaltigkeit.

2. Welche allgemeinen Anforderungen werden an Dächer gestellt?

Tragfähigkeit, Witterungsschutz, Wärmeschutz, Schallschutz.

3. Nennen Sie mindestens fünf Dachformen von geneigten Dächern.

Satteldach, Pultdach, Walmdach, Krüppelwalmdach, Zeltdach, Mansarddach, Sheddach.

4. Nennen Sie drei Auswahlkriterien, die maßgebend sein können, eine bestimmte Dachkonstruktion auszuwählen.

- Grundrissgestaltung des Gebäudes
- Nutzungsprofil des Dachraumes
- Architektonische Gestaltung

5. Nennen Sie die verschiedenen Dachkonstruktionen zur Erstellung eines Dachtragewerks.

Pfettendachstühle, Sparren- und Kehlbalkendächer, Spreng- und Hängewerksdächer.

6. Skizzieren Sie Dachformen von geneigten Dächern in der Draufsicht und den jeweiligen Seitenansichten:
a) Satteldach,
b) Pultdach,
c) Walmdach,
d) Krüppelwalmdach,
e) Mansarddach,
f) Zeltdach.

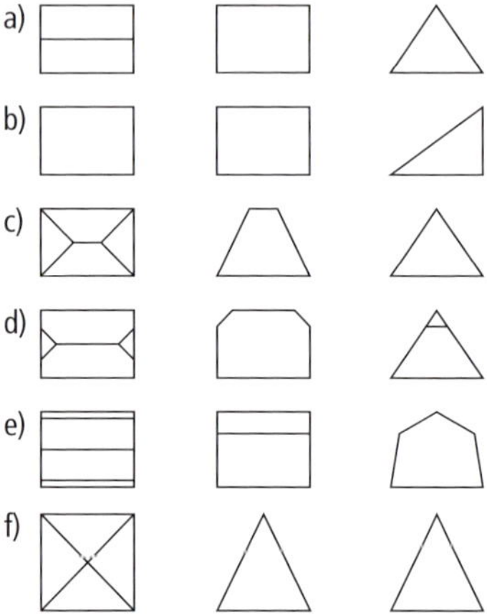

7. Nennen Sie die Bezeichnungen der dargestellten Dachteile.

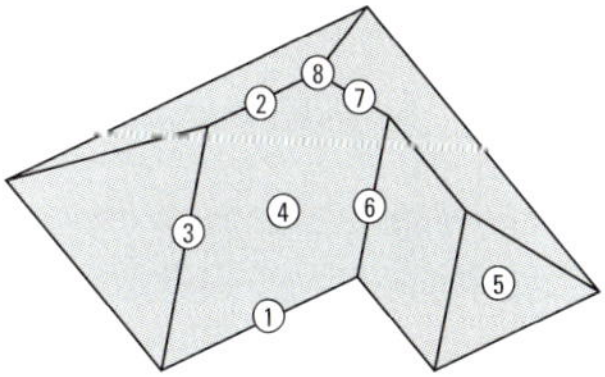

① Traufe
② First
③ Grat
④ Hauptdachfläche
⑤ Walmdachfläche
⑥ Kehle
⑦ Verfallung
⑧ Anfallspunkt

8. Nennen Sie Kriterien, die die Wahl der Dachform bestimmen können.

Gestalterische Gründe, Bebauungsplan, ökonomische Gründe (Kosten/Raumgewinn), Gebäudegestalt, energetische Nutzung.

9. Wie werden Dächer nach ihrer Neigung eingeteilt?

0° … 5°:	Flachdächer
5° … 22°/30°:	mäßig steile/flach geneigte Dächer
> 22°/30°:	Steildächer

10. Erklären Sie das Konstruktionsprinzip des Pfettendachs.

Die Sparren übertragen als schräg liegende Träger auf zwei oder mehreren Stützen ihre Lasten in die Pfetten. Die daraus resultierenden Vertikallasten werden in die darunterliegenden Bauteile (Pfosten, Streben, Wände) abgeleitet. Die Queraussteifung erfolgt über das konstruktive Dreieck aus Sparren, Pfosten und Decke. Die Längsaussteifung erfolgt über die unter den Pfetten liegenden Bauteile, Pfosten mit Kopfbändern oder Streben und Wände.

11. Wie erfolgt die Längsaussteifung bei einer Pfettendachkonstruktion?

Unter den Pfetten bilden Pfosten mit Kopfbändern (Bügen), Stützen oder Längswänden die notwendigen biegesteifen Dreiecke.

12. Wie erfolgt die Queraussteifung bei einer Pfettendachkonstruktion?

Das Dreieck aus Sparren, Pfosten und Decke ermöglicht je Dachseite eine unverschiebliche Queraussteifung.

13. Zeichnen Sie den Fußpunkt einer Pfettendachkonstruktion auf einer Stahlbetondecke.

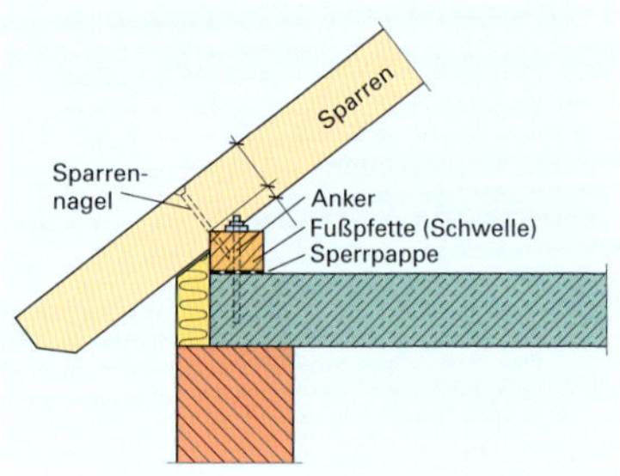

14. Zeichnen Sie ein Firstpunktdetail einer Pfettendachkonstruktion.

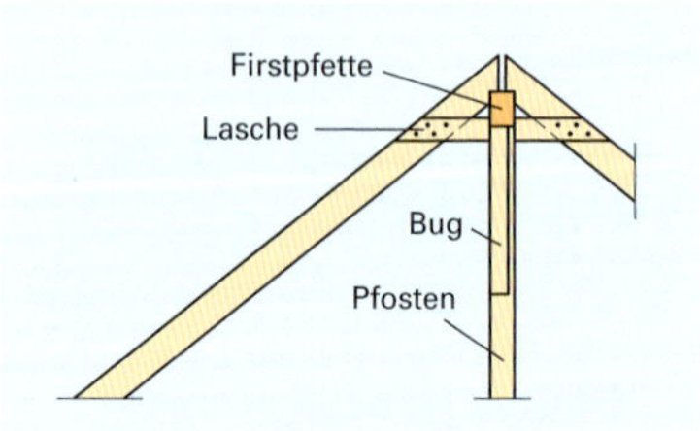

15. Nennen Sie die Vorteile eines Pfettendachstuhls.

- Umsetzbar bei allen Dachneigungen, also dachneigungsunabhängig,
- Dachseiten werden statisch unabhängig (Einteilung) voneinander betrachtet,
- freie Grundrisswahl,
- Auf- bzw. Einbau von Gauben und Dachflächenfenstern problemlos möglich.

16. Erklären Sie das Konstruktionsprinzip des Sparrendachs.

Es ist ein Dreigelenkrahmen aus Sparrenpaar und Decke, der ein steifes Dreieck bildet. Alle Dachlasten werden über die Sparren in die Außenwände geleitet. Im Fußpunkt müssen die Längskräfte der Sparren sicher in das Stahlbetonwiderlager bzw. in die Holzbalkendecke abgeleitet werden.

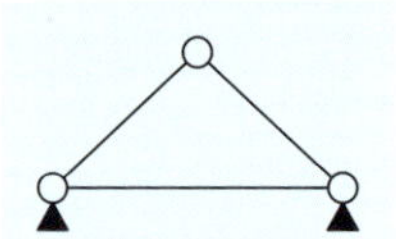

Statisches System: Dreigelenkrahmen

17. Erklären Sie das Konstruktionsprinzip des Kehlbalkendachs.

Beim Kehlbalkendach handelt es sich um eine konstruktive Erweiterung des Sparrendachs. Die Lastabtragung erfolgt ebenso wie beim Sparrendach in Richtung der Sparren, aber da diese bei größer werdender Spannweite sich zu stark durchbiegen, wird ein waagerechter Kehlbalken eingefügt. Dieser verhindert durch Aufnahme von Druckkräften die Durchbiegung der Sparren.

18. Wie wird der Kehlbalken bei einer Kehlbalkendachkonstruktion beansprucht und welche Folge hat dies?

Neben Biegebeanspruchung wird der Kehlbalken auch auf Druck belastet, denn er verhindert die Durchbiegung der Sparren;
→ keine großflächige Auswechslung möglich.

19. Wodurch unterscheiden sich Kehlbalken und Balken einer Pfettendachkonstruktion, die zwischen den Mittelpfetten liegen?

Der Kehlbalken ist ein konstruktives Holz, das auf Druck belastet wird und die Durchbiegung der Sparren verhindert. Der Balken zwischen den Mittelpfetten bildet eine Zwischenbalkenlage und er wird hauptsächlich auf Biegung belastet.

20. Zeichnen Sie den Fußpunkt eines Sparrendachs bzw. Kehlbalkendachs bei einem Stahlbetonwiderlager (mit Beschriftung).

Lösungsvorschlag:

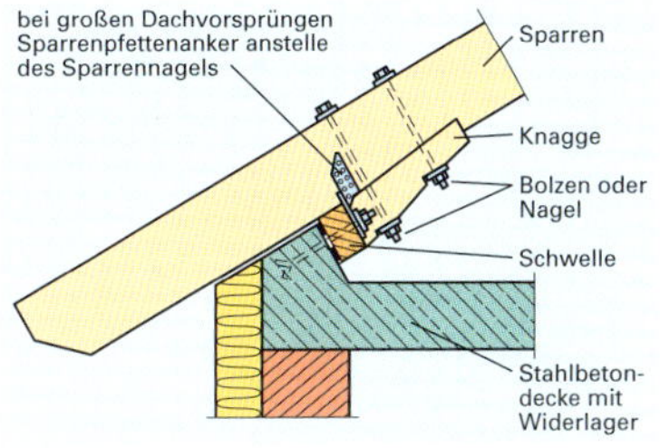

21. Erläutern Sie die Funktion einer Knagge beim Sparren- und Kehlbalkendach.

Die Knagge dient der Vergrößerung der Kraftübertragungsfläche auf der Schwelle, da diese dort quer zur Faser belastet wird.

22. In welcher Richtung werden bei der Sparren- bzw. Kehlbalkendachkonstruktion die auftretenden Lasten abgeleitet?

In Richtung der Sparren.

23. Skizzieren Sie das Kräfteeck am Fußpunkt von Sparren- und Kehlbalkendach.

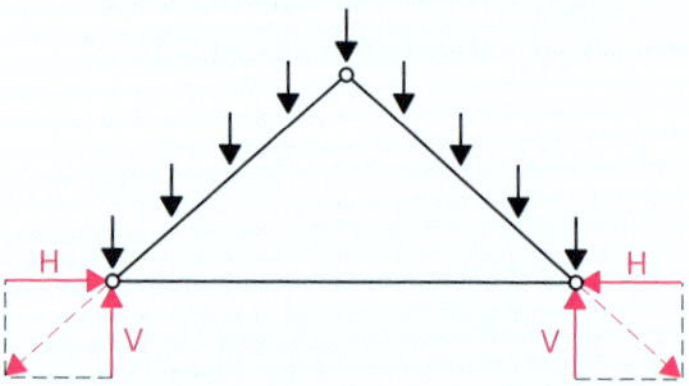

Auflagerreaktion beim Sparrendach

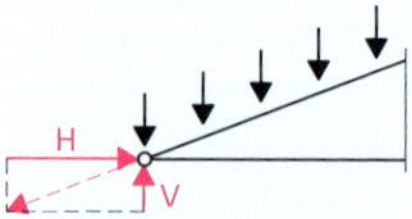

Je geringer die Dachneigung, umso größer die Horizontalkomponente

24. Beschreiben Sie zwei Ausführungsmöglichkeiten eines Kehlbalkens.

Der Kehlbalken kann zum einen einteilig als Vollholz an die Sparren angeschlossen werden. Ebenso besteht die Möglichkeit ihn als Zangenkonstruktion zweiteilig an den Sparren anzuschließen.

25. Geben Sie verschiedene Vor- und Nachteile einer Sparren- bzw. Kehlbalkendachkonstruktion an.

Vorteile:
- freier Dachraum ohne lastabtragende Bauteile,
- Vertikallasten werden nur über die Außenwände abgeleitet,
- geringerer Holzverbrauch im Vergleich zum Pfettendach.

Nachteile:
- aufwendigere Konstruktion,
- aufwendigere Unterkonstruktion (Stahlbetonwiderlager),
- keine größeren Dachöffnungen möglich (höchstens zwei Felder),
- kein konstruktiver Dachüberstand am Ortgang möglich,
- nur möglich bei einfachen Gebäudegrundrissen,
- flache Dachneigungen kaum umsetzbar (große Horizontallasten).

26. Beschreiben Sie die zusätzliche Möglichkeit der Längsaussteifung beim Kehlbalkendach gegenüber dem Sparrendach.

Kann die Kehlbalkenlage konstruktiv an statisch aussteifende Bauteile (Wände, biegesteifer Giebel) angeschlossen werden, so wird sie als Scheibe ausgebildet und dient somit zur Längsaussteifung des Daches.

27. Wie erfolgt die Aussteifung bei Sparren- und Kehlbalkendachkonstruktionen in Quer- und Längsrichtung?

In Längsrichtung wird die Dachfläche durch Windrispenverband, zugelassene plattenförmige Werkstoffe oder Diagonalschalung statisch zu einer Scheibe ausgebildet. In Querrichtung bildet die Konstruktion aus gegenüberliegendem Sparrenpaar und Decke ein unverschiebliches Dreieck.

28. Nennen Sie fünf Handmaschinen, die im Zimmerhandwerk Verwendung finden.

- Handkreissäge
- Oberfräse
- Balkenhobel
- Handkettensäge
- Kettenstemmmaschine

29. Gute Arbeitsvorbereitung stellt die Grundlage für sicheres und wirtschaftliches Arbeiten im Betrieb dar. Stellen Sie die verschiedenen Schritte bei der Abwicklung eines Projektes dar. Unterscheiden Sie dabei zwischen der betrieblichen Arbeitsvorbereitung und der des Mitarbeiters.

30. Nennen Sie verschiedene Verankerungsmöglichkeiten von Fuß- und Mittelpfetten bei Pfettendächern bzw. von Fußschwellen bei Sparren- und Kehlbalkendächern.

Schwerlastanker, Halfenanker in Halfenschienen, Betonschrauben, Betonanker, Ankerbolzen, Reaktionsanker.

31. Warum ist es beim Verankern von Holzbauelementen, wie z.B. Fußpfetten, in Stahlbeton besonders wichtig den Mindestrandabstand nach Herstellerangaben zu beachten?

Nur durch ausreichend Abstand kann ein Abplatzen des Betons verhindert und die notwendige Kraftübertragung gewährleistet werden.

32. Was versteht man unter einer „windschiefen" Dachfläche?

Verlaufen Trauf- und Firstlinien nicht parallel, aber beide waagerecht, so entsteht eine windschiefe Dachfläche.

33. Unter welcher Bedingung entsteht eine steigende Traufe?

Ist bei einem waagerecht verlaufenden First die Trauflinie nicht parallel zum First und die Dachfläche eine Ebene, so steigt die Trauflinie.

34. Wie entsteht eine fallende oder steigende Firstlinie?

Bilden die Dachflächen jeweils eine Ebene, aber ihre Traufen laufen nicht parallel, aber waagerecht so bildet sich ein steigender bzw. fallender First.

35. Welche Ortgangausbildungen werden grundsätzlich unterschieden?

Es wird zwischen einem Ortgang mit und ohne Dachüberstand unterschieden.

36. Erläutern Sie die grundsätzliche Funktion von Traufe und Ortgang bei einer Dachkonstruktion.

Sie bilden den jeweiligen Abschluss des Daches und können mit und ohne Überstand ausgebildet werden. Ihnen kommt eine wichtige Schutzfunktion für das Gebäude bzw. dessen Fassade zu.

37. Erläutern Sie den grundsätzlichen konstruktiven Aufbau von eher historischen Dachkonstruktionen, wie dem Sprengwerk.

Bei diesen Strebenkonstruktionen unter den Mittelpfetten und der Firstpfette handelt es sich um schräg liegende druckbelastete Strebenhölzer, die die Lasten auf Außen- und Innenwände ableiten. Dabei erfolgt die Lastabtragung nicht lotrecht, sondern schräg durch das Strebewerk. Die Strebenhölzer werden im Abstand von 4 … 5 m angeordnet.

38. Unterscheiden Sie in konstruktiver Hinsicht Hänge- und Sprengwerk.

Beim Sprengwerk trägt der Pfosten keine lotrechten Lasten ab und erhält im Gebinde zu dem Bundbalken nur einen Schwebezapfen als Führung.
Beim Hängewerk wird der Pfosten als auf Zug belasteter Hängepfosten ausgebildet und dient zur Befestigung eines Unterzuges.

39. Nennen Sie die Beanspruchungsgruppen für Kleber (früher: Leim).

- D1 Innenbereich, max. Holzfeuchte 15 %
- D2 Innenbereich mit kurzzeitiger gelegentlicher Wassereinwirkung, max. Holzfeuchte 18 %
- D3 Innenbereich mit häufiger kurzzeitiger Wassereinwirkung bzw. höherer Luftfeuchtigkeit
  Außenbereich ohne direkte Bewitterung
- D4 Innenbereich häufiger und lang anhaltender Kontakt mit Wasser und Kondenswasser
  Außenbereich der Witterung ausgesetzt mit entsprechendem Oberflächenschutz

40. Wovon ist die Wahl der Dachziegel bzw. Dachsteine abhängig?

Sie ist von der Dachneigung und von der Gestaltung der Dachfläche abhängig.

41. Erläutern Sie den Begriff der Regeldachneigung.

Es handelt sich um die Mindestdachneigung für die verschiedenen Ziegel bzw. Dachsteine. 22° für Flachdachziegel mit mehrfacher Ringverfalzung, 30° für Reform- und Verschiebeziegel mit unterbrochener Ringverfalzung und 35° für Dachziegel mit Seitenverfalzung. Bei zusätzlichen Unterdachmaßnahmen darf die Regeldachneigung unterschritten werden.

42. Was muss bei Arbeiten mit älteren Faserzementplatten beachtet werden?

Ältere Faserzementplatten können teilweise aus Asbest bestehen. Das Einatmen von Asbeststaub ist lebensgefährlich! Die Gefahrstoffverordnung (GefStoffV) und die entsprechenden UVV müssen strengstens eingehalten werden. Die Platten müssen zudem fachgerecht transportiert und entsorgt werden.

43. Nennen Sie die drei Deckungsarten aus Faserzementdachplatten.

- Deutsche Deckung
- Doppeldeckung
- Waagerechte Deckung

44. Erläutern Sie den Zusammenhang zwischen Sparrenlänge, Dachüberstand und Ziegel- bzw. Dachsteineinteilung.

Neigungsabhängige Maße für die Latteinteilung der Ziegel an Traufe und First beeinflussen die genaue Ermittlung der Sparrenlänge. Die Angaben des jeweiligen Herstellers sind zu beachten. Die verschiedenen Abbundprogramme haben diese für die gängigen Ziegel und Dachsteine hinterlegt.

Lernfeld 7
Fachmathematik

1. Ermitteln Sie die Kopfband-/Buglänge bei einem Ausstellmaß von 1,20 m (Zapfenlänge 4 cm).

$1{,}28\ \text{m} \cdot \sqrt{2} = \underline{\underline{1{,}810\ \text{m}}}$

2. Berechnen Sie
a) die Sparrenlänge,
b) die Dachneigung und
c) die Giebelfläche des dargestellten Gebäudes.

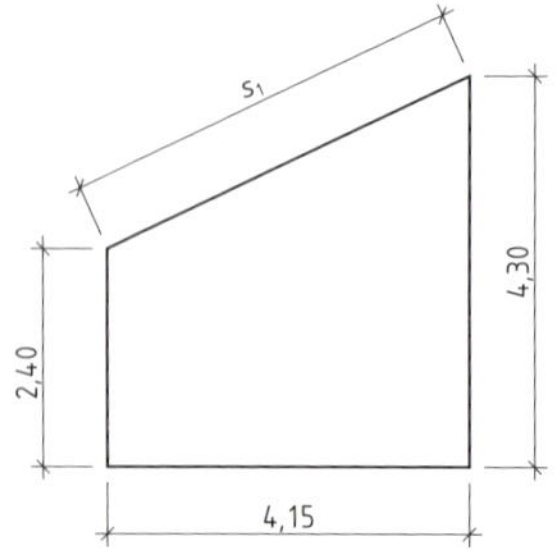

$s_1 = \sqrt{(4{,}15\ \text{m})^2 + (1{,}90\ \text{m})^2} = \underline{\underline{4{,}564\ \text{m}}}$

$\tan\alpha = \dfrac{1{,}90\ \text{m}}{4{,}15\ \text{m}};\ \alpha = \underline{\underline{24{,}6°}}$

$A = \dfrac{2{,}40\ \text{m} + 4{,}30\ \text{m}}{2} \cdot 4{,}15\ \text{m} = \underline{\underline{13{,}90\ \text{m}^2}}$

3. Ermitteln Sie die beiden Sparrenlängen sowie die Dachneigungen des dargestellten Daches.

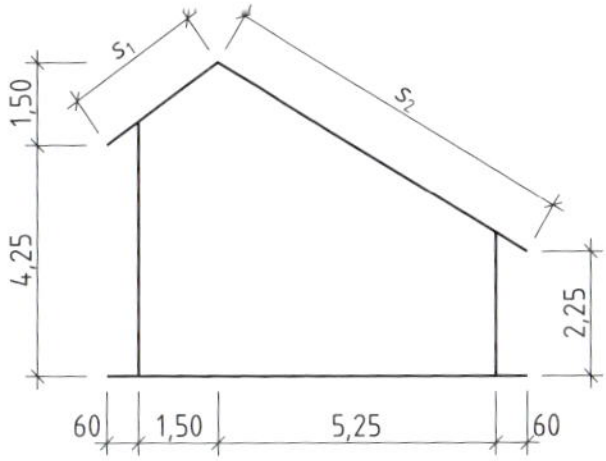

$s_1 = \sqrt{(2{,}10\ \text{m})^2 + (1{,}50\ \text{m})^2} = \underline{\underline{2{,}581\ \text{m}}}$

$s_2 = \sqrt{(3{,}50\ \text{m})^2 + (5{,}85\ \text{m})^2} = \underline{\underline{6{,}817\ \text{m}}}$

$\tan \alpha_1 = \dfrac{1{,}50\ \text{m}}{2{,}10\ \text{m}}$

$\alpha_1 = \underline{\underline{35{,}5°}}$

$\tan \alpha_2 = \dfrac{3{,}50\ \text{m}}{5{,}85\ \text{m}}$

$\alpha_2 = \underline{\underline{30{,}9°}}$

4. Ermitteln Sie die Traufhöhen h_1 und h_2 des dargestellten Gebäudes. $\alpha_{li} = 35{,}2°$, $\alpha_{re} = 29{,}2°$

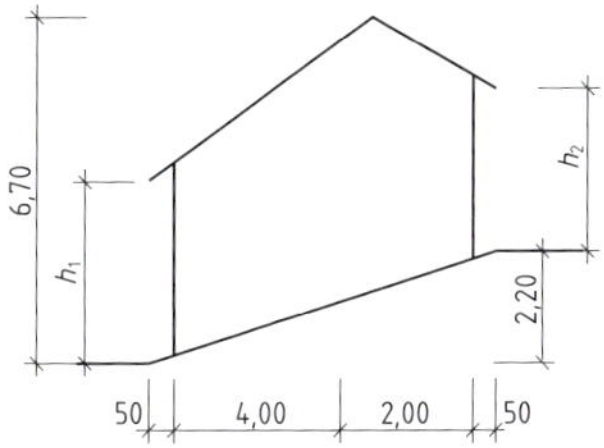

$h_1 = 6{,}70\ \text{m} - 2{,}822\ \text{m} = \underline{\underline{3{,}878\ \text{m}}}$

$h_2 = 6{,}70\ \text{m} - 1{,}118\ \text{m} - 2{,}20\ \text{m} = \underline{\underline{3{,}382\ \text{m}}}$

5. Berechnen Sie die Längen h, s und $s_1 \ldots s_4$.

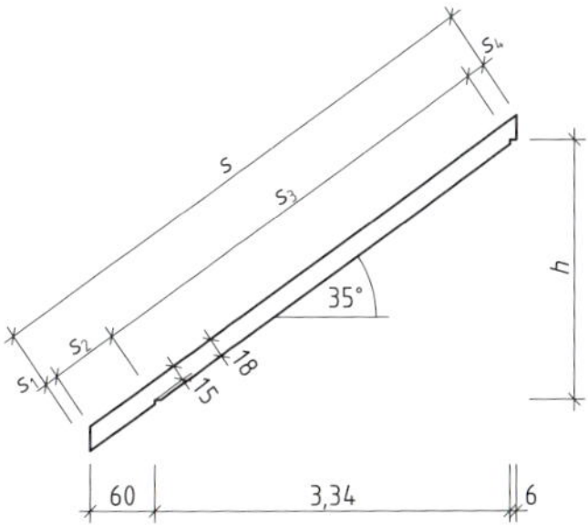

$s_1 = 0{,}18\ \text{m} \cdot \tan 35° = \underline{\underline{0{,}126\ \text{m}}}$

$s_2 = \dfrac{0{,}60\ \text{m}}{\cos 35°} - \tan 35° \cdot 0{,}15\ \text{m} = \underline{\underline{0{,}627\ \text{m}}}$

$s_3 = \dfrac{3{,}34\ \text{m}}{\cos 35°} = \underline{\underline{4{,}077\ \text{m}}}$

$s_4 = \dfrac{0{,}06\ \text{m}}{\cos 35°} + \tan 35° \cdot 0{,}15\ \text{m} = \underline{\underline{0{,}178\ \text{m}}}$

$s = \dfrac{4{,}00\ \text{m}}{\cos 35°} + \tan 35° \cdot 0{,}18\ \text{m} = \underline{\underline{5{,}009\ \text{m}}}$

$h = 3{,}34\ \text{m} \cdot \tan 35° = \underline{\underline{2{,}339\ \text{m}}}$

6. **Berechnen Sie die Längen *h*, *s* und $s_1 \dots s_4$.**

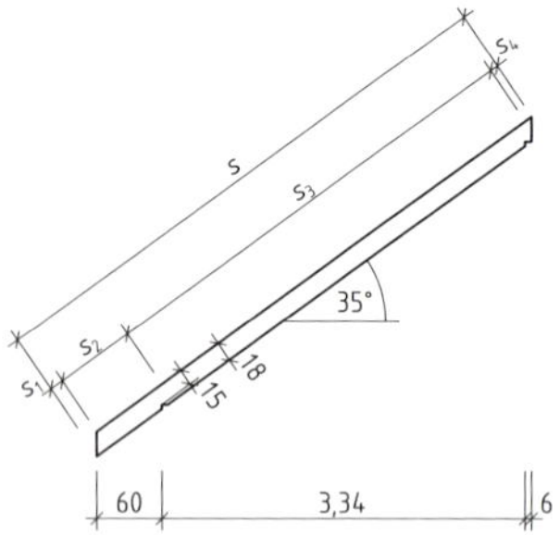

$s_1 = 0{,}18\ \text{m} \cdot \tan 35° = \underline{\underline{0{,}126\ \text{m}}}$

$s_2 = \dfrac{0{,}60\ \text{m}}{\cos 35°} = \underline{\underline{0{,}732\ \text{m}}}$

$s_3 = \dfrac{3{,}34\ \text{m}}{\cos 35°} = \underline{\underline{4{,}077\ \text{m}}}$

$s_4 = \dfrac{0{,}06\ \text{m}}{\cos 35°} = \underline{\underline{0{,}073\ \text{m}}}$

$s = \dfrac{4{,}00\ \text{m}}{\cos 35°} + \tan 35° \cdot 0{,}18\ \text{m} = \underline{\underline{5{,}009\ \text{m}}}$

$h = 3{,}34\ \text{m} \cdot \tan 35° = \underline{\underline{2{,}339\ \text{m}}}$

7. **Berechnen Sie die Längen l_1, l_2, o_w und o_l.**

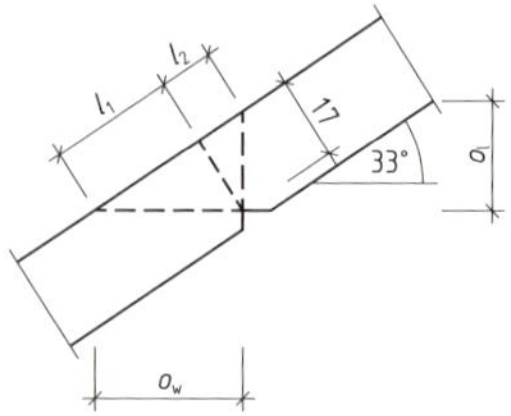

$l_1 = \dfrac{0{,}17\ \text{m}}{\tan 33°} = \underline{\underline{0{,}262\ \text{m}}}$

$l_2 = 0{,}17\ \text{m} \cdot \tan 33° = \underline{\underline{0{,}110\ \text{m}}}$

$o_w = \dfrac{0{,}17\ \text{m}}{\sin 33°} = \underline{\underline{0{,}312\ \text{m}}}$

$o_l = \dfrac{0{,}17\ \text{m}}{\cos 33°} = \underline{\underline{0{,}203\ \text{m}}}$

8. **Berechnen Sie für den dargestellten Pultdachsparren (17 Stück) die Maße *s*, *l* und *h* sowie die benötigte Holzmenge in m³.**

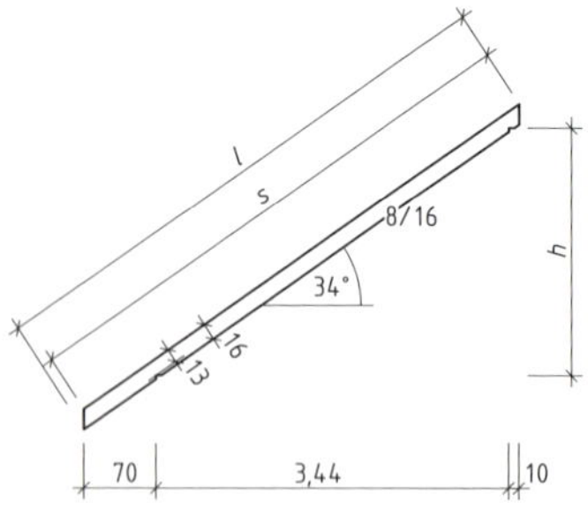

$s = \dfrac{4{,}240\ \text{m}}{\cos 34°} = \underline{\underline{5{,}114\ \text{m}}}$

$l = 5{,}114\ \text{m} + 0{,}16\ \text{m} \cdot \tan 34° = \underline{\underline{5{,}222\ \text{m}}}$

$h = 3{,}44\ \text{m} \cdot \tan 34° = \underline{\underline{2{,}320\ \text{m}}}$

$V = 17 \cdot 0{,}08\ \text{m} \cdot 0{,}16\ \text{m} \cdot 5{,}222\ \text{m} = \underline{\underline{1{,}136\ \text{m}^3}}$

9. Erstellen Sie für das dargestellte Dach eine Holzliste.

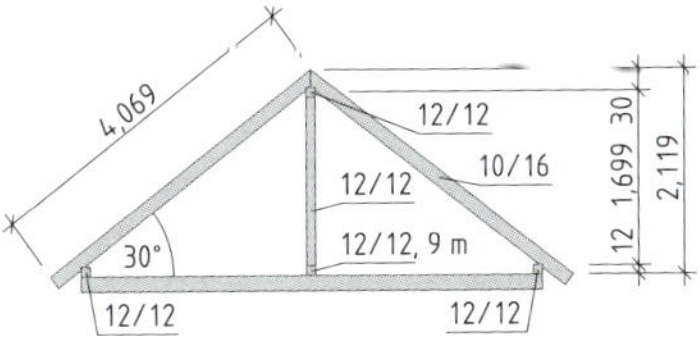

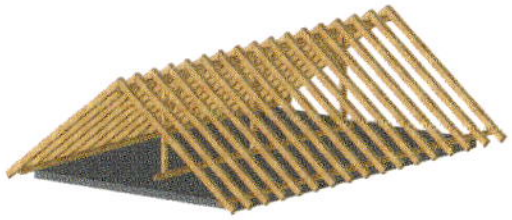

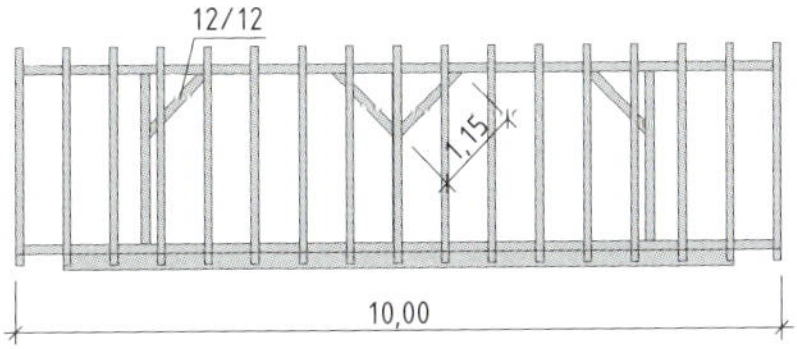

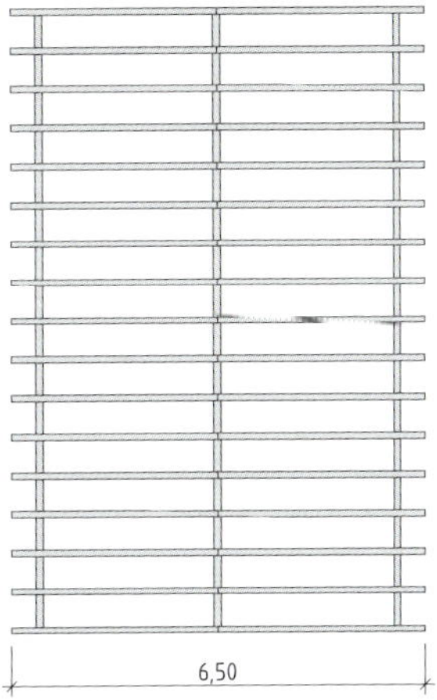

Querverbindungen ohne Zapfen

Pos.	Bez.	Anzahl	Quer-schnitt	Länge in m		m^3
				einzeln	gesamt	
1						
2						
3						
4						
5						

Pos.	Bez.	Anzahl	Quer-schnitt	Länge in m		m^3
				einzeln	gesamt	
1	Pfetten	3	12/12	10,00	30,00	0,432
2	Sparren	34	10/16	4,069	138,35	2,214
3	Pfosten	3	12/12	1,699	5,097	0,074
4	Schwelle	1	12/12	9,00	9,00	0,130
5	Kopf-bänder	4	12/12	1,15	4,60	0,066
					187,05	2,916

10. Berechnen Sie für das dargestellte Gebäude die Sparrenabbundmaße. Sparren 8/16; Sparren links Kerventiefe 3 cm; Pfetten 12/26:

a) Dachneigungen,

b) Sparrenlängen,

c) Teilsparrenlängen $s_1 \dots s_3$ (links), s_1 und s_2 (rechts),

d) Firstkerventiefe O_r am Sparren rechts.

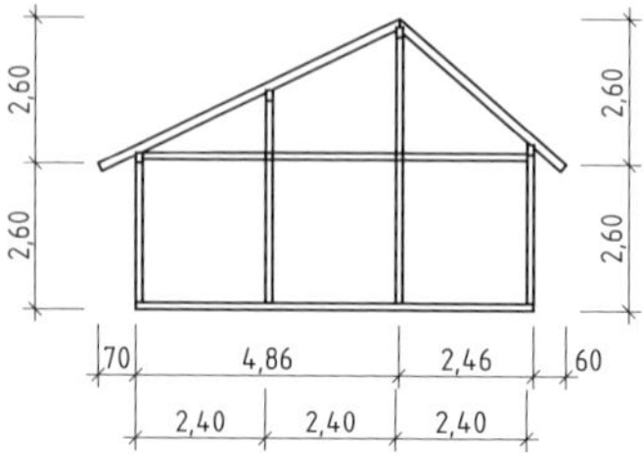

a) $\tan \alpha_{Li} = \dfrac{2{,}60\text{ m}}{5{,}56\text{ m}} \rightarrow \alpha_{Li} = \underline{\underline{25{,}1°}}$

$\tan \alpha_{Re} = \dfrac{2{,}60\text{ m}}{3{,}06\text{ m}} \rightarrow \alpha_{Re} = \underline{\underline{40{,}4°}}$

b) $s_L = \sqrt{(2{,}60\text{ m})^2 + (5{,}56\text{ m})^2} = \underline{\underline{6{,}138\text{ m}}}$

$s_R = \sqrt{(2{,}60\text{ m})^2 + (3{,}06\text{ m})^2} = \underline{\underline{4{,}015\text{ m}}}$

c) links

$s_1 = \dfrac{0{,}70\text{ m}}{\cos 25{,}1°} = \underline{\underline{0{,}773\text{ m}}}$

$s_2 = \dfrac{3{,}10\text{ m}}{\cos 25{,}1°} = \underline{\underline{3{,}423\text{ m}}}$

$s_3 = \dfrac{5{,}50\text{ m}}{\cos 25{,}1°} = \underline{\underline{6{,}074\text{ m}}}$

rechts

$s_1 = \dfrac{0{,}60\text{ m}}{\cos 40{,}4°} = \underline{\underline{0{,}788\text{ m}}}$

$s_2 = \dfrac{3{,}00\text{ m}}{\cos 40{,}4°} = \underline{\underline{3{,}939\text{ m}}}$

d)

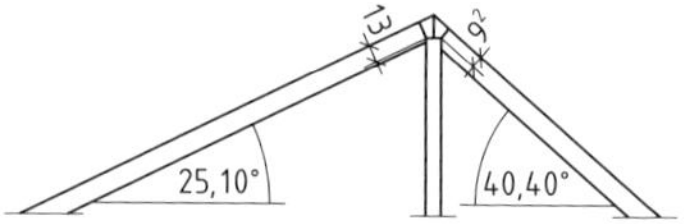

$h = \dfrac{0{,}172\text{ m}}{\cos 40{,}4°} + 0{,}06\text{ m} \cdot \tan 25{,}1°$

$= 0{,}254\text{ m}$

$g = \dfrac{0{,}172\text{ m}}{\tan 40{,}4°} - 0{,}06\text{ m} = 0{,}142\text{ m}$

$O_r = \sin 40{,}4° \cdot 0{,}142\text{ m} = \underline{\underline{0{,}092\text{ m}}}$

11. **Für die im Grundriss dargestellte Garage ist ein Pultdach zu erstellen:**
Dachneigung 15°; Sparrenquerschnitt 8/16 cm (rechtwinklige Abschnitte); max. Sprungmaß 0,65 m; Dachüberstand allseitig 0,60 m.
Berechnen Sie die erforderliche Holzmenge für eine Dachschalung in m².

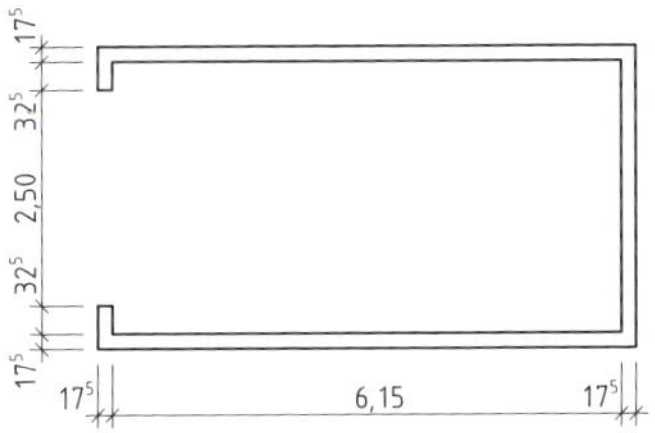

$$s = \frac{4{,}70\ \text{m}}{\cos 15°} = 4{,}866\ \text{m}$$

Felder: (7,70 m – 0,08 m) : 0,65 m = 11,7,
gewählt 12 Felder
Sparren: 12 + 1 = 13 Sparren;
e = (7,70 m – 0,08 m) : 12
= 0,635 m.
Schalung: $A = 7{,}70\ \text{m} \cdot 4{,}866\ \text{m} = \underline{\underline{37{,}47\ \text{m}^2}}$

12. **Berechnen Sie für den dargestellten Sparren die Länge *l* unter Beachtung der Pfanneneinteilung.**
Dachneigung 30°;
Lattenabstand 33,5 cm;
Trauflattenabstand 29,5 cm;
Firstlattenabstand 38 cm.

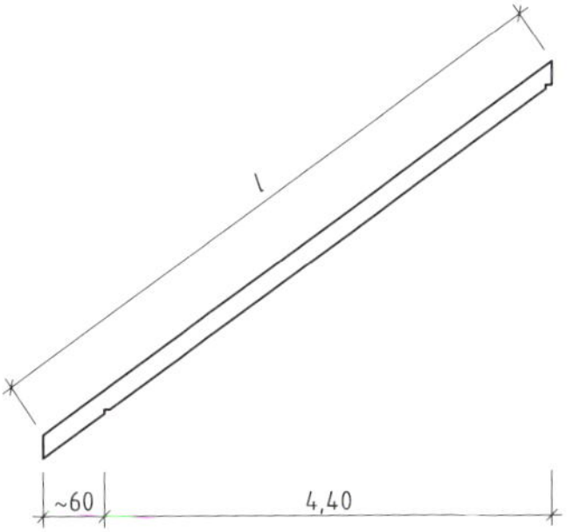

$$l = \frac{5{,}00\ \text{m}}{\cos 30°} = \underline{\underline{5{,}774\ \text{m}}}$$

Abstand erste – letzte Latte:
5,774 m – 0,38 m – 0,295 m = 5,099 m
5,099 m : 0,335 m = 15,2
17 Reihen : 15 · 0,335 m + 0,38 m + 0,295 m
= 5,700 m

Lernfeld 8
Errichten einer tragenden Holzwand

1. Welche allgemeinen Anforderungen muss eine Außenwand erfüllen?

- Standsicherheit (Statik)
- bauphysikalische Anforderungen (Schall-, Brand-, Wärme- und Feuchteschutz)

2. Nennen Sie fünf Arten von Holzbauwänden.

Fachwerkbau, Holzrahmenbau, Holztafelbau, Holzskelettbau, Blockbaukonstruktionen.

3. Nennen Sie Vorteile, die Holzbauhäuser im Vergleich zu Massivbauweisen haben.

- Holzbauhäuser besitzen ein gesundes und behagliches Wohnklima.
- Sie zeichnen sich durch einen niedrigen Energieverbrauch aus.
- Sie haben eine sehr gute Wandwärmedämmung bei gleichzeitig geringem Wandquerschnitt, dadurch bis zu 10 % Wohnflächengewinn bei vergleichbarer Hüllgröße.
- Sie sind nachhaltig, da Holz ein natürlicher nachwachsender Baustoff ist.

4. Wie werden bei Holzbauwänden die auftretenden vertikalen (senkrechten) Lasten sicher abgeleitet?

Durch senkrecht stehende Stützhölzer in der Wandkonstruktion. Diese werden je nach Konstruktion als Pfosten (Ständer, Stiele) oder Rahmen bezeichnet. Sie bilden dann durch Streben (Fachwerk) oder durch Beplankung mit plattenförmigen Werkstoffen (Holzrahmenbau) die tragende Wand.

5. Geben Sie die fachgerechte Bezeichnung der Hölzer der dargestellten Fachwerkwand an

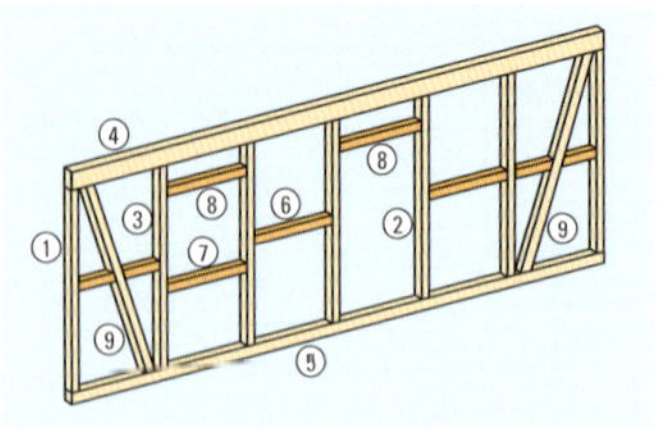

① Eckpfosten
② Türpfosten
③ Pfosten / Ständer / Stiel
④ Rähm
⑤ Schwelle
⑥ Riegel / Fachriegel
⑦ Brüstungsriegel
⑧ Sturzriegel
⑨ Strebe

6. Geben Sie die Aufgaben der verschiedenen Fachwerkhölzer an.

- Pfosten, Eckpfosten, Türpfosten
  - Übertragen die Vertikallasten aus dem Rähm in die Schwelle,
  - grenzen die Gefache ab,
  - werden längs zur Faser belastet, Querschnitt meist quadratisch.
- Rähm
  - Bildet den oberen Wandabschluss,
  - dient den Deckenbalken als Auflager,
  - wird auf Biegung und quer zur Faser beansprucht, Querschnitt meist hochkant rechteckig.
- Schwelle
  - Bildet den unteren Wandabschluss,
  - dient den Pfosten als Auflager,
  - wird quer zur Faser beansprucht, Querschnitt meist rechteckig.
- Riegel / Fachriegel, Brüstungsriegel, Sturzriegel
  - Bilden die Gefachgröße, verkleinern die Gefachgröße,
  - sichern als Sturz- und Brüstungsriegel die Fenster und Türen, Versatzlage beachten.
- Streben
  - Dienen der Aussteifung der Wand,
  - werden paarweise angeordnet, Strebenstellung beachten,
  - können nur Druckkräfte aufnehmen.

7. Erläutern Sie mit Skizze die Versatzausbildung der Sturz- und Brüstungsriegel.

Die Versätze von Riegel und Pfosten müssen am Öffnungsgefach so angeordnet sein, dass Fenster oder Türen geschützt werden. Der Brüstungsriegelversatz zeigt nach oben und der Sturzriegelversatz nach unten.

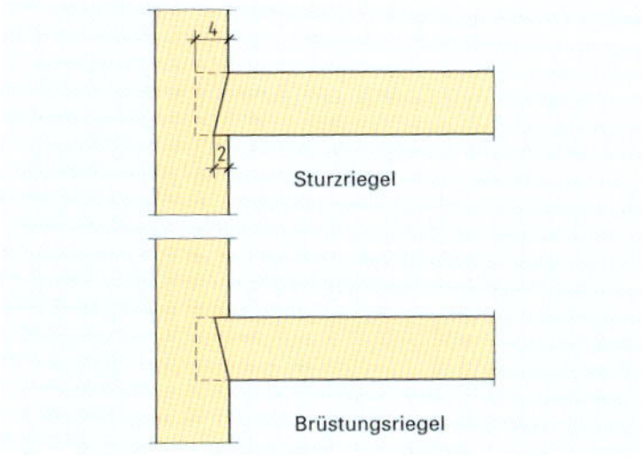

8. Erläutern Sie die Strebenstellung einer Fachwerkwand.

Die Strebenfüße müssen zueinander gerichtet sein. Damit wird eine direkte Ableitung der Horizontalkräfte in die Schwelle gewährleistet.

9. Die Mauerschwelle liegt im feuchtigkeitsgefährdeten Bereich der Fachwerkwand. Erläutern Sie konstruktive Maßnahmen zu deren Schutz.

- Überstand über das Fundament
- Spritzwasserschutz (30 cm)
- Anordnung einer Sperrschicht zwischen Holz und Fundament
- Bei Holzfassade Hinterlüftung gewährleisten

10. Welche Maßnahmen sind zu treffen, um das sichere Aufstellen von Fachwerkwänden zu gewährleisten?

Schräge Strebenstützen dienen während der Montage zur Sicherung der Standsicherheit.

11. Welche Zeichen werden zur Kennzeichnung der einzelnen Fachwerkhölzer verwendet?

Es sind für die Praxis modifizierte römische Schriftzeichen zu nummerischen Differenzierung.

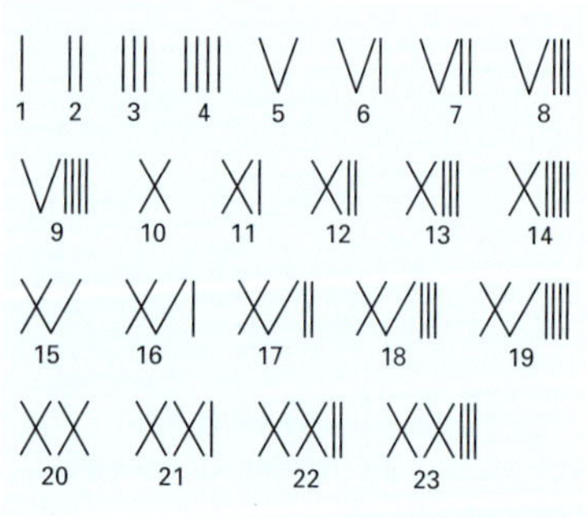

Abweichung von den römischen Ziffern liegen bei vier, neun und vierzehn bis neunzehn vor.

→ →

Zur Unterscheidung der Wände und Stockwerke haben sich folgende Zeichen herausgebildet:

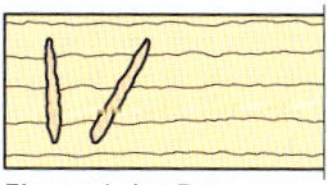

Eins und eine Rute

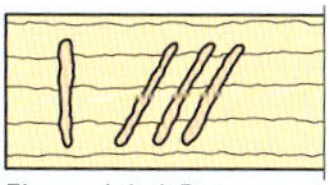

Eins und drei Ruten

Rute für Längswände

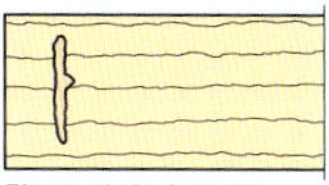

Eins und ein Ausstich

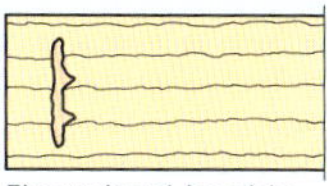

Eins und zwei Ausstiche

Ausstich für Querwände

Eins und eine Rute, erster Fachwerkstock

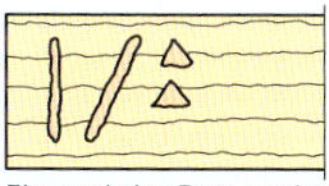

Eins und eine Rute, zweiter Fachwerkstock

Stockzeichen

12. Wodurch unterscheidet sich die traditionelle Abbundweise von moderner Abbundtechnik?

Klassischer Handabbund mit händischem Anreißen der Hölzer und Ausarbeitung mit Handmaschinen. Die dabei zu beachtende Reihenfolge ist: Erst Rähm und Schwelle gemeinsam anreißen und ausarbeiten. Pfosten anlegen, anreißen und entsprechend Zapfen und Löcher ausarbeiten. Wand mit Pfosten winklig zusammenbauen, Streben anlegen und anreißen. Wand zum Ausarbeiten auseinanderbauen und nach selbem Schema Riegel einbauen. Erforderlichenfalls Wand mit Löchern für Holznägel abbohren. Abschließend Hölzer mit Zimmererzeichen markieren. Im modernen Holzbau erfolgt die Planung mit CAD-Programmen und der Abbund erfolgt mit einer Abbundanlage. Hierbei werden die Hölzer montagefertig gefräst und nummeriert.

13. Nennen Sie die Gründe, die für den modernen handwerklichen Holzbau sprechen.

- Durch sehr gute Wärmedämmung geringer Energiebedarf,
- sehr hohe Wohnqualität durch gesundes und behagliches Raumklima,
- Wohnflächengewinn durch geringe Wanddicken bei hoher Dämmqualität,
- hohe Nachhaltigkeit durch den Baustoff Holz,
- hoher Grad an Vorfertigung im Werk / in der Abbundhalle → kurze Montagezeit auf der Baustelle.

14. Erläutern Sie das Konstruktionsprinzip des Holzrahmenbaus.

Es handelt sich um eine Gebäudekonstruktion, bei der handwerklich vorgefertigte flächige Wand- und Deckenelemente auf der Baustelle zusammengefügt werden.

15. Unterscheiden Sie die Begriffe Holzrahmenbauweise und Holztafelbauweise.

Der Holzrahmenbau ist die handwerkliche Herstellung von energetisch hochwertigen Gebäuden in Holzbauweise. Mit Holztafelbau wird die industrielle Fertighausproduktion bis in die 90er-Jahre beschrieben.

16. Beschreiben Sie den konstruktiven Aufbau einer Holzrahmenbauwand.

Stumpf gestoßene Vollholzrahmen (bei Passivhausstandard Holzstegträger) übernehmen die vertikale Lastabtragung. Die Beplankung erfolgt mit Plattenwerkstoffen aus Holz und dient damit als Scheibe der Horizontalaussteifung. Die Beplankung hat zudem bauphysikalische Aufgaben. Die in den Rahmenzwischenräumen eingebrachte Dämmung ist Wärme-, Schall- und Brandschutz.

17. Wie erfolgt die Längsaussteifung einer Holzrahmenbauwand?

Durch die Beplankung der Konstruktionshölzer wirkt die Konstruktion statisch als Scheibe. Die Beplankung muss mit den Konstruktionshölzern fest verbunden sein.

18. Geben Sie mindestens vier Beplankungsmaterialien an.

- Großformatige Holzwerkstoffplatten z. B. OSB-Platten,
- Holzspanplatten, zement- oder kunstharzgebunden,
- mehrschichtige Massivholzplatten,
- Holzfaserplatten,
- Baufurnierholzplatten.

19. Skizzieren Sie die Befestigung einer hinterlüfteten Deckelschalung.

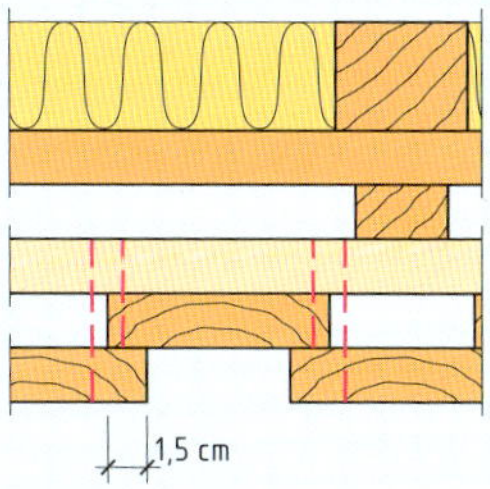

20. Erläutern Sie den Wandaufbau einer Holzrahmenbauwand (mit und ohne Installationsebene) von Innen nach außen.

- Mit Installationsebene
  - Innenseitige Wandbeplankung aus Holz- oder Gipswerkstoffen,
  - Installationsebene (6 cm) mit und ohne Dämmung möglich,
  - Aussteifungsebene dient auch als Luftdichtigkeitsebene und Dampfbremsschicht,
  - tragende Holzrahmenwand mit Kerndämmung (Passivstandard mit Stegträgern),
  - Windsperre (diffusionsoffen),
  - Außenbekleidung mit und ohne Hinterlüftung.
- Ohne Installationsebene
  - Innenseitige Wandbeplankung aus Holz- oder Gipswerkstoffen ausgeführt als Winddichtigkeitsebene,
  - Aussteifungsebene übernimmt auch Luftdichtigkeitsebene,
  - tragende Holzrahmenwand mit Kerndämmung (bei Passivstandard mit Stegträgern),
  - Windsperre (diffusionsoffen),
  - Außenbekleidung mit und ohne Hinterlüftung.

8

21. Geben Sie verschiedene Möglichkeiten der Fassadengestaltung für eine Außenwand in Holzrahmenbauweise an.

- Putz (mineralisch) auf Putzträgerplatten,
- Holzschalungen (Deckel-, Deckelleisten-, Nut- und Feder- oder Stülpschalung),
- HPL-Fassadenplatten (High Pressure Laminate),
- Faserzementplatten.

22. Nennen Sie die verschiedenen Verbindungsmöglichkeiten der tragenden Konstruktionshölzer im Holzrahmenbau.

- Stumpfer Stoß mit Drahtstiften, Sondernägeln, Wellennägeln oder Schrauben,
- Stahlblechformteile,
- Zapfen.

23. Nennen Sie mindestens vier Merkmale, die KVH (Konstruktionsvollholz) kennzeichnen.

- Technisch getrocknet,
- vierseitig gehobelt und gefast,
- in Standardquerschnitten verfügbar,
- qualitätskontrolliert,
- maßhaltig.

24. Nennen Sie zwei Messverfahren zur Luftdichtigkeit.

Blower-Door-Methode, Druckdifferenzmessung.

25. Erläutern Sie die Bedeutung einer luftdicht ausgeführten Gebäudehülle.

- Heizenergiebedarf ist geringer,
- Behaglichkeitsklima wird verbessert,
- Umweltschutz gewährleistet,
- Vermeidung von Bauschäden.

26. Nennen Sie zwei Verfahren zur Ermittlung des Feuchteeintrages in die Holzkonstruktion.

Glaserverfahren: halbgrafisches Verfahren, bei dem der tatsächliche Dampfdruckverlauf durch das Bauteil mit dem temperaturabhängigen Dampfdrucksättigungsverlauf verglichen wird.
WUFI® (**W**ärme **U**nd **F**euchte **I**nstationär): verschiedene Programme zur realitätsnahen Berechnung des Wärme- und Feuchtetransports in Wänden unter Verwendung von Klimadaten.

27. Was ist unter dem Wärmedurchgangswiderstand einer Außenwand zu verstehen?

Der Wärmedurchgangswiderstand einer mehrschichtigen Wand ist die Summe aus den Wärmeübergangswiderständen R_{si} und R_{se} und dem Wärmedurchlasswiderstand der mehrschichtigen Wand.

28. Was versteht man unter dem *U*-Wert?

Der *U*-Wert ist der Wärmedurchgangskoeffizient. Er beschreibt die durchfließende Wärmemenge pro m^2 und Kelvin z. B. bei einer Außenwand. Seine Einheit ist $\frac{W}{m^2 \cdot K}$.

29. Erläutern Sie (mit Skizze) die Situation einer geometrischen Wärmebrücke.

Bei einer geometrischen Wärmebrücke, z. B. in einer Gebäudeecke, steht eine kleine warme Innenfläche einer größeren kälteren Außenfläche gegenüber.

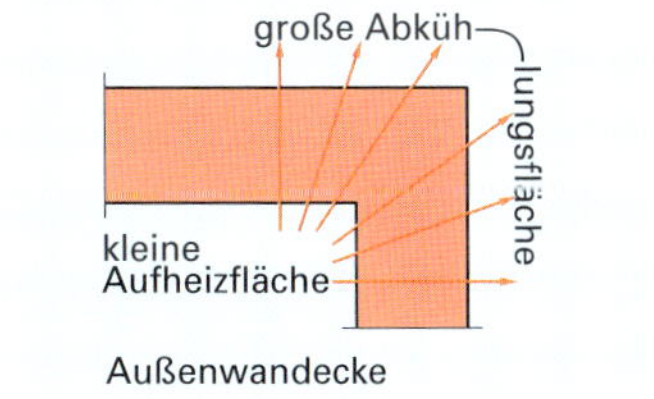

Lernfeld 8
Fachmathematik

1. Berechnen Sie die Strebenlänge l_S der dargestellten Fachwerkwand.

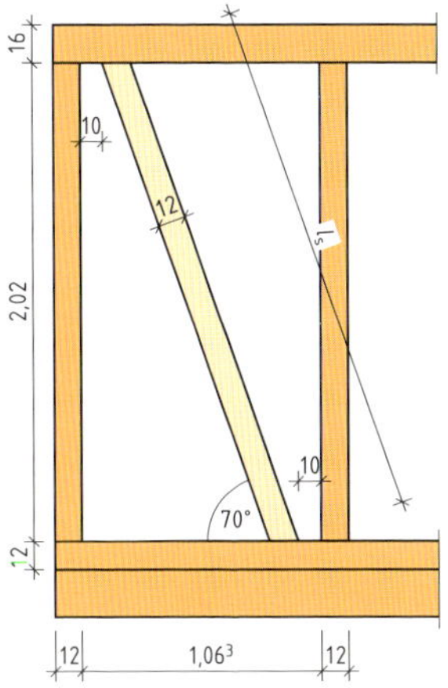

$l_S = 2{,}02 \text{ m} : \sin 70° + 0{,}12 \text{ m} : \tan 70°$
$= \underline{\underline{2{,}193 \text{ m}}}$

2. Erstellen Sie für die dargestellte Fachwerkwand eine Holzliste. (Zapfen bleiben unberücksichtigt)

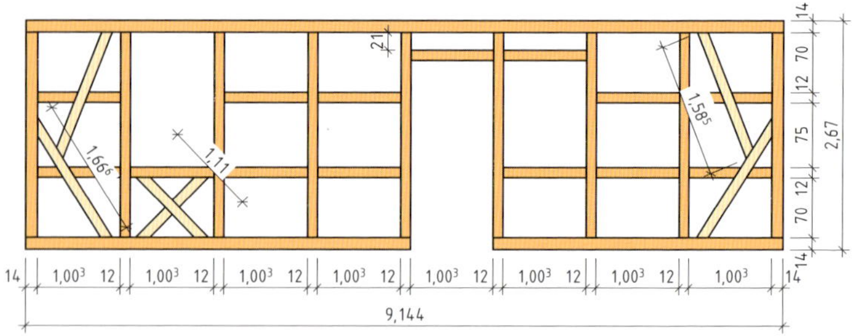

Pos.	Bez.	Anzahl	Querschnitt	Länge in m		m³
				einzeln	gesamt	
1						
2						
3						
4						
5						
6						
7						
8						
9						

Pos.	Bez.	Anzahl	Querschnitt	Länge in m		m³
				einzeln	gesamt	
1	Rähm	1	12/14	9,144	9,144	0,154
2	Schwelle li	1	12/14	4,632	4,632	0,078
3	Schwelle re	1	12/14	3,509	3,509	0,059
4	Pfosten	7	12/12	2,39	16,73	0,241
5	Eckpfosten	2	12/14	2,39	4,78	0,080
6	Streben u	2	12/12	1,666	3,332	0,048
7	Streben o	2	12/12	1,585	3,17	0,046
8	Riegel	14	12/12	1,003	14,042	0,202
9	Andreaskreuz	2	12/12	1,11	2,22	0,032
					61,559	0,940

3. Berechnen Sie den *U*-Wert für den dargestellten Außenwandaufbau.

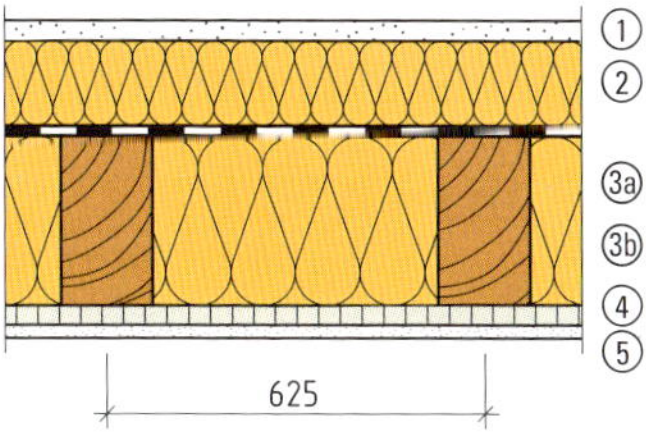

① **Kalkzementputz; 2 cm; $\lambda = 1{,}0$**
② **Wärmedämmung; 8 cm; $\lambda = 0{,}030$**
③a **Holzständer 8/16 cm; $\lambda = 0{,}13$**
③b **Wärmedämmung; $\lambda = 0{,}030$**
④ **OSB; 19 mm; $\lambda = 0{,}13$**
⑤ **Gipsplatte; 12,5 mm; $\lambda = 0{,}51$**

Es handelt sich um ein inhomogenes Bauteil.

$$R_{\text{Ständer}} = \frac{0{,}02}{1{,}0} + \frac{0{,}08}{0{,}03} + \frac{0{,}16}{0{,}13} + \frac{0{,}019}{0{,}13} + \frac{0{,}0125}{0{,}51} \left[\frac{\text{m}^2 \cdot \text{K}}{\text{W}}\right]$$

$$R_{\text{Ständer}} = 4{,}088 \frac{\text{m}^2 \cdot \text{K}}{\text{W}}$$

$$R_{\text{Gefach}} = \frac{0{,}02}{1{,}0} + \frac{0{,}08}{0{,}03} + \frac{0{,}16}{0{,}03} + \frac{0{,}019}{0{,}13} + \frac{0{,}0125}{0{,}51} \left[\frac{\text{m}^2 \cdot \text{K}}{\text{W}}\right]$$

$$R_{\text{Gefach}} = 8{,}191 \frac{\text{m}^2 \cdot \text{K}}{\text{W}}$$

$$R_{\text{mittel}} = 4{,}088 \cdot \frac{8}{62{,}5} + 8{,}191 \cdot \frac{54{,}5}{62{,}5} \left[\frac{\text{m}^2 \cdot \text{K}}{\text{W}}\right]$$

$$R_{\text{mittel}} = 7{,}666 \frac{\text{m}^2 \cdot \text{K}}{\text{W}}$$

$$R_{\text{T}} = 7{,}666 + 0{,}13 + 0{,}04 \left[\frac{\text{m}^2 \cdot \text{K}}{\text{W}}\right] = 7{,}836 \frac{\text{m}^2 \cdot \text{K}}{\text{W}}$$

$$U = \frac{1}{R_{\text{T}}} = \frac{1}{7{,}836 \frac{\text{m}^2 \cdot \text{K}}{\text{W}}} = \underline{\underline{0{,}13 \frac{\text{W}}{\text{m}^2 \cdot \text{K}}}}$$

8

4. Ermitteln Sie für die dargestellte Außenwand die Dämmdicke d_2 in cm, wenn der *U*-Wert mindestens 0,20 $\frac{W}{m^2 \cdot K}$ beträgt.

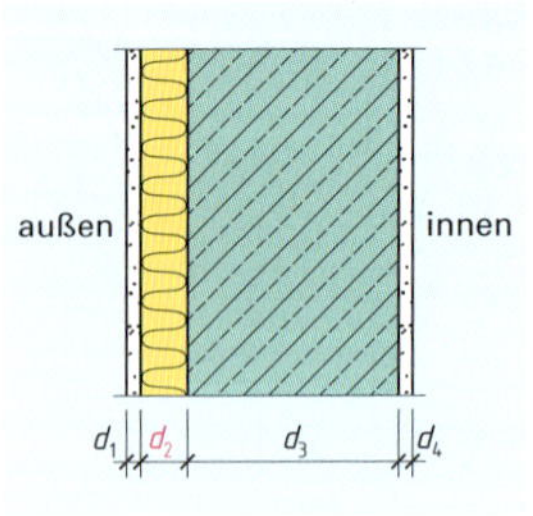

d_1: Kalkzementputz; 20 mm; $\lambda = 1{,}0$
d_2: Wärmedämmung; ? cm; $\lambda = 0{,}030$
d_3: Stahlbeton 20 cm; $\lambda = 2{,}3$
d_4: Gipsputz; 15 mm; $\lambda = 0{,}51$

$$\frac{1}{0{,}20 \frac{W}{m^2 \cdot K}} \leq \frac{0{,}02}{1{,}0} + \frac{d_2}{0{,}03} + \frac{0{,}2}{2{,}3} + \frac{0{,}015}{0{,}51} + 0{,}13 + 0{,}04 \left[\frac{m^2 \cdot K}{W}\right]$$

$$\Rightarrow \left(\frac{1}{0{,}20} - \frac{0{,}02}{1{,}0} - \frac{0{,}2}{2{,}3} - \frac{0{,}015}{0{,}51} - 0{,}13 - 0{,}04\right) \cdot 0{,}03\,[m] \leq d_2$$

$$\Rightarrow d_2 \geq 0{,}141\ m$$

Die Dämmstoffdicke d_2 muss mindestens 15 cm betragen.

5. Wie groß ist der Wärmedurchlasswiderstand für das dargestellte Flachdach im Bereich der Deckenbalken, im Bereich der Dämmung und im Mittel?

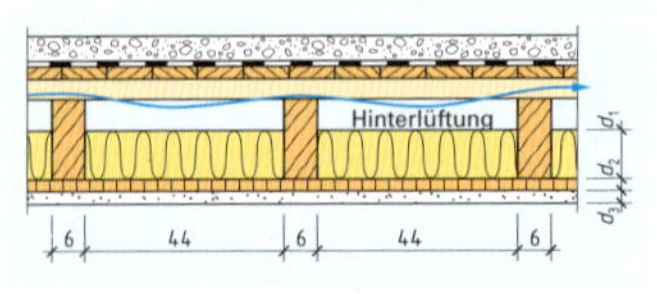

Dachaufbau:

Dämmschicht	**$d_1 = 14{,}0$ cm ($\lambda_1 = 0{,}04$)**
Spanplatte	**$d_2 = 2{,}5$ cm ($\lambda_2 = 0{,}14$)**
Gipsplatte	**$d_3 = 1{,}2$ cm ($\lambda_3 = 0{,}25$)**

Bereich des Deckenbalkens
(der Balken wird nur in einer Dicke von 14 cm berücksichtigt):

$$R = \left[\frac{0{,}012}{0{,}25} + \frac{0{,}025}{0{,}14} + \frac{0{,}14}{0{,}13}\right] \frac{m^2 \cdot K}{W}$$

$$= 1{,}30 \frac{m^2 \cdot K}{W}$$

Bereich der Dämmung:

$$R = \left[\frac{0{,}012}{0{,}25} + \frac{0{,}025}{0{,}14} + \frac{0{,}14}{0{,}04}\right] \frac{m^2 \cdot K}{W}$$

$$= 3{,}73 \frac{m^2 \cdot K}{W}$$

Im Mittel:

$$R = 1{,}30 \frac{m^2 \cdot K}{W} \cdot 6/50 + 3{,}73 \frac{m^2 \cdot K}{W} \cdot 44/50$$

$$= 3{,}44 \frac{m^2 \cdot K}{W}$$

6. Berechnen Sie den Wärmedurchgangskoeffizienten *U* der Außenwand.

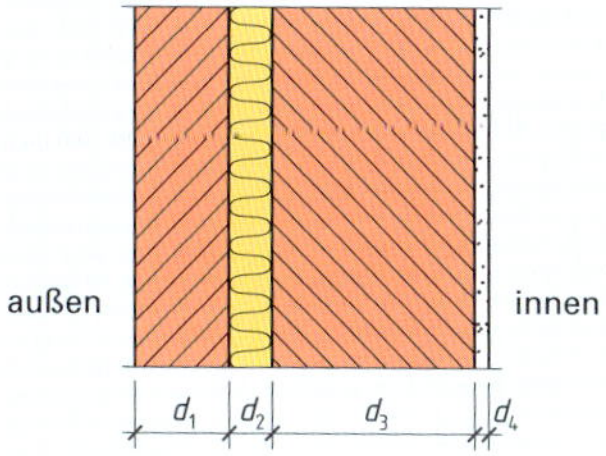

Wandaufbau:

Vollziegel
$\varrho = 1\,800$ kg/m³ $d_1 = 11{,}5$ cm

Schaumkunststoff
Wärmeleitfähigkeitsgruppe 035
$d_2 = 3{,}5$ cm

Hohlblockmauerwerk
$\varrho = 1\,000$ kg/m³ $d_3 = 24{,}0$ cm

Gipsputz ohne Gesteinskörnung
$d_4 = 1{,}5$ cm

Entspricht der Wärmedurchgangskoeffizient den Anforderungen der DIN 4108?

$$R = \left[\frac{0{,}115}{0{,}81} + \frac{0{,}035}{0{,}035} + \frac{0{,}24}{0{,}45} + \frac{0{,}015}{0{,}51}\right] \frac{\text{m}^2 \cdot \text{K}}{\text{W}}$$

$$R = 1{,}70\,\frac{\text{m}^2 \cdot \text{K}}{\text{W}} > 1{,}20\,\frac{\text{m}^2 \cdot \text{K}}{\text{W}}$$

Entspricht den Anforderungen der DIN 4108:

$$R_\text{T} = (1{,}70 + 0{,}13 + 0{,}04)\,\frac{\text{m}^2 \cdot \text{K}}{\text{W}}$$

$$= 1{,}87\,\frac{\text{m}^2 \cdot \text{K}}{\text{W}}$$

$$U = 1/\left(1{,}87\,\frac{\text{m}^2 \cdot \text{K}}{\text{W}}\right) = \underline{\underline{0{,}53\,\frac{\text{W}}{\text{m}^2 \cdot \text{K}}}}$$

7. Die dargestellte Stahlbetonwand soll mit einer Holzweichfaserdämmung gedämmt werden.
Berechnen Sie den *U*-Wert für eine Dämmdicke von 12 cm. Es wird außen ein zusätzlicher Wärmedämmputz (2 cm) aufgebracht.

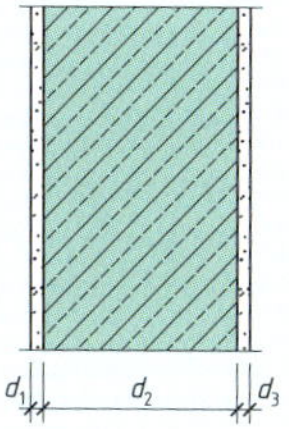

Dämmung $\lambda = 0{,}030$;
WD-Putz $\lambda = 0{,}48$

d_1 ≙ Putz; 20 mm; $\lambda = 1{,}0$,
d_2 ≙ Stahlbeton 20 cm; $\lambda = 2{,}3$,
d_3 ≙ Gipsputz; 15 mm; $\lambda = 0{,}51$.

$$U = \frac{1}{0{,}125 + \frac{0{,}02}{0{,}48} + \frac{0{,}12}{0{,}03} + \frac{0{,}02}{1} + \frac{0{,}2}{2{,}3} + \frac{0{,}02}{0{,}51} + 0{,}043}\left[\frac{\text{W}}{\text{m}^2 \cdot \text{K}}\right] = \underline{\underline{0{,}230\,\frac{\text{W}}{\text{m}^2 \cdot \text{K}}}}$$

Lernfeld 9
Einziehen einer leichten Trennwand

1. Erklären Sie den Begriff Trockenbau.

Merkmal des Trockenbaus ist, dass die zur Herstellung notwendigen Bauelemente vorgefertigt sind und im Wesentlichen trocken zusammengefügt und verbunden werden.

2. Nennen Sie drei Anforderungen, die an leichte Trennwände gestellt werden.

Leichte Trennwände müssen
- ihre Eigenlast sowie kleinere Konsollasten aufnehmen und abtragen können,
- kleinere Stoßlasten aufnehmen können,
- bauphysikalische Vorgaben und Eigenschaften wie Wärme-, Schall- und Brandschutz erfüllen.

3. Erklären Sie die Vorteile des Trockenbaus gegenüber dem Massivbau.

- Da kaum Feuchtigkeit während der Bauphase eingebracht wird, sind die Räume, die mit Wänden oder Decken in Trockenbauweise erstellt wurden, schneller nutzbar.
- Aufgrund geringerer Wanddicken ist die Raumnutzfläche größer.
- In den Zwischenräumen können haustechnische Installationen verlegt werden.

4. Beschreiben Sie den grundlegenden Aufbau einer leichten Trennwand.

Leichte Trennwände werden in Skelettbauweise erstellt und bestehen aus einer Tragkonstruktion (Holzständer oder Metallprofile) sowie einer daran befestigten Beplankung (verschiedene Plattenwerkstoffe, z. B. Gipsplatten, Spanplatten, Sperrholzplatten).

5. Zeigen Sie anhand von Skizzen den Unterschied im Aufbau einer Einfach- bzw. Doppelständerwand mit Metallständern.

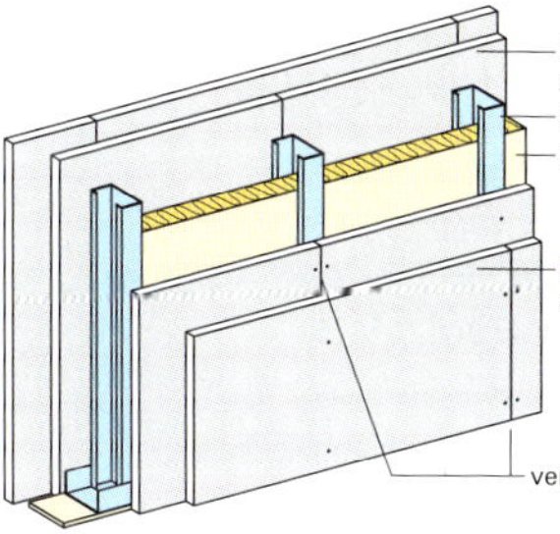

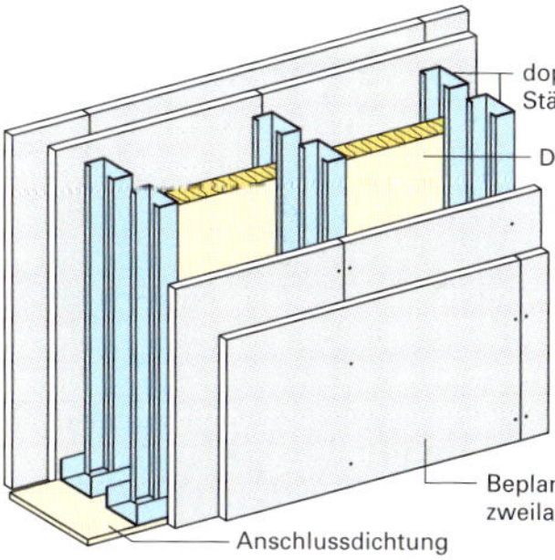

6. Zählen Sie mindestens fünf verschiedene Metallprofile auf und geben Sie deren hauptsächliches Einsatzgebiet an.

a) C-Wandprofile (CW) → Ständerprofile für Wände und Vorsatzschalen
b) U-Anschlussprofile (UW) → Anschlussprofile für Wände an Boden und Decke
c) U-Aussteifungsprofile (UA) → Aussteifungsprofile, z. B. für Türlaibungen
d) L-Wandprofile (LW) → Aussteifungsprofile für Innen- oder Außenecken
e) CD-Profile → Profile für Unterdecken

7. Welche Anforderungen werden an Tragkonstruktionen aus Holz gestellt?

- Mindestens Holz der Sortierklasse S10,
- scharfkantiges Holz, nicht verdreht, gesund,
- Abmessungen i. d. R. 40/60 40/80 60/60 mm
- Holzfeuchtigkeit ≤ 20 %.

8. Geben Sie mindestens vier verschiedene Beplankungswerkstoffe an.

- Gipsplatten
- Sperrholzplatten
- Spanplatten
- Holzfaserplatten

9. Erklären Sie den Aufbau einer Furniersperrholzplatte.

Furniersperrholzplatten bestehen aus mindestens drei Furnierlagen, deren Faserrichtungen meist um 90° versetzt sind.
Durch das kreuzweise Verkleben der einzelnen Furnierschichten wird das Arbeiten des Holzes stark eingeschränkt.

10. Beschreiben Sie den Aufbau sowie die Herstellung einer handelsüblichen Spanplatte.

Spanplatten werden aus kleinen Holzteilchen hergestellt. Dabei werden die Holzteilchen zunächst in Messermühlen zerkleinert, anschließend getrocknet und gesichtet. Nach der Besprühung mit Klebern werden die Feinspäne in Heizpressen auf Formblechen zu Platten gepresst.

11. Geben Sie die nach DIN EN 312 gültigen Spanplattentypen an. Nennen Sie dazu die vorgeschriebenen Verwendungsgebiete.

- Typ P1 → Platte für allgemeine Zwecke im Trockenbereich
- Typ P2 → Platten für Inneneinrichtungen im Trockenbereich
- Typ P3 → Platten für nichttragende Zwecke im Feuchtbereich
- Typ P4 → Platten für tragende Zwecke im Trockenbereich
- Typ P5 → Platten für tragende Zwecke im Feuchtbereich
- Typ P6 → hoch belastbare Platten für tragende Zwecke im Trockenbereich
- Typ P7 → hoch belastbare Platten für tragende Zwecke im Feuchtbereich

12. Vergleichen Sie eine OSB-Platte/Typ 2 mit einer OSB-Platte/Typ 4 hinsichtlich der Einsatzgebiete.

OSB-Platte/Typ 2	OSB-Platte/Typ 4
• Platten für tragende Zwecke im Trockenbereich	• hoch belastbare Platten für tragende Zwecke im Feuchtbereich

13. a) Beschreiben Sie den Aufbau einer Holzfaserplatte.
b) Zwischen welchen Faserplatten wird unterschieden?

a) Holzfaserplatten bestehen aus verholzten Fasern, die aus Holzabfällen gewonnen werden. Sie werden mit oder ohne Bindemittel sowie Füllstoffe hergestellt.
b) Es wird zwischen Faserplatten, die nach dem Nassverfahren (poröse, mittelharte und harte Faserplatten) sowie nach dem Trockenverfahren hergestellt werden (mitteldichte Faserplatten), unterschieden.

14. Was verstehen Sie unter einer 3-Schicht-Holzwolle-Mehrschichtplatte? Geben Sie typische Einsatzgebiete an.

Diese Platte hat zwischen den zementgebundenen Holzwolle-Deckschichten einen Polystyrolkern.
Die Platten werden zur Wärmedämmung von Decken, Wänden, Stützen, Trägern und Dächern verwendet.

15. Beschreiben Sie den Aufbau einer Gipsplatte. Gehen Sie dabei auf die Funktionen der Bestandteile ein.

Gipsplatten bestehen aus einem mit Karton ummantelten bzw. beschichteten Gipskern.
Der Karton macht die Platte ausreichend biegesteif und elastisch, der Kern sorgt für die nötige Stoß- und Schlagfestigkeit.

16. Geben Sie mindestens vier verschiedene Gipsplattentypen nach DIN EN 520 an. Zählen Sie jeweils ein Einsatzgebiet auf.

- Gipsplatte Typ A → Wand- und Deckenbekleidungen
- Gipsplatte Typ H → Wand- und Deckenbekleidungen in Nassräumen und Räume mit höherer Luftfeuchtigkeit
- Gipsplatte Typ E → Außenwandelemente
- Gipsplatte Typ F → Platten mit besonderen Anforderungen an den Brandschutz

17. Erklären Sie die Bedeutung des Kurzzeichens GF-H.

Gipsfaserplatte mit verringerter Wasseraufnahmefähigkeit.

18. Nennen Sie zwei Maßnahmen, die Schallübertragungen an Anschlüssen von leichten Trennwänden verhindern sollen.

- Weichfedernde Dichtstoffe auf den Rückseiten der Anschlussprofile,
- Trennwandkitt,
- alternativ: selbstklebende Anschlussdichtung an den Profilen.

19. Skizzieren Sie anhand eines Querschnitts durch eine Einfachständerwand die fachgerechte Ausführung eines starren Deckenanschlusses.

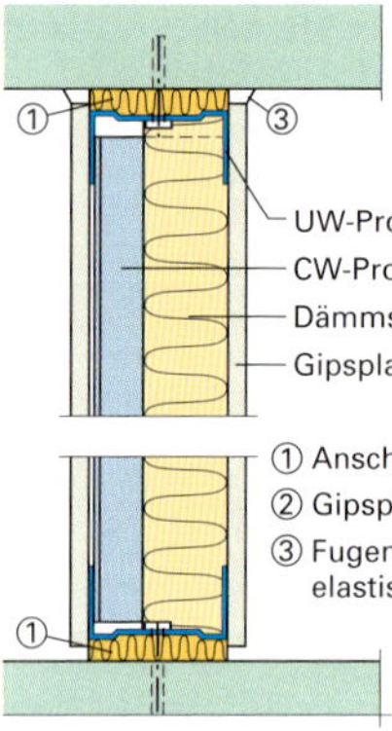

20. Erläutern Sie, warum und wie ein gleitender Wandanschluss ausgeführt wird.

Ein gleitender Wandanschluss ermöglicht es, Deckendurchbiegungen auch von mehr als 10 mm auszugleichen.
Hierzu muss ein verkürztes Ständerprofil mindestens 15 mm in das Deckenanschlussprofil beweglich eingreifen. Das Deckenanschlussprofil wird aus Gründen des Brand- und Schallschutzes mit einem Paket Gipsplattenstreifen an der Decke befestigt und von der Beplankung ohne Befestigung überdeckt. Durch die fehlenden Befestigungen sind somit Verschiebungen möglich.

21. Nennen Sie verschiedene Maßnahmen, die bei der Ausführung einer Installationswand beachtet werden müssen.

- Zur Verhinderung von Fließgeräuschen müssen alle Leitungen und Befestigungen mit Gummi- oder Filzstreifen von der Unterkonstruktion getrennt werden.
- Rohrdurchführungen von Beplankung entkoppeln.
- Installationswand als Doppelständerwand ausführen.
- Ständerreihen in den Drittelspunkten zur zusätzlichen Stabilisierung durch Plattenstreifen oder Holzwerkstoffplatten verbinden.
- Ausführung einer doppellagigen Beplankung mit feuchtigkeitsunempfindlichen Werkstoffen (z. B. Gipsplatte Typ H und E).

22. Beurteilen Sie den Schallschutz der abgebildeten Details beim Anschluss Wand/Unterdecke.

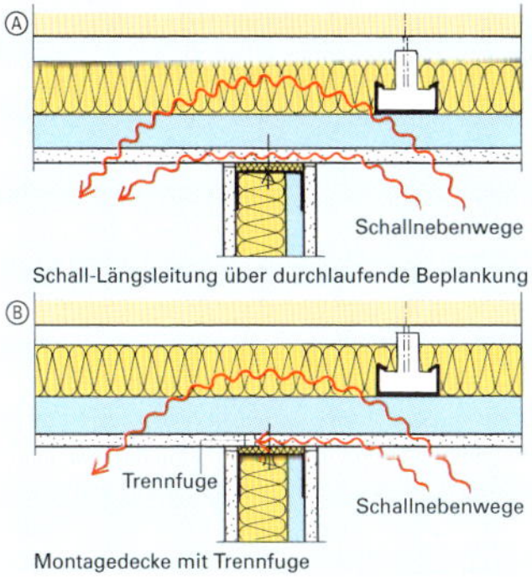

Detail A
• Schallschutz schlecht wegen durchlaufender Beplankung, • keine Unterbrechungen der Schallnebenwege, • Schall-Längsleitung somit ungehindert möglich.
Detail B
• Schallschutzmaßnahmen durch Unterbrechung der Schallnebenwege getroffen, • Ausführung einer Trennfuge im Bereich der durchlaufenden Beplankung, • Schall-Längsleitung somit eingeschränkt, • bessere Schallschutzwerte als Detail A.

23. Bringen Sie die abgebildeten Arbeitsschritte zum Erstellen einer Metall-Einfachständerwand in eine sinnvolle Reihenfolge. Beschreiben Sie im Anschluss die dargestellten Arbeitsschritte.

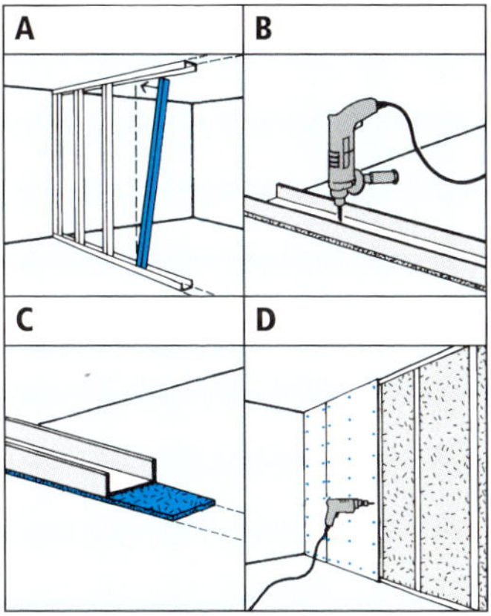

1. F – Einmessen der Wand und Anreißen auf dem Boden.
2. C – UW-Profile mit Dämmstreifen oder Trennwandkitt versehen.
3. B – Befestigung der UW-Profile mit Dübeln im Abstand von höchstens 1,00 m.
4. A – Einstellen der CW-Profile im Abstand von 62,5 cm.
5. H – CW-Profil 10 … 15 mm kürzer zuschneiden als die lichte Weite zwischen den UW-Profilen.
6. G – Beplankung der ersten Wandseite, Abstand der Schrauben etwa 25 cm.
7. E – Einlegen der Dämmung, Dämmung dabei etwa 1 cm breiter als das Feld zuschneiden.
8. D – Beplankung der zweiten Wandseite, versetzt anordnen.

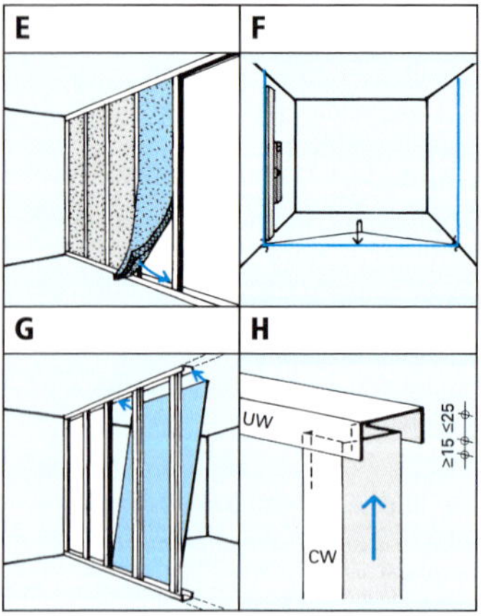

24. Was verstehen Sie unter dem Begriff Abseitenwand im Trockenbau?

Abseitenwände sind in Trockenbauweise erstellte traufseitige Dachraumabschlusswände.

Je nach Nutzbarkeit des Dachraumes zwischen Abseitenwand und Traufe wird die Dämmung entweder entlang der Abseitenwand oder entlang der Traufe geführt. Um Feuchteschäden zu vermeiden ist auf den fachgerechten Anschluss der Dampfbremse zu achten.

25. Beschreiben Sie die fachgerechte Lagerung von Gipsplatten.

Um Durchbiegungen und Brüche zu vermeiden, müssen die Platten eben gelagert werden. Die Lagerung auf Paletten ist zu empfehlen. Dies hat auch den Vorteil, dass die Platten vor Feuchtigkeit im Bodenbereich geschützt sind.

Weiterhin sind die Kanten gegen Beschädigungen zu schützen.

Gegen Witterungseinflüsse wie Regen oder Zugluft sind die Platten mit Folien abzudecken.

Lernfeld 9
Fachmathematik

1. Für die Errichtung einer Vorsatzschale werden für 10,30 m² Wandfläche 20,60 m² Gipsplatten benötigt. Wie viel m² Gipsplatten werden für 18,56 m² Wandfläche benötigt?

$10{,}30\ \text{m}^2 \rightarrow 20{,}60\ \text{m}^2$
$18{,}56\ \text{m}^2 \rightarrow x$

$$x = \frac{18{,}56\ \text{m}^2 \cdot 20{,}60\ \text{m}^2}{10{,}30\ \text{m}^2}$$

$$x = \underline{\underline{37{,}12\ \text{m}^2}}$$

2. Für Beplankungsbefestigungen mit Schnellbauschrauben werden 12,5 Stück pro m² benötigt. Im Materiallager sind noch 4 Päckchen mit je 500 Schrauben vorrätig. Wie viel m² Wandfläche können mit den noch vorhandenen Schrauben verschraubt werden?

$12{,}5\ \text{Stück} \rightarrow 1\ \text{m}^2$
$4 \cdot 500\ \text{Stück} = 2000\ \text{Stück} \rightarrow x$

$$x = \frac{1\ \text{m}^2 \cdot 2000\ \text{Stück}}{12{,}5\ \text{Stück/m}^2}$$

$$x = \underline{\underline{160\ \text{m}^2}}$$

3. Für die Erstellung einer doppelt beplankten Metall-Doppelständerwand wird ein Zeitaufwand von 1,65 h/m² angenommen. Wie viele Tage benötigen zwei Arbeiter für die Errichtung von insgesamt 65 m² Wandfläche bei einer durchschnittlichen Arbeitszeit von 7,5 h pro Tag?

$1{,}65\ \text{h/m}^2 \rightarrow 1\ \text{m}^2$
$x \rightarrow 65\ \text{m}^2$

$$x = \frac{1{,}65\ \text{h/m}^2 \cdot 65\ \text{m}^2}{1\ \text{m}^2}$$

$x = 107{,}25\ \text{h} : 2 = 53{,}63\ \text{h}$ pro Arbeiter

$$n_\text{d} = \frac{53{,}63\ \text{h}}{7{,}5\ \text{h/d}} = \underline{\underline{7{,}15\ \text{d}}}$$

Beide Arbeiter benötigen zusammen <u>7,15 Tage</u>.

4. Bei der Kalkulation der Spachtelarbeiten für den Ausbau eines Dachgeschosses werden insgesamt 1720 € für 80,50 m² Wandfläche angesetzt. Berechnen Sie, wie lange zwei Arbeiter durchschnittlich für einen Quadratmeter Wandfläche benötigen dürfen, um den üblichen Ansatz von 48,50 €/h einzuhalten.

$$n_\text{h} = \frac{1720\ €}{48{,}50\ €/\text{h}} = 35{,}46\ \text{h für beide Arbeiter}$$

$35{,}46\ \text{h} \rightarrow 80{,}50\ \text{m}^2$
$x \rightarrow 1\ \text{m}^2$

$$x = \frac{35{,}46\ \text{h} \cdot 1\ \text{m}^2}{80{,}50\ \text{m}^2}$$

$$x = \underline{\underline{0{,}44\ \text{h}}}$$

9

5. In einem Wohngebäude soll eine nichttragende Trennwand aus Gipsplatten erstellt werden. Berechnen Sie die Anzahl der ganzen Gipsplatten sowie die Maße der jeweiligen Passstücke bei einlagiger Beplankung. Beachten Sie folgende konstruktive Angaben:

- **Wandlänge = 9,51 m, Wandhöhe = 2,75 m**
- **Gipsplatten 1,25 × 2,50 m**
- **Berücksichtigung der seitlichen Randfugen von 5 mm**

$n_{\text{Platten, Breite}} = 9{,}51\text{ m} - 2 \cdot 0{,}005\text{ m} = 9{,}50\text{ m}$

$n_{\text{Platten}} = \dfrac{9{,}50\text{ m}}{1{,}25\text{ m}} = 7{,}6\text{ Platten} \rightarrow 7\text{ Platten}$

$b_{\text{Passstück}} = 9{,}50\text{ m} - 7 \cdot 1{,}25\text{ m} = 0{,}75\text{ m}$

$n_{\text{Platten, Höhe}} = 2{,}75\text{ m} - 2 \cdot 0{,}005\text{ m} = 2{,}74\text{ m}$

$n_{\text{Platten, Höhe}} = \dfrac{2{,}74\text{ m}}{2{,}50\text{ m}} = 1{,}1\text{ Platten} \rightarrow 1\text{ Platte}$

$b_{\text{Passstück}} = 2{,}74\text{ m} - 1 \cdot 2{,}50\text{ m} = 0{,}24\text{ m}$

Insgesamt werden acht ganze Platten benötigt.

6. In einem Verwaltungsgebäude soll eine schalldämmende Metall-Doppelständerwand eingezogen werden. Berechnen Sie die Anzahl der benötigten ganzen Platten sowie die Passstückbreiten. Beachten Sie folgende konstruktive Angaben:

- **Wandlänge = 8,51 m, Wandhöhe = 3,00 m**
- **Gipsplatten 1,25 × 3,00 m**
- **Berücksichtigung von seitlichen Randfugen von 5 mm**
- **Metallprofile CW 100/125**

$n_{\text{Platten, Breite}} = 8{,}51\text{ m} - 2 \cdot 0{,}005\text{ m} = 8{,}50\text{ m}$

$n_{\text{Platten}} = \dfrac{8{,}50\text{ m}}{1{,}25\text{ m}} = 6{,}8\text{ Platten} \rightarrow \underline{\underline{6\text{ Platten}}}$

$b_{\text{Passstück}} = 8{,}50\text{ m} - 6 \cdot 1{,}25\text{ m} = \underline{\underline{1{,}00\text{ m}}}$

7. Für eine innen liegende Wandvorsatzschale soll eine Materialliste für folgende Materialien erstellt werden.

- **Gipsplatten 2,60 × 0,60 × 0,0095 m**
- **Dämmung MW 1,25 × 0,625 m**
- **Holzständer, *l* = 4,00 m**
- **Fugengips, 25 kg/Sack**
- **Schnellbauschrauben, 500 St./Paket**
- **Bewehrungsstreifen**

→

GKB-Platten:

$2{,}0\text{ m}^2/\text{m}^2 \cdot 156\text{ m}^2 \cdot 1{,}075 = 335{,}4\text{ m}^2$

$n_{\text{GKB-Platten}} = \dfrac{335{,}4\text{ m}^2}{2{,}60 \cdot 0{,}60\text{ m}} = \underline{\underline{215\text{ Platten}}}$

Dämmplatten:

$1\text{ m}^2/\text{m}^2 \cdot 156\text{ m}^2 \cdot 1{,}075 = 167{,}7\text{ m}^2$

$n_{\text{MW}} = \dfrac{167{,}7\text{ m}^2}{1{,}25\text{ m} \cdot 0{,}625\text{ m}} = 214{,}66\text{ Platten} \rightarrow \underline{\underline{215\text{ Platten}}}$

→

- **Dampfbremse, 100 m² pro Rolle**

Die Unterkonstruktion wird doppelt beplankt und besteht aus Holzständern. Der Hohlraum wird gedämmt. Das Aufmaß ergab eine Wandfläche von 156 m². Der Verschnitt bzw. Verlust ist pauschal mit 7,5 % anzunehmen.

Holzständer:
$1{,}2\ \text{m/m}^2 \cdot 156\ \text{m}^2 \cdot 1{,}075 = 201{,}24\ \text{m}$ Holzständer

$$n_{\text{Stangen}} = \frac{201{,}24\ \text{m}^2}{4{,}00\ \text{m}} = 50{,}31\ \text{Stangen} \rightarrow \underline{\underline{51\ \text{Stangen}}}$$

Fugengips:
$0{,}4\ \text{kg/m}^2 \cdot 156\ \text{m}^2 \cdot 1{,}075$
$= 67{,}1\ \text{kg} : 25\ \text{kg/Sack} = 2{,}68\ \text{Sack} \mathrel{\widehat{=}} \underline{\underline{3\ \text{Sack}}}$

Schnellbauschrauben:
$6\ \text{St./m}^2 \cdot 156\ \text{m}^2 \cdot 1{,}075$
$= 1006{,}2$ Stück : 500 Stück/Paket
$= 2{,}01$ Pakete $\mathrel{\widehat{=}} \underline{\underline{3\ \text{Pakete}}}$

Bewehrungsstreifen:
$1{,}0\ \text{m/m}^2 \cdot 156\ \text{m}^2 \cdot 1{,}075 = \underline{\underline{167{,}7\ \text{m}}}$

Dampfbremse:
$1{,}15\ \text{m}^2/\text{m}^2 \cdot 156\ \text{m}^2 \cdot 1{,}075$
$= 192{,}86\ \text{m}^2 : 100\ \text{m}^2/\text{Rolle} = 1{,}93$ Rollen
$\mathrel{\widehat{=}} \underline{\underline{2\ \text{Rollen}}}$

8. In einem Bürogebäude soll eine schalldämmende Einfachständerwand (doppelte Beplankung) eingebaut werden. Erstellen Sie eine Materialliste für alle benötigten Materialien. Beachten Sie folgende konstruktive Angaben:

- **Aufmaß der Wandfläche = 285 m²**
- **Gipsplatten 2,50 × 1,25 × 0,0125 m**
- **Metallprofile**
  - **CW 75, *h* = 2,60 m**
  - **UW 75, *h* = 2,00 m**
- **Dämmung MW 1,25 × 0,625 m**
- **Verschnitt/Verlust 8 %**

→

GKB-Platten:
$4{,}0\ \text{m}^2/\text{m}^2 \cdot 285\ \text{m}^2 \cdot 1{,}08 = 1231{,}2\ \text{m}^2$

$$n_{\text{GKB-Platten}} = \frac{1231{,}2\ \text{m}^2}{2{,}50\ \text{m} \cdot 1{,}25\ \text{m}} = 393{,}98\ \text{Platten} \rightarrow \underline{\underline{394\ \text{Platten}}}$$

Dämmplatten:
$1\ \text{m}^2/\text{m}^2 \cdot 285\ \text{m}^2 \cdot 1{,}08 = 307{,}8\ \text{m}^2$

$$n_{\text{MW}} = \frac{307{,}8\ \text{m}^2}{1{,}25\ \text{m} \cdot 0{,}625\ \text{m}} = 393{,}98\ \text{Platten} \rightarrow \underline{\underline{394\ \text{Platten}}}$$

CW-Profile:
$2{,}0\ \text{m/m}^2 \cdot 285\ \text{m}^2 \cdot 1{,}08 = 615{,}6\ \text{m}$

$$n_{\text{CW-Profile}} = \frac{615{,}6\ \text{m}}{2{,}60\ \text{m}} = 236{,}77\ \text{Ständer} \rightarrow \underline{\underline{237\ \text{Ständer}}}$$

→

9

UW-Profile:
$0{,}7\ m/m^2 \cdot 285\ m^2 \cdot 1{,}08 = 215{,}5\ m$

$$n_{UW\text{-}Profile} = \frac{215{,}5\ m}{2{,}00\ m} = 107{,}75\ \text{Ständer} \rightarrow \underline{\underline{108\ \text{Ständer}}}$$

Anschlussdichtung:
$1{,}2\ m/m^2 \cdot 285\ m^2 \cdot 1{,}08 = \underline{\underline{369{,}36\ m}}$

Dübelverankerung:
$1{,}5\ \text{Stück}/m^2 \cdot 285\ m^2 \cdot 1{,}08 = \underline{\underline{461{,}7\ \text{Stück}}}$

Fugengips:
$0{,}8\ kg/m^2 \cdot 285\ m^2 \cdot 1{,}08 = \underline{\underline{246{,}24\ kg}}$

Schnellbauschrauben:
$12{,}5\ \text{Stück}/m^2 \cdot 285\ m^2 \cdot 1{,}08 = \underline{\underline{3847{,}5\ \text{Stück}}}$

Bewehrungsstreifen:
$1{,}5\ m/m^2 \cdot 285\ m^2 \cdot 1{,}08 = \underline{\underline{461{,}7\ m}}$

9. Für den Ausbau eines Dachgeschosses soll die Giebelseite mit einer Vorsatzschale versehen werden. Der Hohlraum wird mit Mineralwolle (Steinwolle, *d* = 60 mm) gedämmt.
Die Unterkonstruktion wird mit Metallprofilen erstellt und doppelt beplankt.
Ermitteln Sie:
a) den Angebotspreis für 1 m² Vorsatzschale,
b) die Angebotssumme für die Gesamtfläche,
c) den Bruttorechnungsbetrag.
Beachten Sie folgende konstruktive Angaben:

- **Aufmaß der Wandfläche 95 m²**
- **Gipsplatten 2,50 × 1,25 × 0,0125 m**
- **Metallprofile**
  - **CW 75, *h* = 3,00 m**
  - **UW 75, *h* = 4,00 m**
- **Dämmung MW 1,20 × 0,625 m**
- **Verspachtelung ohne Bewehrungsstreifen**
- **Leistungswerte:**
  - **Wandvorschatzschale mit Verspachtelung, zweilagig beplankt 1,10 h/m²**
  - **Mineralwolledämmplatten einbauen 0,10 h/m²**
- **Verschnitt/Verlust 10 %**
- **Vollkostenstundensatz 40,75 €/h**

→ →

Materialkosten:

• Gipsplatten	2,0 $m^2/m^2 \cdot 1\ m^2 \cdot 8{,}75\ € \cdot 1{,}1 : (2{,}50\ m \cdot 1{,}25\ m)$	= 6,16 €/m^2
• CW 75 Profile	2,0 $m/m^2 \cdot 1\ m^2 \cdot 6{,}60\ € \cdot 1{,}1 : 3{,}0\ m$	= 4,84 €/m^2
• UW 75 Profile	0,7 $m/m^2 \cdot 1\ m^2 \cdot 7{,}80\ € \cdot 1{,}1 : 4{,}0\ m$	= 1,50 €/m^2
• Dämmung	1,0 $m^2/m^2 \cdot 1\ m^2 \cdot 1{,}98\ € \cdot 1{,}1 : (1{,}20\ m \cdot 0{,}625\ m)$	= 2,90 €/m^2
• Fugengips	0,4 $kg/m^2 \cdot 1\ m^2 \cdot 21{,}75\ € \cdot 1{,}1 : 25\ kg$	= 0,38 €/m^2
• Anschlussd.	1,4 $m/m^2 \cdot 1\ m^2 \cdot 7{,}40\ € \cdot 1{,}1 : 30\ m$	= 0,38 €/m^2
• Dübel	1,5 St./$m^2 \cdot 1\ m^2 \cdot 4{,}00\ € \cdot 1{,}1$: 100 St./Paket	= 0,07 €/m^2
• Schrauben	6 St./$m^2 \cdot 1\ m^2 \cdot 5{,}80\ € \cdot 1{,}1$: 1000 St./Paket	= 0,04 €/m^2
• Schwingbügel	1,6 St./$m^2 \cdot 1\ m^2 \cdot 45{,}00\ € \cdot 1{,}1$: 100 St./Paket	= 0,79 €/m^2
	Σ	= 17,06 €/m^2

Vollkosten:

40,75 €/h · (1,10 h/m^2 + 0,10 h/m^2) = 48,90 €/m^2

a) **Angebotspreis:**

17,06 €/m^2 + 18,90 €/m^2 = 65,96 €/m^2

b) **Angebotssumme:**

65,96 €/m^2 · 95 m^2 = 6266,2 €

c) **Bruttorechnungsbetrag:**

6266,2 €/m^2 · 1,19 = 7456,78 €

Lernfeld 10
Einbauen einer Holzbalkendecke

1. Vergleichen Sie Holzbalkendecken mit Massivdecken hinsichtlich folgender Kriterien:
- **Masse,**
- **Spannweite,**
- **Brandschutz,**
- **Schallschutz.**

Holzbalkendecke	Massivdecke
Masse	
• geringer als Massivdecken	• größer als Holzbalkendecken
Spannweite	
• bis 5 m bei Vollholzbalken, größere Spannweiten nur mit Brettschichtträgern möglich	• aufgrund der Bewehrung größere Spannweiten problemlos möglich
Brandschutz	
• mindestens F30, schlechtere Werte als eine Massivdecke	• aufgrund der u. a. mineralischen Bestandteile gute Brandschutzwerte
Schallschutz	
• aufgrund der geringeren flächenbezogenen Masse schlechtere Schallschutzwerte als Massivdecken	• gute Luftschallschutzwerte durch hohe flächenbezogene Masse

2. Geben Sie die Bezeichnungen der einzelnen Balken einer Holzbalkendecke an.

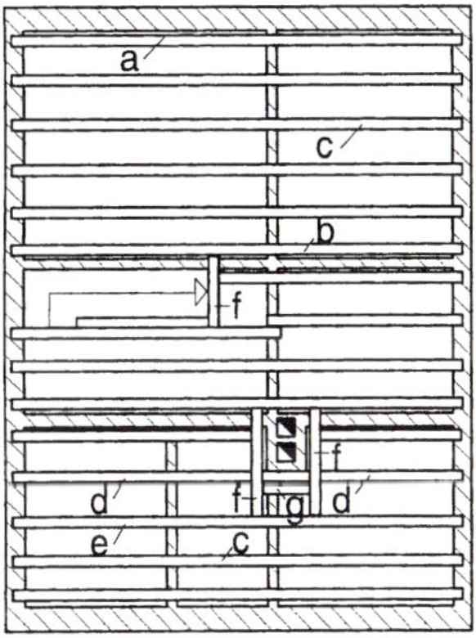

a) Giebelbalken
b) Streichbalken
c) Zwischenbalken
d) Stichbalken
e) Wechselbalken
f) Wechsel
g) Füllholz

3. Erklären Sie die Begriffe
a) Geschossbalkenlage,
b) Streichbalken,
c) Stichbalken,
d) Wechsel.

a) Geschossbalkendecken trennen zwei Geschosse voneinander und dienen als Fußboden und Decke.
b) Streichbalken liegen an beiden Seiten aufgehender Wände. Die Balken sollten einen Wandabstand von mindestens 2 cm haben.
c) Stichbalken liegen mit dem einen Ende auf der Tragwand (bei Fachwerkbauten Rähm) auf, das andere Ende wird meist mit einem Wechselholz verbunden.
d) Ein Wechsel liegt quer zur Balkenhauptrichtung und begrenzt Deckenöffnungen.

10

4. Skizzieren Sie eine fachgerechte Ausbildung eines Schornsteinwechsels für den dargestellten Wandbereich. Geben Sie alle einzuhaltenden Maße an und bezeichnen Sie die verwendeten Hölzer.

→

→

Nutzen Sie dazu die Vorlage. Achten Sie auf eine ungefähr maßstäbliche Darstellung.

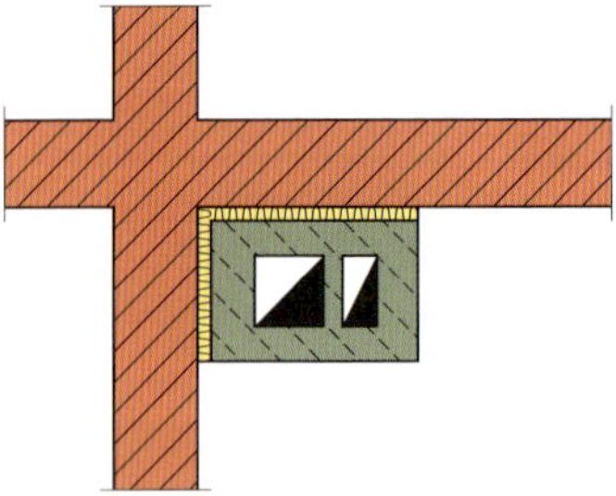

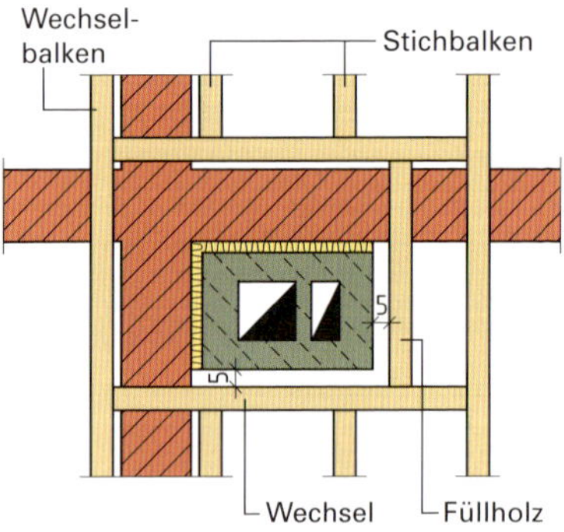

5. Skizzieren Sie einen Querschnitt durch ein Balkenkopfauflager auf einem Ringanker. Benennen Sie alle dargestellten Wand- und Bauteile.

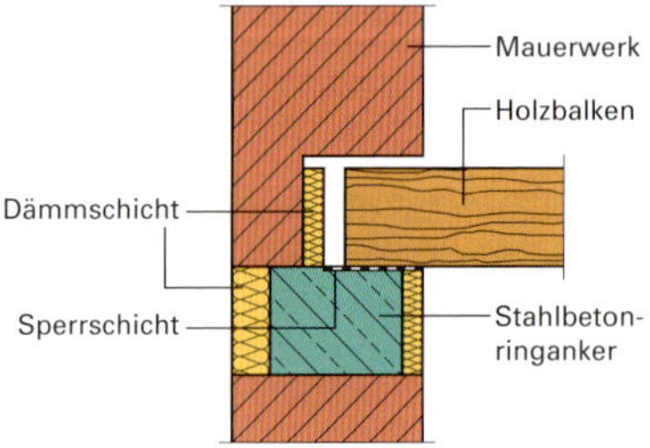

6. Erklären Sie die Verbindungsmöglichkeiten der Holzbalken mit den Außenwänden.

Etwa jeder vierte Balken wird durch spezielle Anker am Balkenkopf mit der Außenwand zug- und druckfest verbunden.
An den Giebelwänden werden die Balken im Abstand von etwa 2 m mit Giebelankern, die über mindestens zwei Balkenfelder verlaufen sollen, ebenfalls zug- und druckfest verbunden. Dazu müssen ggf. Spannhölzer unter den Ankerschienen angebracht werden.

7. Erklären Sie den Begriff Sprungmaß.

Unter dem Sprungmaß versteht man den Achsabstand der Deckenbalken bzw. den Abstand von einer Außenkante des Balkens zur entsprechenden Außenkante des folgenden Balkens.

8. Welche Balken werden als Bundbalken bezeichnet?

Als Bundbalken werden im Holzfachwerkbau Deckenbalken über oder unter Zwischenwänden bezeichnet. Sie sind deren Rähm bzw. Schwelle.

9. Geben Sie mindestens drei zimmermannsmäßige sowie drei ingenieursmäßige Holzverbindungen an, die bei der Verbindung der Holzbalken untereinander zum Einsatz kommen.

Zimmermannsmäßige Verbindungen	Ingenieursmäßige Verbindungen
• einfaches Blatt • einfacher Zapfen • gerader Brustzapfen • schräger Brustzapfen	• Balkenschuh • Z-Profile • Winkelverbinder • Gerberverbinder

10. Erklären Sie zwei Möglichkeiten, wie ein guter Trittschallschutz bei einer Holzbalkendecke erreicht werden kann.

a) Zwischen den Balken und dem Bodenbelag wird ein Dämmstreifen aus Mineralwolle o.Ä. zur Vermeidung der direkten Schallübertragung verlegt.

b) Durch das Ausbilden einer abgehängten Unterdecke können die Schallwege unterbrochen und somit die Schallübertragung reduziert werden.

11. Beschriften Sie bei dem abgebildeten Deckenaufbau alle gekennzeichneten Schichten mit sinnvollen Bezeichnungen und angenommenen Dicken.

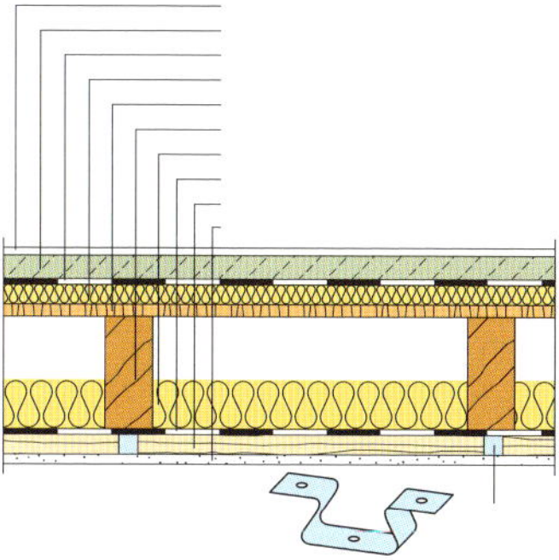

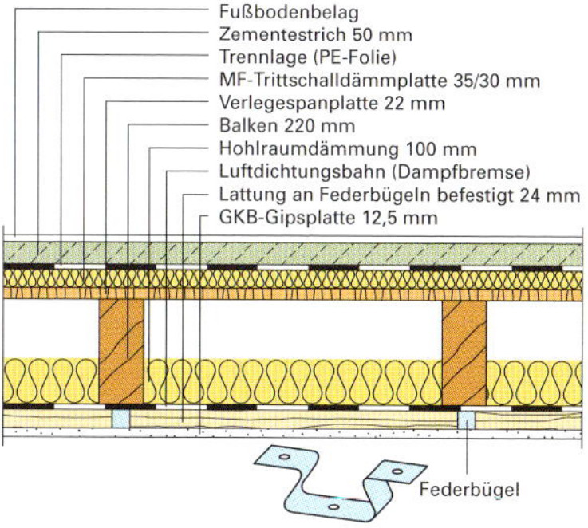

12. Zeichnen Sie in die vorliegende Abbildung einen fachgerechten Fußbodenaufbau auf Dämmschicht und den Fußbodenanschluss an eine Wand ein.

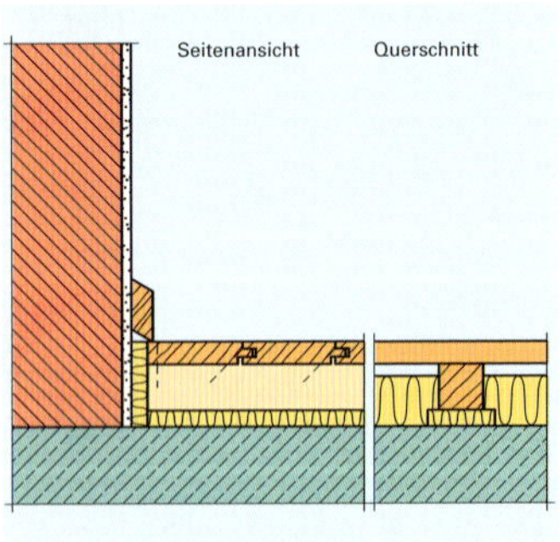

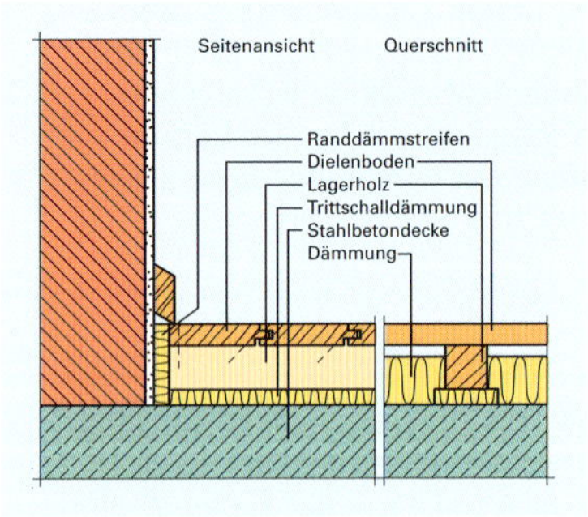

13. Wovon hängt die Bemessung des Balkenquerschnitts einer Holzbalkendecke ab?

- Von der Deckenbelastung (Eigenlast und Nutzlast),
- von der Spannweite,
- vom Balkenabstand: mit zunehmendem Balkenabstand ist der Querschnitt zu vergrößern,
- vom statischen System (Einfeldträger oder Mehrfeldträger, auskragendes Bauteil),
- ggf. von den Brandschutzbestimmungen,
- von der Holzart und der Holzqualität,
- von der charakteristischen Festigkeit des Holzes.

14. In welcher Reihenfolge werden bei der Ausführung einer Balkenlage die Balken verlegt?

In folgender Reichenfolge: Giebel-, Streich-, Wechsel-, Bund- und Wandbalken.

15. Geben Sie vier Aufgaben an, die abgehängte Decken (Unterdecken) erfüllen können.

- Den Raumabschluss nach oben bilden,
- den Wärmeschutz verbessern,
- den Schallschutz verbessern,
- den Brandschutz der tragenden Deckenkonstruktion verbessern,
- die Raumakustik verbessern.

16. Erklären Sie, wie und mit welchen Materialien bei abgehängten Decken die Unterkonstruktion ausgeführt werden kann.

Die Unterkonstruktion (i.d.R. Holzlatten) kann direkt an der Decke oder mit Schnellabhängern (aus Metall) befestigt werden. Bei niedriger Geschosshöhe und ohne Installationen zwischen Unterdecke und Decke werden die Latten direkt an der tragenden Deckenkonstruktion befestigt. Große Geschosshöhen erfordern unter Umständen ein Abhängen der Unterdecke.
Unterkonstruktionen aus Metall werden meist über Schnellabhänger von der tragenden Deckenkonstruktion abgehängt.

17. Erläutern Sie, wie eine gleichmäßige Einteilung bzw. Verteilung der Holzbalken ermittelt werden kann. Nutzen Sie hierfür beispielhaft folgende Angaben:

- **Innenabmessung des Raumes 5,75 m**
- **Balkenquerschnitt 8/18 cm**
- **maximales Sprungmaß = 72 cm**

Für die Ermittlung der genauen Balkenabstände ist zunächst die zu verteilende Länge zu bestimmen. Diese erhält man, indem von der Rauminnenlänge einmal die Balkenbreite sowie jeweils der Wandabstand links und rechts abgezogen wird. Durch diese Länge wird das maximale Sprungmaß dividiert. Somit erhält man die Anzahl der Felder. Da diese Rechnung meist ein unrundes Ergebnis liefert, ist hier eine Rundung vorzunehmen. Wenn ein maximales Sprungmaß vorgegeben ist, muss in jedem Fall aufgerundet werden. Ansonsten wird der vorgegebene Balkenabstand überschritten.
Diese ganzzahlige Anzahl an Feldern wird nun nochmals durch die zu verteilende Länge geteilt und so das tatsächliche Sprungmaß bestimmt.

10

Beispiel:
zu verteilende Länge = Rauminnenlänge – Balkenbreite – Wandabstand beidseitig
= 5,75 m – 0,08 m – 2 · 0,02 m (Mindestmaße)
→ zu verteilende Länge = 5,63 m

$$\text{Anzahl der Felder} = \frac{5{,}63\text{ m}}{0{,}72\text{ m}} \approx 7{,}82$$

→ gerundet auf 8 Felder

$$\text{tatsächliches Sprungmaß} = \frac{5{,}63\text{ m}}{8} = 0{,}70375 \approx 70{,}4\text{ cm}$$

18. Skizzieren Sie anhand der vorgegebenen Seitenansicht sowie Draufsicht eines einfachen Zapfens diese Verbindungsmöglichkeit bei Holzbalkendecken als isometrische Projektion. Die Größe der Skizze ist selbst auszuwählen, achten Sie jedoch auf eine maßstabsgerechte Darstellung. Die verdeckten Körperkanten sind mit darzustellen.

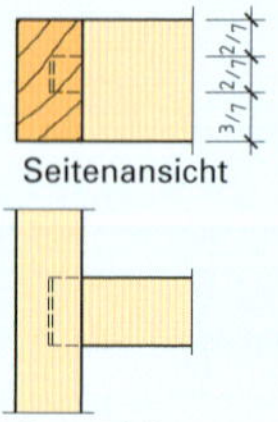

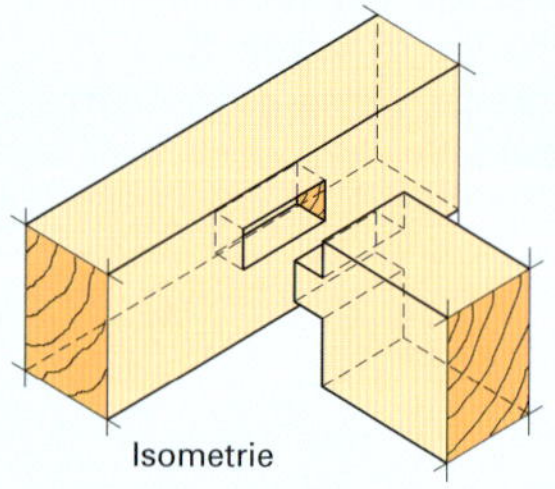

19. Zählen Sie vier Gründe für die Wahl eines Flachdaches auf.

- Schaffung zusätzlicher Nutzungsflächen auf dem Dach (z. B. Dachterrasse).
- Tageslicht für innen liegende Räume möglich,
- wirtschaftliche Konstruktion,
- geringere Eigenlast des Dachaufbaues.

20. Vergeichen Sie eine durchlüftete zweischalige und eine nicht durchlüftete einschalige Konstruktion beim Flachdach hinsichtlich des Aufbaus und der Funktionsweise. Nutzen Sie für Ihre Ausführungen zum Dachaufbau Skizzen.

Durchlüftete zweischalige Konstruktion

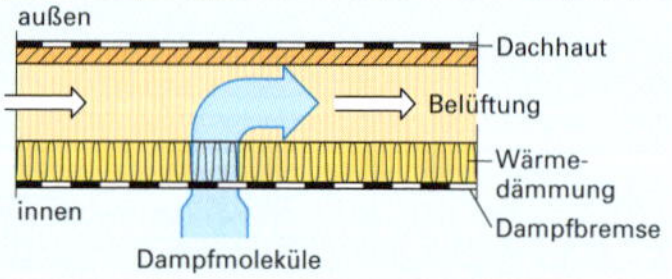

Die untere Schale hat tragende Funktionen zu übernehmen. Darüber hinaus bildet sie den Raumabschluss nach unten.
Die Wärmedämmung mindert Wärmeverluste, die Dampfbremse verhindert ein Eindringen von Feuchtigkeit in die Konstruktion.

→ →

Die obere Schale sorgt für den Feuchtigkeitsschutz nach außen und ist zugleich Abschluss zur Außenseite des Daches.
Der Zwischenraum im Bereich der Holzbalken dient zur Luftzirkulation und kann somit weitere Feuchtigkeit abführen.

Nicht durchlüftete einschalige Konstruktion

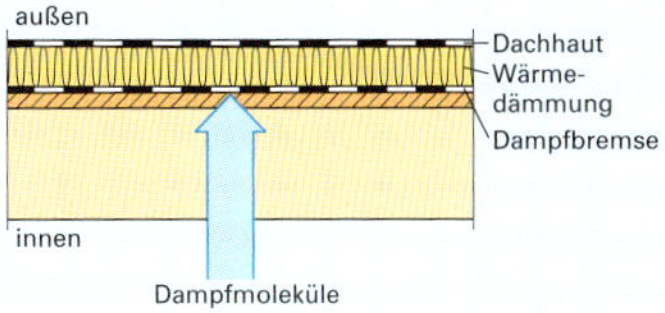

Die tragenden Teile befinden sich unterhalb der Wärmedämmschicht. Die Dachhaut befindet sich auch hier auf der Tragkonstruktion und wird mit einer Abdichtung gegen eindringende Feuchtigkeit geschützt.
Die Dampfsperre ist unterhalb der Wärmedämmung anzuordnen und sollte einen hohen Dampfdurchlasswiderstand besitzen.
Zwischen Wärmedämmung und Dampfsperre muss eine Dampfdruckausgleichsschicht angeordnet werden.

21. Beschreiben Sie die Bedeutung einer Belüftungsschicht beim Flachdach.

Die Belüftung muss zwischen der Wärmedämmsicht und der oberen Schale erfolgen und hat den Zweck, feuchte Luft abzuführen. Der Luftraum muss sich über die gesamte Dachfläche erstrecken. Wichtig sind in Größe und Anordnung richtig ausgeführte Be- und Entlüftungsöffnungen. Der belüftete Dachzwischenraum sollte mindestens 15 cm hoch sein.

22. Erklären Sie die Aufgabe eines Oberflächenschutzes am Flachdach.

Der Oberflächenschutz hat die Aufgabe, die Dachhaut vor mechanischen Einwirkungen zu schützen, die Verwitterung der Dachhaut zu vermeiden und die Aufheizung des Daches herabzusetzen.

23. Wie kann der Oberflächenschutz ausgeführt werden?

Der Oberflächenschutz kann als Kiesschüttung, Begrünung oder als schwimmend verlegte Betonplatten ausgeführt werden.

24. Geben Sie die Materialien an, aus denen üblicherweise Abdichtungslagen am Flachdach bestehen.

- Bitumen- bzw. Bitumenschweißbahnen
- Kunststoffbahnen
- Flüssigkunststoffe

25. Erklären Sie die Aufgabe einer Dampfdruckausgleichsschicht.

Die Dampfdruckausgleichsschicht soll Dampfdruckunterschiede in der Dachfläche ausgleichen und Temperaturbewegungen der Abdichtung ermöglichen. Dies wird durch eine zusammenhängende Luftschicht unterhalb der Abdichtung erreicht.
Konstruktiv wird diese Luftschicht durch punktuell verklebte oder lose verlegte Abdichtungsbahnen, durch Trennschichten oder durch die Verwendung von kaschierten Abdichtungsbahnen erreicht.

Lernfeld 10
Fachmathematik

1. Das Volumen eines 5,00 m langen und 24 cm hohen rechteckigen Holzbalkens beträgt 0,24 m³. Berechnen Sie die fehlende Kantenlänge des Balkens in cm.

$$V = l \cdot b \cdot h \rightarrow b = \frac{V}{l \cdot h}$$

$$b = \frac{0{,}24\ \text{m}^3}{5{,}00\ \text{m} \cdot 0{,}24\ \text{m}}$$

$$b = \underline{\underline{0{,}20\ \text{m} = 20\ \text{cm}}}$$

2. Ermitteln Sie die Masse eines 5,80 m langen Deckenbalkens aus Fichtenholz (ϱ = 470 kg/m³). Der Balken hat einen Querschnitt von 16/20 cm.

$$\varrho = \frac{m}{V} \rightarrow m = \varrho \cdot V$$

$$m = 470\ \text{kg/m}^3 \cdot 5{,}80\ \text{m} \cdot 0{,}16\ \text{m} \cdot 0{,}20\ \text{m}$$

$$m = \underline{\underline{87{,}23\ \text{kg}}}$$

3. Ein 6,50 m langer Eichenbalken (12/18 cm) wiegt 78,4 kg. Wie lang ist bei gleicher Masse sowie gleichen Querschnittsabmessungen ein Holzbalken aus Tannenholz (ϱ = 490 kg/m³)?

$$\varrho = \frac{m}{l \cdot b \cdot h} \rightarrow l = \frac{m}{\varrho \cdot b \cdot h}$$

$$l = \frac{78{,}4 \text{ kg}}{490 \text{ kg/m}^3 \cdot 0{,}12 \text{ m} \cdot 0{,}18 \text{ m}}$$

$$l = \underline{\underline{7{,}41 \text{ m}}}$$

4. Für die abgebildete Garage ist eine Holzbalkenlage vorgesehen. Die Balken sind mit gleichem Abstand einzuteilen.

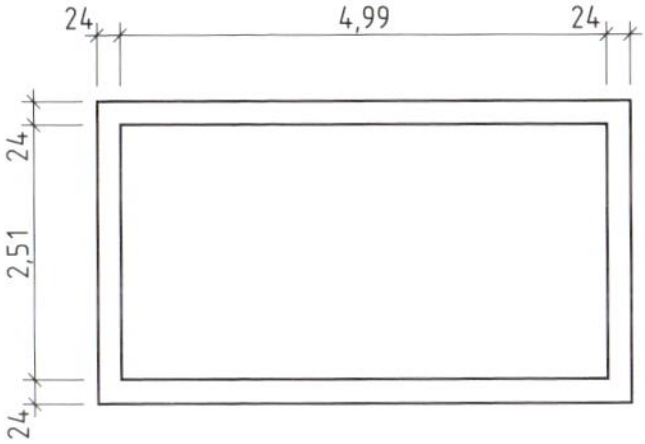

Beachten Sie folgende Angaben:

- **max. Sprungmaß 62 cm**
- **Balkenquerschnitt 10/16 cm**
- **Wandabstand der Balken 3 cm**
- **Auflager der Balken 15 cm**

a) Ermitteln Sie das genaue Sprungmaß.
b) Erstellen Sie eine Holzliste.
c) Berechnen Sie die Gesamtmasse aller Holzbalken (ϱ = 470 kg/m³).

a) Zu verteilende Länge: 4,99 m – 0,10 m – 2 · 0,03 m = 4,83 m

Anzahl der Felder: $\frac{4{,}83 \text{ m}}{0{,}62 \text{ m}} \approx 7{,}79 \rightarrow$ gerundet auf 8 Felder $\rightarrow$ 9 Balken

tatsächliches Sprungmaß: $\frac{4{,}83 \text{ m}}{8} = 0{,}60375 \text{ m} \approx 60{,}4 \text{ cm}$

b)

Pos.	Bezeichnung	Anzahl	Querschnitt in cm	Länge in m		Inhalt in m³
				einzeln	gesamt	
1	Ganzbalken	9	10/16	2,81	25,29	0,405

c) $m = 470 \text{ kg/m}^3 \cdot 0{,}405 \text{ m}^3$
$m = \underline{\underline{190{,}35 \text{ kg}}}$

5. Berechnen und ergänzen Sie die fehlenden Werte in der abgebildeten Holzliste.

Pos.	Bezeichnung	Material	Anzahl	Querschnitt in cm	Länge in m		Inhalt in m^3
					einzeln	gesamt	
1	Giebelbalken	Fichte S10	2	10/18	10,56	?	?
2	Streichbalken	Fichte S10	2	10/18	?	21,12	?
3	Streichbalken	Fichte S10	?	10/18	3,41	3,41	?
4	Wechselbalken	Fichte S10	2	10/18	10,56	?	0,380
5	Zwischenbalken	Fichte S10	?	10/18	10,56	137,28	?
6	Stichbalken	Fichte S10	1	10/18	?	6,31	?
7	Wechsel	Fichte S10	1	10/18	1,26	?	?
8	Wechsel	Fichte S10	?	10/18	1,01	?	0,036
9	Füllholz	Fichte S10	1	10/18	0,66	0,66	?
						∑ ?	∑ ?

Pos.	Bezeichnung	Material	Anzahl	Querschnitt in cm	Länge in m		Inhalt in m^3
					einzeln	gesamt	
1	Giebelbalken	Fichte S10	2	10/18	10,56	21,12	0,380
2	Streichbalken	Fichte S10	2	10/18	10,56	21,12	0,380
3	Streichbalken	Fichte S10	1	10/18	3,41	3,41	0,061
4	Wechselbalken	Fichte S10	2	10/18	10,56	21,12	0,380
5	Zwischenbalken	Fichte S10	13	10/18	10,56	137,28	2,471
6	Stichbalken	Fichte S10	1	10/18	6,31	6,31	0,114
7	Wechsel	Fichte S10	1	10/18	1,26	1,26	0,023
8	Wechsel	Fichte S10	2	10/18	1,01	2,02	0,036
9	Füllholz	Fichte S10	1	10/18	0,66	0,66	0,012
						∑ 214,30	∑ 3,857

6. Ermitteln Sie die benötigte Fertigholzmenge für die abgebildete Holzbalkenlage. Stichbalken, Wechselbalken, Wechsel und Füllhölzer sind verzapft.
Die Zapfenlänge beträgt 4 cm.
Wechselbalken 12/18, übrige Balken 10/18 cm.

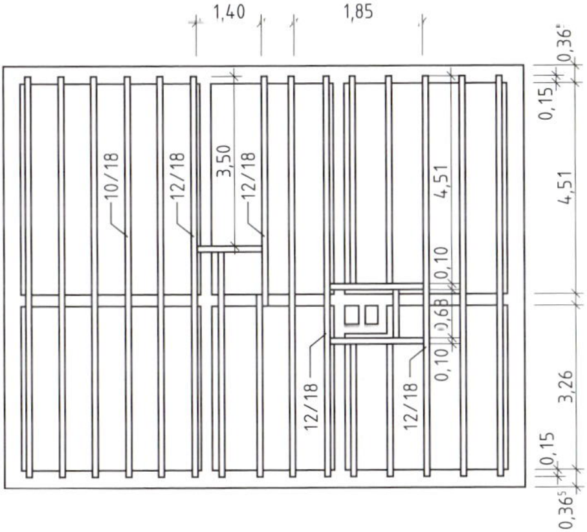

Pos.	Bezeichnung	Anzahl	Querschnitt in cm	Länge in m		Inhalt in m^3	Inhalt in m^3
				einzeln	gesamt	10/18	12/18
1	Giebelbalken	2	10/18	8,31	16,62	0,299	
2	Ganzbalken	6	10/18	8,31	49,86	0,897	
3	Wechselbalken	3	12/18	8,31	24,93		0,538
4	Wechselbalken (Treppe)	1	12/18	4,90	4,90		0,106
5	Stichbalken (Treppe)	1	10/18	4,75	4,75	0,086	
6	Stichbalken (Kamin)	2	10/18	4,55	9,10	0,164	
7	Stichbalken (Kamin)	2	10/18	2,96	5,92	0,107	
8	Treppenwechsel	1	12/18	1,48	1,48		0,032
9	Kaminwechsel	2	12/18	1,93	3,86		0,083
10	Füllholz	1	10/18	0,76	0,76	0,014	
11	Zwischenbalken	1	10/18	3,65	3,65	0,066	
					125,83	1,633	0,759
					∑ 125,83	∑ 2,392	

7. Für das abgebildete Gebäude ist eine Holzbalkenlage vorgesehen.
Sprungmaß maximal 60 cm.
Abstand der Balken zu den Wänden 4 cm.
Die Balkenauflagerlänge auf den Wänden beträgt 20 cm.
Balkenquerschnitt 8/18 cm.
a) Ermitteln Sie das Sprungmaß der Balken.
b) Berechnen Sie die Anzahl der Balken.
c) Stellen Sie eine Holzliste auf.

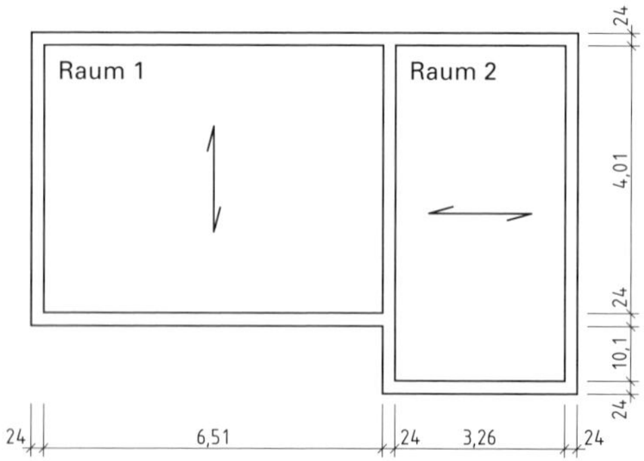

a) Raum 1:
Zu verteilende Länge: 6,51 m – 0,08 m – 2 · 0,04 m = 6,35 m

Anzahl der Felder: $\frac{6{,}35\text{ m}}{0{,}60\text{ m}} \approx 10{,}58$ Felder → gerundet auf 11 Felder

Tatsächliches Sprungmaß: $\frac{6{,}35\text{ m}}{11} = 0{,}577\text{ m} = \underline{\underline{57{,}7\text{ cm}}}$

Raum 2:
zu verteilende Länge: 5,26 m – 0,08 m – 2 · 0,04 m = 5,10 m

Anzahl der Felder: $\frac{5{,}10\text{ m}}{0{,}60\text{ m}} \approx 8{,}50$ Felder → gerundet auf 9 Felder

Tatsächliches Sprungmaß: $\frac{5{,}10\text{ m}}{9} = 0{,}567\text{ m} = \underline{\underline{56{,}7\text{ cm}}}$

b) Raum 1: 12 Balken
Raum 2: 10 Balken

c)

Pos.	**Bezeichnung**	**Anzahl**	**Querschnitt in cm**	**Länge in m**		**Inhalt in m³**
				einzeln	**gesamt**	
1	Ganzbalken	12	8/18	4,41	52,92	0,762
2	Ganzbalken	10	8/18	3,66	36,60	0,527

8. **Für die dargestellte Holzbalkendecke eines Wohnraumes ist die Gesamtlast pro m^2 zu ermittteln.**
Die Rechenwerte sind dem Tabellenbuch zu entnehmen.

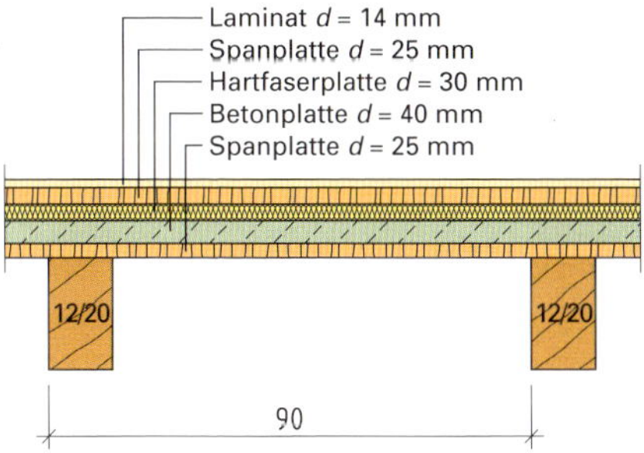

Eigenlasten

Laminat	$= 4{,}5\,\frac{\text{kN}}{\text{m}^3} \cdot 0{,}014\,\text{m}$	$= 0{,}063\,\frac{\text{kN}}{\text{m}^2}$
Spanplatte	$= 6\,\frac{\text{kN}}{\text{m}^3} \cdot 0{,}025\,\text{m}$	$= 0{,}150\,\frac{\text{kN}}{\text{m}^2}$
Hartfaserplatte	$= 10\,\frac{\text{kN}}{\text{m}^3} \cdot 0{,}03\,\text{m}$	$= 0{,}300\,\frac{\text{kN}}{\text{m}^2}$
Betonplatte	$= 24\,\frac{\text{kN}}{\text{m}^3} \cdot 0{,}04\,\text{m}$	$= 0{,}960\,\frac{\text{kN}}{\text{m}^2}$
Spanplatte	$= 6\,\frac{\text{kN}}{\text{m}^3} \cdot 0{,}08\,\text{m}$	$= 0{,}480\,\frac{\text{kN}}{\text{m}^2}$
Balken C22	$= 0{,}12\,\text{m} \cdot 0{,}20\,\text{m} \cdot 1{,}00\,\text{m} \cdot 4{,}1\,\frac{\text{kN}}{\text{m}^3} \cdot \frac{1{,}00\,\text{m}}{0{,}90\,\text{m}}$	$= 0{,}109\,\frac{\text{kN}}{\text{m}^2}$
		$g = 2{,}062\,\frac{\text{kN}}{\text{m}^2}$
Lotrechte Nutzlasten für Wohnräume mit ausreichender Querverteilung		$p = 1{,}500\,\frac{\text{kN}}{\text{m}^2}$
Gesamtlast		$q = 3{,}562\,\frac{\text{kN}}{\text{m}^2}$

9. Für die dargestellte Holzbalkendecke eines Wohnhauses sind zu ermitteln:

a) die Eigenlast pro m^2,

b) die Gesamtlast pro m^2, wenn die Decke eine Nutzlast von 2,00 kN/m^2 aufzunehmen hat.

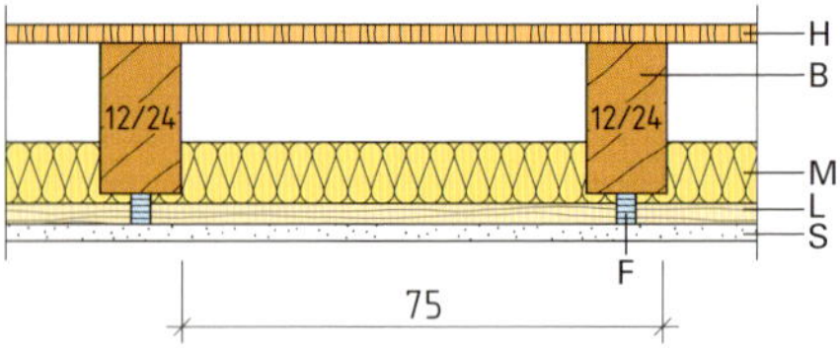

38 mm Holzspanplatte H
Holzbalken B
60 mm Mineralwolle M
24/48 mm Querleisten L an Federbügel F befestigt, Abstand 50 cm
12,5 mm Gipsplatten S

a) **Eigenlasten**

Holzspanplatte $= 6\,\frac{kN}{m^3} \cdot 0{,}038\ m = 0{,}228\,\frac{kN}{m^2}$

Mineralwolle $= 0{,}01\,\frac{kN}{m^2 \cdot cm} \cdot 6\ cm = 0{,}060\,\frac{kN}{m^2}$

Holzleisten C18 $= 0{,}024\ m \cdot 0{,}048\ m \cdot 1\ m \cdot 3{,}8\,\frac{kN}{m^3} \cdot \frac{1{,}00\ m}{0{,}50\ m} = 0{,}009\,\frac{kN}{m^2}$

Gipsplatte $= 0{,}09\,\frac{kN}{m^2 \cdot cm} \cdot 1{,}25\ cm = 0{,}113\,\frac{kN}{m^2}$

Balken C18 $= 0{,}12\ m \cdot 0{,}24\ m \cdot 1{,}00\ m \cdot 3{,}8\,\frac{kN}{m^3} \cdot \frac{1{,}00\ m}{0{,}75\ m} = 0{,}146\,\frac{kN}{m^2}$

$$g = 0{,}556\,\frac{kN}{m^2}$$

b) **Gesamtlast**

$$q = 0{,}556\,\frac{kN}{m^2} + 2{,}00\,\frac{kN}{m^2} = 2{,}556\,\frac{kN}{m^2}$$

10. Im Dachgeschoss sollen auf einer Holzbalkendecke 95 m² Dielung verlegt werden. Der Zimmerei entstehen dabei folgende Kosten:

- **Preis der Dielenbretter 12,75 €/m²**
- **Preis des Befestigungsmaterials 0,95 €/m²**
- **Zeitaufwandswert 0,6 h/m²**
- **Mittellohn 12,45 €/h**
- **Gemeinkosten auf Löhne 125 %**
- **Gemeinkosten auf Material 13 %**
- **Zuschlag für Wagnis und Gewinn 5 %**

Berechnen Sie den Bruttoangebotspreis für die Arbeit, wenn die Mehrwertssteuer 19 % beträgt.

1. Berechnung der Baustoffkosten/Lohnkosten:
   $95\ m^2 \cdot 12{,}75\ €/m^2 = 1211{,}25\ €$
   $95\ m^2 \cdot 0{,}95\ €/m^2 = 90{,}25\ €$
   $0{,}6\ h/m^2 \cdot 95\ m^2 \cdot 12{,}45\ €/h = 709{,}65\ €$
2. Gemeinkostenzuschlag auf Löhne:
   $709{,}65\ € \cdot 1{,}25 = 887{,}06\ €$
3. Gemeinkostenzuschlag auf Material:
   $(1.211{,}25\ € + 90{,}25\ €) \cdot 0{,}13 = 169{,}20\ €$
4. zzgl. Wagnis/ Gewinn:
   $3.067{,}41\ € \cdot 1{,}05 = 3.220{,}78\ €$
5. zzgl. Mehrwertsteuer:
   $3.220{,}78\ € \cdot 1{,}19 = 3.832{,}73\ €$

Der Bruttoangebotspreis beträgt 3.832,73 €.

11. Ermitteln Sie den Bruttoangebotspreis einer Holzbalkendecke ($V = 4{,}086\ m^3$) bei folgenden Vorgaben und einem kalkulierten Arbeitsaufwand von 56 Stunden:

- **KVH-Bauholz Fichte 560 €/m³**
- **Lohnkosten 26 €/h**
- **Herstellungsbedingte Gemeinkosten 25 %**
- **Allgemeine Geschäftskosten 15 %**
- **Wagnis/Gewinn 5 %**
- **Mehrwertsteuer 19 %**

1. Berechnung der Baustoffkosten/Lohnkosten:
   $4{,}086\ m \cdot 560\ €/m^3 = 2.288{,}16\ €$
   $56\ h \cdot 26\ €/h = 1.456{,}00\ €$
2. zzgl. herstellungsbedingte Gemeinkosten:
   $(2.288{,}16\ € + 1.456{,}00\ €) \cdot 1{,}25$
   $= 4.680{,}20\ €$
3. zzgl. allgemeine Geschäftskosten:
   $4.680{,}20\ € \cdot 1{,}15 = 5.382{,}23\ €$
4. zzgl. Wagnis/Gewinn:
   $5.382{,}23\ € \cdot 1{,}05 = 5.651{,}34\ €$
5. zzgl. Mehrwertsteuer:
   $5.651{,}34\ € \cdot 1{,}19 = 6.725{,}09\ €$

Der Bruttoangebotspreis beträgt 6.725,09 €

10

12. Berechnen Sie die fehlenden Größen.

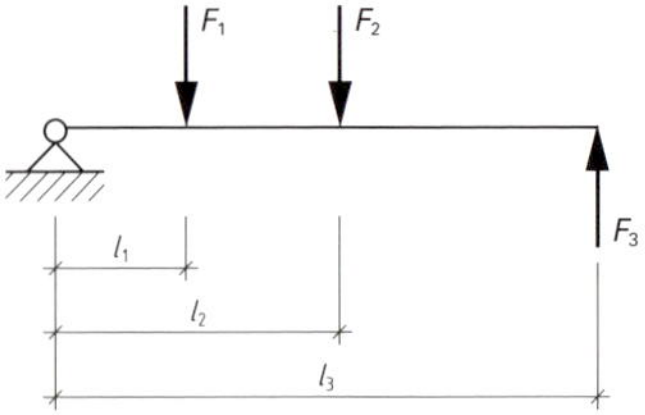

	a)	b)	c)
F_1	**?**	10 N	1,8 MN
l_1	1,20 m	**?**	2,15 m
F_2	75 kN	35 N	**?**
l_2	1,40 m	23 cm	3,40 m
F_3	85 kN	20 N	2,4 MN
l_3	1,90 m	75 cm	4,15 m

	d)	e)	f)
F_1	120 kN	8 N	0,7 MN
l_1	60 cm	20 cm	1,35 m
F_2	60 kN	14 N	1,70 kN
l_2	**?**	25 cm	180 cm
F_3	70 kN	**?**	0,4 MN
l_3	1,80 m	35 cm	**?**

$\sum M = 0$ (rechtsdrehend)

	a)	b)	c)
F_1	47,08 kN	10 N	1,8 MN
l_1	1,20 m	27,5 cm	2,15 m
F_2	75 kN	35 N	1,8 MN
l_2	1,40 m	23 cm	3,40 m
F_3	85 kN	20 N	2,4 MN
l_3	1,90 m	75 cm	4,15 m

	d)	e)	f)
F_1	120 kN	8 N	0,7 MN
l_1	60 cm	20 cm	1,35 m
F_2	60 kN	14 N	1,70 kN
l_2	90 cm	25 cm	180 cm
F_3	70 kN	14,57 N	0,4 MN
l_3	1,80 m	35 cm	2,35 m

Lösungsweg (beispielhaft für **a)**)

$0 = F_1 \cdot 1{,}20\ \text{m} + 75\ \text{kN} \cdot 1{,}40\ \text{m} - 85\ \text{kN} \cdot 1{,}90\ \text{m}$

$0 = F_1 \cdot 1{,}20\ \text{m} - 56{,}5\ \text{kNm}$

$F_1 = \underline{\underline{47{,}08\ \text{kN}}}$

13. Berechnen Sie die Auflagerkräfte *A* und *B* am dargestellten Träger.

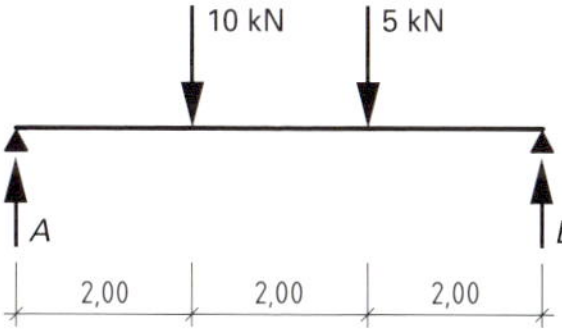

$\sum M_A = 0$ (rechtsdrehend)
$0 = 10\text{ kN} \cdot 2\text{ m} + 5\text{ kN} \cdot 4\text{ m} - B \cdot 6\text{ m}$
$0 = 40\text{ kNm} - B \cdot 6\text{ m}$
$B = \underline{\underline{6{,}67\text{ kN}}}$

$\sum V = 0$
$0 = 10\text{ kN} + 5\text{ kN} - 6{,}67\text{ kN} - A$
$A = \underline{\underline{8{,}33\text{ kN}}}$

14. Für den dargestellten Träger sind die Auflagerkräfte zu berechnen.

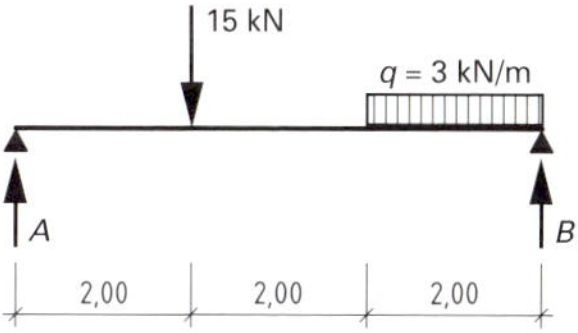

Ersatzlast Q:
$Q = q \cdot l$
$Q = 3\text{ kN/m} \cdot 2\text{ m}$
$Q = \underline{6\text{ kN}}$

$\sum M_A = 0$ (rechtsdrehend)
$0 = 15\text{ kN} \cdot 2\text{ m} + 6\text{ kN} \cdot 5\text{ m} - B \cdot 6\text{ m}$
$0 = 60\text{ kNm} - B \cdot 6\text{ m}$
$B = \underline{\underline{10\text{ kN}}}$

$\sum V = 0$
$0 = 15\text{ kN} + 6\text{ kN} - 10\text{ kN} - A$
$A = \underline{\underline{11\text{ kN}}}$

15. Berechnen Sie an dem abgebildeten Träger die Auflagerkräfte *A* und *B*.

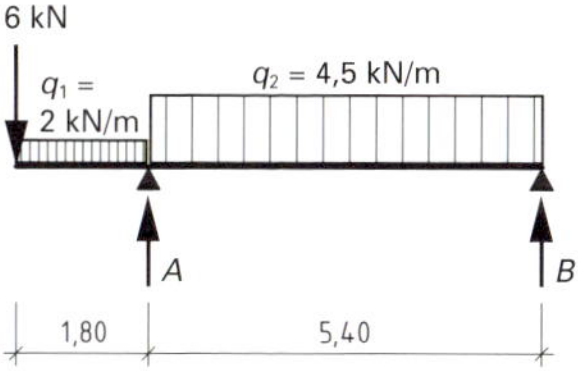

Ersatzlast Q:
$Q = q_1 \cdot l_1$
$Q = 2\text{ kN/m} \cdot 1{,}8\text{ m}$
$Q = \underline{3{,}6\text{ kN}}$

Ersatzlast F:
$F = q_2 \cdot l_2$
$F = 4{,}5\text{ kN/m} \cdot 5{,}4\text{ m}$
$F = \underline{24{,}3\text{ kN}}$

$\sum M_A = 0$ (linksdrehend)
$0 = 6\text{ kN} \cdot 1{,}8\text{ m} + 3{,}6\text{ kN} \cdot 0{,}9\text{ m}$
$\quad - 24{,}3\text{ kN} \cdot 2{,}7\text{ m} + B \cdot 5{,}4\text{ m}$
$0 = -51{,}57\text{ kNm} + B \cdot 5{,}4\text{ m}$
$B = \underline{\underline{9{,}55\text{ kN}}}$

$\sum V = 0$
$0 = 3{,}6\text{ kN} + 6\text{ kN} + 24{,}3\text{ kN} - 9{,}55\text{ kN} - A$
$A = \underline{\underline{24{,}35\text{ kN}}}$

16. Für den dargestellten Träger sind die Auflagerkräfte zu berechnen.

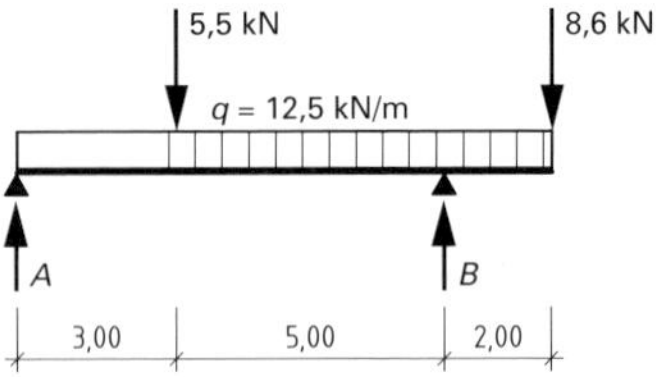

Ersatzlast Q:

$Q = q \cdot l$

$Q = 12{,}5\ \text{kN/m} \cdot 10{,}0\ \text{m}$

$Q = \underline{125\ \text{kN}}$

$\sum M_A = 0$ (rechtsdrehend)

$0 = 5{,}5\ \text{kN} \cdot 3\ \text{m} + 8{,}6\ \text{kN} \cdot 10\ \text{m}$
$\quad + 125\ \text{kN} \cdot 5\ \text{m} - B \cdot 8\ \text{m}$

$0 = 727{,}5\ \text{kN} - B \cdot 8\ \text{m}$

$B = \underline{\underline{90{,}94\ \text{kN}}}$

$\sum V = 0$

$0 = 5{,}5\ \text{kN} + 8{,}6\ \text{kN} + 125\ \text{kN} - 90{,}94\ \text{kN} - A$

$A = \underline{\underline{48{,}16\ \text{kN}}}$

Lernfeld 11
Herstellen einer geraden Holztreppe

1. Erklären Sie den Begriff Treppe.

Eine Treppe besteht aus mindestens drei fortlaufenden Treppenstufen, hat mindestens einen Lauf und ist ein Bauteil zur Überwindung von Höhenunterschieden im Innen- oder Außenbereich.

2. Nennen Sie die Bezeichnung der ersten und letzten Stufe einer Treppe und erklären Sie diese jeweils.

Die erste Stufe: Antrittstufe, erste oder unterste Treppenstufe eines Treppenlaufes.
Die letzte Stufe: Austrittstufe, die letzte oder oberste Treppenstufe eines Treppenlaufes.

3. Beschreiben Sie die nutzbare Treppenlaufbreite.

Die nutzbare Treppenlaufbreite ist die maximale Breite zwischen der Innenseite des Geländers und der seitlich liegenden Wand. Bei Treppen mit beidseitigen Geländern wird sie zwischen den am weitesten innen liegenden Geländerteilen gemessen (lichte Weite).

4. Erklären Sie den Begriff notwendige Treppe.

Notwendige Treppen sind nach Bauordnung als Rettungswege zwingend erforderlich.

5. Erklären Sie den Begriff nicht notwendige Treppe.

Nicht notwendige Treppen sind nicht als Rettungswege vorgeschrieben, sondern dienen als zusätzliche Treppen oder als Designobjekte.

6. Erklären Sie folgende Fachbegriffe:
a) Treppenauftritt,
b) Treppensteigung,
c) Unterschneidung.

a) Treppenauftritt (*a*) ist der waagerechte Abstand von einer Stufenvorderkante bis zur darauffolgenden Stufenvorderkante.
b) Treppensteigung (*s*) ist der senkrechte Abstand von einer Stufenoberkante bis zur darauffolgenden Stufenoberkante.
c) Unterschneidung (*u*) ist das waagerechte Maß, um das die Vorderkante einer Treppenstufe über die darunterliegende Treppenstufenhinterkante vorspringt.

7. Nennen Sie die drei Treppenregeln und ihre Formeln.

1. Schrittmaßregel:
   $a + 2\,s = 59$ cm bis 65 cm,
   als ideal gelten 63 cm
2. Sicherheitsregel:
   $a + s = 46$ cm
3. Bequemlichkeitsregel:
   $a - s = 12$ cm

8. Skizzieren Sie folgende Treppenarten:
a) Einläufige gerade Treppe,
b) zweiläufige gerade Treppe mit Zwischenpodest,
c) zweiläufige gewinkelte Treppe mit Zwischenpodest,
d) zweiläufige gegenläufige Treppe mit Zwischenpodest,
e) dreiläufige zweimal abgewinkelte Treppe mit Zwischenpodest,
f) dreiläufige gegenläufige Treppe mit Zwischenpodest.

a)

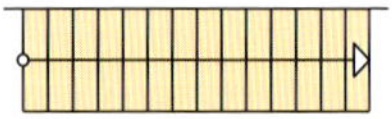

b)

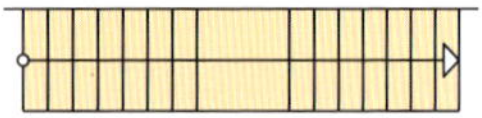

c) als Rechtstreppe dargestellt

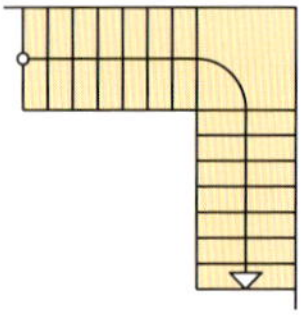

d) als Rechtstreppe dargestellt

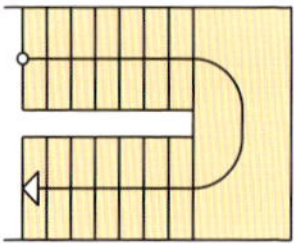

e) als Linkstreppe dargestellt

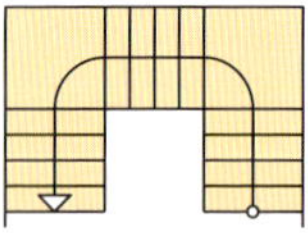

f)

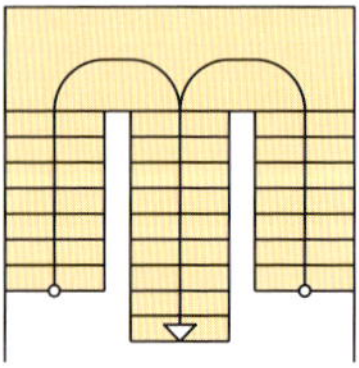

9. Erklären Sie den Begriff Durchgangshöhe nach DIN 18065.

Die Durchgangshöhe nach DIN 18065 ist das senkrechte Maß von mindestens 2,00 m. Sie wird gemessen über einer gedachten geneigten Ebene, die durch die Vorderkanten der Stufen gebildet wird. Von dieser Ebene, bzw. über den Podesten von deren waagerechten Oberflächen, wird bis zu den Unterseiten darüberliegender Bauteile gemessen.

10. Nennen Sie vier Treppenformen.

1. Aufgesattelte Treppe
2. Gestemmte Treppe:
   a) Halbgestemmte Treppe
   b) Vollgestemmte Treppe
3. Eingeschobene Treppe

11. Nennen Sie mindestens acht Holzarten und ihre Verwendung im Treppenbau.

1. Kiefer: Wangen, Geländer
2. Lärche: Wangen, Geländer
3. Eiche: Wangen, Geländer, Stufen
4. Buche: Wangen, Geländer, Stufen
5. Wenge: Wangen, Geländer, Stufen
6. Padouk: Wangen, Geländer, Stufen
7. Esche: Wangen, Geländer, Stufen,
8. Teak: Wangen, Geländer, Stufen
9. Mahagoni: Wangen, Geländer, Stufen
10. Ahorn, Wangen, Geländer, Stufen
11. Kirschbaum: Wangen, Geländer, Stufen, nur mit Lackierung, nicht geölt

12. Welche Bedeutung hat die Podestlänge. Begründen Sie.

Die Podestlänge ist wichtig, um ein bequemes Begehen der Treppe zu ermöglichen.
Begründung: Der Rhythmus beim Begehen einer Treppe sollte fortlaufend gleichbleiben und nicht durch die Podestlänge verändert werden.
Podestlänge = Trittstufe + Schrittmaß

13. Ordnen Sie folgende Begriffe in eine sinnvolle Reihenfolge:
a) Holzauswahl
b) Abrichten
c) Aufriss Reißboden
d) Feinschliff
e) 2. Lackschicht
f) Staketenbohrungen herstellen
g) Wangen und Stufen verleimen
h) Zwischenschleifen
i) Säumen
j) Hobeln und Reißen
k) 1. Lackschicht
l) Zwischenschleifen
m) Fügen

→

- Aufriss Reißboden
- Holzauswahl
- Säumen
- Abrichten
- Fügen
- Wangen und Stufen verleimen
- Hobeln und Reißen
- Auftrittstaschen fräsen
- Konturen sägen
- Staketenbohrungen herstellen
- Feinschliff
- Wässern
- Zwischenschleifen
- Grundierung
- Zwischenschleifen
- 1. Lackschicht

→

11

n) Auftrittstaschen fräsen
o) Grundierung
p) Wässern
q) Zwischenschleifen
r) Konturen sägen

- Zwischenschleifen
- 2. Lackschicht

14. Unterscheiden Sie die Podestlänge nach DIN 18065 bei
a) Gebäuden im Allgemeinen und
b) Wohngebäuden mit bis zu zwei Wohnungen.

a) Gebäude im Allgemeinen:
Nach DIN 18065 muss die Podestlänge auf der Lauflinie mindestens 3 Auftritte ($3 \cdot a$) des Treppenlaufs betragen.

b) Wohngebäude mit bis zu zwei Wohnungen:
Nach DIN 18065 muss die Podestlänge auf der Lauflinie mindestens das 2,5-Fache des kleinsten Auftrittes ($2{,}5 \cdot a$) des anschließenden Treppenlaufs betragen.

15. Nennen Sie den maximalen Abstand von senkrechten Geländerstäben. In welchem Bereich der Treppe findet dieses Maß noch Anwendung?

Der maximale Abstand von Geländerstäben wird waagerecht mit 12 cm (Kinderkopffangstelle) angegeben und findet auch beim senkrechten Abstand von Oberkante Auftritt zu Unterkante der darauffolgenden Trittstufe seine Anwendung, jedoch nur bei Treppen ohne senkrechte Setzstufe.

16. An welcher Stelle wird die Geländerhöhe der Treppe gemessen?

Die Geländerhöhe wird von einer gedachten Ebene, die sich durch die Vorderkanten der Stufen bildet senkrecht nach oben bis Oberkante des Handlaufs oder des Geländers gemessen.

17. Nennen Sie zwei Eigenschaften, die das Holz, das beim Treppenbau verwendet wird, haben muss.

Im Treppenbau verwendetes Holz muss sehr hart und widerstandsfähig gegen Abrieb sein. Für Wangen und Setzstufen jedoch kann von diesen Eigenschaften abgewichen werden.

18. Nennen Sie die minimale nutzbare Treppenlaufbreite bei
a) Gebäuden im Allgemeinen,
b) Wohngebäuden mit bis zu zwei Wohnungen.

a) Bei Gebäuden im Allgemeinen beträgt die mindestens nutzbare Treppenlaufbreite 100 cm.

b) Bei Wohngebäuden mit bis zu zwei Wohnungen beträgt die mindestens nutzbare Treppenlaufbreite 80 cm.

19. Zeichnen Sie eine Treppe so, dass folgende Begriffe daraus erkennbar sind:
- **Treppenauftritt,**
- **Treppensteigung,**
- **Unterschneidung,**
- **Antrittstufe,**
- **Austrittstufe.**

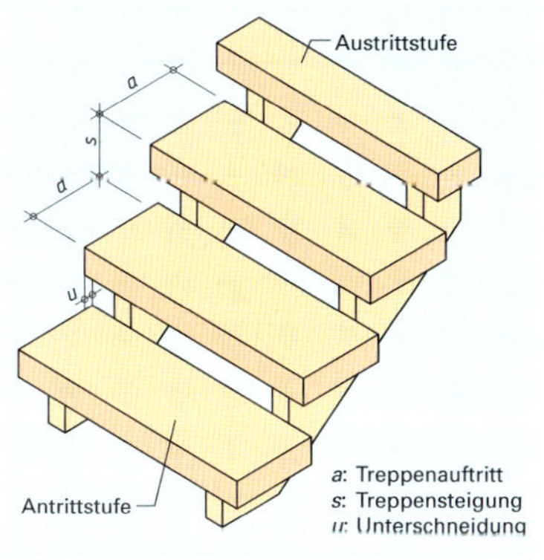

20. Wie werden die einzelnen Treppenteile bezeichnet

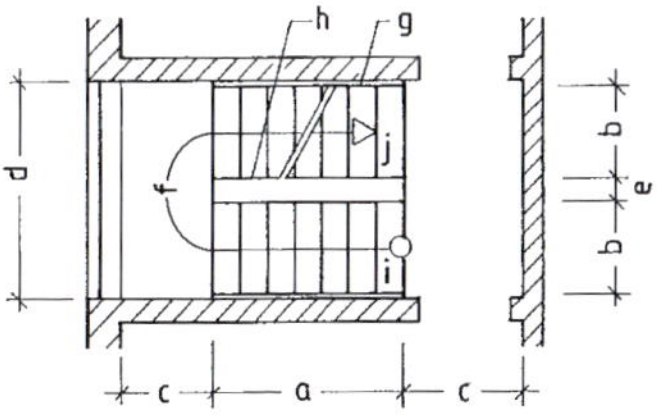

a Treppelauflänge
b Treppenlaufbreite
c Podesttiefe
d Podestbreite
e Treppenauge
f Lauflinie
g Treppenwange (Wandwange)
h Treppenwange (Lichtwange)
i Antrittstufe
j Austrittstufe

21. Wann muss bei Treppen ein Zwischenpodest eingesetzt werden?

Bei Treppenläufen von mehr als 18 Auftrittstufen muss nach DIN 18065 ein Zwischenpodest eingesetzt werden.

22. Nennen Sie die minimal nutzbare Tiefe eines Podestes.

Die minimale nutzbare Podesttiefe darf die nutzbare Treppenlaufbreite nicht unterschreiten.

23. Beschreiben Sie, wie auf der Baustelle das Treppenloch auf rechte Winkel überprüft werden kann.

- Bei einem rechteckigem Treppenloch können die Diagonalen gemessen werden, diese müssen gleich groß sein,
- mittels eines Tachymeters,
- durch Anlegen eines Winkels,
- durch die Verreihung (Lehrsatz des Pythagoras).

24. Skizzieren Sie das obere und untere Wangenauflager und bezeichnen Sie alle Teile.

Oberes Wangenlager:

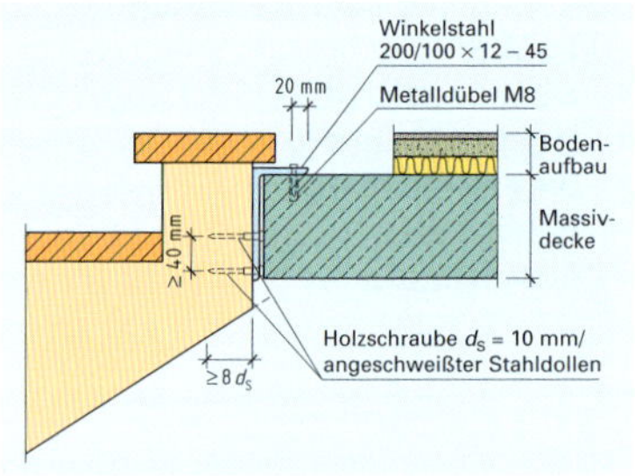

Unteres Wangenlager:

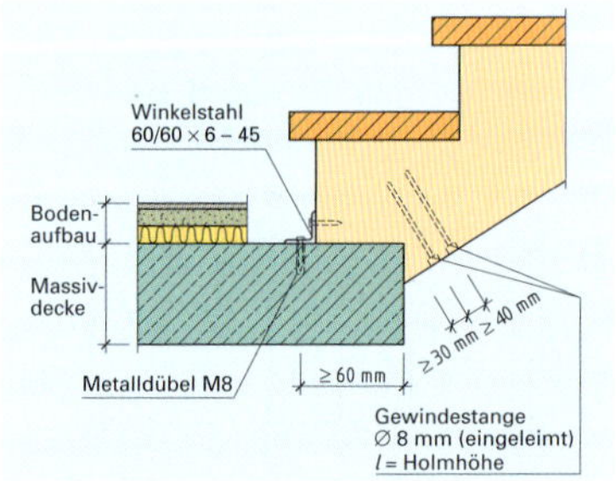

25. Begründen Sie, welche Ausrichtung die Jahrringe des verarbeiteten Holzes einer Treppe aufweisen sollten.

Die Jahrringe sollten eine Ausrichtung von etwa 90° zur Breite des Treppenteils aufweisen, da das Holz in dieser Richtung das geringste Maß an Verzug aufweist.

26. Erklären Sie anhand einer Skizze, an welcher Stelle die Treppenholmbreite gemessen wird.

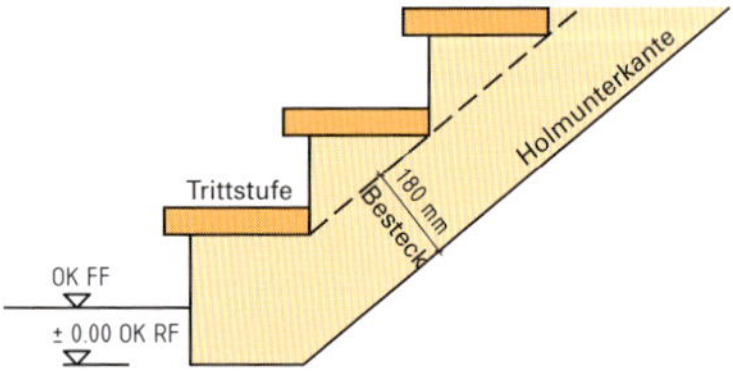

Die Holmhöhe (Besteck) wird im rechten Winkel zur gedachten Linie gemessen, die durch die unteren Hinterkanten der Stufen bis zur Holmunterkante führt.

27. Nennen Sie die minimale Geländerhöhe bei einer Werkstatt, in der die Absturzhöhe von 12,00 m nicht überschritten wird.

Die minimale Geländerhöhe beträgt bei Arbeitsstätten bis zu einer Absturzhöhe von 12,00 m 100 cm.

28. Welcher Abstand darf nicht überschritten werden, wenn ein Geländer neben dem Treppenlauf liegt?

Liegt das Geländer neben dem Treppenlauf, darf das lichte waagerechte Maß zwischen Geländer und Stufe/Podest nicht größer als 6 cm sein, damit an dieser Stelle kein Kind durchrutschen kann.

29. Sie sollen eine gerade Treppe nach DIN 18065 bauen. Prüfen und bewerten Sie verschiedene Möglichkeiten.

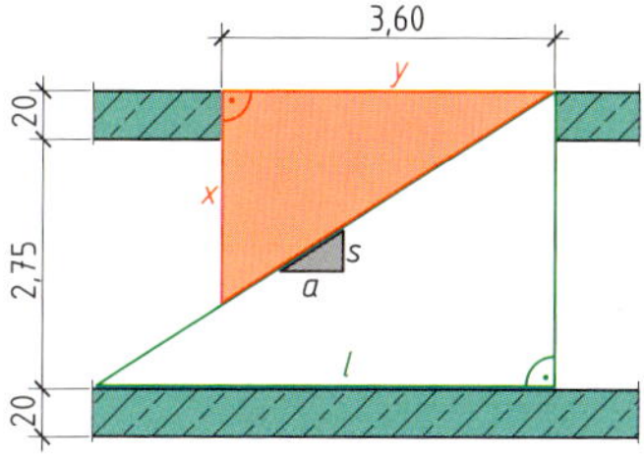

Für die Geschosshöhe (2,95 m) wird die Anzahl der Steigungen ($s = 14 \ldots 19$ cm) festgelegt.

295 cm : 14 = 21,0 Steigungen, also 21 Steigungen je 14,0 cm

$a = 63 \text{ cm} - 2 \cdot 14{,}0 \text{ cm} = 35{,}0 \text{ cm}$

Ergebnis:

21 × 140/350

Lauflänge der Treppe:

$l = 20 \text{ Stufen} \cdot 35{,}0 \text{ cm} = 7{,}00 \text{ m}$

Passt die Treppe in die Deckenöffnung?

$$\frac{s}{a} = \frac{x}{y} \text{ also } \frac{14{,}0 \text{ cm}}{35{,}0 \text{ cm}} = \frac{x}{3{,}60 \text{ m}}$$

$x = 1{,}44$

Lichte Durchgangshöhe

= 1,44 m – 20 cm = 1,24 m

(reicht nicht aus)

2,95 m : 19 = 15,5 Steigungen, also 16 Steigungen je 18,44 cm

$a = 63 \text{ cm} - 2 \cdot 18{,}44 \text{ cm} = 26{,}1 \text{ cm}$

Ergebnis:

16 × 184,4/261

Lauflänge der Treppe:

$l = 15 \text{ Stufen} \cdot 26{,}1 \text{ cm} = 3{,}915 \text{ m}$

Passt die Treppe in die Deckenöffnung?

$$\frac{s}{a} = \frac{x}{y} \text{ also } \frac{18{,}44 \text{ cm}}{26{,}1 \text{ cm}} = \frac{x}{3{,}60 \text{ m}}$$

$x = 2{,}54$ m

Lichte Durchgangshöhe

= 2,54 m – 20 cm = 2,34 m (reicht aus)

→

11

Weitere Versionen:

a) 20 × 147,5/335

$$\frac{s}{a}=\frac{x}{y} \text{ also } \frac{14{,}75\text{ cm}}{33{,}5\text{ cm}}=\frac{x}{33{,}5\text{ cm}}=\frac{x}{3{,}60\text{ m}}$$

$x = 1{,}59$ m

Lichte Durchgangshöhe
= 1,59 m – 20 cm = 1,39 m
(reicht nicht aus)

b) 19 × 155/320

$$\frac{s}{a}=\frac{x}{y} \text{ also } \frac{15{,}5\text{ cm}}{32{,}0\text{ cm}}=\frac{x}{3{,}60\text{ m}}$$

$x = 1{,}74$ m

Lichte Durchgangshöhe
= 1,74 m – 20 cm = 1,54 m
(reicht nicht aus)

c) 18 × 164/302

$$\frac{s}{a}=\frac{x}{y} \text{ also } \frac{16{,}4\text{ cm}}{30{,}2\text{ cm}}=\frac{x}{3{,}60\text{ m}}$$

$x = 1{,}955$ m

Lichte Durchgangshöhe
= 1,955 m – 20 cm = 1,76 m
(reicht nicht aus)

d) 17 × 173,5/283

$$\frac{s}{a}=\frac{x}{y} \text{ also } \frac{17{,}35\text{ cm}}{28{,}3\text{ cm}}=\frac{x}{3{,}60\text{ m}}$$

$x = 2{,}21$ m

Lichte Durchgangshöhe
= 2,21 m – 20 cm = 2,01 m (reicht aus)

Die bequemst-(flachst-)mögliche Lösung ist:
17 × 176,5/277

30. Unterscheiden Sie nach dem Steigungswinkel:

Treppen	**Winkel**
Haustreppen	**?**
Leitertreppen	**?**
Leitern	**?**

Treppen	**Winkel**
Haustreppen	≤ 45°
Leitertreppen	≤ 75°
Leitern	≤ 90°

31. Worin unterscheiden sich Haus- und Freitreppen von Leitern und Leitertreppen
a) in der Nutzung,
b) im Steigungswinkel?

a) Nutzung:
Da Leitern und Leitertreppen sehr steil sind, haben sie geringe Auftritte, die nur durch Unterschneidungen noch vergrößert werden können. Um die Unterschneidung auch abwärts zu nutzen, können diese Leitern und Leitertreppen auch abwärts nur mit dem Gesicht zu den Stufen begangen werden.

b) Steigungswinkel:
Haus- und Freitreppen $\leq 45°$
Leitertreppen und Leitern $> 45°$

32. Nennen Sie mindestens drei Maßnahmen zur Reduzierung des Trittschalls auf Treppen.

- Weiche Beläge auf den Trittstufen,
- elastische Auflagerung der Laufplatten auf den Podesten,
- Dämmung zwischen Treppenstufen bzw. Wandwangen und Wand,
- Abstand der Stufen oder Wangen von der Wand.

33. Sie sollen eine Stahlbetontreppe betonieren. Worauf ist bei der Betonmischung besonders zu achten?
Begründen Sie Ihre Aussage.

- Beton mindestens C25/30,
- Konsistenz F3; wenn der Beton weicher ist, blutet er aus, wenn der Beton steifer ist, ist keine ausreichende Verdichtung möglich und er bekommt Kiesnester,
- Sieblinienbereich ③/Größtkorn 16 mm – bei größerer Körnung entstehen durch die dicht liegende Bewehrung Kiesnester und Hohlräume (Sieblinienbereich ③, grobmittelkörnig),
- Betonverflüssiger zugeben, dadurch wird die Bewehrung dicht ummantelt, der Beton ist besser verdichtbar und es entstehen durch die geringere Wasserzugabe weniger Verdunstungshohlräume.

34. Benennen Sie die Teile A … K einer Treppenschalung für eine Ortbetontreppe.

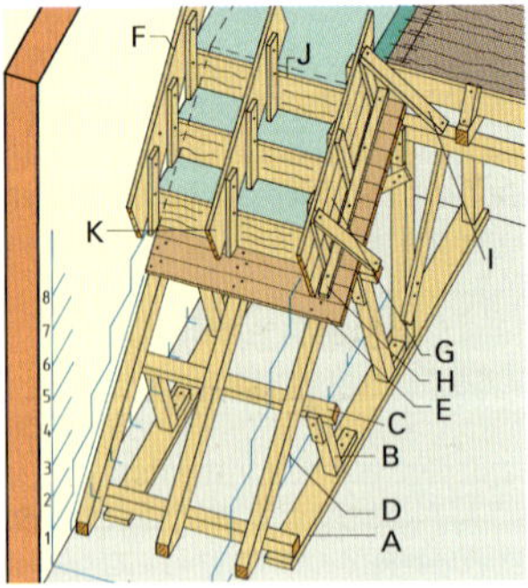

A – Bohle (Auflage auf der Decke)
B – Kantholzstützen (mit Knaggen gesichert)
C – Querträger
D – Längskantholz
E – Schalhaut
F – Bohle, an die Wand gedübelt
G – Schalung Lichtwange
H – Drängbrett Lichtwange
I – Absteifung Lichtwange
J – Stirnbrett mit Knaggen dreimal gesichert
K – Mittelaussteifung

35. Skizzieren Sie das obere und untere Besteck an einer Wangentreppe, und geben Sie jeweils das Mindestmaß an.

Mit oberem und unterem Besteck bezeichnet man das rechtwinklige Maß von der Oberkante der Wange bis zur Vorderkante der Treppenstufe und von der Unterkante der Wange bis zur Hinterkante der Treppenstufe.
Oberes Besteck mind. 4 cm
Unteres Besteck mind. 4 cm
(ist in DIN 18065 geregelt)

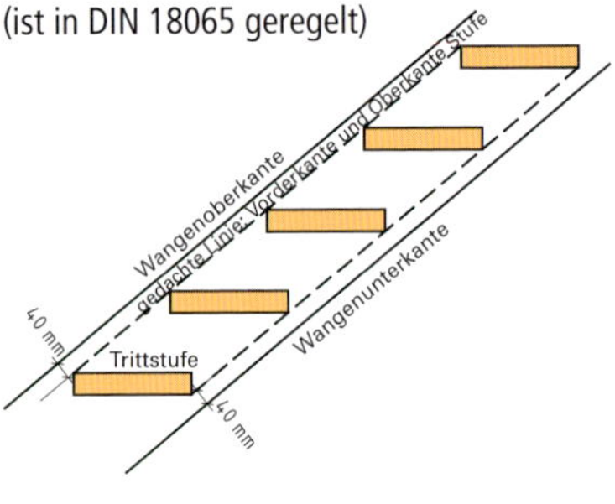

36. Nennen Sie das maximale senkrechte Abstandsmaß (lichter Abstand) von zwei aufeinanderfolgenden Treppenstufen. Machen Sie einen Vorschlag, wie dieses Maß eingehalten werden kann.

Das maximale Abstandsmaß beträgt 12 cm. Es gibt folgende Möglichkeiten, dieses Maß einzuhalten:

- Trittstufenstärke anpassen,
- eine Leiste an der Unterkante der Stufe befestigen,
- eine Leiste an der Oberkante der Stufe befestigen,
- Setzstufen einbauen.

37. Begründen Sie, warum bei eingeschobenen Treppen die Nut nicht durch die Wangenunterkante geht, obwohl die Ausarbeitung doch viel einfacher wäre.

Damit eine Schwächung der auf Biegezug beanspruchten Unterkante der Wange verhindert wird.

38. Treppenarten werden nach ihrer Form bezeichnet. Geben Sie für die folgenden Grundrissarten Bezeichnungen an.

a)

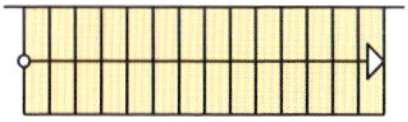

b)

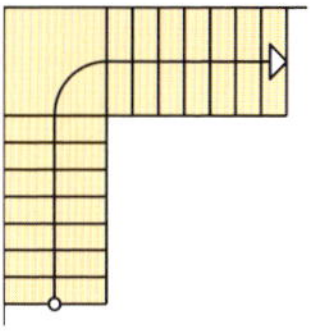

c)

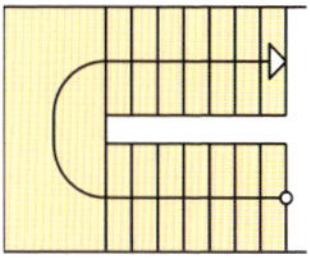

d)

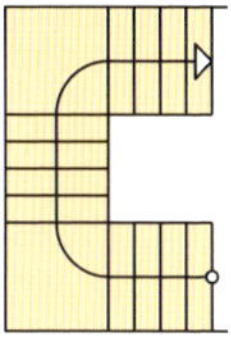

a) Einläufige gerade Treppe.
b) Zweiläufige gewinkelte Treppe mit Zwischenpodest, als Rechtstreppe dargestellt.
c) Zweiläufige gegenläufige Treppe mit Zwischenpodest, als Rechtstreppe dargestellt.
d) Dreiläufige zweimal gewinkelte Treppe mit Zwischenpodesten, als Rechtstreppe dargestellt.

39. Bezeichnen Sie die im Grundriss dargestellten Treppenformen.

a)

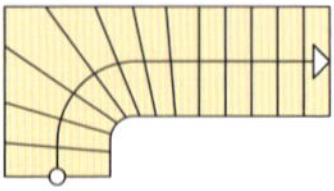

b)

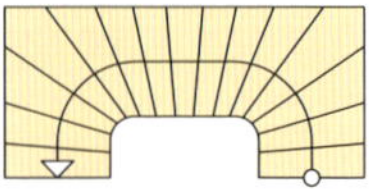

c)

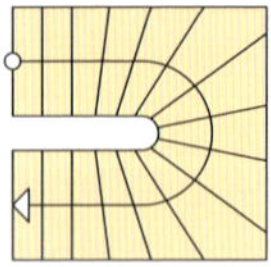

d)

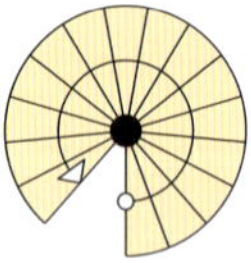

e)

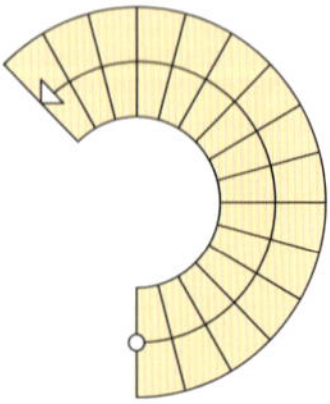

a) Einläufige im Antritt viertelgewendelte Rechtstreppe
b) Einläufige im An- und Austritt viertelgewendelte Linkstreppe
c) Einläufige halbgewendelte Rechtstreppe
d) linke Spindeltreppe
e) linke Wendeltreppe

40. Nennen Sie eine Möglichkeit, um ein Zwischenpodest bei einer Treppe mit mehr als 18 Stufen zu umgehen.

Die Antrittsstufe wird wie ein Podest ausgeführt.

41. Erklären Sie, wie Sie die Stufenlöcher (Stufentaschen) sehr genau auf der Wange anzeichnen können.

Die Stufenlöcher (Stufentaschen) werden am genauesten durch Aufsetzen der Stirnholzflächen auf die Wange. Deren Umrisse werden durch eine Reißnadel auf die Wange übernommen. Hierbei ist darauf zu achten, dass die Reißnadel möglichst in Faserrichtung des Holzes gezogen wird.

42. Nennen Sie ein optimales Steigungsverhältnis für eine Treppe in einem Zweifamilienhaus.

Ein optimales Steigungsverhältnis in einem Zweifamilienhaus ist 175/280 mm. Dies bedeutet, eine Steigungshöhe von 175 mm und eine Auftrittbreite von 280 mm. Auch die Kombinationen 170/290 mm ergibt ein ideales Schrittmaß von 63 cm.

43. Skizzieren Sie drei Möglichkeiten, wie bei aufgesattelten Treppen die Trittstufen befestigt werden können.

Befestigung mit Holzschrauben:

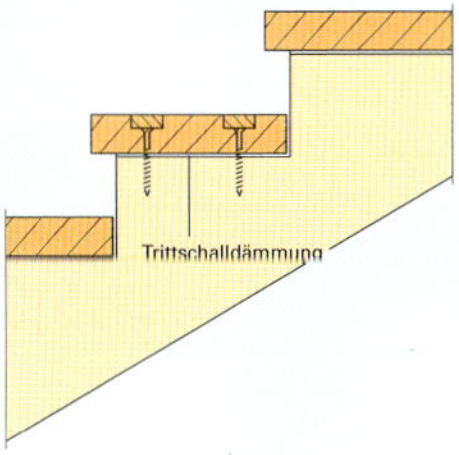

Befestigung mit Holzdübeln:

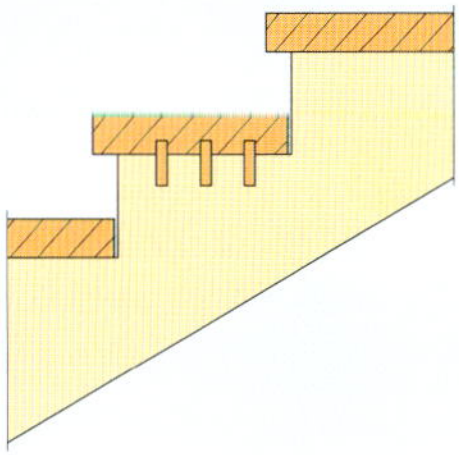

Befestigung mit Steckverbundschrauben:

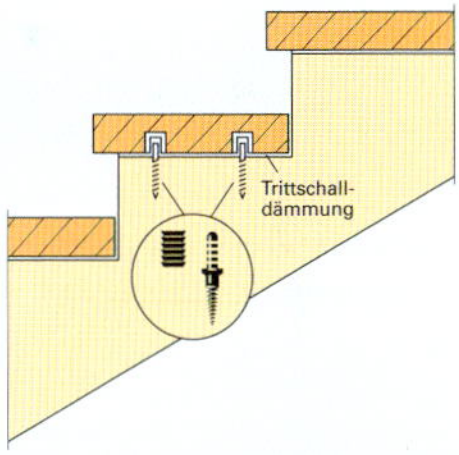

44. Erklären Sie den Begriff Lauflänge.

Die Lauflänge eines Treppenlaufs ist die waagerechte Länge aus Anzahl der Auftritte mal der Auftrittbreite von Vorderkante Antrittstufe bis Vorderkante Austrittstufe.

45. Nennen Sie die ideale Holzfeuchte von Blockware, die im Treppenbau Verwendung finden soll.

Die ideale Holzfeuchte liegt zwischen 9...10 %.

46. Erklären Sie ausführlich, wie eine Holzfeuchtemessung mit einer Rammsonde abläuft.

Die Holzfeuchtenmessung sollte bei einer Temperatur von etwa 20 °C erfolgen, da man bei dieser Temperatur keine Korrekturen durchführen muss. Die Sonden dürfen nicht in Faserrichtung in der gleichen Faser stecken, sondern müssen quer zur Faserrichtung eingetrieben werden. Ein Abstand der Hirnholzflächen von etwa 500 mm ist einzuhalten. Die Sonde wird mittels eines geeigneten Verbindungskabels an das Messgerät angeschlossen.

Bei vielen handelsüblichen Geräten muss für die Holzart aus einer Tabelle der Einstellungswert ausgewählt und am Gerät eingestellt werden. Dann wird der Messknopf betätigt und der angezeigte Wert abgelesen. Dieser Wert bezeichnet die Holzfeuchte.

47. Nennen Sie mindestens zwei Aufgaben von Zwischenpodesten bei Treppen.

Aufgaben von Zwischenpodesten:

1. mehrere Treppenläufe anzuschließen,
2. ein Zwischengeschoss in die Treppe einzubinden,
3. den Vorschriften gerecht zu werden (z. B. der DIN 18065, wonach bei Treppen mit mehr als 18 Steigungen ein Zwischenpodest zwingend erforderlich ist),
4. bei langen Läufen die Fallhöhe zu begrenzen.

48. Nennen Sie mindestens zwei Vor- und Nachteile von gewendelten gegenüber geradläufigen Treppenläufen.

Vorteile:

- Optimale Ausnutzung der Grundfläche,
- Verringerung der Lauflänge,
- elegante Wirkung,
- Richtungsänderung flüssiger als mit einem Podest.

Nachteile:

- Eine Verziehung der Stufen wird notwendig,
- wenige gleich große Stufen,
- aufwendige Konstruktion,
- teurer.

49. Zeichnen Sie nach folgenden Angaben den Grundriss der halbgestemmten Linkstreppe:

Auftrittbreite	**285 mm**	**Wangenstärke**	**60 mm**
Steigungshöhe	**178 mm**	**Pfosten**	**60/120 mm**
Stufendicke	**50 mm**	**Laufbreite**	**900 mm**
Unterschneidung	**50 mm**	**Anzahl der Steigungen**	**15**

Lösung:

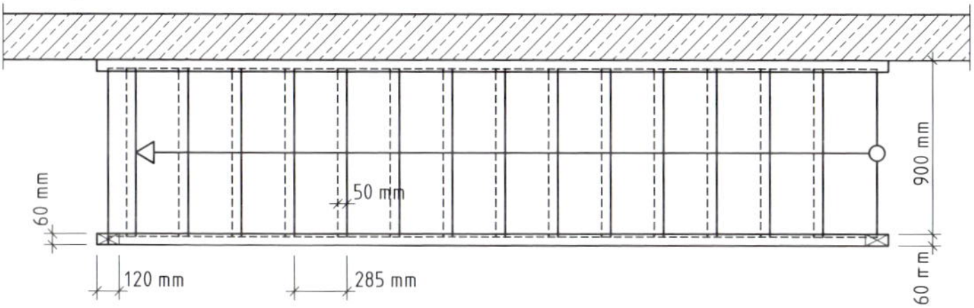

50. Zeichnen Sie zu folgendem Grundriss die Licht- und Wandwange einschließlich Geländer:

Bodenaufbau EG	**120 mm**
Bodenaufbau DG	**135 mm**

Grundriss:

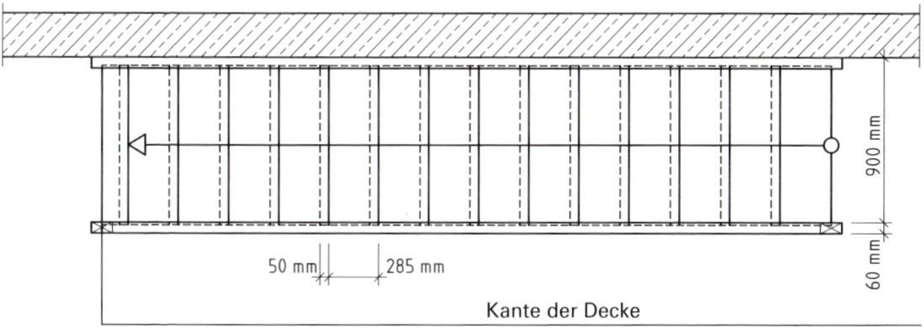

Lösung:

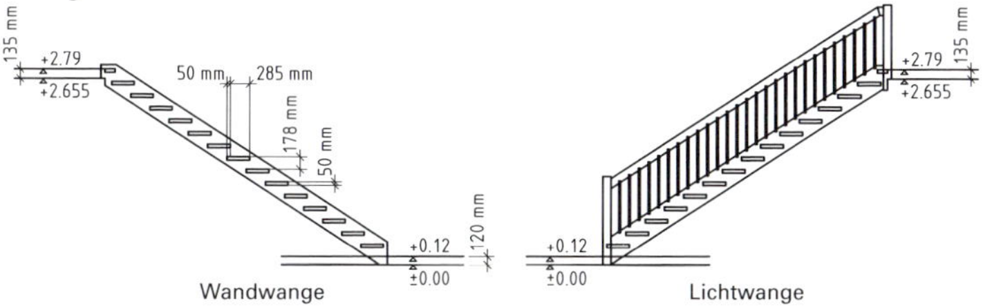

Lernfeld 11
Fachmathematik

1. Berechnen Sie die Steigungshöhe bei einer Stockwerkshöhe (OFF-OFF) von 2875 mm.

Berechnung der Steigungshöhe:
2875 mm : 175 mm = 16,42 Stg.,
gewählt 16 Stg.
2875 mm : 16 = 179,69 mm
Die Steigungshöhe entspricht 179,69 mm

2. Berechnen Sie mit der Steigungshöhe aus Aufgabe 1. die ideale Stufenbreite nach dem idealen Schrittmaß.

Berechnung der Stufenbreite:
630 mm – 2 · 179,69 mm = 270,62 mm
Die ideale Stufenbreite entspricht 270,62 mm.

3. Berechnen Sie aus den Ergebnissen aus Aufgabe 1. und Aufgabe 2. den Neigungswinkel des Treppenlaufs.

Berechnung des Neigungswinkels:

$$\frac{179{,}69\ \text{mm}}{270{,}62\ \text{mm}} = 0{,}663994$$

$\tan^{-1} 0{,}663994 = 33{,}58°$

4. Berechnen Sie aus einem Schrittmaß von 625 mm die Auftrittbreite und die Lauflinie. Die Stockwerkshöhe von OFF-OFF beträgt bei dieser Treppe 2765 mm. Der Austritt wird mit 150 mm angenommen.

- Berechnung der Steigungshöhe:

  $$\frac{\text{Stockwerkshöhe}}{\text{gewählte Steigungshöhe}}$$

  = Anzahl der Steigungen ≈ ohne Kommastelle

  $$\frac{2765\ \text{mm}}{175\ \text{mm}} = 15{,}8\ \text{Stg.} \approx 15\ \text{Stg.}$$

  Berechnung der genauen Steigungshöhe (s)

  $$\frac{2765\ \text{mm}}{15\ \text{Stg.}} = 184{,}33\ \text{mm}$$

  $s = 184{,}33$ mm
  Die Steigungshöhe beträgt 184,33 mm

- Berechnung der Auftrittbreite:
  625 mm – 2 · 184,33 mm = 256,34 mm
  Die Auftrittbreite dieser Treppe beträgt 256,34 mm.

- Berechnung der Lauflinie (Lauflänge):
  256,34 mm · 14 Auftritte = 3588,76 mm
  Die gesamte Lauflinie beträgt 3588,76 mm

5. Berechnen Sie die Stockwerkshöhe anhand folgender Angaben:

Steigungsanzahl	**16**
Steigungshöhe	**179 mm**
Auftrittbreite	**275 mm**

Berechnung der Stockwerkshöhe
16 Steigungen · 179 mm Steigungshöhe
= 2864 mm
Die Stockwerkshöhe von OFF-OFF beträgt
2864 mm

6. Berechnen Sie die Durchgangshöhe einer Treppe mit folgenden Maßen:

Stockwerkshöhe (OFF-OFF)	**2845 mm**
Treppenöffnung in der Decke	**3640 mm**
Decken einschl. Aufbau	**255 mm**
Schrittmaß	**625 mm**
Austritt	**150 mm**

- Berechnung der Steigungsanzahl

$$\frac{\text{Stockwerkshöhe}}{\text{gewählte Steigungshöhe}} = \text{Anzahl der Steigungen}$$

$$\frac{2845\text{ mm}}{175\text{ mm}} = 16{,}257\text{ Stg.} \approx 16\text{ Stg.}$$

Berechnung der genauen Steigungshöhe (s)

$$\frac{2845\text{ mm}}{16\text{ Stg.}} = 177{,}8\text{ mm}$$

$s = 177{,}8$ mm

- Berechnung der Auftrittbreite:
  Schrittmaß – 2 s = Auftrittbreite a
  625 mm – 2 · 177,8 mm = 269,4 mm
  $a = 269{,}4$ mm

- Berechnung der Durchgangshöhe:
  1. Zwischenrechnung zur Errechnung der Anzahl Stufen und Steigungen:

     $$\frac{\text{(Treppenöffnung – Austritt)}}{\text{Auftrittsbreite}}$$
     = Anzahl der Stufen

     $$\frac{(3640\text{ mm} - 150\text{ mm})}{269{,}4\text{ mm}}$$
     = 12,95 Stufen
  2. Zwischenrechnung zur Errechnung der Gesamthöhe (Durchgangshöhe einschließlich Deckenaufbau):
     Anzahl · Steigungshöhe
     = Gesamthöhe
     12,95 Stk. · 177,81 mm/Stufe
     = 2303,5 mm
     Gesamthöhe – Deckenaufbau
     = Durchgangshöhe
     2303,5 mm – 255 mm = 2048,5 mm
     Die Durchgangshöhe beträgt
     2048,5 mm.

11

7. Berechnen Sie die Staketeneinteilung für folgende Treppe:
- **Staketen rund 20 mm**
- **Pfosten An- u. Austritt 120 mm**
- **Gesamtlänge im Grund von Außenkante Pfosten bis Außenkante Pfosten 4125 mm**

Berechnung:
Gesamtlänge – Antrittspfosten – Austrittspfosten = Lichtes Maß
4125 mm – 120 mm – 120 mm = 3885 mm

$$\frac{\text{(Lichtes Maß + eine Stakete)}}{\text{max. Abstand + 1 Stakete}}$$

= Anzahl Staketen

$$\frac{(3885\ \text{mm} + 20\ \text{mm})}{140\ \text{mm}} = 27{,}893\ \text{St.} \approx 28\ \text{St.}$$

Beim Runden der Anzahl immer aufrunden, da mit dem maximalen Maß gerechnet wurde.

$$\frac{(3885\ \text{mm} + 20\ \text{mm})}{28\ \text{St.}} = 139{,}46\ \text{mm}$$

Das Sprungmaß für die Staketen beträgt 139,46 mm waagerecht.

8. Berechnen Sie die Rohmenge an Blockware in m³, die Sie für die Herstellung der Treppenstufen mit folgenden Maßen bestellen müssen:
- **Anzahl Stufen 16**
- **Stufenbreite 320 mm**
- **Stufenlänge 960 mm**
- **Stärke der Stufen fertig 50 mm**
- **Blockware 60 mm**
- **Verschnitt beim Zuschnitt 25 %**
- **Verlust Abrichten und Fügen 4,5 %**

Berechnung: Fläche der Stufen
Stufenbreite · Stufenlänge · Anzahl der Stufen = Gesamtfläche fertig

$0{,}32\ \text{m} \cdot 0{,}96\ \text{m} \cdot 16\ \text{St.} = 4{,}92\ \text{m}^2$

$4{,}92\ \text{m}^2 \cdot 0{,}25 = 1{,}23\ \text{m}^2$

$4{,}92\ \text{m}^2 + 1{,}23\ \text{m}^2 = 6{,}15\ \text{m}^2$

$6{,}15\ \text{m}^2 \cdot 0{,}045 = 0{,}28\ \text{m}^2$

$6{,}15\ \text{m}^2 + 0{,}28\ \text{m}^2 = 6{,}43\ \text{m}^2$

$6{,}43\ \text{m}^2 \cdot 0{,}06\ \text{m} = 0{,}386\ \text{m}^3$

Es muss eine Menge von mindestens $0{,}386\ \text{m}^3$ Blockware bestellt werden.

9. Berechnen Sie alle Treppenmaße, die Sie für ein Angebot brauchen unter Berücksichtigung folgender Angaben:

Bodenaufbau EG	**125 mm**
Bodenaufbau OG	**145 mm**
ORF-ORF	**2685 mm**
Schrittmaß	**630 mm**
Stufendicke	**50 mm**
Unterschneidung	**50 mm**
Wangenbesteck	**60 mm**
Wangenstärke	**60 mm**

Berechnung:
Stockwerkshöhe:
= 2685 mm – Bodenaufbau EG + Bodenaufbau OG
2685 mm – 125 mm + 145 mm = 2705 mm
Die Stockwerkshöhe beträgt 2705 mm.

Anzahl der Steigungen:

$$= \frac{\text{Stockwerkshöhe}}{\text{minimale Steigungshöhe}}$$

$$\frac{2705\text{ mm}}{175\text{ mm}} = 15{,}457\text{ Stg.} \approx \underline{\underline{15\text{ Stg.}}}$$

Steigungshöhe:

$$= \frac{\text{Stockwerkshöhe}}{\text{Anzahl Steigungen}}$$

$$\frac{2705\text{ mm}}{15\text{ Stg.}} = 180{,}33\text{ mm}$$

Die Steigungshöhe beträgt 180,33 mm.

Auftrittbreite:
= Schrittmaß – 2 · Steigungshöhe
630 mm – 2 · 180,33 mm = 269,34 mm ≈ 270 mm
Die Auftrittbreite beträgt 270 mm.

11

Lernfeld 12

Schiften am gleichgeneigten Walmdach

1. Erklären Sie, den Begriff Walmdach.

Ein Walmdach ist ein Satteldach, das an beiden Giebeln eine Dachschräge hat, die von der Traufe nach oben verläuft. Diese Dachflächen nennt man Walmflächen.
Das Walmdach muss zwischen den Walmflächen am oberen Verschneidungspunkt einen First haben. Ohne diesen First nennt man es Zeltdach.

2. Erklären Sie den Begriff Verfallgrat.

Ein Verfallgrat entsteht wenn, an einem Walmdach zwei unterschiedliche Firsthöhen zusammentreffen.

3. Nennen Sie das Verbindungsbauteil zwischen den Dachflächen beim Walmdach.

Das Verbindungsbauteil wird Gratsparren genannt. Dieser nimmt die Schifter der zwei anliegenden Dachflächen auf.

4. Nennen Sie drei Dachformen, die Walmdachflächen enthalten.

Walmdach, Schopfwalmdach, Krüppelwalmdach.

5. Erläutern Sie den Begriff Dachausmittlung.

Unter dem Begriff Dachausmittlung versteht man die Verschneidungen aller Dachflächen in einer Draufsicht. Die Lage der Grat-, Kehl- und Firstlinien hängt davon ab, ob alle Dachflächen gleich oder verschieden geneigt sind. Außerdem spielt es eine Rolle, wie die Traufen zueinander liegen.
Nach der Dachausmittlung liegen alle Dachkanten fest.

6. Erklären Sie den Sonderfall bei der Dachausmittlung von gleich geneigten Dachflächen.

Bei der Dachausmittlung von gleichgeneigten Dachflächen ist die Winkelhalbierende Verschneidungslinie bei Kehle und Grat, da bei gleicher Dachneigung die Höhenlinien bei gleich großem Grundmaß auf gleicher Höhe liegen.

7. Beschreiben Sie die Ermittlung von Grat- und Kehllinien bei ungleich geneigten Dächern.

Zur Ermittlung der Grat- und Kehllinien ungleich geneigter Dächer muss ein Hilfsschnitt gezeichnet werden. Die Schnittpunkte der Höhenlinien zeigen Verlauf der Grat- und Kehllinien. Dieses Verfahren wird auch *Höhenschnittverfahren* genannt.

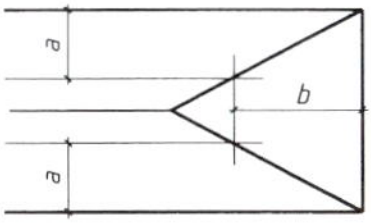

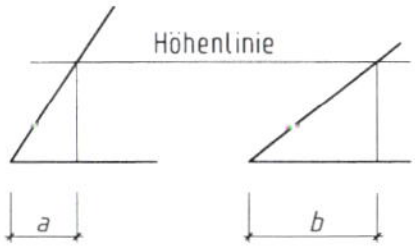

8. Erklären Sie den Begriff Anfallspunkt bei der Dachausmittlung.

Als Anfallspunkt wird der Punkt des Daches bezeichnet, in dem mindestens drei Dachkanten zusammentreffen.

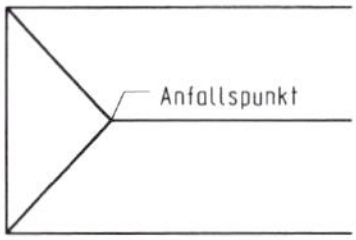

9. Nennen Sie zwei Schiftungsmethoden, mit denen man einen Gratsparren austragen kann.

- Senkelmethode
- Höhenmethode

10. Wie kann geprüft werden, ob es am Gratsparren Klauenschifter gibt?

Dazu ist die Schiftersenkelhöhe mit der Gratsparrensenkelhöhe der zugehörigen Dachseite zu vergleichen. Wenn die Gratsparrensenkelhöhe kleiner ist, ergeben sich Klauenschifter.

12

11. Erstellen Sie die Dachausmittlung für folgenden Walmdachgrundriss mit einer
- **Dachneigung von 35°,**
- **Trauflänge von 10,25 m,**
- **Walmtrauflänge von 6,45 m.**

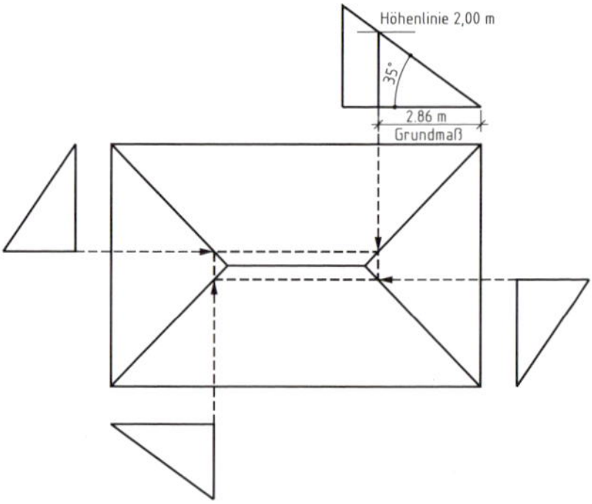

12. Nennen Sie zwei Möglichkeiten, um eine Längsaussteifung an einem Walmdach auszuführen.

Die Längsaussteifung kann folgendermaßen ausgeführt werden:
- Verlegen von geeigneten Plattenwerkstoffen auf den Sparren,
- Kopfbänder oder Büge in der Pfettenlage,
- Streben in der Pfettenlage,
- Einbinden von ausgesteiften Wänden,
- Windrispen.

13. Erklären Sie, in welchem Fall es bei einem Gratsparren oder Kehlsparren zu einem Hexenschnitt kommt.

Bei Grat- und Kehlsparren kommt es immer dann zu einem Hexenschnitt, wenn die Abschnittrichtung der Normalsparren nicht im Lot oder in der Waage ausgeführt wird. Bei allen anderen Abschnittwinkeln kommt es automatisch zum Hexenschnitt, da sich die Neigung der Grat- und Kehlsparren verändert.

14. Beschreiben Sie ausführlich den Ablauf der Gratsparrenaustragung.

→

Zuerst müssen die Profile angelegt werden. Anhand dieser kann der Grundriss ermittelt werden. Bezogen auf die Gebäudeabmessungen (Verschneidung der beiden Profile), ergibt sich die Gratgrundlinie im Grundriss. Danach kann der Gratsparren auf zwei Arten ausgetragen werden:

→

1. Senkelmethode:
   Die Gratgrundlängen aus dem Grundriss sind mittels einer Maßlatte in die Profile zu übernehmen (aus dem Grund in den Grund), die Maßlatte wird am Firstpunkt in Richtung des Traufpunktes angelegt.
   Es entsteht auf Traufhöhe ein nach außen verlagerter, neuer Traufpunkt (Grattraufpunkt). Durch Verbinden des Firstpunktes von Profil 1 mit dem Grattraufpunkt entsteht die Gratlinie (Neigungslinie Oberkante des Gratsparrens).
   Nun können die Markierungen der Maßlatte senkrecht in das Gratsparrenprofil gezeichnet werden und die Oberkanten der Schwellen und Pfetten werden aus Profil 1 parallel zur Grundlinie in das Gratprofil gezeichnet.
   Das gleich geneigte Dach hat den Vorteil, dass es nur einen Verstich gibt.
   Dieser Verstich wird an den Senkeln angetragen, der Verstich am Grattraufpunkt ergibt die Abgratungslinie, indem die Gratlinie parallel durch den Verstich verschoben wird.
   Anschließend können der Gratsparren auf den Aufriss aufgelegt und die Linien auf das Holz übertragen werden. Hierbei ist zu beachten, dass die Linien auf die zugeordnete Gratsparrenseite übertragen werden.
2. Höhenmethode
   Bei dieser Methode wird aus dem Profil 1 eine Höhenmaßlatte (von Traufpunkt – Firstpunkt und den Oberkanten der Pfetten) in den Grundriss übernommen und lotrecht zur Gratlinie angetragen.
   Jetzt werden der Grattraufpunkt und der Firstpunkt, der lotrecht an der Verschneidung von Höhenmaßlatte und Gratgrundfirstpunkt entsteht, miteinander verbunden und bilden die Gratlinie (Neigungslinie: Oberkante des Gratsparrens).

15. **Erstellen Sie die Dachausmittlung zu folgendem Grundriss bei einer Dachneigung von 42°.**

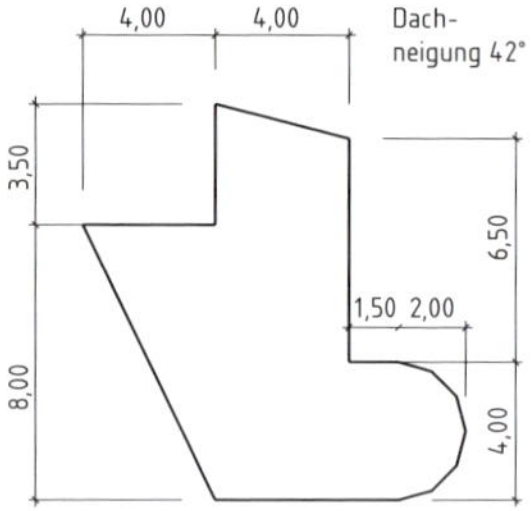

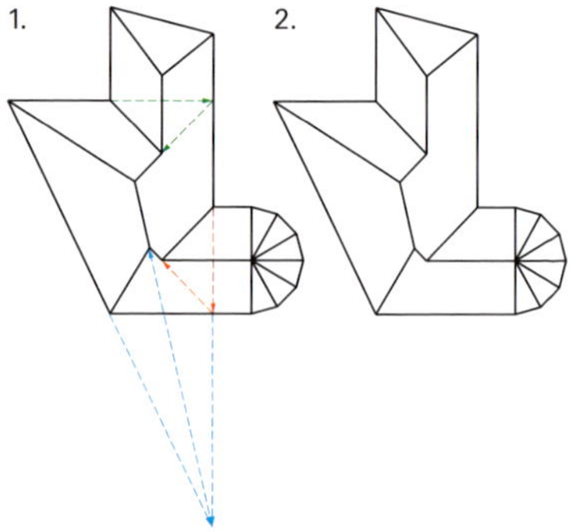

16. **Erstellen Sie für folgenden Grundriss die Dachausmittlung und die Ansicht in Nordrichtung bei einer Dachneigung von 50°.**

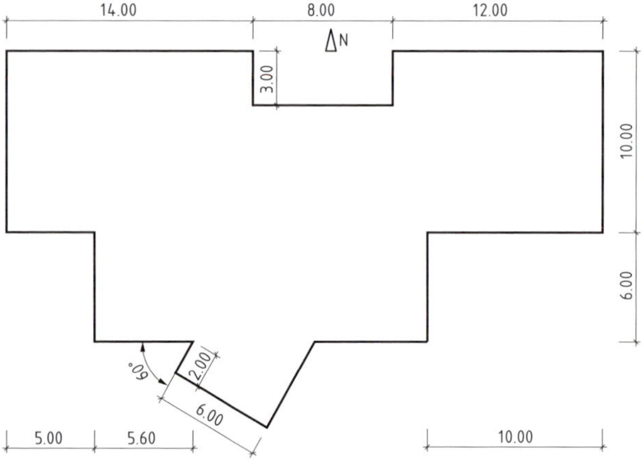

Einzeichnen der Höhenlinie 2, einzeichnen der Grat- und Kehllinien

Höhenlinie 1
Höhenlinie 2

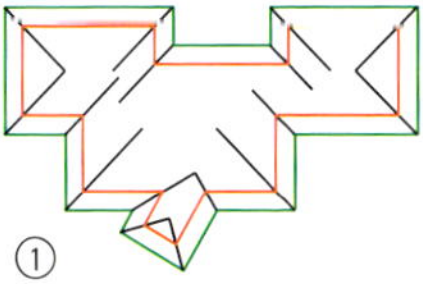

①

Einzeichnen der Firstlinie, einzeichnen des 1.Verfallgrates, durch Verlängerung der zugehörigen Höhenlinien 1+2

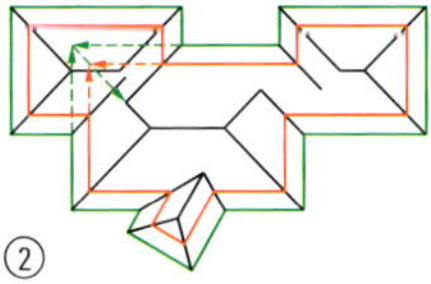

②

Einzeichnen der Firstlinie, einzeichnen des 2.Verfallgrates durch Verlängerung der zugehörigen Höhenlinien 1+2, durch Verbinden der Verfallgrate ergibt sich ein First

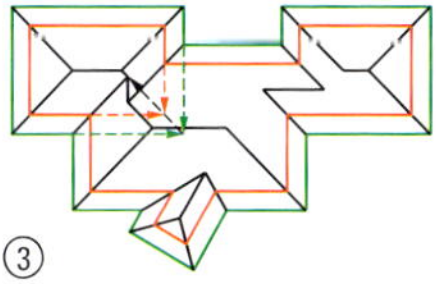

③

Einzeichnen der Firstlinie, einzeichnen des 3.Verfallgrates durch Verlängerung der zugehörigen Höhenlinien 1+2

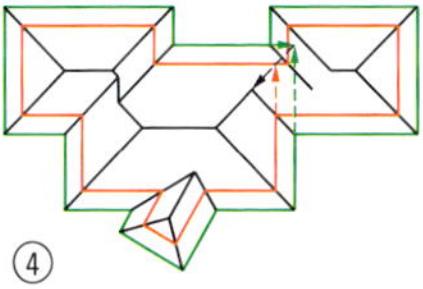

④

Einzeichnen der Firstlinie, einzeichnen des 4.Verfallgrates durch Verlängerung der zugehörigen Höhenlinien 1+2, durch Verbinden der Verfallgrate ergibt sich ein First

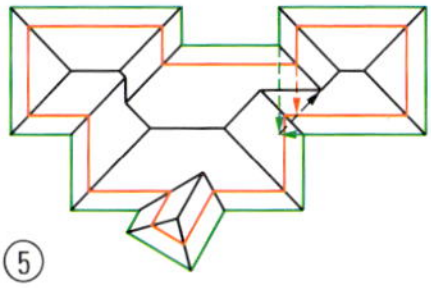

⑤

Abgeschlossene Dachausmittlung

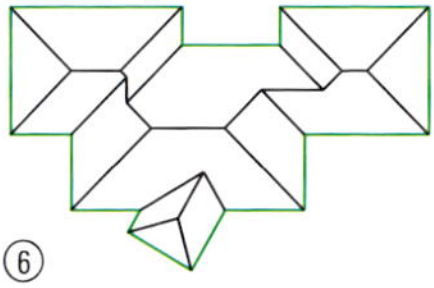

⑥

Anlegen der Ostansicht, Bezugspunkte aus Grundriss, mit den Dachneigungen verschneiden

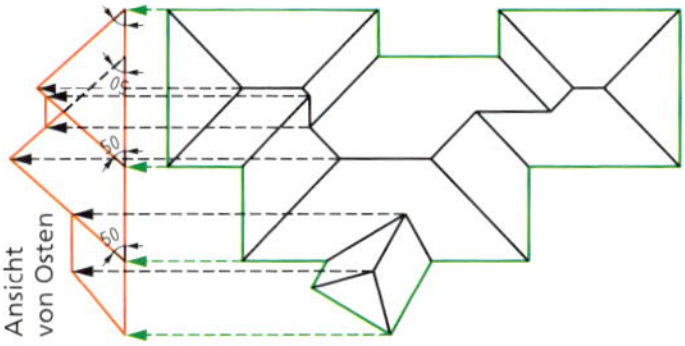

Anlegen der Ostansicht, Bezugspunkte aus Grundriss, mit den Dachneigungen verschneiden

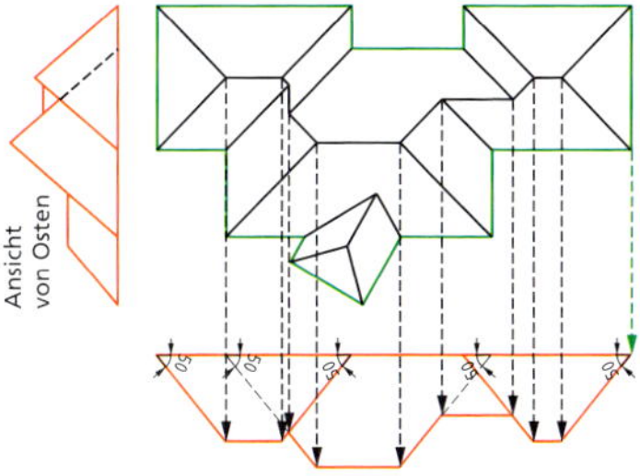

Ansicht von Norden

Abgeschlossene Aufgabe, Dachausmittlung und Ansichten

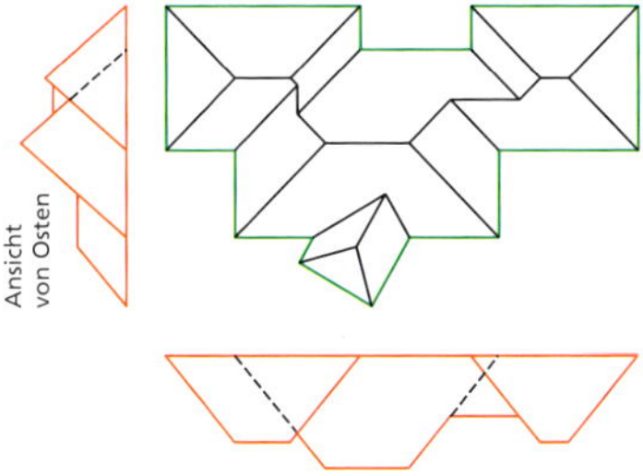

Ansicht von Norden

17. Erstellen Sie die Profile aus der Ansicht und der Dachausmittlung.

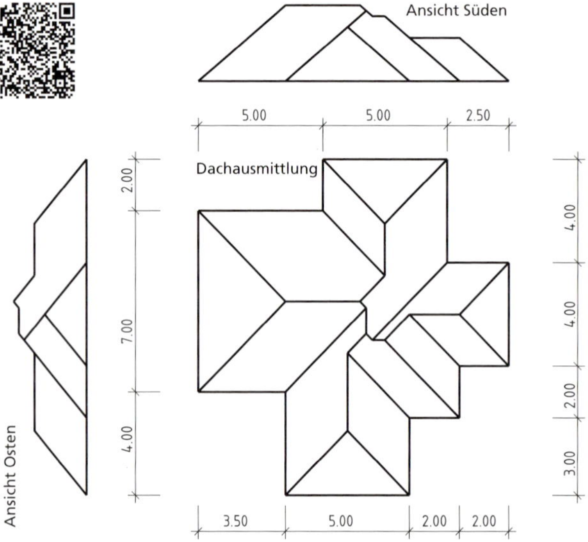

Lösung:

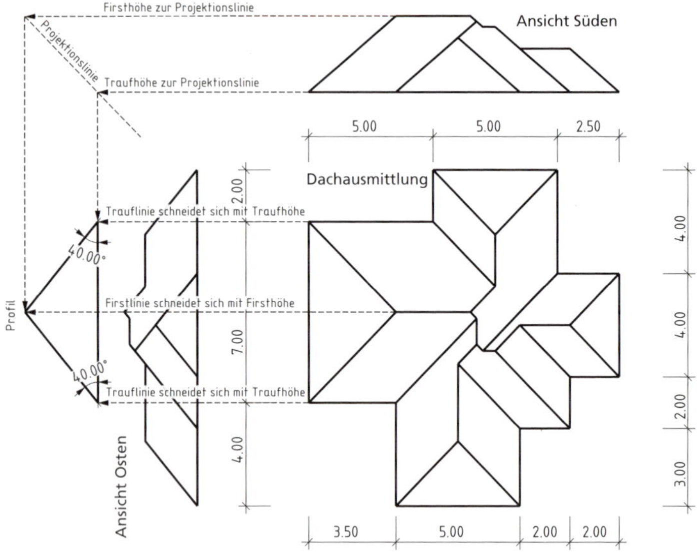

18. Ermitteln Sie aus dem Gratsparrenprofil und dem Grundriss das Profil.

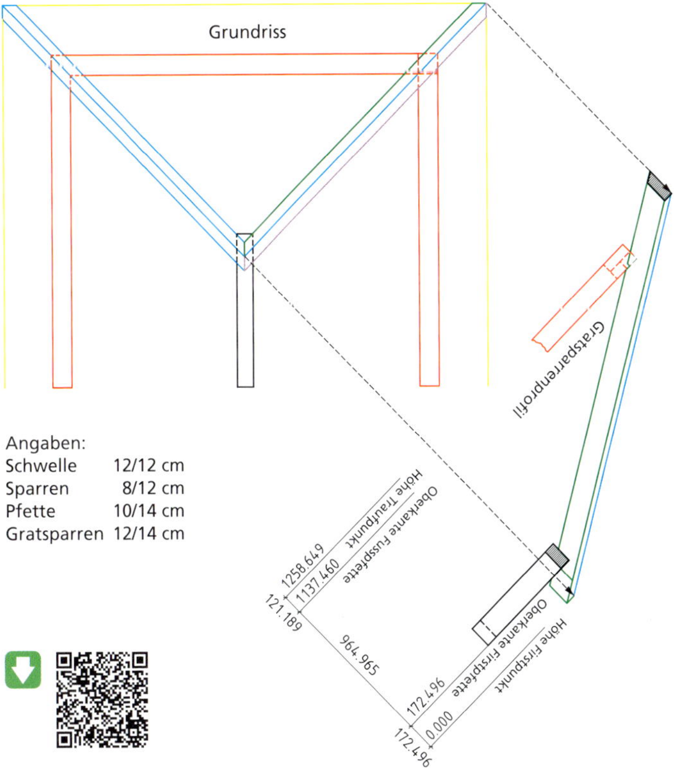

Angaben:

Schwelle	12/12 cm
Sparren	8/12 cm
Pfette	10/14 cm
Gratsparren	12/14 cm

Lösung:

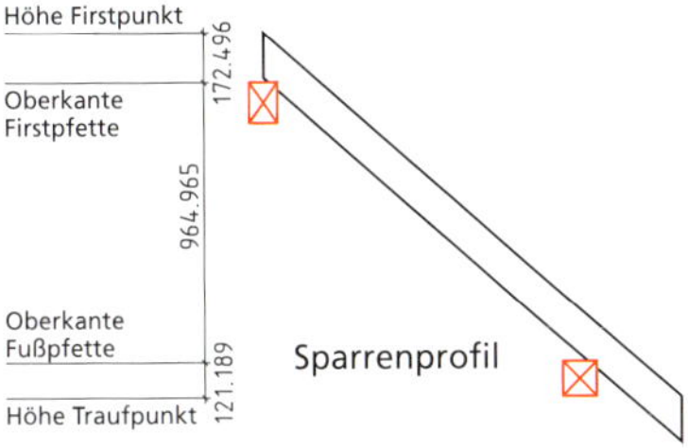

19. Tragen Sie aus folgendem Profil den Gratsparren und den Grundriss aus.

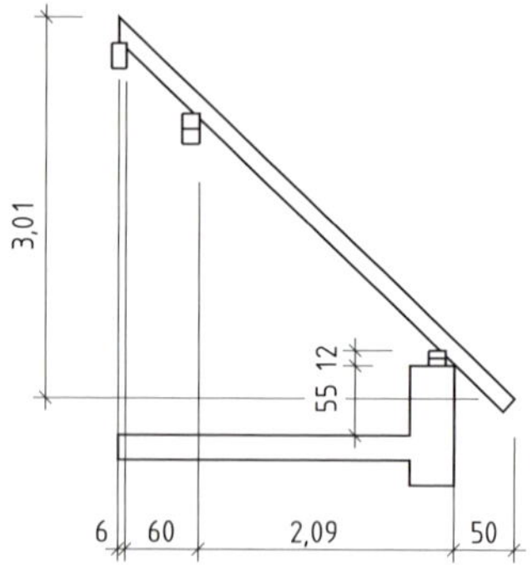

→ Siehe Seite 251.

20. Ermitteln Sie den Gratschifter aus folgendem Profil und Grundriss.

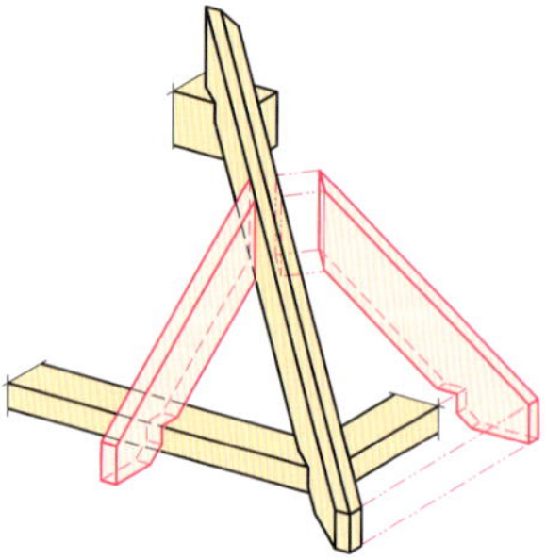

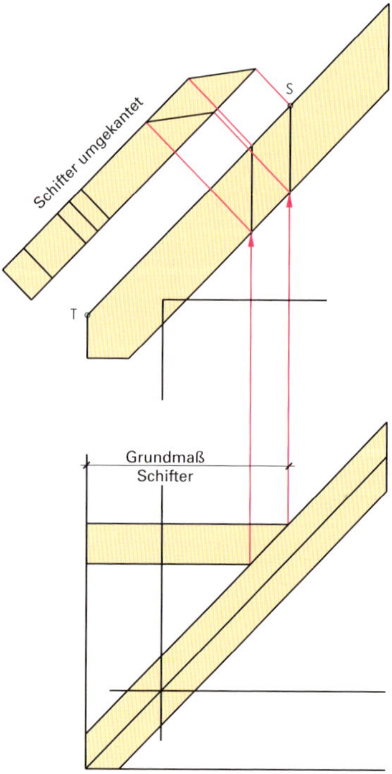

→ Lösung zu Aufgabe **20**.

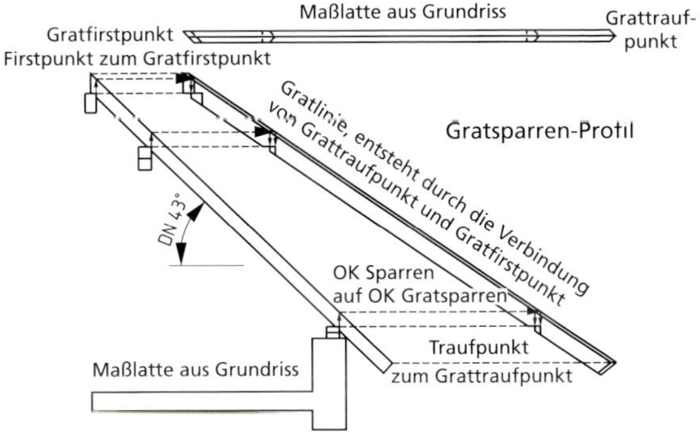

Hinweis: Für das Auflegen des Bauteiles
müssen die Risslinien über die Bauteilkanten hinausführen

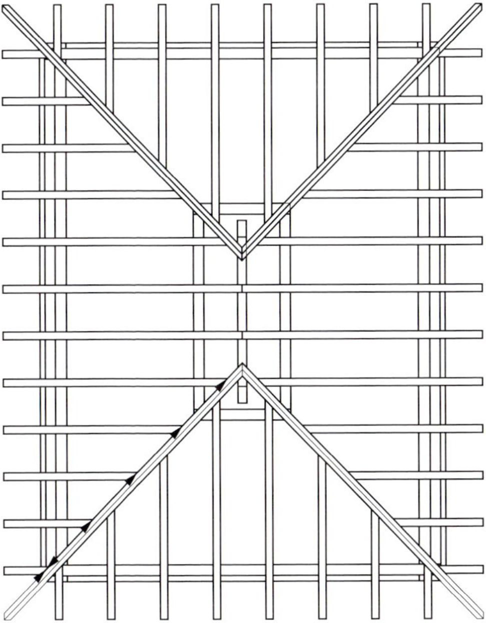

21. Erläutern Sie, wie Schifter ausgetragen werden. Annahme: Grundriss und Profil sind gezeichnet.

Im Grundriss wird die lotrechte Anordnung der Schifter zur Traufe überprüft. Wenn dem so ist, wird die Länge des Schifters im Grundriss entlang der längsten Kante mittels einer Maßlatte abgenommen. Die kurze Seitenlänge wird auch auf die Maßlatte übernommen. Sie kann nun in das Profil übernommen werden (aus dem Grund in den Grund). An der Grundlinie des Profils wird die Maßlatte am Traufpunkt in Richtung des Firstes abgetragen und die lange und kurze Ecke des Schifters werden mittels eines lotrechten Striches in das Profil gezeichnet. Jetzt werden Linien über die Ober- u. Unterkante des Sparrens gezogen, um diesen bei der Holzauflage nicht abzudecken. Das Beschriften der Senkel der rechten und linken Schifter-Außenkante ist hilfreich, um Fehler zu minimieren. Anschließend werden die Senkel auf das Holz übernommen und auf der Unterkante und der Oberkante miteinander verbunden.

22. Welche Angaben sind bei einer Austragung eines Gratsparrens zwingend erforderlich?

Bei einer Austragung eines Gratsparrens sind zwingend erforderlich:

1. Das Profil bzw. seine Maße,
2. der Grundriss bzw. seine Maße.

23. Beurteilen Sie die Längsaussteifung eines Satteldaches im Vergleich mit der eines Walmdachs.

Bei Satteldach ist die Längsaussteifung wichtiger, da sonst in Längsrichtung keine Kräfte aufgenommen werden können. Beim Walmdach hingegen können die Gratsparren einen Teil der Kräfte aufnehmen.

24. Erläutern Sie, wann es am Gratsparren einen Hexenschnitt gibt.

Bei einem Gratsparren kommt es zum Hexenschnitt wenn die Traufabschnittrichtung des Profils nicht in Senkel ausgeführt wird. Der Senkelschnitt am Profil ergibt am Grat- oder Kehlsparren auch einen Senkelschnitt, da dieser Senkel sich an einem Dach nicht verändert.

25. Erklären Sie ausführlich die Herangehensweise bei der Schifter-Austragung.

- Die Abstände aller Schiftersparren eines Daches müssen festgelegt sein.
- Im Grundriss wird das Grundmaß des Schiftersparrens ermittelt.
- Die Schnittpunkte zwischen dem Schiftersparren und dem Gratsparren werden ermittelt.
- Die ermittelten Schnittpunkte werden in das Profil des Hauptdachsparrens hochgelotet.
- Diese lotrechten Risse stellen die Senkelrisse des Schiftersparrens dar.
- Der Abstand zwischen dem Traufpunkt (T) und dem äußeren Senkelriss (S) entspricht der tatsachlichen Länge des Schiftersparrens.
- Vom Reißboden werden alle Risse auf den Schifter übertragen.
- Die Senkelrisse werden an der Sparrenober- und -unterkante miteinander verbunden und mit dem Abschnittszeichen versehen.
- Durch das Abschneiden des Schifters an den Senkelrissen entsteht die Schifterschmiege. Über sie wird der Schiftersparren mit dem Gratsparren verbunden.

12

Lernfeld 12
Fachmathematik

1. Berechnen Sie den Gratgrundwinkel einer Traufecke mit 90° bei gleicher Dachneigung.

$$\frac{90°}{2} = \underline{\underline{45°}}$$

Bei gleich geneigtem Walmdach ist der Gratgrundwinkel die Winkelhalbierende der Traufecke.

2. Berechnen Sie die Gratsparrenneigung (α_G) anhand folgender Angaben:
- **gleich geneigtes Walmdach,**
- **Profil 1**
- **Dachneigung (α_{P1}) 40°**
- **Gratgrundwinkel (β_{P1}) 45°**

$$\alpha_G = \tan^{-1}(\tan \alpha_{P1} \cdot \sin \beta_{P1})$$
$$\alpha_G = \tan^{-1}(\tan 40° \cdot \sin 45°)$$
$$\alpha_G = \underline{\underline{30{,}68°}}$$

3. Berechnen Sie die Gratsparrenlänge (l_G) anhand folgender Angaben:
Sparrenlänge Profil 1 (l_{Sp}) 2,49 m
Gratsparrenneigung (α_G) 35,26°

$$l_G = \frac{l_{Sp}}{\cos \alpha_G}$$
$$l_G = \frac{l_{Sp}}{\cos 35{,}26°}$$
$$l_G = \underline{\underline{3{,}05\ \text{m}}}$$

4. Berechnen Sie die Länge des dritten Schifters (l_{Sch}) an einem gleichgeneigten Walmdach anhand folgender Angaben:
Profil 1 Dachneigung (α_{P1}) 40°
Sprungmaß (e) 0,625 m

$$l_{Sch} = ((3 \cdot e) \cdot \tan \beta_{P1}) : \cos \alpha_{P1}$$
$$l_{Sch} = ((3 \cdot 0{,}625\ \text{m}) \cdot \tan 45) : \cos 40°$$
$$l_{Sch} = 1{,}875\ \text{m} : \cos 40°$$
$$l_{Sch} = \underline{\underline{2{,}4476\ \text{m}}}$$

5. Berechnen Sie die Breite des halben Gratsparrens am Traufabschnitt entlang der waagerechten Traufe (b), anhand folgender Angaben:
- **gleich geneigtes Walmdach**
- **Gratsparrenbreite 12,0 cm**
- **Traufecke 90°**

Allgemeine Formel:

$$b = (12\ \text{cm} : 2) : \cos \beta_{P1}$$
$$b = (12\ \text{cm} : 2) : \cos 45°$$
$$b = 6\ \text{cm} : \cos 45°$$
$$b = \underline{\underline{8{,}49\ \text{cm}}}$$

Nur bei gleich geneigten Dächern:

$$b = (12\ \text{cm} : 2) \cdot \sqrt{2}$$
$$b = 6\ \text{cm} \cdot \sqrt{2}$$
$$b = \underline{\underline{8{,}49\ \text{cm}}}$$

6. Berechnen Sie den Gratgrundwinkel (β_{P1}) eines fünfeckigen Kirchturms.

$\beta_{P1} = (180° - 360° : 5) : 2$
$\beta_{P1} = \underline{\underline{54°}}$

7. Berechnen Sie, die Dachfläche (A_G) eines gleich geneigten Walmdachs anhand folgender Angaben:
- **Dachneigungswinkel (α_{P1}) 35°**
- **Trauflänge Walm (l_{TWD}) 6,25 m**
- **Trauflänge Hauptdach (l_{THD}) 10,75 m**
- **Gratgrundmaß (g_{GM})**
- **Länge First (l_F)**

$A = (l_{TWD} \cdot l_{THD}) : \cos \alpha_{P1}$
$A = (6{,}25\ m \cdot 10{,}75\ m) : \cos 35°$
$A = 67{,}19\ m^2 : \cos 35°$
$A = \underline{\underline{82{,}02\ m^2}}$

oder: Flächen einzeln:
- Walmdachflächen
  $l_{Sp} = (6{,}25\ m : 2) : \cos \alpha_{P1}$
  $l_{Sp} = 3{,}125\ m : \cos 35°$
  $l_{Sp} = 3{,}81\ m$
  $A_{WD} = 6{,}25\ m \cdot 3{,}8149\ m$
  $A_{WD} = 23{,}81\ m^2$
- Hauptdachflächen
  $l_F = 10{,}75\ m - 2 \cdot g_{GM}$
  $l_F = 4{,}50\ m$
  $A_{HD} = ((4{,}50\ m + 10{,}75\ m) : 2) \cdot l_{Sp} \cdot 2$
  $A_{HD} = 7{,}625\ m \cdot 3{,}81\ m \cdot 2$
  $A_{HD} = 58{,}10\ m^2$
  $A_G = A_{WD} + A_{HD}$
  $A_G = 23{,}81\ m^2 + 58{,}10\ m^2$
  $A_G = \underline{\underline{81{,}91\ m^2}}$

8. Berechnen Sie, den Dachneigungswinkel (α_{P1}), anhand folgender Angaben:
Gesamtgrundmass ($g_M \cdot 2$) 10,35 m
Sparrenlänge (l_{Sp}) 6,85 m
Dachüberstand (β) 0,35 m

$g_M = 10{,}35\ m : 2$
$g_M = 5{,}175\ m$
$h_F = \sqrt{l_{Sp}^2 - g_M^2}$
$h_F = 4{,}49\ m$
$\alpha_{P1} = \tan^{-1} (4{,}49\ m : 5{,}175\ m)$
$\alpha_{P1} = \underline{\underline{40{,}88°}}$

12

Lernfeld 13
Schiften am ungleich geneigten Walmdach

1. Erklären Sie den Begriff Walmdach.

Ein Walmdach ist ein Satteldach, das an beiden Giebeln eine Dachschräge hat, die von der Traufe nach oben verläuft. Diese Dachflächen nennt man Walmflächen.
Das Walmdach muss zwischen den oberen Verschneidungspunkten der Walmflächen einen First bilden ohne diesen First ist es ein Zeltdach.

2. Erklären Sie den Begriff Verfallgrat.

Ein Verfallgrat entsteht, wenn an einem Walmdach zwei unterschiedliche Firsthöhen zusammentreffen.

3. Unterscheiden Sie zwischen einem verlegten Gratsparren und einem nicht verlegten Gratsparren. Wählen Sie die von Ihnen bevorzugte Variante beim ungleich geneigten Walmdach und begründen Sie Ihre Wahl.

Bei einem Gratsparren, der im Grundriss verlegt wird, entsteht eine gleiche Abgratungshöhe an beiden Profilen, nur der Abgratungswinkel variiert. Beim nicht verlegten Gratsparren ist die Abgratungshöhe für jede der zwei anliegenden Dachseiten unterschiedlich hoch. Somit muss die Gratsparrenhöhe vergrößert werden.
Die verlegte Variante ist vorzuziehen, da die Abgratungshöhen von der obersten Kante (Gratlinie) nach unten gehen. Es ist daher ein großer Vorteil, wenn diese nicht unterschiedlich sind. Dadurch ergibt sich eine kleinere Höhe des Gratsparrens. Wenn man hierzu noch die anzuschließenden Gratschifter berücksichtigt, ist die Gratsparrenhöhe ideal.

4. Nennen Sie mindestens drei Möglichkeiten, um einen Gratschifter am Gratsparren anzuschließen.

1. Ingenieurmäßige Holzverbindungen z. B. Balkenträger, Metallverbinder für Haupt- und Nebenträger.
2. Zimmermannsmäßige Holzverbindungen:
   Schwalbenschwanzverbindung (dabei muss der Gratsparren um die beidseitige Frästiefe verbreitert werden, um die Tragfähigkeit nicht zu verringern).
   - Zapfen (an Schiftern jedoch sehr aufwendig herzustellen).
3. Eine Verbindung mit Drahtstiften, die durch den Gratschifter in den Gratsparren getrieben werden.
4. Eine Verbindung mittels Vollgewindeschrauben, die durch den Gratschifter in den Gratsparren gedreht werden.

5. Erläutern Sie die Vorgehensweise bei der Dachausmittlung.

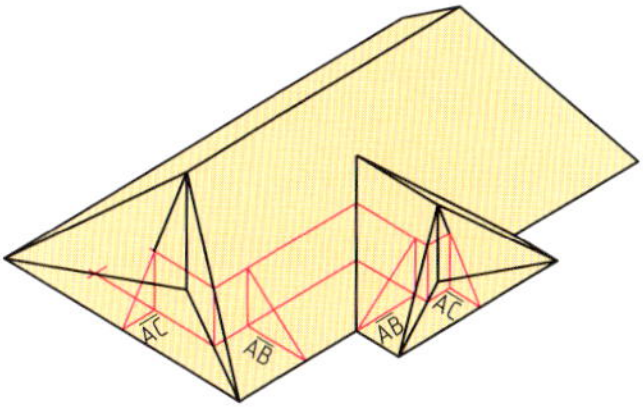

- Vom Traufpunkt A ausgehend, werden die verschieden geneigten Profile gezeichnet.
- In beliebiger Höhe wird eine Parallele zum Grund gezeichnet, die mit den Profilsparren Schnittpunkte bildet.
- Durch Herunterloten der Schnittpunkte auf den Grund werden die Strecken $\overline{AB}$ und $\overline{AC}$ ermittelt.
- Das Verhältnis dieser Strecken zueinander entspricht dem Verhältnis der Sparrengrundmaße.
- Im Abstand $\overline{AB}$ wird eine Parallele zur Traufe mit der flachen Neigung gezogen und im Abstand $\overline{AC}$ eine Parallele zur Traufe mit der steileren Neigung.
- Durch das Verbinden der so entstandenen Schnittpunkte mit den entsprechenden Traufecken werden die Grat- und Kehllinien ermittelt.

6. Erstellen Sie
a) eine Abfolge an Skizzen, in der die Gratgrundverlegung erkennbar wird und erläutern Sie die Skizzen stichwortartig,
b) eine Skizze der unterschiedlichen Holzquerschnitte.

a)
- Durch das Traufeck **A** wird ein Winkelriss gezogen. Vom Traufeck aus werden auf dem Winkelriss die Gratsparrenbreite ***b*** abgetragen und der Punkt **B** festgelegt.

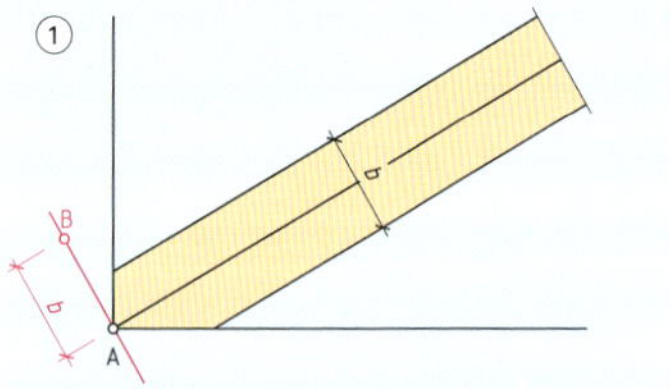

- Parallel zur Walmtraufe wird eine Linie von **B** zur Hauptdachtraufe gezogen. Bis zu dem so gefundenen Schnittpunkt **C** wird der Gratsparren verschoben.

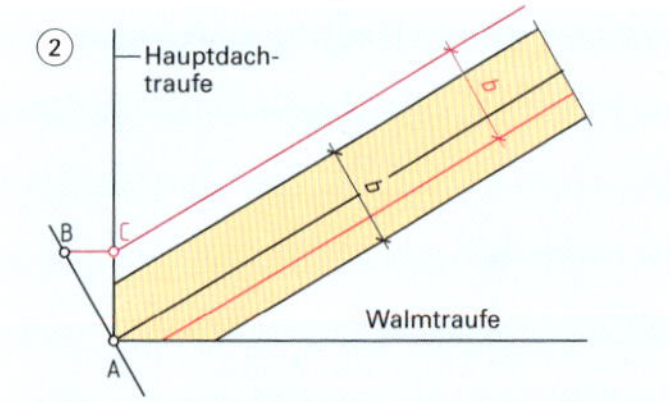

- Durch das Verlegen des Gratsparrens werden die Verstichmaße an der Traufe **gleich groß**.

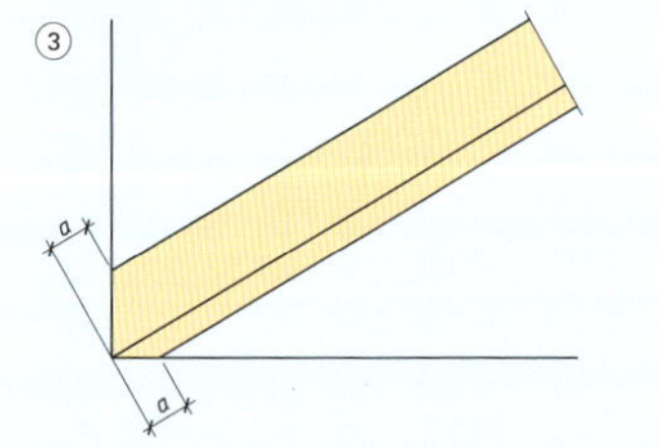

b)

Gratlinie in der Mitte

Gratlinie außerhalb der Mitte

7. **Erstellen Sie die Dachausmittlung zu dem dargestellten Grundriss.**

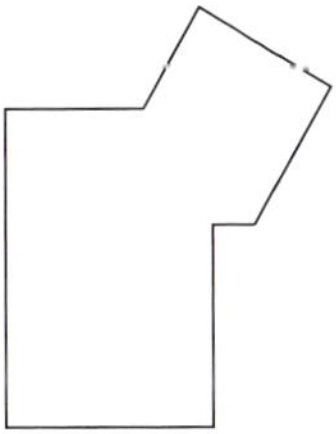

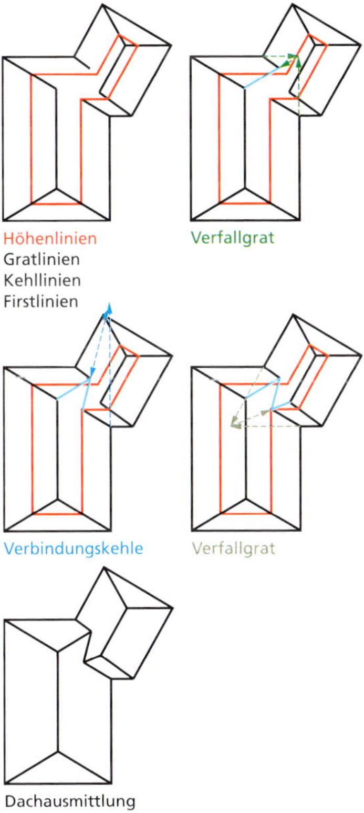

8. **Erstellen Sie die Dachausmittlung zu dargestelltem Grundriss.**

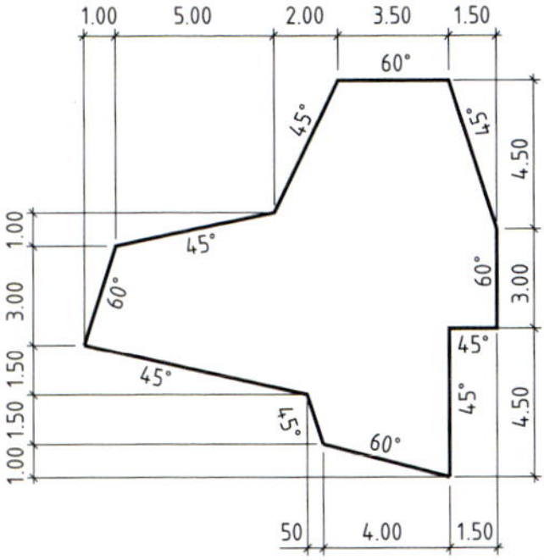

Lösung zu **8.**

Einzeichnen der Höhenlinie.

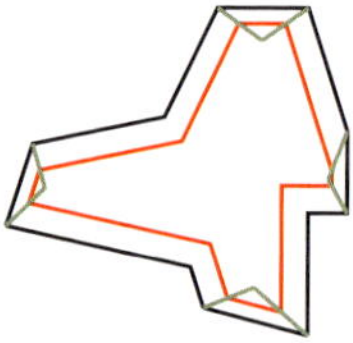

Einzeichnen der Gratsparren an den Walmdachflächen.

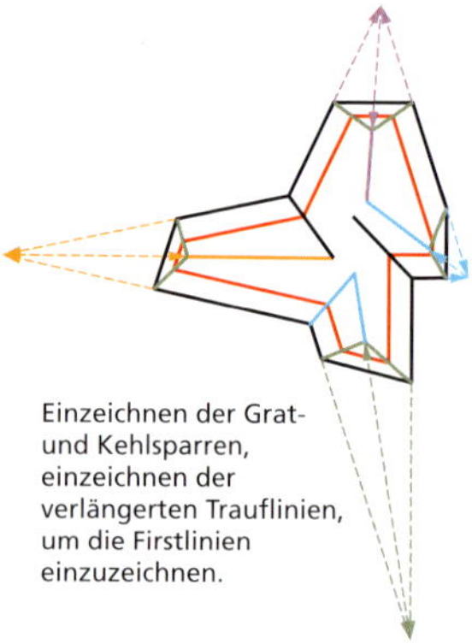

Einzeichnen der Grat- und Kehlsparren, einzeichnen der verlängerten Trauflinien, um die Firstlinien einzuzeichnen.

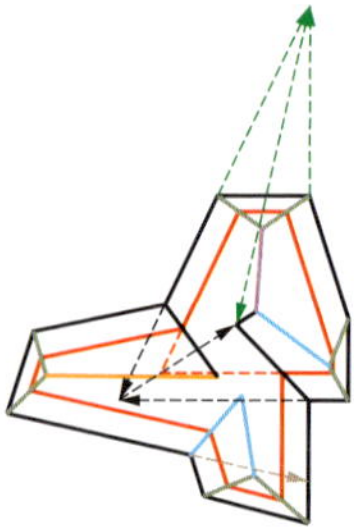

Einzeichnen des Verfallgrates, einzeichnen der verlängerten Trauflinien, um die Gratlinie einzuzeichnen.

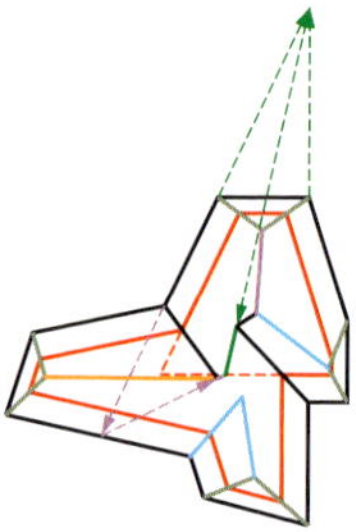

Einzeichnen der verlängerten Trauflinien, um die Firstlinien einzuzeichnen.
Einzeichnen der verlängerten Trauflinien, um den Verfallgrat einzuzeichnen.

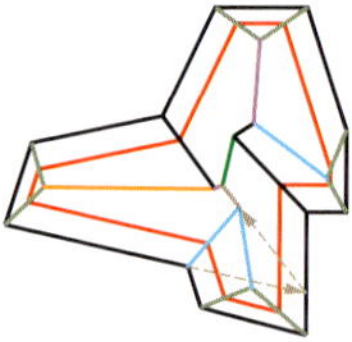

Einzeichnen der verlängerten Trauflinien, um den Verfallgrat einzuzeichnen.

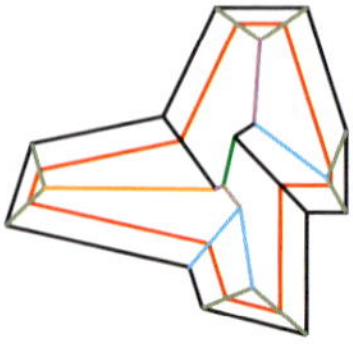

Fertige Dachausmittlung mit Höhenlinie.

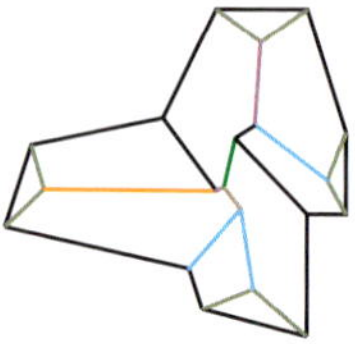

Fertige Dachausmittlung ohne Höhenlinie.

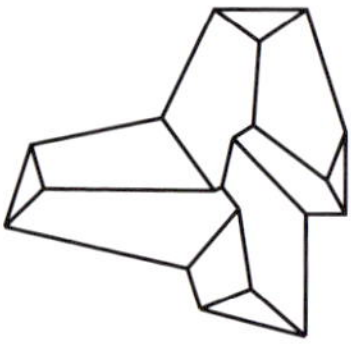

Fertige Dachausmittlung.

9. Erläutern Sie, wann Grat- oder Kehlklauenschifter verwendet werden müssen.

Grat- oder Klauenschifter müssen verwendet werden, wenn die Grat- oder Kehlsparrenhöhe zu klein gewählt wurde.

10. Erklären Sie die Vorgehensweise bei der Austragung von Klauenschiftern.

- In den Grundriss ist der Klauenschifter einzuzeichnen, dessen Klaue bis zur Gratsparrenmitte reicht.
- Backenschmiege (1 und 2) und Klauenabschnitt (3 und 4) werden in das Profil übertragen.
- Aus dem Profil wird der Schnittpunkt zwischen Hinterkante Sparren und waagerechtem Abschnitt (5) in den Grundriss gelotet. Am Schnittpunkt mit der Gratlinie (6) liegt die hintere Gratsparrenabschnittskante. Diese wird verlängert und schneidet sich in den Punkten 7 und 8 mit den Verlängerungen des Schifters.
- Punkte 7 und 8 werden in das Profil übertragen und mit den Rissen 9 und 10 des Klauenabschnittes verbunden.
- Die ermittelten Linien stellen den Klaueneinschnitt dar.

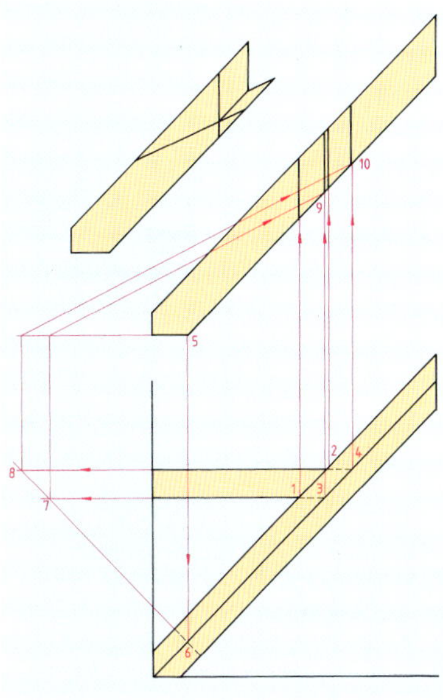

→

→

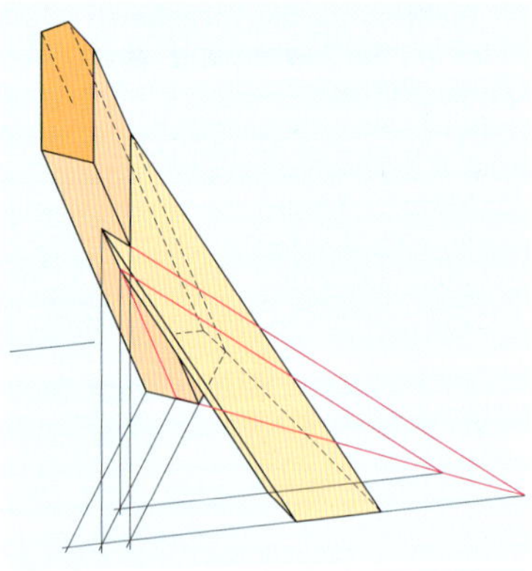

11. **Erläutern Sie den Begriff Dachausmittlung.**

Unter Dachausmittlung versteht man die Verschneidungen aller Dachflächen in einer Draufsicht. Die Lage der Grat-, Kehl- und Firstlinien hängt davon ab, ob die Dachflächen gleich oder verschieden geneigt sind. Außerdem spielt es eine Rolle, wie die Traufen zueinander liegen.
Nach der der Dachausmittlung liegen alle Dachkanten fest.

12. **Nennen Sie zwei Möglichkeiten um eine Längsaussteifung an einem Walmdach auszuführen.**

Die Längsaussteifung kann durch folgende Maßnahmen ausgeführt werden:

- Verlegen von geeigneten Plattenwerkstoffen auf den Sparren,
- Kopfbänder oder Büge in der Pfettenlage,
- Streben in der Pfettenlage,
- Einbinden von ausgesteiften Wänden,
- Windrispen.

13. **Erklären Sie, in welchem Fall es bei einem Gratsparren oder Kehlsparren zu einem Hexenschnitt kommt.**

Bei Grat- und Kehlsparren kommt es immer dann zu einem Hexenschnitt, wenn die Abschnittrichtung der Normalsparren nicht senkrecht oder waagerecht ausgeführt wird. Bei allen anderen Abschnittswinkeln kommt es zum Hexenschnitt, da sich die Neigung an Grat- und Kehlsparren verändert.

14. **Erstellen Sie**

a) eine Abfolge von Skizzen, in der die Kehlgrundverschiebung erkennbar wird und erläutern Sie die Skizzen stichwortartig,

b) zwei dreidimensionale Skizzen, in denen die Querschnittsnutzung bei Kehllinie auf der Mitte sowie bei verlegten Kehlsparren sichtbar wird.

Ähnlich wie beim Gratsparren wird ein Winkelriss durch das Traufeck **A** gezogen, auf dem die Kehlsparrenbreite *b* abgetragen wird. Vom Punkt **B** wird parallel zur Hauptdachtraufe eine Linie gezogen und zum Schnittpunkt mit der Anbautraufe gebracht. Bis zu diesem Punkt (**C**) wird der Kehlsparren verlegt.
Durch das Verlegen des Kehlsparrens sind die Verstichmaße *a* an der Traufe **gleich groß**.

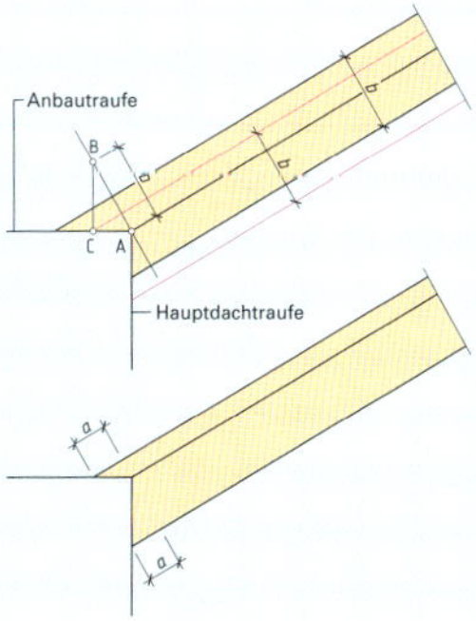

Die Verschiebung des Kehlsparrens bei ungleicher Dachneigung führt zu einer besseren Querschnittsausnutzung der Balken.

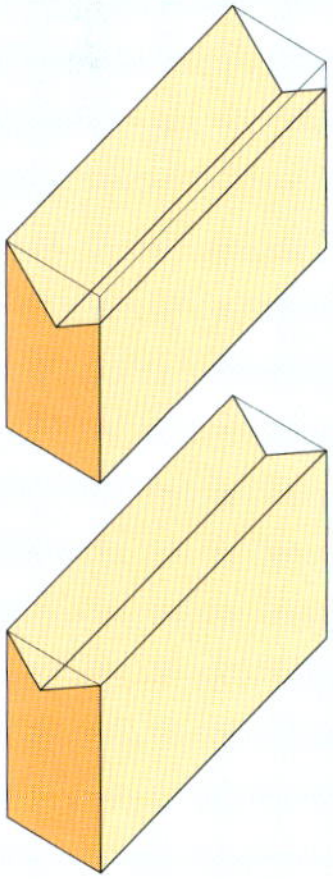

15. Was wird zur Austragung der Schiftersparren benötigt?

Dazu sind Grundriss und Hauptdach- sowie Walmdachprofil nötig.

16. Tragen Sie aus der Ansicht und den Profilen die Kehlbohlen aus.

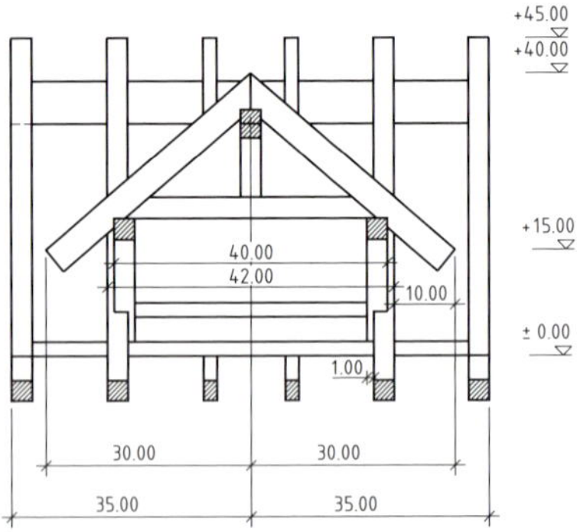

Lösung:

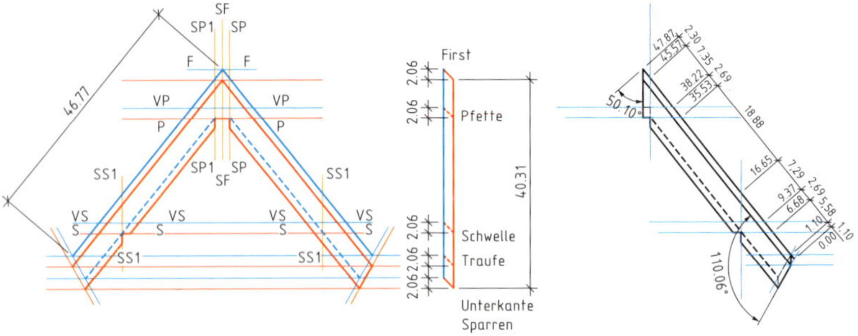

17. Ermitteln Sie den Gratsparren aus Profilen und Grundriss.

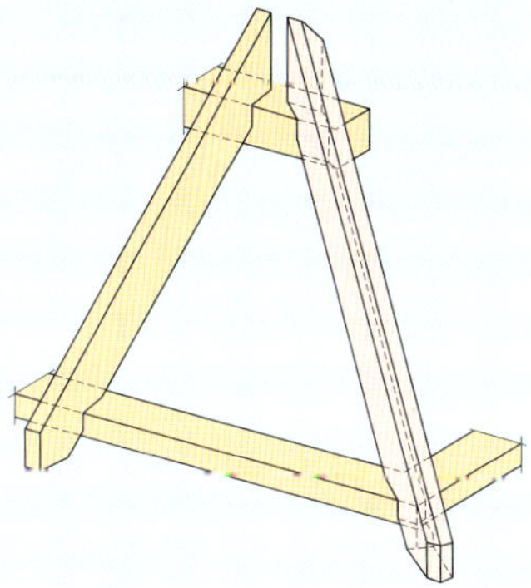

Der **Lehrsparren** wird einschließlich Kerven und Abschnitten im **Profil** gezeichnet.

Profil

Die Gratgrundlinie verläuft in der Winkelhalbierenden des Traufecks.

Grundriss

Mithilfe des Normalsparrengrundmaßes wird das **Grundmaß** (Gratgrundlinie) des Gratsparrens ermittelt.

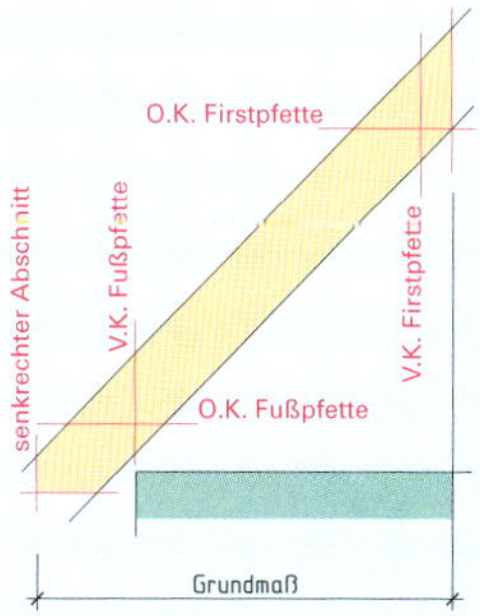

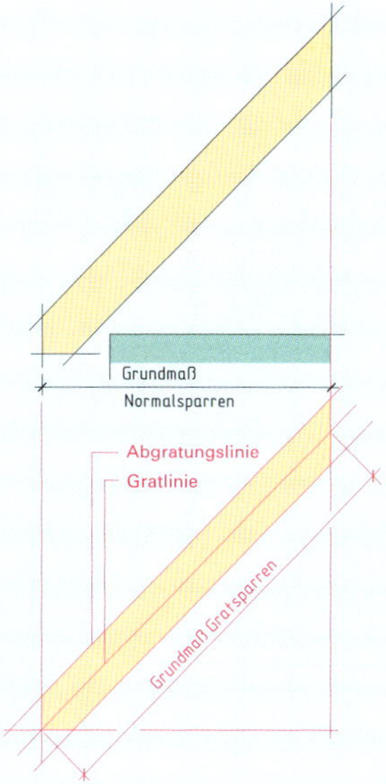

18. a) Erklären Sie anhand von zwei Skizzen den Unterschied zwischen einem im Kehlgrund verschobenen Kehlsparren und einem mittig liegenden Kehlsparren.
b) Erläutern Sie auch, wie die Kehlgrundverschiebung zeichnerisch ermittelt wird.

a) Auch beim Kehlsparren bei ungleicher Dachneigung liegen die Überhöhungslinien verschieden hoch, wenn die Kehllinie in der Mitte des Sparrens liegt. Werden die Überhöhungslinien gleich hoch gelegt, so kann aus demselben Balkenquerschnitt ein größerer Kehlbalkenquerschnitt gewonnen werden. Der Kehlsparren muss daher zur **flacher** geneigten Dachfläche verschoben werden. Die Verschiebung wird genauso wie beim Gratsparren vorgenommen.

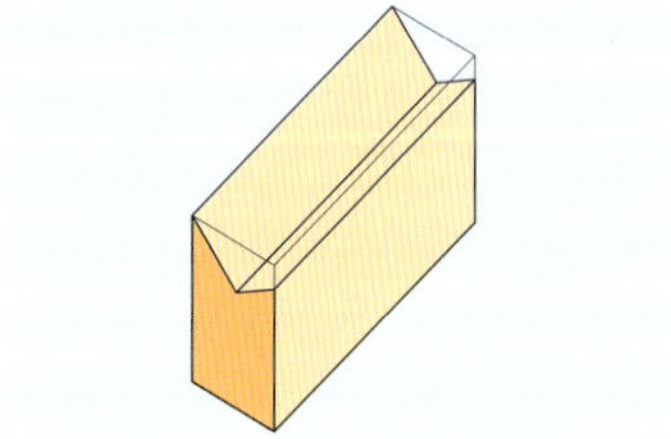

Im Kehlgrund verschobener Kehlsparren

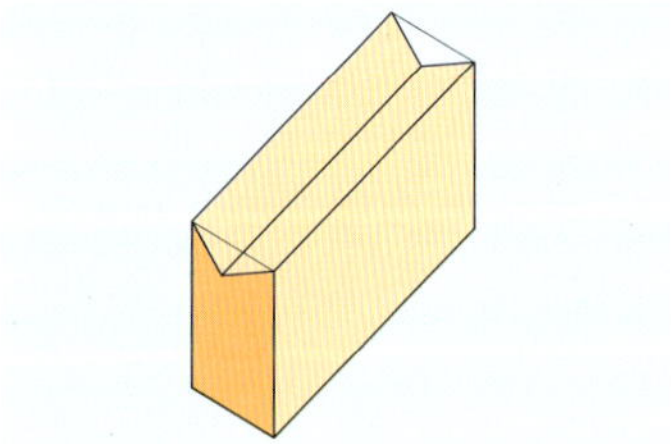

Mittig liegender Kehlsparren

b) Ähnlich wie beim Gratsparren wird ein Winkelriss durch das Traufeck **A** gezogen, auf dem die Kehlsparrenbreite *b* abgetragen wird. Vom Punkt **B** wird parallel zur Hauptdachtraufe eine Linie gezogen und zum Schnittpunkt mit der Anbautraufe gebracht. Bis zu diesem Punkt (**C**) wird der Kehlsparren verlegt. Durch das Verlegen des Kehlsparrens sind die Verstichmaße *a* an der Traufe **gleich groß**.

19. Tragen Sie den schrägen Flugsparren zu folgendem Grundriss und Profil aus.

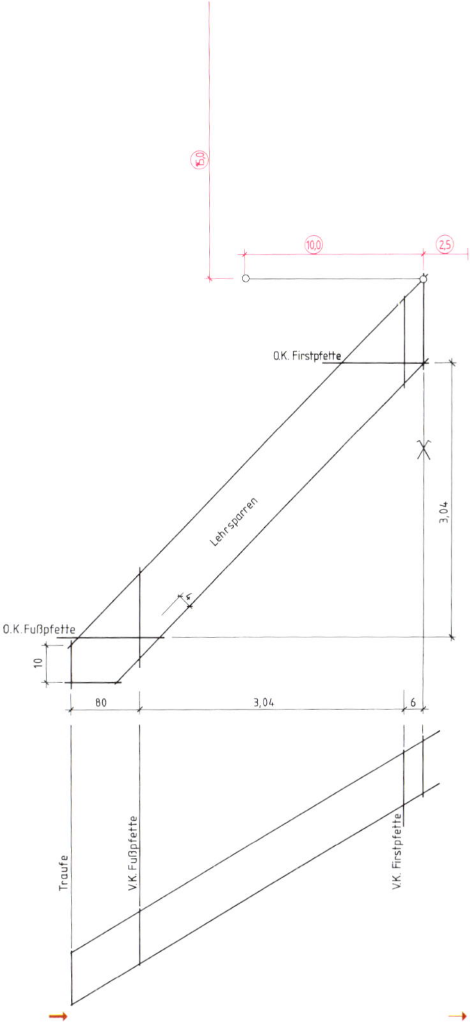

Lehrsparren	12 / 16
Firstpfette	12 / 18
Fußpfette	10 / 12
Dachneigung	45°

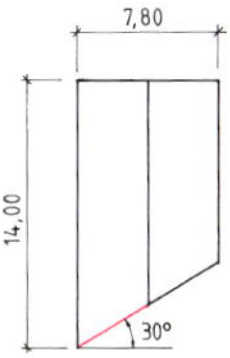

Lösung zu **19.**

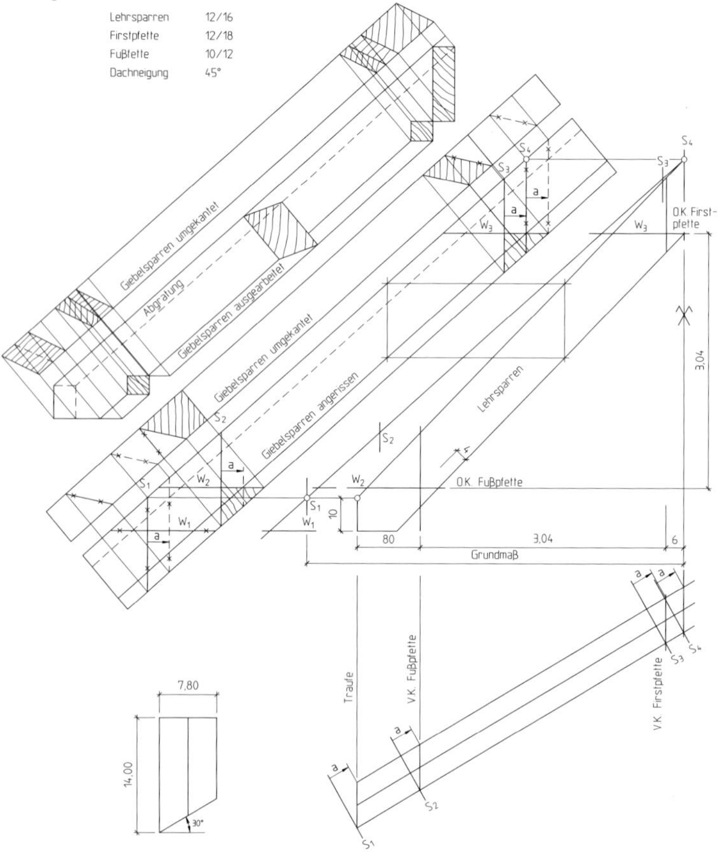
Lehrsparren 12/16
Firstpfette 12/18
Fußfette 10/12
Dachneigung 45°
Giebelsparren umgekantet
Abgratung
Giebelsparren ausgearbeitet
Giebelsparren umgekantet
Giebelsparren angerissen
Lehrsparren
O.K. Firstpfette
O.K. Fußpfette
3,04
80
6
Grundmaß
10
Traufe
V.K. Fußpfette
V.K. Firstpfette
7,80
14,00
30°

20. Listen Sie die einzelnen Schritte der Kehlbohlen-Austragung auf.

1. Hauptdachprofil zeichnen.
2. Gaubenprofil (sinnvoll in einer Ebene mit dem Hauptdachprofil) zeichnen.
3. Höhe der Kehlbohle auf der Hauptdach-sparren-Oberkante abtragen.
4. Maß der Kehlbohle auf die Maßlatte übertragen.
5. Hauptdachfläche ab- oder umklappen.
6. Die Maßlatte rechtwinklig zur Traufe in die Ab- bzw. Umklappung übernehmen.
7. Das Gaubenprofil in die Ab- bzw. Umklappung übertragen.
8. Kanten der Kehlbohle eintragen.
9. Abgratungslinie einzeichnen.
10. Kervenecken darstellen.
11. Kehlbohle auflegen.
12. Benötigte Linie auf die Kehlbohle übertragen.
13. Markieren der Abschnitte, Kerven und Abgratung.
14. Winkel für die Bearbeitung ausrechnen (Maschinenwinkel).
15. Kehlbohle ausarbeiten.
16. Fertige Kehlbohle auf die Zeichnung auflegen, um das Ergebnis zu überprüfen.

21. Skizzieren Sie die Abmessungen eines Dachfanggerüstes.

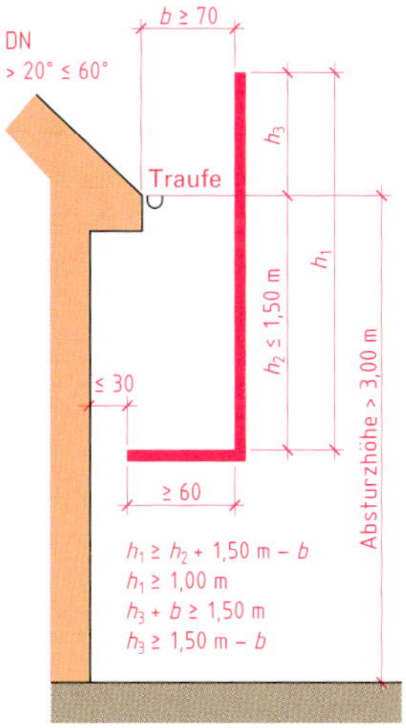

22. Nennen Sie die notwendigen Angaben, um einen Kehl- oder Gratsparren austragen zu können.

Die zwingend erforderlichen Angaben sind die Profile der betreffenden Dachseiten sowie die Holzquerschnitte.

Lernfeld 13
Fachmathematik

1. Berechnen Sie den Gratgrundwinkel β von Profil 1 nach folgenden Angaben:

- **Profil 1 45°**
- **Profil 2 30°**
- **Traufecke 90°**

$$\beta_{Profil\,1} = \tan^{-1}\left(\frac{\tan \alpha_{Profil\,2}}{\tan \alpha_{Profil\,1}}\right)$$

$$\beta_{Profil\,1} = \tan^{-1}\left(\frac{\tan 30°}{\tan 45°}\right)$$

$$\beta_{Profil\,1} = \underline{\underline{30°}}$$

2. Berechnen Sie die Grundmaße für Profil 1 und Profil 2 nach folgenden Angaben:

- **Profil 1 52°, Höhe 2,5 cm**
- **Profil 2 38°, Höhe 2,5 cm**

$$\text{Grundmaß Profil 1} = \frac{\text{Höhe}}{\text{Dachneigung}}$$

$$\text{Grundmaß Profil 1} = \frac{2{,}5\ \text{cm}}{\tan 52°}$$

$$\text{Grundmaß Profil 1} = \underline{\underline{1{,}95\ \text{cm}}}$$

$$\text{Grundmaß Profil 2} = \frac{\text{Höhe}}{\text{Dachneigung}}$$

$$\text{Grundmaß Profil 2} = \frac{2{,}5\ \text{cm}}{\tan 38°}$$

$$\text{Grundmaß Profil 2} = \underline{\underline{3{,}20\ \text{cm}}}$$

3. Berechnen Sie die Gratsparrenneigung α aus dem Ergebnis von Aufgabe 1.

$$\alpha_{Grat} = \tan^{-1}(\tan \alpha_{P1} \cdot \sin \beta_{P1})$$
$$\alpha_{Grat} = \tan^{-1}(\tan 45° \cdot \sin 30°)$$
$$\alpha_{Grat} = \underline{\underline{22{,}5°}}$$

Lernfeld 14

Einbauen einer Gaube und eines Dachflächenfensters

1. Wozu dienen Dachgauben?

Sie dienen der Belichtung, der Belüftung, der Raumvergrößerung des ausgebauten Dachstuhles und der äußeren Gestaltung des Daches.

2. Welche baurechtlichen Anforderungen sind beim Einbau von Gauben und Dachflächenfenstern zu beachten, wenn Wohnraum geschaffen werden soll?

Baurecht ist Ländersache, deshalb ist die jeweilige Landesbauordnung (LBO) zu beachten. Diese regeln z. B. Mindesthöhen, ausreichende Belichtung und Belüftung, sowie Brandschutz.

3. Nennen Sie verschiedene Dachöffnungen und Dachaufbauten.

Dachflächenfenster, Dachausstiegsfenster, Dacheinschnitt (Dachloggia), Dachgauben.

4. Skizzieren und benennen Sie verschiedene Gaubenformen.

1. Schleppgaube

2. Spitzgaube

3. Trapezgaube

4. Satteldachgaube

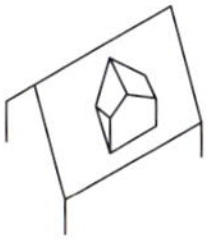

14

5. Welchen Vorteil bieten Gauben gegenüber Dachflächenfenstern?

- Gauben vergrößern das Raumvolumen und die Nutzfläche,
- sie bieten besseren Schutz bei Schlagregen und Hagel und
- sorgen für einen größeren Lichteinfall.

6. Nennen Sie verschiedene Kriterien, die für die Auswahl der Gaubenform wichtig sind.

- Günstige Einbindung in die Gesamtgestalt des Gebäudes,
- harmonische Abstimmung der Deckungsmaterialien,
- statische Einflussfaktoren.

7. Welche Konstruktionsprinzipien werden bei Gauben grundsätzlich unterschieden?

Stehende und aufgesetzte Gauben.

8. Unterscheiden Sie das Konstruktionsprinzip von aufgesetzten und stehenden Gauben.

Bei stehenden Gauben erfolgt die vertikale Lastabtragung der Gaubenfront über die Außenwand oder die Decke. Aufgesetzte Konstruktionen ruhen auf der Sparrenlage. Diese muss in der Regel zur Lastabtragung verstärkt werden.

9. Erläutern Sie die Einbausituation von Gauben bei Sparren- und Kehlbalkendächern.

Aufgrund des statischen System (Dreigelenkrahmen) führt jede Öffnung der Dachfläche zur Unterbrechung des Systems, deshalb sind Gauben hier nur sehr begrenzt (zwei Felder) möglich. Größere Öffnungen können nur mit erhöhtem Verstärkungsaufwand erreicht werden.

10. Sattel- und Walmdachgauben werden mit einer Kehle an das Hauptdach angeschlossen. Erläutern Sie die beiden unterschiedlichen Konstruktionsvarianten.

Beim nachträglichen Einbau erfolgt der Anschluss auf der Sparrenlage mithilfe einer Kehlbohle. Beim Abbund eines neuen Dachs können Kehlsparren als Verbindungshölzer eingesetzt werden.

11. Welchen Vorteil bieten Dachflächenfenster gegenüber Gauben?

Wirtschaftlich günstige Möglichkeit der Belichtung und Belüftung von Dachräumen. Bei Einhaltung der Herstellerangaben zum Einbau besteht eine hohe Sicherheit hinsichtlich Luftdichtheit, Wärmedämmung und Feuchteschutz.

12. Unterscheiden Sie die verschiedenen Arten von Fenstern je nach der Ausführung des Fensterflügels.

Schwingfenster, Top-Schwingfenster, Klappfenster, Klapp-/Schwingfenster, Schwing-Hebefenster, Schwingflügel mit Türfunktion.

13. Erläutern Sie die Funktion eines Aufkeilrahmens beim Dachflächenfenster.

Bei flacher Dachneigung (unter etwa 35°) erhöht ein Aufkeilrahmen die Kopffreiheit und die Fensterlänge kann verringert werden.

14. Warum sollten Dachflächenfenster bei einer Dachneigung < 15° nicht mehr eingebaut werden?

Weil bei einer Dachneigung < 15° ein sicherer Wasserablauf beim Anschluss von Eindeckrahmen in die Dachdeckung nicht mehr gewährleistet ist.

15. Durch welche Faktoren wird die Fensterlänge bei Dachflächenfenstern bestimmt?

Die Fensterlange ist abhängig von der Einbauart und der Dachneigung. Je steiler die Dachneigung, desto kürzer kann die Fensterlänge gewählt werden.

16. Durch welche Faktoren wird die Fensterhöhe bei Dachflächenfenstern bestimmt?

Für die Belichtung ist die Fensteroberkante maßgebend. Eine niedrige Fensterunterkante ermöglicht einen guten Ausblick und erhöht die Wohnqualität. In untergeordneten Räumen wie WC oder Bad erfolgt meist ein höherer Einbau.

17. Durch welche Faktoren wird die Fensterbreite bei Dachflächenfenstern bestimmt?

Durch Achsabstand und Breite der Sparren. Die Glasfläche des Fensters sollte eine Mindestausleuchtung von 10 % der Wohnfläche nicht unterschreiten (Überschlag).

18. Welche Regelwerke werden für Vergabe und Verträge von Bauleistungen angewandt?

- Die VOB – Vergabe- und Vertragsordnung für Bauleistungen.
- Das BGB – Bürgerliches Gesetzbuch.

19. Wie ist die VOB gegliedert, und was enthalten die Teile?

VOB/A Vergabe von Bauleistungen durch öffentliche Auftraggeber.

VOB/B Allgemeine Vertragsbedingungen für Bauten öffentlicher Auftraggeber.

VOB/C Technische Vertragsbedingungen für alle Auftragnehmer, Regelungen für Ausschreibung, Ausführung und Abrechnung.

20. Warum ist es für einen privaten Auftraggeber günstiger, die VOB/B nicht zum Vertragsbestandteil zu machen?

Wird die VOB/B nicht als Vertragsbestandteil vereinbart, gelten die Regelungen des Bürgerlichen Gesetzbuches (BGB).
Die Verjährungsfrist für Mängelansprüche (Gewährleistungsfrist) ist laut BGB wesentlich länger als nach VOB/B.

21. In welchem Regelwerk ist die Art der Abrechnung für Bauleistungen geregelt?

In der VOB/C – Allgemeine Technische Vertragsbedingungen – gibt es für die einzelnen Gewerke Regelungen über Ausführung und Abrechnung. Diese Regelungen sind gleichlautend auch als DIN-Normen erschienen.

22. Was sind Nebenleistungen?

Nebenleistungen sind Leistungen, die ohne gesonderte Vergütung zur Leistung gehören. Sie sind in VOB/C festgelegt. Dazu gehören:
- Baustelleneinrichtung, Werkzeuge und Kleingeräte,
- Mess- und Absteckarbeiten,
- Schutz- und Sicherheitsmaßnahmen,
- Befördern des Materials auf der Baustelle,
- Beseitigen und Entsorgen der eigenen Abfälle.

23. Was sind besondere Leistungen?

Besondere Leistungen sind Leistungen, die zusätzlich vergütet werden, wie
- Verkehrssicherheitsmaßnahmen,
- Beseitigung von Hindernissen,
- Sicherungsmaßnahmen gefährdeter Bauwerke,
- Beseitigung fremden Abfalls.

Lernfeld 14

Fachmathematik

1. Berechnen Sie die Wangenflächen der dargestellten Schleppgaube.

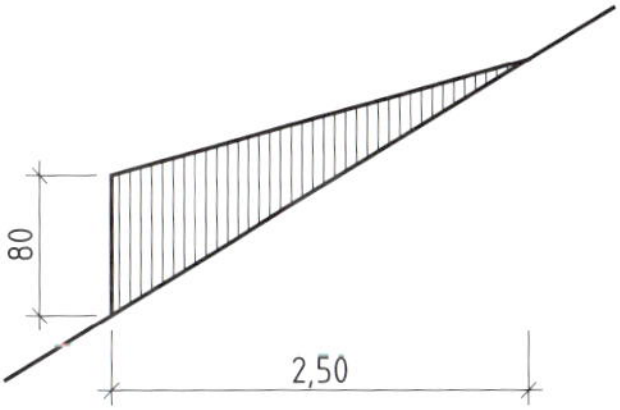

$A = 0{,}80\ \text{m} \cdot 2{,}50\ \text{m} = \underline{\underline{2{,}00\ \text{m}^2}}$

2. Berechnen Sie Hauptdachneigung α_{HD}, Gaubenneigung α_{GA}, Firstlänge F_L und Ortganglänge O_L der dargestellten Dreiecksschleppgaube.

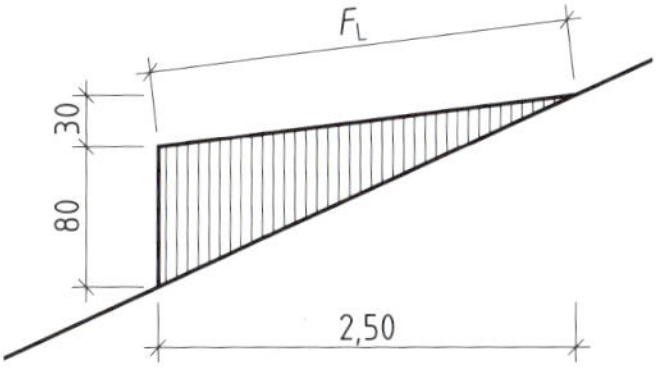

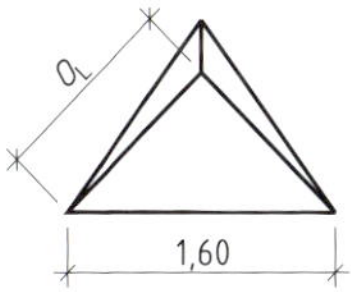

$$\alpha_{HD} \rightarrow \tan \alpha_{HD} = \frac{1{,}10\ \text{m}}{2{,}50\ \text{m}} \rightarrow \alpha_{HD} = \underline{\underline{23{,}7°}}$$

$$\alpha_{GA} \rightarrow \tan \alpha_{HD} = \frac{0{,}30\ \text{m}}{2{,}50\ \text{m}} \rightarrow \alpha_{GA} = \underline{\underline{6{,}8°}}$$

$$F_L = \sqrt{(0{,}30\ \text{m})^2 + (2{,}50\ \text{m})^2} = \underline{\underline{2{,}518\ \text{m}}}$$

$$O_L = \sqrt{2} \cdot 0{,}80\ \text{m} = \underline{\underline{1{,}131\ \text{m}}}$$

3. Berechnen Sie für die dargestellte Trapezgaube O_L, S_L, die Gaubenstirnfläche und die Gaubendeckfläche.

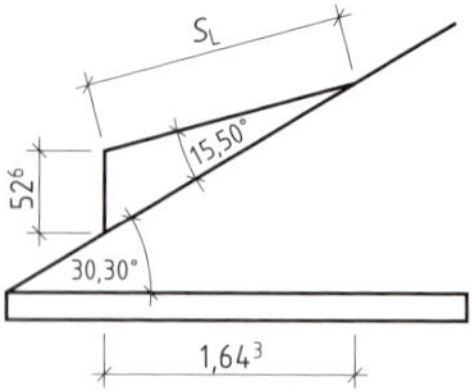

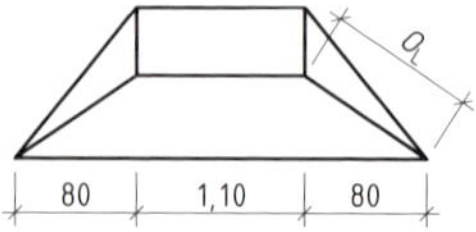

Neigung Gaube:

$30{,}3° - 15{,}5° = 14{,}8°$

$$S_L = \frac{1{,}643\ \text{m}}{\cos 14{,}8°} = \underline{\underline{1{,}699\ \text{m}}}$$

$$O_L = \sqrt{(0{,}80\ \text{m}^2) + (0{,}526\ \text{m})^2} = \underline{\underline{0{,}957\ \text{m}}}$$

$$K_L = \sqrt{\left(\frac{1{,}643\ \text{m}}{\cos 30{,}3°}\right)^2 + (0{,}80\ \text{m})^2} = 2{,}064\ \text{m}$$

$$S_{LG} = 1{,}699\ \text{m} \cdot \cos 15{,}5° = 1{,}637\ \text{m}$$

$$\tan\beta = \frac{0{,}80\ \text{m}}{\dfrac{1{,}643\ \text{m}}{\cos 30{,}3°}} \rightarrow \beta = 22{,}8°$$

$$y = 1{,}637\ \text{m} \cdot \cos 22{,}8° = 1{,}509\ \text{m}$$

$$H_W = \sqrt{(1{,}699\ \text{m})^2 - (1{,}509\ \text{m})^2} = 0{,}78\ \text{m}$$

$$A_W = \frac{1}{2} \cdot 2{,}064\ \text{m} \cdot 0{,}78\ \text{m} = \underline{\underline{0{,}806\ \text{m}^2}}$$

Gesamte Deckfläche:

$$A = 1{,}10\ \text{m} \cdot 1{,}699\ \text{m} + 2 \cdot 0{,}806\ \text{m}^2 = \underline{\underline{3{,}481\ \text{m}^2}}$$

4. Berechnen Sie für die dargestellte Satteldachgaube F_L, T_L und die Dachfläche der Gaube.

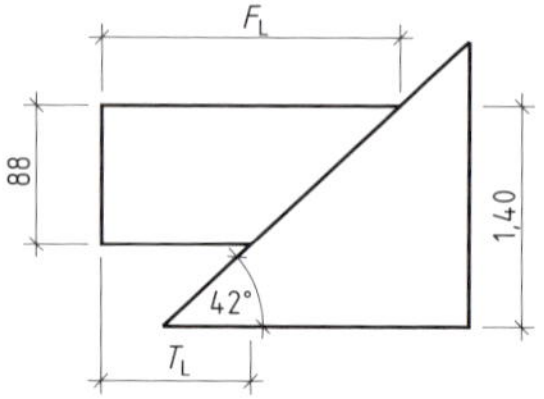

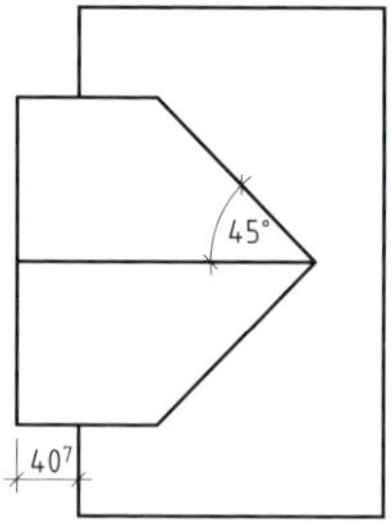

$F_L = 0{,}407\ \text{m} + 1{,}40\ \text{m} : \tan 42° = \underline{\underline{1{,}962\ \text{m}}}$

Höhe Traufe – Gaube:

$1{,}40\ \text{m} - 0{,}88\ \text{m} = 0{,}52\ \text{m}$

$T_L = 0{,}407\ \text{m} + 0{,}52\ \text{m} : \tan 42° = \underline{\underline{0{,}985\ \text{m}}}$

Länge Gaubensparren:

$S_G = 0{,}88\ \text{m} : \sin 42°$

$= 1{,}315\ \text{m}$

$$A = 2 \cdot \frac{1{,}962\ \text{m} + 0{,}985\ \text{m}}{2} \cdot 1{,}315\ \text{m}$$

$$= \underline{\underline{3{,}875\ \text{m}^2}}$$

5. Berechnen Sie für das dargestellte Dach mit Gaube:
- **Abbundmaße Hauptdach s_1, s_2, s_3, Hauptsparren 8/16, Obholz 13**
- **Abbundmaße Gaube g_1 und g_2, Gaubenneigung α_G 20°, Gaubensparren 8/14, Obholz 11.**

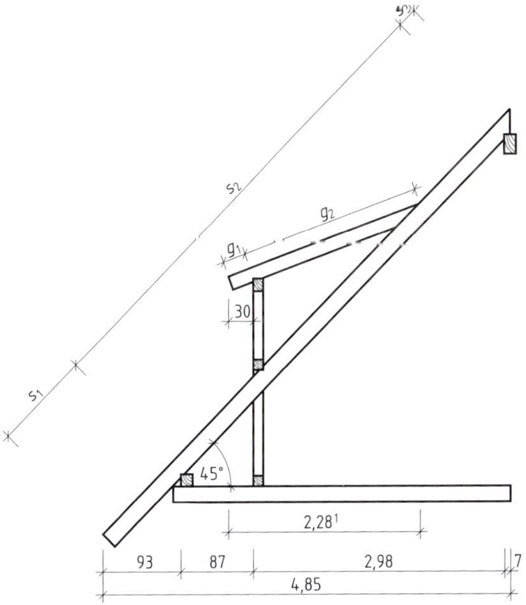

$s_1 = 0{,}93\ \text{m} \cdot \sqrt{2} - 0{,}130\ \text{m} = \underline{\underline{1{,}185\ \text{m}}}$

$s_2 = 3{,}85\ \text{m} \cdot \sqrt{2} = \underline{\underline{5{,}445\ \text{m}}}$

$s_3 = 0{,}070\ \text{m} \cdot \sqrt{2} + 0{,}130\ \text{m} = \underline{\underline{0{,}229\ \text{m}}}$

$$g_1 = \frac{0{,}30\ \text{m}}{\cos 20°} - 0{,}110\ \text{m} \cdot \tan 20° = \underline{\underline{0{,}279\ \text{m}}}$$

$$g_2 = \frac{2{,}281\ \text{m}}{\cos 20°} - 0{,}279\ \text{m} = \underline{\underline{2{,}148\ \text{m}}}$$

14

Lernfeld 15
Fertigen eines Hallenbinders

1. Geben Sie vier Vorteile von Binderkonstruktionen gegenüber herkömmlichen Dachkonstruktionen an.

- Durch hohen Vorfertigungsgrad entstehen kürzere Bauzeiten,
- witterungsunabhängige Fertigung im Werk/Betrieb möglich,
- Überbrückung großer Spannweiten bei geringerem Holzbedarf,
- kaum Schwächung der Holzquerschnitte durch den Einsatz von Blechformteilen als Verbindungsmittel.

2. Welche Konstruktionssysteme lassen sich bei Hallenbindern grundsätzlich unterscheiden?

Grundsätzlich kann zwischen „vollwandig" geschlossenen Brettschichtholzträgern und aus Bauschnitthölzern oder Kanthölzern „fachwerkartig" zusammengesetzten Bindern unterschieden werden.

3. Nennen und skizzieren Sie die häufigsten Binderformen.

Parallelbinder

Pultdachbinder (als Dreiecks- und Trapezbinder)

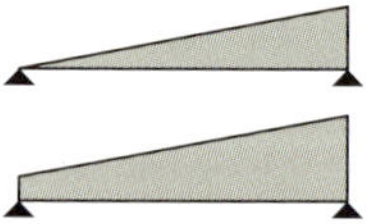

Satteldachbinder (als Dreiecks- und Trapezbinder)

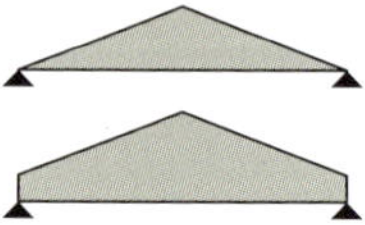

Scherenbinder zur Vergrößerung der Raumhöhe

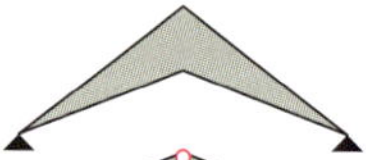

Dreigelenkrahmen

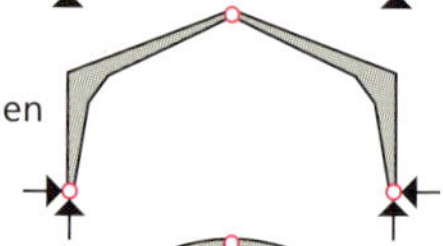

Dreigelenkbogen

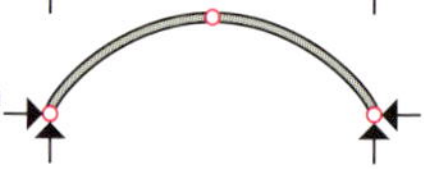

4. Erklären Sie den Aufbau eines Brettschichtholzträgers.

Ein Brettschichtholzträger besteht aus vorwiegend parallel zur Faserrichtung verklebten oder verleimten Brettlagen, den sogenannten Lamellen. Die Klebstofffugen können rechtwinklig zur langen Seite oder rechtwinklig zur kurzen Seite verlaufen. Für die Brettlagen werden vor allem einheimische Holzarten (Fichte, Tanne, Kiefer, Douglasie) verwendet.

5. Skizzieren Sie einen Brettschichtholzträger (BSH) mit rechteckigem Querschnitt (horizontal laminiert). Kennzeichnen Sie den Verlauf der Jahrringe.
Geben Sie die Anforderungen an, die jede Einzellamelle erfüllen muss.

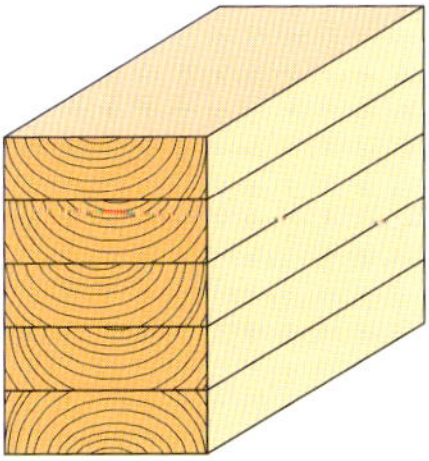

- Dicke $\leq$ 4,5 cm,
- gehobeltes Holz,
- Holzfeuchtigkeit 8 … 15 %,
- Querschnittsfläche $\leq$ 120 cm²,
- Längsverbindungen als Keilzinkenverbindungen ausführen.

6. Brettschichtholzträger als Dachträger werden überwiegend auf Biegung beansprucht. Beschreiben Sie den Zusammenhang zwischen Stützweite und Querschnittsabmessung eines geraden Dachträgers.

Die Biegebeanspruchung wird statisch gesehen durch das Biegemoment ausgedrückt. Eine Verdoppelung der Stützweite führt zu einem viermal so großen Biegemoment im Träger.
Allgemein gilt für einen geraden Träger:

$$h_{\text{Träger}} = \frac{l}{15} \ldots \frac{l}{20}$$

7. Skizzieren Sie einen Einfeldträger unter Biegebeanspruchung. Kennzeichnen Sie die Druck- und Zugzone an diesem Träger.

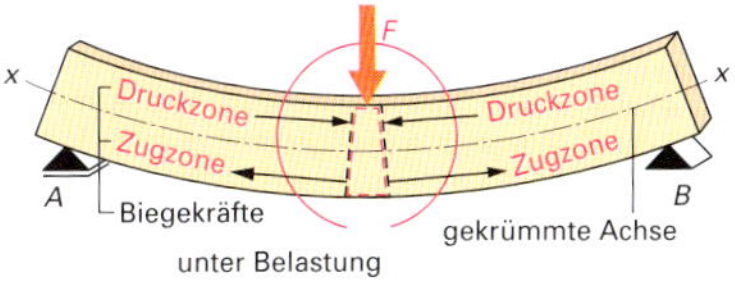

8. Geben Sie die Vorteile eines Fachwerkträgers gegenüber einem Vollwandträger an.

Fachwerkträger benötigen in der Regel weniger Material und sind demzufolge leichter. Durch die aufgelöste Konstruktionsweise wirken Fachwerkträger zudem filigraner. In den meisten Fällen genügen zudem die wesentlich preisgünstigeren Bauschnitthölzer.

9. Bezeichnen Sie die Konstruktionshölzer und geben Sie die üblichen Kurzbezeichnungen an.

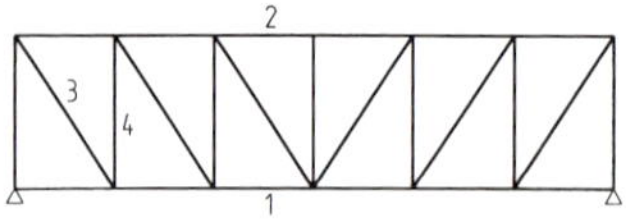

1 Untergurt (U)
2 Obergurt (O)
3 Diagonalstab oder Strebe (D)
4 Vertikalstab oder Pfosten (V)

10. In welchen Fachwerkstäben wirkt Zug, in welchen Druck?

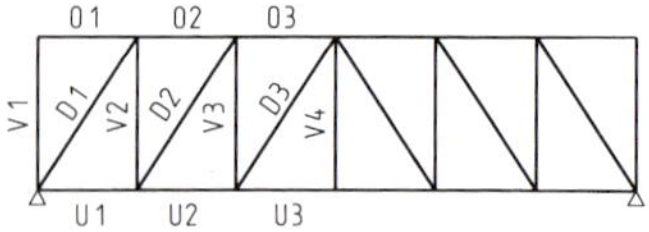

Untergurt U1 … U3: Zug
Obergurt O2 … O3: Druck
Streben D1 … D3: Druck
Pfosten V1: Druck
Pfosten V2 … V3: Zug
V4 ist Nullstab

11. Skizzieren Sie einen Fachwerkbinder als Dreiecksbinder mit sechs Feldern und bezeichnen Sie die einzelnen Stäbe. Geben Sie an, welche Stäbe auf Druck und welche auf Zug beansprucht werden.

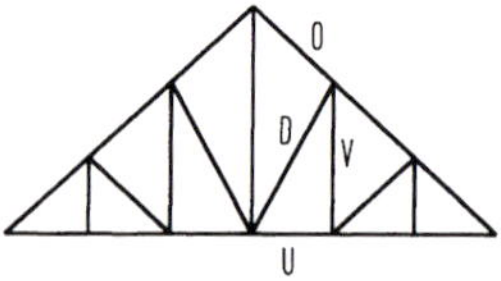

Beanspruchung auf Druck:
Obergurt (O), Diagonalstäbe (D)
Beanspruchung auf Zug:
Untergurt (U), Vertikalstäbe (V)

oder

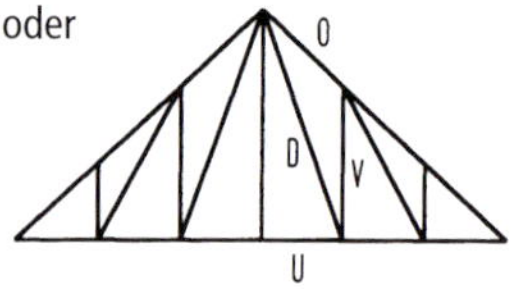

Beanspruchung auf Druck:
Obergurt (O), Vertikalstäbe (V)
Beanspruchung auf Zug:
Untergurt (U), Diagonalstäbe (D)

12. Je nach Knotenpunktausbildung wird zwischen verschiedenen Fachwerkbindern unterschieden. Geben Sie mindestens vier unterschiedliche an.

- Nagelbinder,
- Nagelplattenbinder,
- gedübelte Kantholzbinder,
- Binder mit Stahlblech-Nagelverbindungen (Greimbauweise),
- geklebte Kantholzbinder.

13. Ergänzen Sie in der Abbildung eines Dreiecksbinders alle fehlenden Stäbe. Kennzeichnen Sie die Zug- und Druckstäbe. Berechnen Sie die Länge der Oberkante des Binders l_2 sowie die Höhe h.

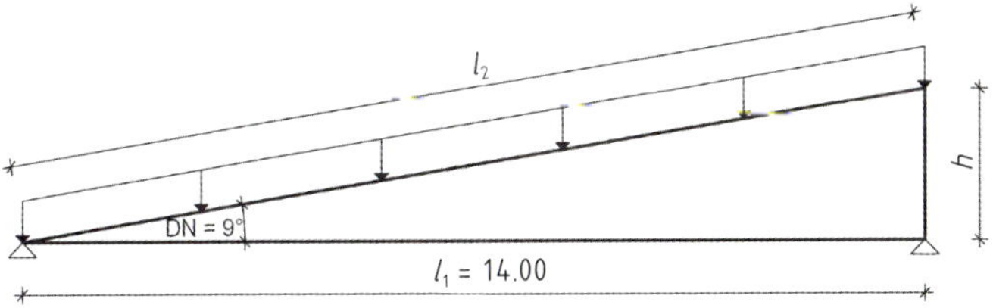

Lösung:

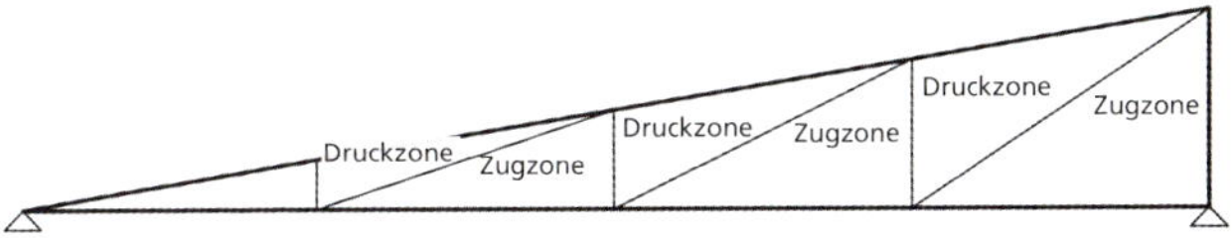

$$\tan \mathrm{DN} = \frac{h}{l_1} \rightarrow h = \tan 9° \cdot 14{,}00\ \mathrm{m} = \underline{\underline{2{,}217\ \mathrm{m}}}$$

$$l_2 = \sqrt{(14{,}00\ \mathrm{m})^2 + (2{,}217\ \mathrm{m})^2}$$

$$l_2 = \underline{\underline{14{,}17\ \mathrm{m}}}$$

14. Erklären Sie jeweils anhand einer Skizze den Unterschied zwischen einer einschnittigen und einer zweischnittigen Nagelverbindung.

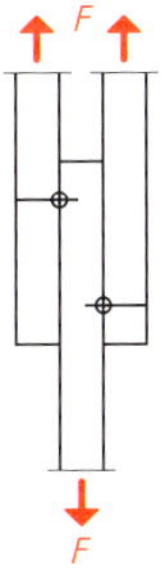

Einschnittige Verbindung

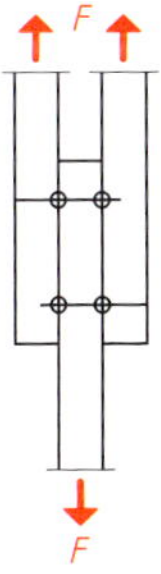

Zweischnittige Verbindung

15. Zählen Sie vier Faktoren auf, die die Tragfähigkeit eines Knotenpunktes einer Nagelverbindung bestimmen.

- Anzahl der Nägel (mind. zwei),
- Durchmesser der Nägel,
- Einschlagtiefe bzw. Nagellänge,
- Nagelloch vorgebohrt / nicht vorgebohrt.

16. Ergänzen Sie folgenden Satz: Die volle Tragfähigkeit eines Nagels mit dem Durchmesser *d* ist bei einer Einschlagtiefe $t_{1,2}$ von mindestens ____ gegeben.

Die volle Tragfähigkeit eines Nagels mit dem Durchmesser *d* ist bei einer Einschlagtiefe $t_{1,2}$ von mindestens $9 \cdot d$ gegeben.

17. Worauf ist bei der Ausführung von Nagelverbindungen zu achten?

- Nur vorgeschriebene Nägel verwenden,
- Schnittigkeit der Verbindung beachten,
- Nagelbild einhalten,
- falls vom Statiker vorgegeben, Nagellöcher vorbohren.

18. Erklären Sie im Zusammenhang mit Nagelverbindungen den Unterschied zwischen einem belasteten und einem unbelasteten Rand.

Der belastete Rand eines Holzbauteils bricht im Versagensfall aus (ähnlich dem Abscheren bei einem Stirn- oder Fersenversatz). Ein unbelasteter Rand wird nicht ausbrechen.

19. Kennzeichnen Sie bei den folgenden Stabanschlüssen die belasteten Ränder.

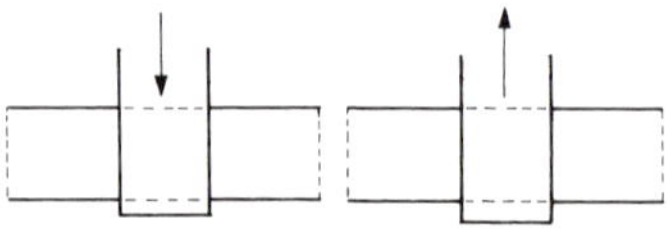

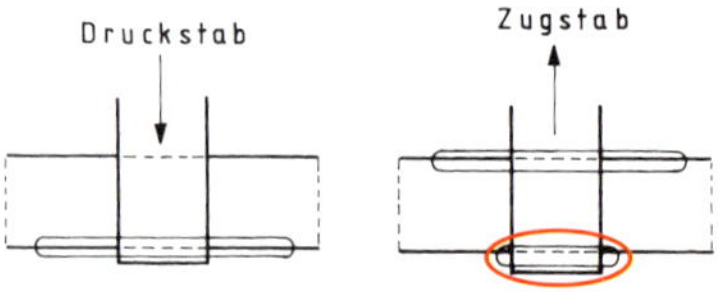

20. Nennen Sie Kriterien, die die Mindestnagelabstände bei dem Entwurf eines Nagelbildes bestimmen.

- Nageldurchmesser,
- Lage der Nägel untereinander sowie zum beanspruchten bzw. unbeanspruchten Rand,
- Winkel zwischen Kraft- und Faserrichtung,
- vorgebohrt nicht vorgebohrt,
- Rohdichte des Holzes.

21. Kennzeichnen Sie bei den folgenden genagelten Knotenpunkten die belasteten Ränder und geben Sie die Kraftrichtung zur Faser an.

A

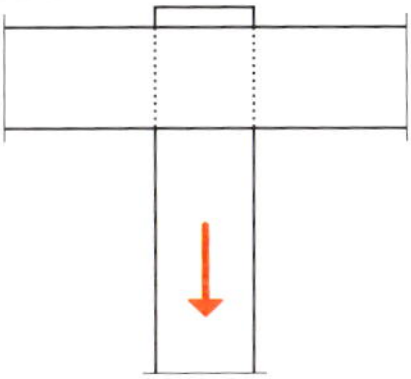

B

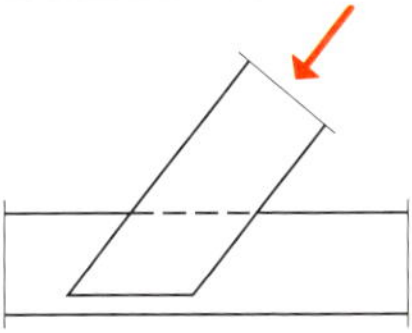

A

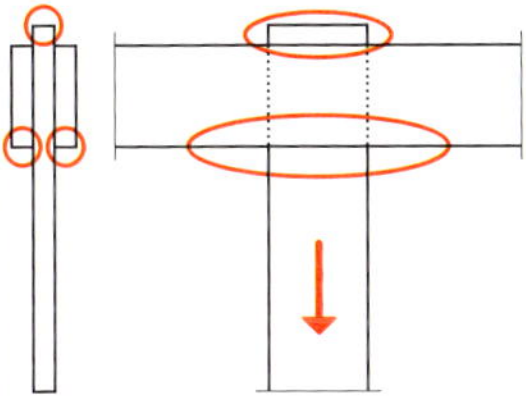

Kraftrichtung senkrecht (Gurt) und parallel (Zugstab) zur Faser

B

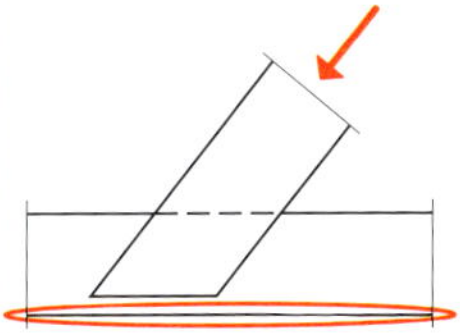

Kraftrichtung schräg zur Faser (Winkel muss für Berechnung bekannt sein)

22. a) Skizzieren Sie das dargestellte Kantholz mit Zuglasche und zeichnen Sie das Nagelbild mit vier Nägeln ein.

b) Skizzieren Sie den Querschnitt durch Laschen und Kantholz als zweischnittige Verbindung.

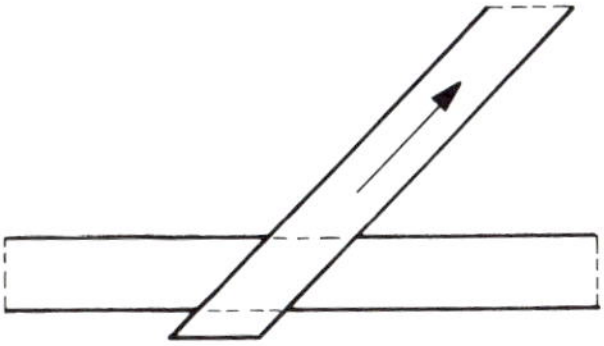

a) Nagelbild

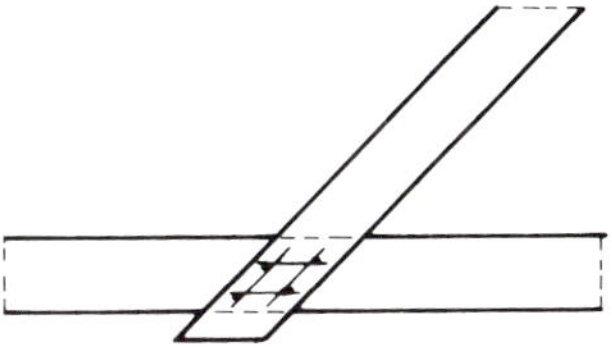

b) Schnitt

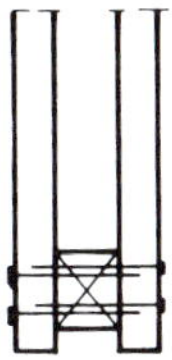

23. **Dürfen parallel zur Holzfaser eingeschlagene Nägel zur Kraftübertragung herangezogen werden?**

Nein, nur rechtwinklig zur Faser eingetriebene Nägel dürfen für die Kraftübertragung berücksichtigt werden.

24. **Benennen Sie das abgebildete Verbindungselement.**

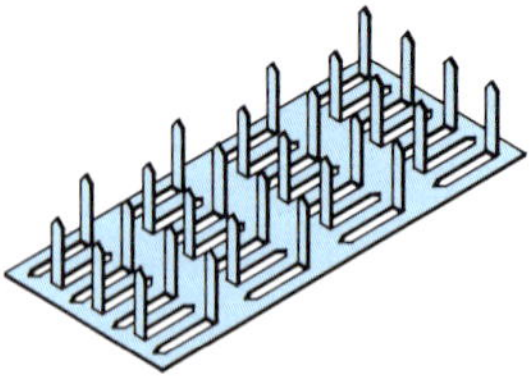

Bei dem abgebildeten Verbindungselement handelt es sich um eine Nagelplatte.

25. **Beschreiben Sie die Herstellung eines Nagelplattenbinders.**

Je nach statischer Berechnung der Holzquerschnitte werden Gurte und Füllstäbe auf einem Fertigungstisch passgenau und stumpf zu einem Fachwerkbinder zusammengefügt. Mithilfe von mobilen Flachpressen werden die Nagelplatten paarweise und genau übereinanderliegend an den jeweiligen Knotenpunkten ins Holz gepresst.

26. **Erklären Sie die Herstellung eines Binders nach der „Greim"-Bauweise.**

Die „Greim"-Bauweise beruht auf dem Prinzip einer Stahlblech-Nagelverbindung. Dabei werden verzinkte Bleche in vorgeschlitzte Knotenpunkte der Stäbe eingeschoben. Im Anschluss werden zur Fixierung die Drahtstifte eingeschlagen. Zuvor müssen Blech und Binder vorgebohrt werden.

27. **Nennen Sie Gründe, die für den Einsatz von gedübelten Kantholzbindern sprechen.**

- Große Spannweiten möglich (bis 40 m),
- Kantholzbinder wirken leichter und nicht so massig wie Vollwandträger,
- gestalterisch viele Varianten möglich,
- aufgrund der großen Querschnittsabmessungen können Brandschutzanforderungen ggf. auch ohne Bekleidungen erfüllt werden,
- zwischen den Stäben können gebäudetechnische Anlagen integriert werden,
- große Binderabstände aufgrund der hohen Belastbarkeit möglich (5 … 7 m).

28. Geben Sie einen Überblick über die am häufigsten eingesetzten Verbindungsmittel bei Kantholzbindern.

Die Knotenpunkte von Kantholzbindern werden als Dübelverbindungen aus Stabdübeln, Passbolzen, Bolzen oder mit Dübeln besonderer Bauart ausgebildet.

Stabdübel	Zylindrische Stahlstifte, welche in gleich große Bohrlöcher eingetrieben werden
Passbolzen	Ähnlich wie Stabdübel, besitzen jedoch an den Enden jeweils einen Kopf und eine Mutter oder auch beidseitig Muttern
Bolzen	Immer mit einem Kopf und einer Mutter versehen, werden in der Regel mit zwei Scheiben verarbeitet
Verbindungen mit Dübeln besonderer Bauart	Je nach zu übertragender Kraft verschiedene Ausführungsformen möglich: Typ A (Ringdübel), Typ B (einseitiger Scheibendübel) und Typ C (z. B. zweiseitiger Scheibendübel mit Zähnen) werden mit Bolzen und entsprechenden Scheiben gesichert

29. Mit welchem Durchmesser ist eine Stabdübelverbindung vorzubohren?

Verwendet wird ein Bohrer mit dem Nenndurchmesser des Stabdübels. Löcher in Stahlbauteilen dürfen einen 1 mm größeren Durchmesser haben.

30. Beschreiben Sie den Einbau von Scheibendübeln.

Scheibendübel werden ohne Benutzung von Nut- oder Fräswerkzeugen in das Holz eingepresst. Zur zusätzlichen Sicherung wird ein Bolzen mit entsprechenden Unterlegscheiben verwendet.

31. Welche Dübelarten sind zur Verbindung von Laubhölzern, zum Beispiel Eichenbalken, zugelassen?

- Ringdübel (Typ A1)
- Scheibendübel (Typ B1)

32. Benennen Sie die abgebildeten Dübel besonderer Bauart.

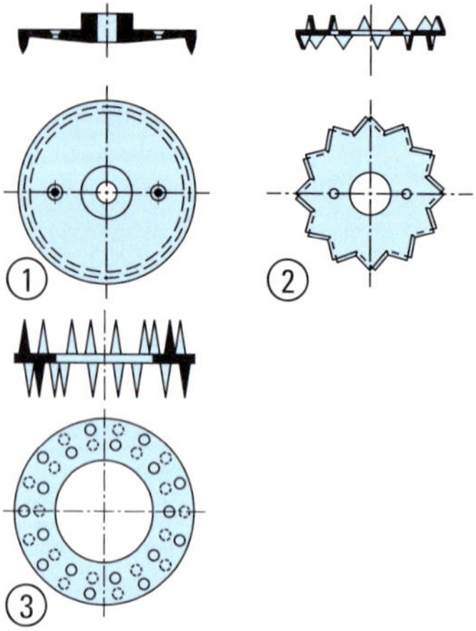

Dübel ①	Einseitiger Scheibendübel (Typ B)
Dübel ②	Zweiseitiger Scheibendübel mit Zähnen (Typ C)
Dübel ③	Zweiseitiger Scheibendübel mit Dornen (Typ C)

33. Kann bei der Verwendung von mehreren Dübeln besonderer Bauart teilweise auf die Sicherung durch Bolzen verzichtet werden?

Nein, da jeder Dübel durch einen in der Regel nachziehbaren Bolzen gesichert werden muss.

34. Nennen Sie Vor- und Nachteile von gelochten Blechformteilverbindern.

Vorteile:
- Es sind weniger handwerkliche Fähigkeiten erforderlich.
- Holzquerschnitte werden nicht geschwächt.
- Einsparung von Holz in der Länge.
- Verringerung der Abbundarbeit.
- Die Verbindungen sind druck- und zugfest und unverschieblich.

Nachteile:
- Verkleidungen/Verschalungen müssen ausgeklinkt werden.
- Beim Schwinden reiten die Hölzer auf den Blechen oder die Hölzer verkanten.
- Beim Schwinden des Holzes können die Ankernagellöcher aufreißen.

35. Benennen Sie die dargestellten Blechformteile und geben Sie ihre typischen Einsatzgebiete an.

Bild A	Bild B

Bild A: Sparrenpfettenanker

- Zur Verbindung von Sparren und Pfetten bei Dachkonstruktionen,
- zum Anschluss von rechtwinklig zueinander und in verschiedenen Ebenen verlaufenden Balkenlagen.

Bild B: Balkenträger

- Zum Ausbilden von nicht sichtbaren T-Verbindungen bei Balkenlagen, z. B. Wechselhölzern.

36. Beschreiben Sie verschiedene Möglichkeiten zur Aussteifung eines Dachtragwerkes aus Bindern.

Bindertragwerke müssen aufgrund der meist hohen Windangriffsflächen gegen Winddruck- und -soglasten gesichert werden. Dies kann durch eingespannte Stützen, durch die Ausbildung von Verbänden oder durch die Abstützung gegenüber Wänden erfolgen. Verbände können in Form von V-Stützen oder kreuzweise angeordneten Rundstählen ausgebildet werden.

Zur Stabilisierung gegen Biegung und zur Verhinderung des Umkippens werden ebenfalls Verbände angeordnet. Im Randbereich werden die Binder zu Binderpaaren durch Verbände im Gurtbereich verbunden. Alternativ kann auch durch eine Beplankung mit Holzwerkstoffen eine aussteifende Wirkung erzielt werden.

Ähnlich wie bei Dachkonstruktionen mit Sparren können auch diagonal angeordnete Windrispenbänder zur Kraftübertragung in Längsrichtung genutzt werden.

Lernfeld 15
Fachmathematik

1. Die Abbildung zeigt den Dreiecksbinder eines Daches. Berechnen Sie die Länge *l*.

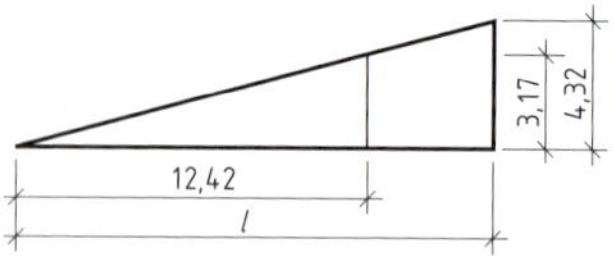

$l: 12{,}42\ \text{m} = 4{,}32\ \text{m} : 3{,}17\ \text{m}$

$$\frac{l}{12{,}42\ \text{m}} = \frac{4{,}32\ \text{m}}{3{,}17\ \text{m}}$$

$$l = \frac{4{,}32\ \text{m} \cdot 12{,}42\ \text{m}}{3{,}17\ \text{m}}$$

$$l = \underline{\underline{16{,}93\ \text{m}}}$$

2. Für den dargestellten Dreiecksbinder sind die Längen der vertikalen Stäbe bei einem Achsabstand von 2,25 m zu berechnen.

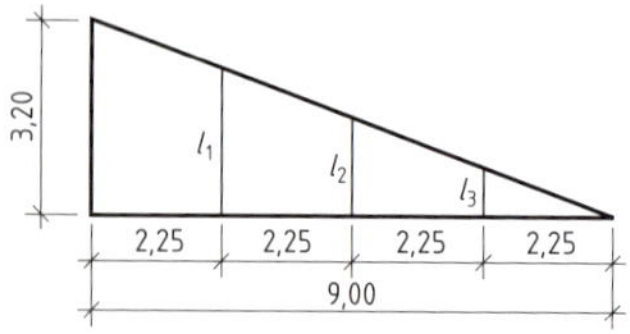

$l_3: 2{,}25\ \text{m} = 3{,}20\ \text{m} : 9{,}00\ \text{m}$

$9{,}00\ \text{m} \cdot l_3 = 3{,}20\ \text{m} \cdot 2{,}25\ \text{m}$

$$l_3 = \frac{3{,}20\ \text{m} \cdot 2{,}25\ \text{m}}{9{,}00\ \text{m}}$$

$$l_3 = \underline{\underline{0{,}80\ \text{m}}}$$

$l_2: (2{,}25\ \text{m} \cdot 2) = 3{,}20\ \text{m} : 9{,}00\ \text{m}$

$9{,}00\ \text{m} \cdot l_2 = 3{,}20\ \text{m} \cdot 2{,}25\ \text{m} \cdot 2$

$$l_2 = \frac{3{,}20\ \text{m} \cdot 2{,}25\ \text{m} \cdot 2}{9{,}00\ \text{m}}$$

$$l_2 = \underline{\underline{1{,}60\ \text{m}}}$$

$l_1: (2{,}25\ \text{m} \cdot 3) = 3{,}20\ \text{m} : 9{,}00\ \text{m}$

$9{,}00\ \text{m} \cdot l_1 = 3{,}20\ \text{m} \cdot 2{,}25\ \text{m} \cdot 3$

$$l_1 = \frac{3{,}20\ \text{m} \cdot 2{,}25\ \text{m} \cdot 3}{9{,}00\ \text{m}}$$

$$l_1 = \underline{\underline{2{,}40\ \text{m}}}$$

3. Berechnen Sie die folgenden Größen des dargestellten Satteldachbinders
- **Länge der Vertikalstäbe v_1, v_2, v_3**
- **Länge der Diagonalstäbe d_1, d_2**
- **Länge des Obergurtes o**

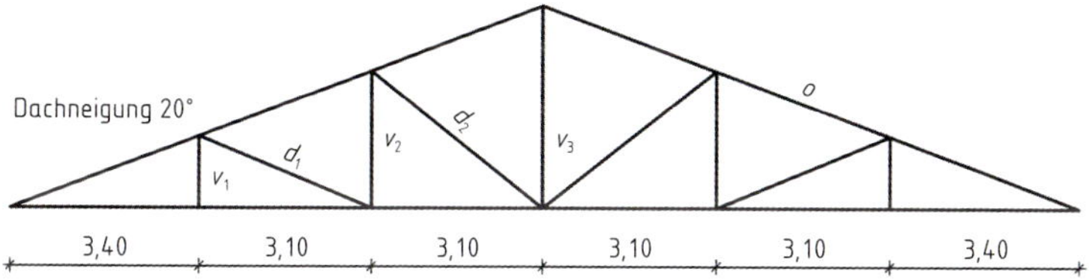

$$\tan 20° = \frac{v_1}{3{,}40\ \text{m}}$$

$v_1 = \tan 20° \cdot 3{,}40$ m
$v_1 = \underline{\underline{1{,}237\ \text{m}}}$

$v_2 = \tan 20° \cdot 6{,}50$ m
$v_2 = \underline{\underline{2{,}366\ \text{m}}}$

$v_3 = \tan 20° \cdot 9{,}60$ m
$v_3 = \underline{\underline{3{,}494\ \text{m}}}$

$d_1 = \sqrt{(3{,}10\ \text{m})^2 + (1{,}237\ \text{m})^2}$
$d_1 = \underline{\underline{3{,}338\ \text{m}}}$

$d_2 = \sqrt{(3{,}10\ \text{m})^2 + (2{,}366\ \text{m})^2}$
$d_2 = \underline{\underline{3{,}90\ \text{m}}}$

$o = \sqrt{(9{,}60\ \text{m})^2 + (3{,}494\ \text{m})^2}$
$o = \underline{\underline{10{,}216\ \text{m}}}$

4. Berechnen Sie die Längen der bezeichneten Fachwerkstäbe.

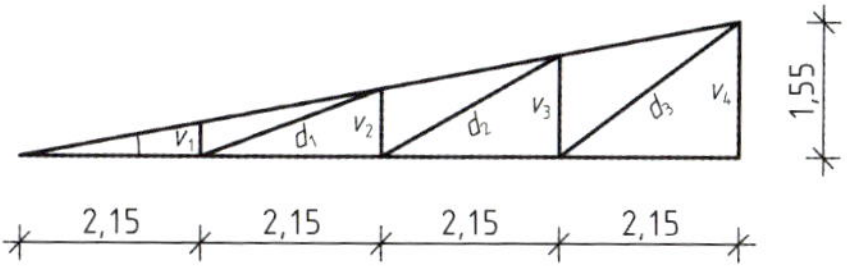

$$\tan\alpha = \frac{1{,}55\ \text{m}}{8{,}60\ \text{m}} = 10{,}22°$$

$v_1 = \tan 10{,}22° \cdot 2{,}15$ m
$v_1 = \underline{\underline{0{,}388\ \text{m}}}$

$v_2 = \tan 10{,}22° \cdot 4{,}30$ m
$v_2 = \underline{\underline{0{,}775\ \text{m}}}$

$v_3 = \tan 10{,}22° \cdot 6{,}45$ m
$v_3 = \underline{\underline{1{,}163\ \text{m}}}$

$v_4 = \tan 10{,}22° \cdot 8{,}60$ m
$v_4 = 1{,}550$ m

$d_1 = \sqrt{(2{,}15\ \text{m})^2 + (0{,}775\ \text{m})^2}$
$d_1 = \underline{\underline{2{,}285\ \text{m}}}$

$d_2 = \sqrt{(2{,}15\ \text{m})^2 + (1{,}163\ \text{m})^2}$
$d_2 = \underline{\underline{2{,}444\ \text{m}}}$

$d_3 = \sqrt{(2{,}15\ \text{m})^2 + (1{,}550\ \text{m})^2}$
$d_3 = \underline{\underline{2{,}650\ \text{m}}}$

5. Ermitteln Sie die Längen der Vertikal- und Horizontalstäbe des Pultdachbinders.
Der Neigungswinkel zwischen Ober- und Untergurt beträgt 10°.

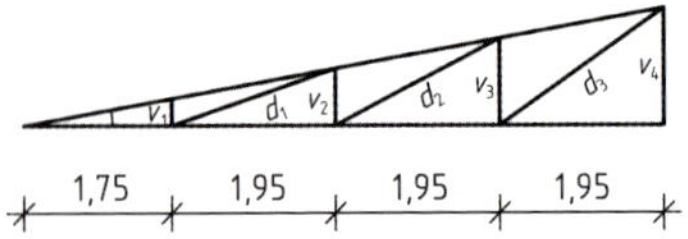

$v_1 = \tan 10° \cdot 1{,}75$ m
$v_1 = \underline{\underline{0{,}309 \text{ m}}}$

$v_2 = \tan 10° \cdot 3{,}70$ m
$v_2 = \underline{\underline{0{,}652 \text{ m}}}$

$v_3 = \tan 10° \cdot 5{,}65$ m
$v_3 = \underline{\underline{0{,}996 \text{ m}}}$

$v_4 = \tan 10° \cdot 7{,}60$ m
$v_4 = \underline{\underline{1{,}340 \text{ m}}}$

$d_1 = \sqrt{(1{,}95 \text{ m})^2 + (0{,}652 \text{ m})^2}$
$d_1 = \underline{\underline{2{,}056 \text{ m}}}$

$d_2 = \sqrt{(1{,}95 \text{ m})^2 + (0{,}996 \text{ m})^2}$
$d_2 = \underline{\underline{2{,}190 \text{ m}}}$

$d_3 = \sqrt{(1{,}95 \text{ m})^2 + (1{,}340 \text{ m})^2}$
$d_3 = \underline{\underline{2{,}366 \text{ m}}}$

6. Berechnen Sie die Dachfläche *A* in m² sowie die Längen l_1 und l_2 des dargestellten Hallenbinders . Geben Sie die Gesamthöhe der Halle an.
Beachten Sie folgende Angaben:
l_{Traufe} = 16 m; Binderhöhe = 48 cm

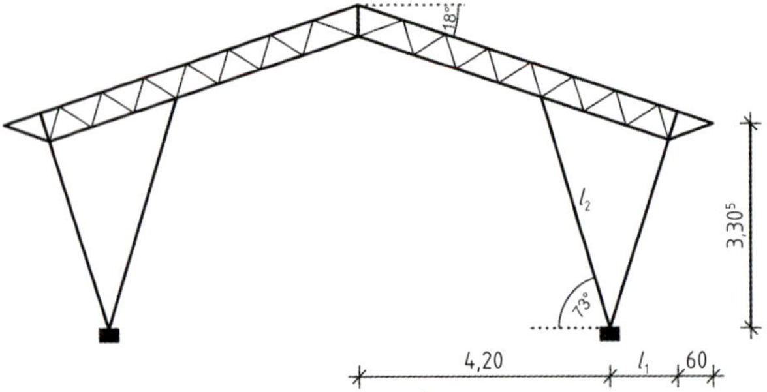

$$\tan 18° = \frac{x}{60\text{ cm}}$$

$$x = \tan 18° \cdot 60\text{ cm} = 19{,}5\text{ cm}$$
$$h_1 = 330{,}5\text{ cm} + 19{,}5\text{ cm} = 350\text{ cm}$$

$$\tan 18° = \frac{l_1}{350\text{ cm}}$$

$$l_1 = \tan 18° \cdot 350\text{ cm} = \underline{\underline{113{,}72\text{ cm}}}$$

$$\cos 18° = \frac{420\text{ cm} + 113{,}72\text{ cm} + 60\text{ cm}}{s}$$

$$s = \frac{593{,}72\text{ cm}}{\cos 18°}$$

$$s = \underline{\underline{624{,}3\text{ cm}}}$$

$$\sin 18° = \frac{h_2}{624{,}3\text{ cm}}$$

$$h_2 = \sin 18° \cdot 624{,}3\text{ cm}$$
$$h_2 = 192{,}92\text{ cm}$$

$$y = \sqrt{(113{,}72\text{ cm})^2 + (350\text{ cm})^2}$$
$$y = 368\text{ cm}$$
$$y' = 368\text{ cm} - 48\text{ cm} = 320\text{ cm}$$

$$\cos\beta = \frac{y'}{l_2}$$

$$l_2 = \frac{320\text{ cm}}{\cos(180°\text{-}73°\text{-}72°)}$$

$$l_2 = \underline{\underline{390{,}6\text{ cm}}}$$

$$h_G = 330{,}5\text{ cm} + 192{,}92\text{ cm}$$
$$h_G = \underline{\underline{523{,}42\text{ cm}}}$$

$$A = 2 \cdot 624{,}3\text{ cm} \cdot 1600\text{ cm}$$
$$A = 1997760\text{ cm}^2 = \underline{\underline{199{,}78\text{ m}^2}}$$

7. Berechnen Sie die Längen l_1, l_2, l_3 der abgebildeten Hallenkonstruktion sowie die Sparrenlänge und die Gesamthöhe der Halle.

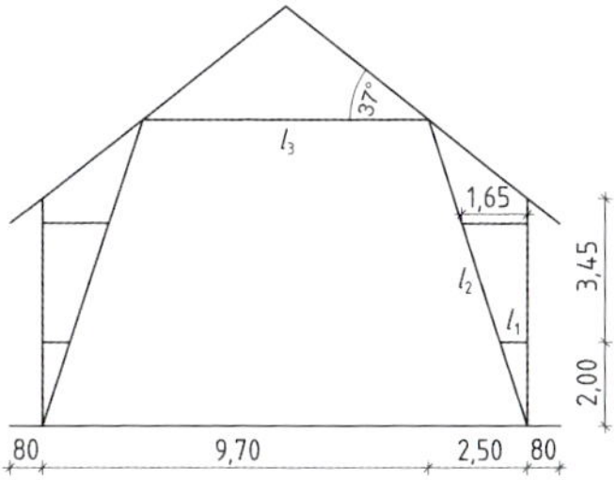

$$\tan 37° = \frac{h_1}{6{,}90\text{ m}}$$

$$h_1 = \tan 37° \cdot 6{,}90\text{ m} = 5{,}20\text{ m}$$

$$s = \sqrt{(5{,}20\text{ m})^2 + (6{,}90\text{ m})^2}$$
$$s = \underline{\underline{8{,}64\text{ m}}}$$

$$\tan 37° = \frac{h_2}{80\text{ cm}}$$

$$h_2 = \tan 37° \cdot 80\text{ cm} = 60{,}3\text{ cm}$$
$$h_T = 5{,}45\text{ m} - 0{,}603\text{ m}$$
$$h_T = 4{,}847\text{ m}$$

$$\frac{4{,}847\text{ m}}{1{,}65\text{ m}} = \frac{2{,}00\text{ m}}{l_1}$$

$$l_1 = \underline{\underline{0{,}681\text{ m}}}$$

$$\tan\beta = \frac{1{,}65\text{ m}}{4{,}847\text{ m}}$$

$$\beta = 18{,}8°$$

$$\sin 18{,}8° = \frac{2{,}50\text{ m}}{l_2}$$

$$l_2 = \frac{2{,}50\ \text{m}}{\sin 18{,}8°}$$

$l_2 = \underline{\underline{7{,}758\ \text{m}}}$

$l_3 = 13{,}80\ \text{m} - 2 \cdot 3{,}30\ \text{m}$
$l_3 = \underline{\underline{7{,}20\ \text{m}}}$

$h_G = 5{,}20\ \text{m} - 0{,}603\ \text{m} + 3{,}45\ \text{m} + 2{,}00\ \text{m}$
$h_G = \underline{\underline{10{,}05\ \text{m}}}$

8. Berechnen Sie die Nagelabstände des abgebildeten Zugstabes. Beachten Sie folgende Vorgaben:
- **Je 6 Nägel pro Anschluss**
- **Nagelgröße 4,2 × 100 mm**
- **$\varrho_{Holz} = 460\ kg/m^3$**
- **Löcher nicht vorgebohrt**

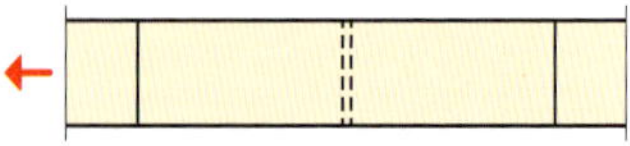

Wie hoch muss der Zugstab sein bzw. welche Breite müssen die Bretter mindestens haben, damit die Nagelabstände eingehalten werden? Wählen Sie ein sinnvolles Maß aus.

1. Berechnung der Nagelabstände untereinander

parallel zur Faser	rechtwinklig zur Faser
$a_1 = (7 + 8 \cdot \cos\alpha) \cdot d$	$a_2 = 7 \cdot d$
$a_1 = \underline{\underline{63\ \text{mm}}}$	$a_2 = \underline{\underline{29{,}4\ \text{mm}}}$

2. Berechnung der Nagelabstände vom beanspruchten Rand (Hirnholzende)
   $a_{1t} = (15 + 5 \cdot \cos\alpha) \cdot d$
   $a_{1t} = \underline{\underline{84\ \text{mm}}}$
3. Berechnung der Nagelabstände vom unbeanspruchten Rand (rechtwinklig)
   $a_{2c} = 7 \cdot \text{d}$
   $a_{2c} = \underline{\underline{29{,}4\ \text{mm}}}$

Nagelabstände untereinander = 29,4 mm + Nagelabstände vom Rand (unbeansprucht) = 2 · 29,4 mm → etwa 100 mm
→ Der Gurt muss also 10 cm hoch sein.

9. Bei dem dargestellten Anschluss (folgende Seite) sollen 9 mm Nägel der Größe 3,1 × 70 mm angeordnet werden. Berechnen Sie unter Beachtung folgender Vorgaben die Mindestnagelabstände:
- **$\varrho_{Holz} \leq 420\ kg/m^3$**
- **Löcher nicht vorgebohrt**

1. Berechnung der Nagelabstände untereinander

parallel zur Faser	rechtwinklig zur Faser
$a_1 = (5 + 5 \cdot \cos\alpha) \cdot d$	$a_2 = 5 \cdot d$
$a_1 = \underline{\underline{28{,}5\ \text{mm}}}$	$a_2 = \underline{\underline{19\ \text{mm}}}$

   → mit 3 mm eingehalten
2. Berechnung der Nagelabstände vom beanspruchten Hirnholzende
   $a_{1\,t} = (7 + 5 \cdot \cos\alpha) \cdot \text{d}$
   $a_{1\,t} = \underline{\underline{36{,}1\ \text{mm}}}$

→

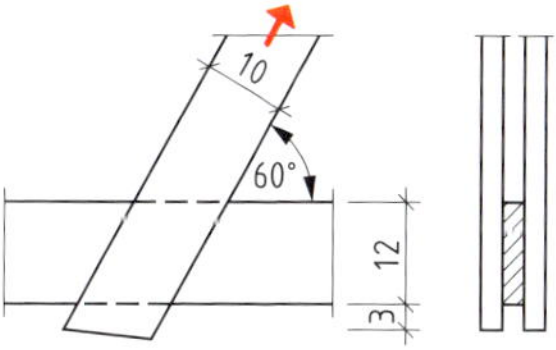

3. Berechnung der Nagelabstände vom beanspruchten Rand (rechtwinklig zur Faser)
   $a_{2\,t} = (5 + 2 \cdot \sin\alpha) \cdot d$
   $a_{2\,t} = \underline{\underline{25{,}58\ \text{mm}}}$

4. Berechnung der Nagelabstände vom unbeanspruchten Rand (rechtwinklig zur Faser)
   $a_{2c} = 5 \cdot d$
   $a_{2c} = \underline{\underline{19\ \text{mm}}}$

10. Bei dem abgebildeten Knotenpunkt eines Nagelbinders sollen zwölf Nägel der Größe 3,8 × 90 mm verteilt werden. Berechnen Sie die Nagelabstände, wenn das Holz eine Dichte < 420 kg/m³ aufweist. Der Winkel zwischen Kraft und Faserverlauf im Untergurt beträgt 55°, die Löcher sind nicht vorgebohrt.

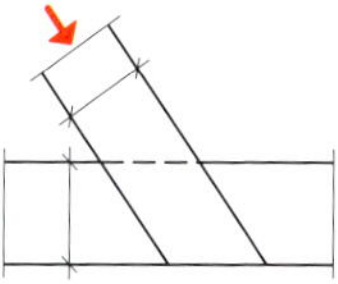

1. Berechnung der Nagelabstände untereinander

   parallel zur Faser
   $a_1 = (5 + 5 \cdot \cos\alpha) \cdot d$
   $a_1 = \underline{\underline{29{,}89\ \text{mm}}}$

   rechtwinklig zur Faser
   $a_2 = 5 \cdot d$
   $a_2 = \underline{\underline{19\ \text{mm}}}$

2. Berechnung der Nagelabstände vom beanspruchten Rand (rechtwinklig zur Faser)
   $a_{2\,t} = (5 + 2 \cdot \sin\alpha) \cdot d$
   $a_{2\,t} = \underline{\underline{25{,}22\ \text{mm}}}$

3. Berechnung der Nagelabstände vom unbeanspruchten Rand (rechtwinklig zur Faser)
   $a_{2c} = 5 \cdot d$
   $a_{2c} = \underline{\underline{19\ \text{mm}}}$

Lernfeld 16
Konstruieren einer gewendelten Holztreppe

1. Zählen Sie die Arbeitsschritte zur Herstellung einer verleimten Stufe auf.

Arbeitsschritte:
- Auswahl des Schnittholzes (Holzsorte),
- Zuschnitt der benötigten Längen,
- Besäumen des Schnittholzes,
- Trennschnitte, um Schadstellen und Splintholz auszusondern,
- Zusammenstellung der einzelnen Stufen,
- Kennzeichnung der einzelnen Stufen (Schreiner-Dreieck),
- Abrichten der ersten Holzfläche (breite Seitenfläche),
- Fügen der beiden Schmalflächen,
- Maßhobeln der Breite,
- Maßhobeln der Stärke,
- Fräsen der Schmalflächen mittels eines Verleimfräsers,
- Leimauftrag auf die Einzelteile der Stufen mit einem Leim von mindestens der Festigkeitsklasse D3.

2. Erklären Sie den Begriff Wendepfosten.

Ein Wendepfosten ist ein senkrecht stehendes Bauteil im Bereich der Wendeltreppen, wo der Krümmling von Unterkante Wange bis zum Handlauf aus einem Stück besteht.

3. Erklären Sie den Begriff „liegender Krümmling".

Ein Krümmling ist ein Bauteil der gewendelten Treppe, der im Bereich der Wendelung eingebaut wird. Wenn seine Holzfasern entlang der Wangenoberkante verlaufen, spricht man von einem liegenden Krümmling.

4. Nennen Sie vier Verziehungsmethoden die bei gewendelten Treppe angewendet werden können.

1. Verhältnismethode
2. Winkelmethode
3. Leistenmethode
4. Kreismethode

5. Nennen Sie die Mindestbreiten von Wendelstufen nach DIN 18065 bei
a) Wohngebäuden mit bis zu zwei Wohnungen und
b) Gebäuden im Allgemeinen.

a) Bei Wohngebäuden mit bis zu zwei Wohnungen müssen Wendelstufen an der schmalsten Stelle der nutzbaren Laufbreite mindestens 50 mm breit sein,
b) bei Gebäuden in Allgemeinen müssen Wendelstufen an der schmalsten Stelle der nutzbaren Laufbreite mindestens 100 mm breit sein.

6. Erklären Sie, warum bei gewendelten Treppen eine Verziehung notwendig wird.

Da bei gewendelten Treppen die Lichtwange eine andere Länge wie die Lauflinie hat, muss an der Lichtwange die Auftrittbreite geändert werden. Um dies harmonisch umzusetzen, sollte an der Lichtwange möglichst eine gleichmäßige Auftrittbreite angestrebt werden.

7. Beurteilen Sie die Situationen in Bild ① und Bild ②

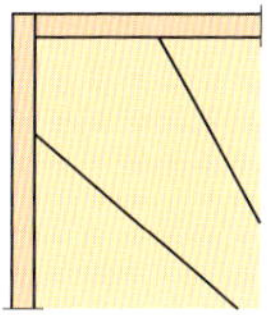
①

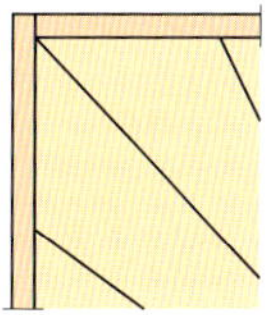
②

Bild ① zeigt eine perfekte Wandwangen-Stufenecke, die Setzstufen- und Trittstufenkante sind weit von der Wandwangenecke entfernt.
In Bild ② geht die Stufenkante genau in die Wandwangenecke, diese Variante sollte keine Anwendung finden.

8. Erklären Sie die Arbeitsschritte bei der Krümmlingsaustragung am Beispiel einer gestemmten Treppe.

→

- Nachdem die Treppe verzogen ist und die Vorderkanten der Stufen festgelegt sind, wird der Grundriss des Krümmlings gezeichnet und in Segmente geteilt.
- Anschließend wird die innere Mantelfläche des Krümmlings abgewickelt.
- Diese Abwicklung dient als Schablone, um die Stufen auf den Krümmling zu übertragen.
- Durch das Abtragen des oberen und unteren Bestecks werden die Schwunglinien ermittelt.
- Bei gleichem oberen und unteren Besteck wird der Krümmling ungleich breit.

→

- Da der Krümmling Teil der Lichtwange ist, muss er durchgehend genauso breit wie die Wangen sein.
- Dies geschieht, indem die untere Schwunglinie in der Form der oberen angeglichen wird.
- Aus dem Grundriss und der Abwicklung wird die äußere Ansicht des Wangenkrümmlings ermittelt.
- In der Ansicht wird die Steigungslinie eingezeichnet.
- Die Steigungslinie entspricht einer rechtwinklig zum Aufriss stehenden Ebene, die den noch nicht ausgearbeiteten Krümmling schräg schneidet.
- Die durch diesen Schnitt entstehende elliptische Fläche entspricht der Verstreckungsschablone für den Krümmling.

9. Listen Sie die Vorgehensweise bei der Herstellung einer runden Wange auf.

- Einen runden Treppenwangen-Grundriss aufreißen,
- eine Leimschablone, Leistenschablone oder Rundwagenpresse herstellen,
- eine Hartfaserplatte aufbringen,
- Trittstufen auf oberes und unteres Besteck übertragen,
- Sägefuniere in ausreichender Menge bereitlegen,
- Schraubzwingen und Klemmleisten oder Vakuumsack und Vakuumkompressor bereitstellen,
- ausreichend Personal, mindestens 3 Personen vorsehen,
- geeigneten Leim bereitstellen,
- den Leim mit dem Leimroller gleichmäßig auf Furniere auftragen,
- den Leimvorgang beginnen,
- das Leimpaket so schnell wie möglich spannen,
- nach der Spannzeit das Paket ausspannen,
- die Schnittkanten oberes und unteres Besteck sägen,
- wenn nötig die Kanten mit Deck-Funier abdecken.

10. **Tragen Sie folgenden Viertelkrümmling aus.**

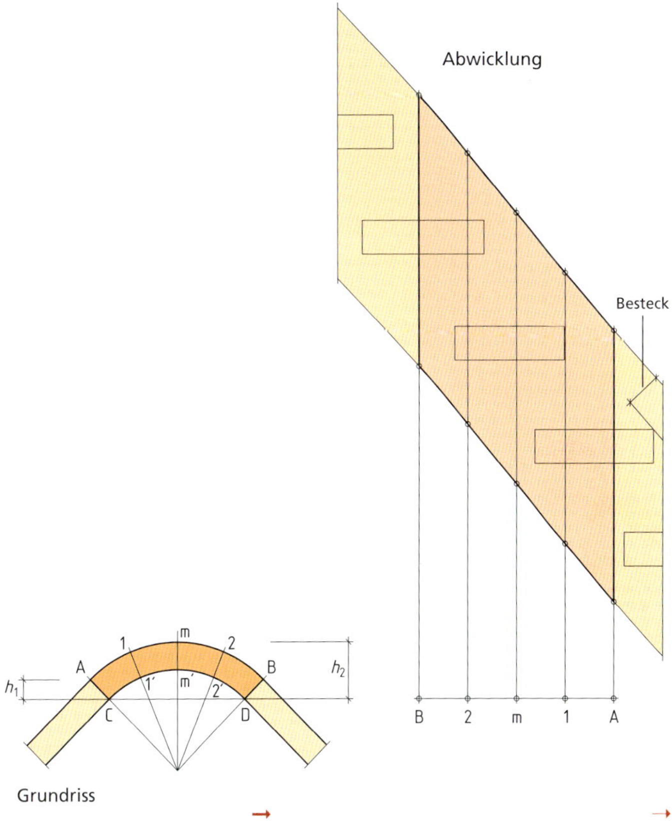

Lösung:

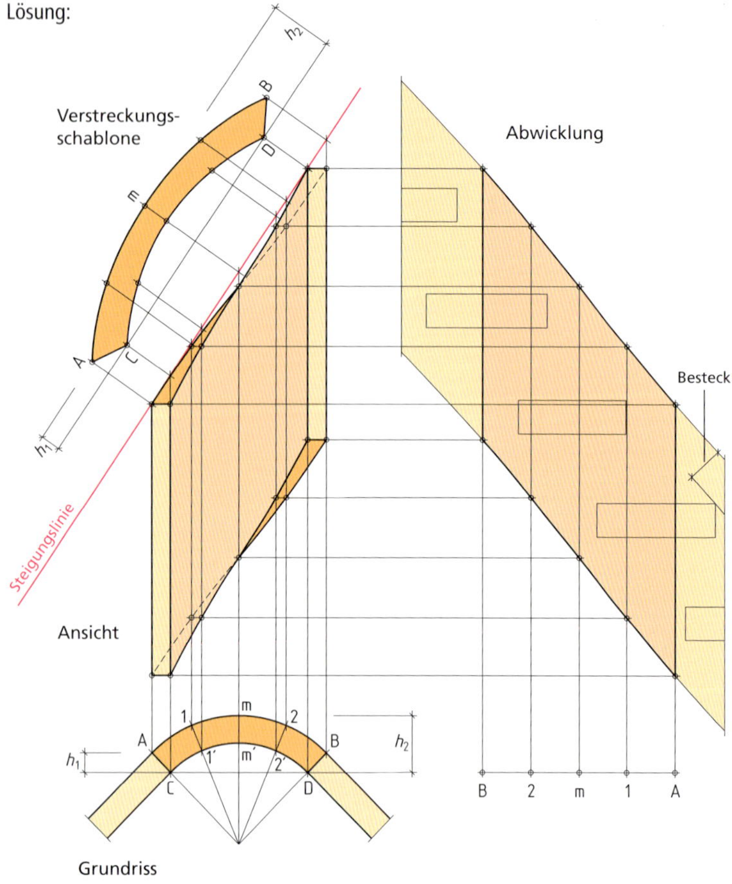

11. **Skizzieren Sie einen horizontalen Schnitt durch die Wangen-Krümmling-Verbindung.**

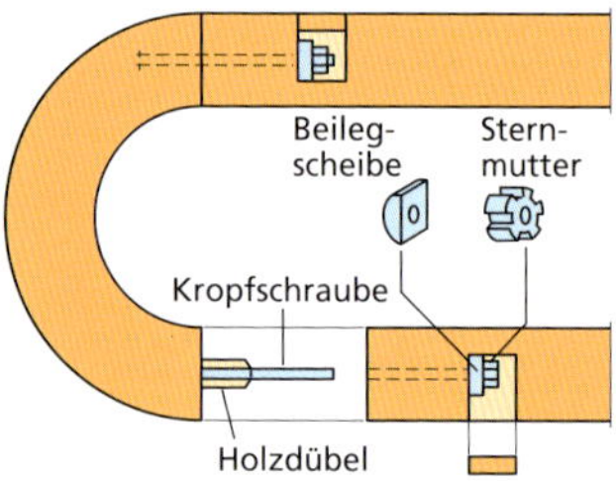

12. Nennen Sie mindestens zwei Aufgaben von Zwischenpodesten bei Treppen.

Zwischenpodeste dienen dazu
1. mehrere Treppenläufe anzuschließen,
2. ein Zwischengeschoss in die Treppe einzubinden,
3. den Vorschriften gerecht zu werden, z.B. DIN 18065, LBO (dass bei Treppen mit mehr als 18 Steigungen ein Zwischenpodest zwingend erforderlich ist),
4. bei langen Läufen die Fallhöhe zu begrenzen.

13. a) Nennen Sie den maximalen Abstand von senkrechten Geländerstäben.
b) In welchem Bereich der Treppe findet dieses Maß noch Anwendung?

a) Der maximale Abstand von Geländerstäben wird waagerecht mit 12 cm (Kinderkopffangstelle) angegeben.
b) Dieses Maß gilt bei Treppen ohne senkrechte Setzstufe auch für den senkrechten Abstand von Oberkante Auftritt zu Unterkante der darauffolgenden.

14. Nennen Sie die Geländerhöhe bei einem Gebäude mit bis zu zwei Wohnungen.

Die Geländerhöhe muss bei Gebäuden mit bis zu zwei Wohnungen laut DIN 18065 mindestens 900 mm betragen.

15. Skizzieren Sie das obere und untere Wangenauflager und bezeichnen Sie alle Teile.

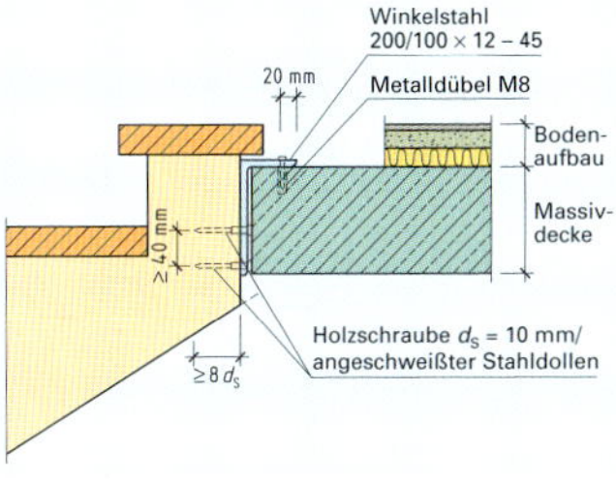

Treppenaustritt (oberes Wangenauflager)

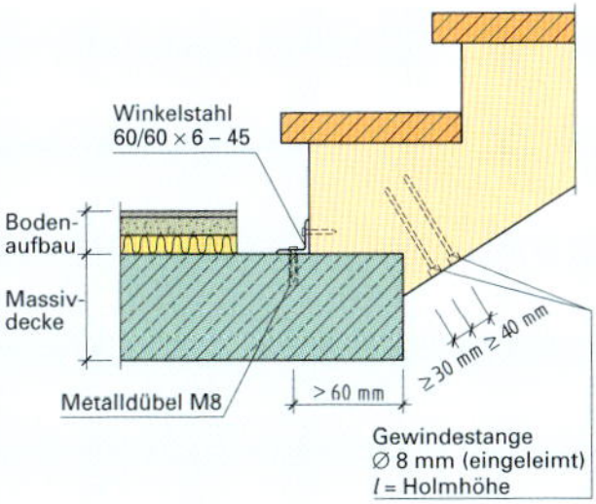

Treppenantritt (unteres Wangenauflager)

16. Erklären Sie die Vorgehensweise beim Anreißen der Treppenwangen von gewendelten Treppen.

Bei gewendelten Treppen werden die Treppenstufenmaße vom Reißboden auf das Treppendreieck oder den Anreißwinkel und mithilfe eines zweiten Treppendreiecks auf die Rohwange übertragen, durch Anlegen der ersten Stufe mittels des ersten Treppendreiecks. An diesem wird das zweite an der Steigungskante oder an der Auftrittkante angelegt (Steigungshöhe oder Auftrittbreite). An diesem zweiten wird jetzt das erste angelegt, bis man beim jeweiligen Austritt ankommt. Diesen Schritten folgt man bis zum Ende dieser Wange. Bei gewendelten Treppen werden Licht- und Wandwange meistens aus mehreren Teilen zusammengesetzt. Anschließend wird das Besteck oben und unten angetragen, um die Ober- und Unterkante zu ermitteln. Jetzt ist die Wange zum Ausarbeiten bereit.

17. Skizzieren Sie drei Verbindungen von Wange und Stufe.

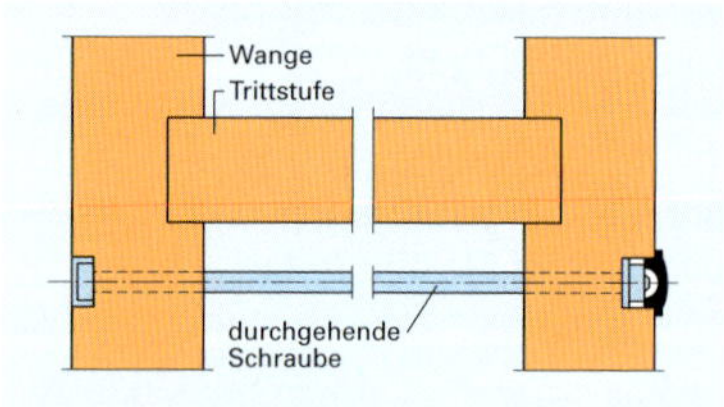

1. Lange Treppenschraube

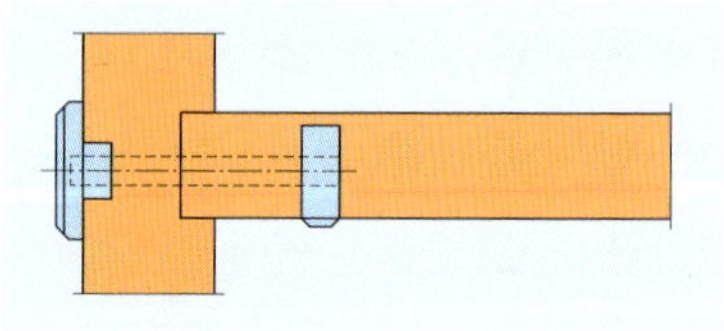

2. Quergewindebolzen

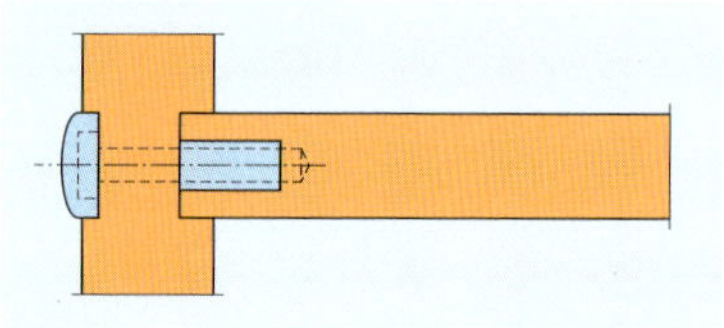

3. Muffe

18. Nennen Sie die Mindestanzahl an Dübeln und Verbindungsmitteln bei einem Anschluss der Wange an den Pfosten.

Die Wange sollte mit mindestens zwei Dübeln und zwei Verbindungsmitteln am Pfosten befestigt werden, wie z.B. zwei Buchenholzdübeln 16/80 mm und zwei Kropfschrauben.

19. Ergänzen Sie folgenden Grundriss um Stufeneinteilung und Verziehung.

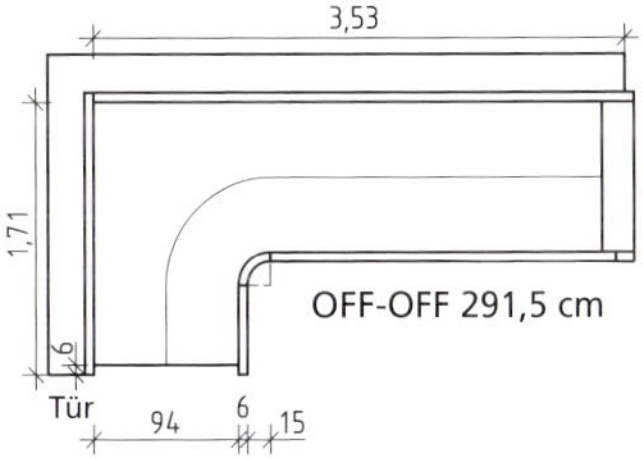

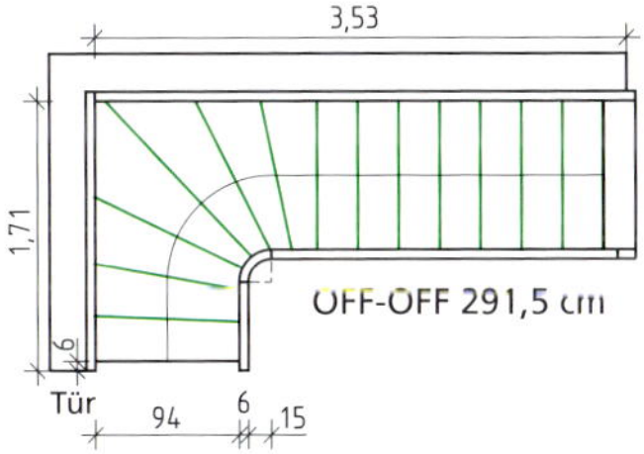

20. Erklären Sie die Begriffe:
1. Notwendige Treppe,
2. nicht notwendige Treppe.

1. Eine notwendige Treppe, ist laut LBO eine Treppe die zu allen Geschossen eines Gebäudes führen muss. Diese Treppen dienen als Rettungswege.
2. Nicht notwendige Treppen sind nicht als Rettungswege vorgeschrieben. Sie dienen als zusätzliche Treppen oder als Designobjekt.

21. Nennen Sie, je zwei Vor- und Nachteile von gewendelten Treppenläufen gegenüber geradläufigen Treppenläufen.

Vorteile:
- Optimale Ausnutzung der Grundfläche,
- Verringerung der Lauflänge,
- elegante Wirkung,
- Richtungsänderung flüssiger als mit einem Podest.

Nachteile:
- Verziehung der Stufen wird notwendig,
- wenige gleich große Stufen,
- aufwendige Konstruktion,
- wesentlich teurer.

Lernfeld 16
Fachmathematik

1. Berechnen Sie bei einem Schrittmaß von 630 mm die Auftrittsbreite und die Lauflinie im Grund (Lauflänge). Die Stockwerkshöhe von OFF-OFF beträgt bei dieser Treppe 2825 mm.

- Berechnung der Anzahl der Steigungen

  $$\frac{\text{Stockwerkshöhe}}{\text{gewählte Steigungshöhe}} =$$

  Anzahl der Steigungen

  $$\frac{2825\text{ mm}}{175\text{ mm}} = 16{,}1\text{ Stg.} \approx 16\text{ Stg.}$$

- Berechnung der Steigungshöhe (s):

  $$s = \frac{2825\text{ mm}}{16\text{ Stg.}} = 176{,}6\text{ mm}$$

  $s = 176{,}6$ mm

  Die Steigungshöhe beträgt 176,6 mm.

- Berechnung der Auftrittsbreite:
  $a = 630\text{ mm} - (2 \cdot 176{,}6\text{ mm}) = 276{,}9\text{ mm}$
  Die Auftrittsbreite dieser Treppe beträgt 276,9 mm.

- Berechnung der Lauflinie im Grund (Lauflänge):
  276,9 mm · 15 Auftritte = 4153,1 mm, zuzüglich des Austrittes, dieser wird mit 150 mm angenommen
  → die gesamte Lauflinie im Grund beträgt 4303,1 mm

2. Berechnen Sie zu folgendem Grundriss (Stockwerkshöhe von ORF EG bis OFF OG 2925 mm, Bodenaufbau EG 145 mm, Bodenaufbau OG 125 mm):

a) die Anzahl der Steigungen,

b) die Steigungshöhe,

c) die Laufbreite,

d) die Lauflinie im Grund (Lauflänge),

e) die Auftrittbreite.

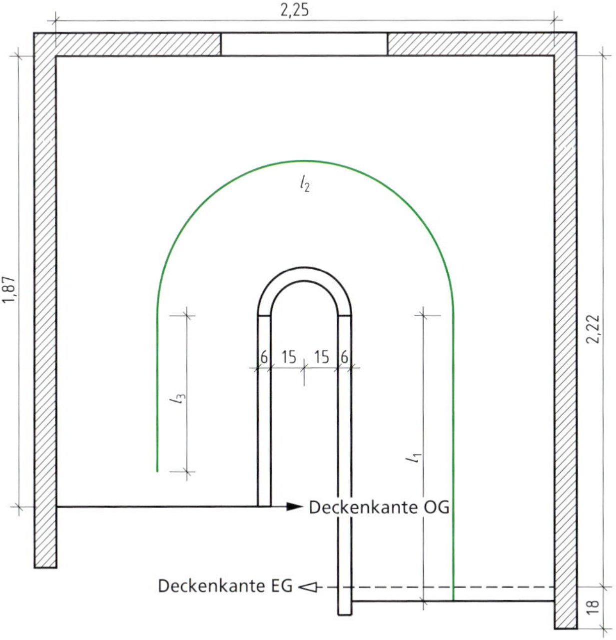

Lösung zu **2.**

a) Anzahl der Steigungen:

$$\frac{\text{Stockwerkshöhe}}{\text{gewählte Steigungshöhe}} = \text{Anzahl der Steigungen}$$

$$\frac{(2925 - 145)\text{ mm}}{175\text{ mm}} = \underline{\underline{15{,}88\text{ Stg.}}} \approx \underline{\underline{15\text{ Stg.}}}$$

b) Steigungshöhe (s):

$$s = \frac{2780\text{ mm}}{15\text{ Stg.}} = 185{,}33\text{ mm}$$

$$s = \underline{\underline{185{,}33\text{ mm}}}$$

c) Laufbreite:

$$\text{Laufbreite} = \frac{(\text{Gesamtbreite} - \text{Wangenstärke} - \text{Innenradius} - \text{Innenradius} - \text{Wangenstärke})}{2}$$

$$\text{Laufbreite} = \frac{(2250 - 60 - 150 - 150 - 60)\text{ mm}}{2}$$

$$\text{Laufbreite} = \underline{\underline{900\text{ mm}}}$$

d) Lauflinie im Grund (Lauflänge):

l_1 = Bei dieser muss die Auflage der Treppe auf der Decke des Erdgeschosses berücksichtigt werden. Diese Auflage sollte mindestens so groß wie das Unterschneidungsmaß sein.
Dies entfällt, wenn keine Deckenöffnung vorhanden ist.

l_1 = Wandlänge bis Deckenöffnung – Laufbreite – Innenradius – Wangenstärke + Deckenauflage

$l_1 = (2220 - 900 - 150 - 60 + 60)$ mm

$l_1 = 1170$ mm

$$l_2 = \frac{\text{Durchmesser} \cdot \pi}{2}$$

$$l_2 = \frac{(450 + 60 + 150 + 150 + 60 + 450)\text{ mm} \cdot \pi}{2}$$

$l_2 = 2073{,}5$ mm

l_3 = Wandlänge bis Deckenöffnung – Laufbreite – Innenradius – Wangenstärke – Austritt

$l_3 = (1870 - 900 - 150 - 60 - 150)$ mm

$l_3 = 610$ mm

→ →

Lauflinie im Grund $l = l_1 + l_2 + l_3$
$l = (1170 + 2073{,}5 + 610)$ mm
$l = \underline{\underline{3853{,}5 \text{ mm}}}$

e) Auftrittbreite:

$$\text{Auftrittbreite} = \frac{\text{Lauflinie im Grund}}{\text{Anzahl der Auftritte}}$$

$$\text{Auftrittbreite} = \frac{3853{,}5 \text{ mm}}{14}$$

$$\text{Auftrittbreite} = \underline{\underline{275{,}25 \text{ mm}}}$$

3. Berechnen Sie bei einem Schrittmaß von 628 mm die Anzahl der Steigungen, die Steigungshöhe, die Auftrittbreite und die Lauflinie im Grund (Lauflänge): Stockwerkshöhe ORF-ORF 2745 mm Bodenaufbau EG 105 mm Bodenaufbau OG 120 mm

- Berechnung der Anzahl der Steigungen:

$$\frac{\left(\text{Stockwerks-höhe} - \text{Boden-aufbau EG} + \text{Boden-aufbau OG}\right)}{\text{gewählte Steigungshöhe}}$$

= Anzahl der Steigungen

$$\frac{(2745 - 105 + 120) \text{ mm}}{175 \text{ mm}} = \underline{\underline{15{,}69 \text{ Stg.}}}$$

gewählt $\underline{\underline{16 \text{ Stg.}}}$

- Berechnung der Steigungshöhe (s):

$$s = \frac{2745 \text{ mm}}{16 \text{ Stg.}} = 171{,}6 \text{ mm}$$

Die Steigungshöhe beträgt $\underline{\underline{171{,}6 \text{ mm}}}$

- Berechnung der Auftrittbreite (a):
  $a = 628 \text{ mm} - (2 \cdot 171{,}6 \text{ mm})$
  $a = \underline{\underline{284{,}8 \text{ mm}}}$

- Berechnung der Lauflinie im Grund (Lauflänge):
  $l = 262 \text{ mm} \cdot 15$ Auftritte
  $l = \underline{\underline{4272 \text{ mm}}}$

  Jetzt kann der Austritt noch mit 150 mm hinzu gerechnet werden:
  Lauflinie im Grund mit Austritt = (4272 + 150) mm = $\underline{\underline{4422 \text{ mm}}}$

Lernfeld 17
Sanieren eines Fachwerkhauses

1. Erläutern Sie die Notwendigkeit einer gründlichen Bestandsaufnahme des Fachwerkgefüges vor der Sanierung.

Eine exakte und umfassende Untersuchung des Bauzustandes dient der fachgerechten Einschätzung der Bausubstanz. Verformungen, Zerstörungen, Schrägstellungen, Risse und Brüche werden beurteilt; nach einer bautechnischen Einschätzung werden auch Sicherungsmaßnahmen und Notabfangungen in die Planung einbezogen.

2. Geben Sie an, warum eine Schadensanalyse in die Sanierungsplanung einzubeziehen ist.

Die Schadensanalyse hat das Ziel, die Ursachen der Zerstörung zu erkennen und so zu klären, warum das Holzfachwerk geschädigt wurde oder erhebliche Mängel aufweist.

3. Nennen Sie verschiedene Einwirkungen, die beim Fachwerkgefüge zu Schäden führen und geben Sie die möglichen Ursachen an.

Mechanische Einflüsse	Schnee, Wind, Eigenlasten, Anfahren im Sanierungsfall, z.B. in engen Ortschaften
Bauphysikalische Einflüsse	Falscher Schichtenaufbau, schlechte Wärmedämmung, Wärmebrücken
Feuchtigkeit	Undichtigkeit, Spritzwasser, fehlende Dichtungsebenen, falsche Dampfsperren, falsche Anstriche (diffusionsdicht)
Baustoffspezifische Ursachen	Quellen, Schwinden, Materialermüdung, Einbau von feuchtem Holz
Einflüsse aus dem Baugrund	Starke Niederschläge, Grundwasser, Setzungen, Erdbeben
Besondere Ereignisse	Feuer, Hochwasser, Sturm

4. Erläutern Sie Elemente der Bauaufnahme.

Neben einer Aufmaßskizze und Zeichnungen im Maßstab 1:50 und 1:100 ist es wichtig, auch ein verformungsgerechtes Aufmaß zu erstellen. Für größere Sanierungsfälle ist eine genaue Schadenskartierung unerlässlich. In einem besonderen Bezeichnungssystem werden alle Schäden und Einzelheiten festgehalten.

5. Nennen Sie unterschiedliche Bauaufnahmegeräte.

Messgeräte:
Gliedermaßstab, Maßband, Profiltaster, Messschieber, Tachymeter.

Wasserwaagen/Lote:
Wasserwaage, Schlauchwaage, Lot.

Nivellierinstrumente:
Nivellierinstrument, Baulaser, Mess- und Fluchtstäbe, Winkelprisma.

Geräte zum Abstecken:
Fluchtstäbe, Winkelprisma, Kreuzscheibe.

Werkzeuge:
Spitzhammer, Klopfholz/Stemmeisen, Maurerschnur.

Foto- und Zeichengeräte:
Zeichenplatte/Stifte, Fotoausrüstung, Blei- und Kopierstift, Wachs- und Tafelkreide.

6. Geben Sie verschiedene Untersuchungsmethoden an.

- Visuelle Betrachtung,
- Abklopfen mit dem Hammer,
- Abstemmen mit dem Stemmeisen,
- Abbeilen mit der Axt,
- Bohrwiderstandsmessung (Resistographie),
- Holzfeuchtemessung,
- Messung der Rissbreiten.

7. Erläutern Sie Kriterien für die Holzauswahl im Sanierungsfall.

Es gilt, die gleiche Holzart zu verwenden. Ebenso ist auf die entsprechende Holzfeuchte zu achten. Wenn möglich, ist auch Holz gleichen Alters einzubauen.

8. Nennen Sie verschiedene Möglichkeiten zur Wiederherstellung eines im Bereich des Auflagers zerstörten Deckenbalkens.

- Auswechslung des gesamten Balkens; großer Sanierungsaufwand,
- Restaurationsprothese des Balkenkopfes mit GFK-Stabarmierung und Kunstharzummantelung,
- Holz-an-Holz-Prothese mittels axial angebrachten Bewehrungsstäben,
- Anlaschung an den vorhandenen, noch intakten Balken.

9. Beschreiben Sie die Vorgehensweise nach der Feststellung eines Befalls durch den Echten Hausschwamm.

- Umfassende Ursachenanalyse des Schadensfalls vor Beseitigung des Befalls,
- nicht nur alle sichtbar befallenen Hölzer müssen ausgebaut werden, sondern es muss darüber hinaus auch ein Schutzbereich von etwa 1,50 m entfernt werden,
- Mauerwerkuntersuchung; befallenes Mauerwerk ist zu entfernen, angrenzende Bereiche sind mit Hitze zu behandeln,
- fachgerechte Entsorgung von Holz und Mauerwerk,
- Behandlung von neuem und verbliebenem Holz mit zugelassenen Holzschutzmitteln.

10. Erläutern Sie die Entwicklungsstadien der Holz zerstörenden Insekten.

- *Ei*, Ablage einzeln oder in Gelegen in Rissen und Spalten;
- *Larve*, sie durchzieht fressend das Holz, als Nahrung dienen Eiweiß, Zellulose, Zucker und Stärke. Die Larve scheidet Bohrmehl (Kot und Nagespäne) aus;
- *Puppe*, Umwandlungsstadium zum Vollinsekt, die Wiege liegt direkt unter der Oberfläche und das schlüpfende Insekt frisst das Flugloch aus;
- *Vollinsekt*, es ist flugfähig, Weibchen legen nach Paarung wieder Eier ab, keine Holzzerstörung.

Zur Bekämpfung müssen Holzschutzmittel in allen Stadien wirken.

11. Unterscheiden Sie die tierischen Holzschädlinge hinsichtlich ihres Holzfraßverhaltens. Nennen Sie entsprechende Beispiele.

Da die Holzfeuchte neben der Nahrung entscheidend für den Befall mit Insekten ist, wird unterschieden in Frischholzinsekten, Trockenholzinsekten und Faulholzinsekten.

Frischholzinsekten sind: Holz- oder rindenbrütende Borkenkäfer, Holzwespen, Scheibenböcke, Handwerkerböcke.

Trockenholzinsekten sind: Hausbock, Gewöhnlicher Nagekäfer, Kapuzinerkäfer, Splintholzkäfer.

Faulholzinsekten sind: Trotzkopf, Gescheckter Nagekäfer, Rothalsbock.

12. Erläutern Sie die Entwicklungsstadien der Holz zerstörenden Pilze.

Mit Pilz ist beim Holz zerstörenden Schädling das Pilzgeflecht, das Myzel, gemeint. Aus dem Fruchtkörper entwickeln sich die Sporen. Sporen werden durch Luft, Wasser, Mensch oder Tier verbreitet und keimen auf günstigem Nährboden. Es bilden sich Hyphen (Zellfäden), die dann das befallene Holz durchziehen. Ausgeschiedene Enzyme zerstören die Zellwände, was zum Verlust der Tragfähigkeit des Holzes führt. Man unterscheidet Substratpilze (Myzel im Inneren des Holzes) und Oberflächenpilze (Myzel auf der Oberfläche).

13. Stellen Sie die Methode der Dendrochronologie zur Altersbestimmung dar.

Sie ist eine auf der Vermessung von Jahrringbreiten basierende Altersbestimmung von Holz. Durch die unterschiedlichen Klimabedingungen von aufeinanderfolgenden Jahren entwickelt ein Wald eine gleiche Jahrringbreitenstruktur seiner Bäume in einer Region. Diese dient dann, kartiert in Standardkurven, der Altersbestimmung der zu bestimmenden Probe durch Vergleich mit dem Jahrringkalender der Region.

14. Zum Schutz des Holzes ordnet DIN 68800-1 Gefährdungen, die sich aus der jeweiligen Einbausituation ergeben, Gebrauchsklassen zu. Geben Sie diese Zuordnung an.

Gebrauchsklasse	Allgemeine Gebrauchsbedingungen	Auftreten von Organismen
0	Innenbereich, trocken	Keine
1	Innenbereich, trocken	Käfer, Termiten
2	Innenbereich oder unter Dach (nicht der Witterung ausgesetzt), Möglichkeit der Kondensation	Käfer, Termiten, Holz zerstörende und Holz verfärbende Pilze
3	Außenbereich (ohne Erdkontakt) und der Witterung ausgesetzt. Wenn unterteilt: 3.1 eingeschränkt feuchte Bedingungen	
	3.2 anhaltend feuchte Bedingungen	
4	Außenbereich, in Kontakt mit Erde oder Süßwasser	
5	Dauerhaft oder regelmäßig in Salzwasser eingetaucht	Marine Organismen (Der oberhalb des Wasserspiegels befindliche Bereich kann auch allen oben genannten Organismen ausgesetzt sein.)

15. Stellen Sie den Zusammenhang zwischen Gebrauchsklassen und Einbringverfahren dar.

Gebrauchsklasse	Einbringverfahren	
	statisch nicht beanspruchte Bauteile	statisch beanspruchte oder aussteifende Bauteile
0	In der Regel keine Holzschutzmittel erforderlich	
1 und 2	Oberflächenverfahren	
3	Oberflächenverfahren Einlagerungsverfahren Niederdruckverfahren	Einlagerungsverfahren Druckverfahren
4 und 5	Kesseldruckverfahren	

16. Fachwerkstile

a) Benennen Sie die dargestellten Fachwerkstile.

b) Ordnen Sie diese geographisch für Deutschland ein.

c) Geben Sie die jeweiligen typischen Merkmale an.

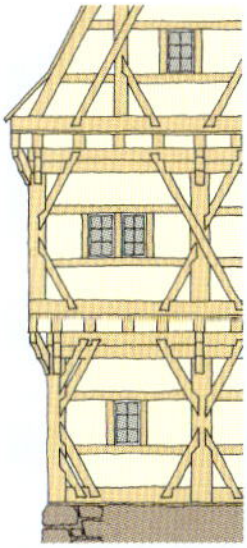

①

②

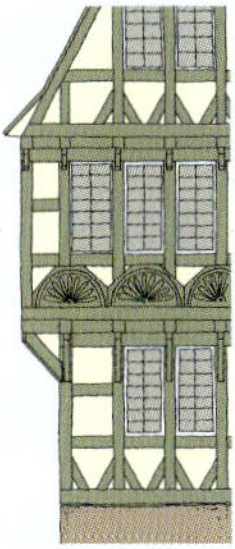

③

a) ① alemannisch; ② fränkisch; ③ sächsisch

b) ① Süddeutschland; ② Mitteldeutschland; ③ Norddeutschland

c)

Merkmale der Fachwerkstile	
Alemannisch	Große Pfostenabstände; Pfosten mit großen Querschnitten; Fuß- und Kopfbänder in Pfosten, Schwellen, Rähme und Pfetten eingeblattet; Pfosten stehen häufig direkt auf den Fundamenten; Holzfußböden sind in jedem Geschoss von außen sichtbar.
Fränkisch	Häufig Zierhölzer wie Rauten und gebogene Fußbänder mit Nasen; wandhohe Streben (oft gebogen); teilweise auch ganz schlichte Ausführungen, ohne Zierhölzer; kleine Pfostenabstände; Sturzriegel liegen höher als Fachriegel.
Sächsisch	Sehr enger Pfostenabstand; selten Streben; Ausfachung oft durch Ziegelmauerwerk oder verzierte Holzbrüstungstafeln; häufig ohne Sturzriegel; Fenster reichen bis an das Rähm.

17. Geben Sie Fachbezeichnungen für das dargestellte Fachwerk an.

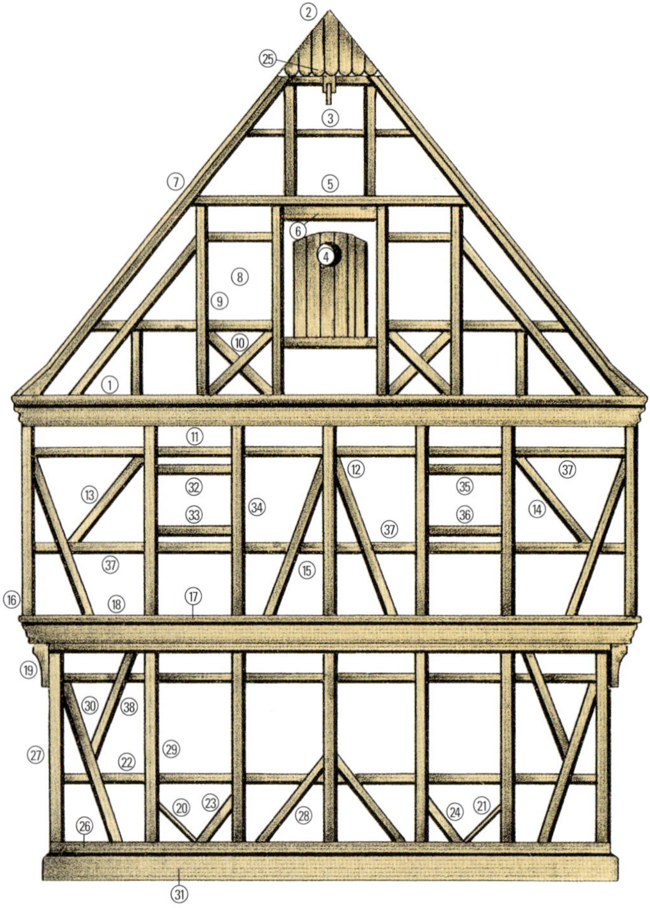

① Schwelle
② Giebelnase
③ Aufzugsbalken
④ Ladeluke
⑤ Riegel
⑥ Sturzriegel
⑦ Sparren
⑧ Gefache/Ausfachung
⑨ Stuhlsäule
⑩ Andreaskreuz
⑪ Sichtbalken
⑫ Ganzer Mann
⑬ Gegenstrebe
⑭ Gegenstrebe
⑮ Halber Mann
⑯ Eckständer
⑰ Stockschwelle
⑱ Rähm
⑲ Knagge
⑳ Fußwinkelholz
㉑ Fußwinkelholz
㉒ Fachriegel
㉓ Fußband
㉔ Fußband
㉕ Hahnenbalken
㉖ Fußschwelle/ Schwellriegel
㉗ Eckständer
㉘ Fußstrebe
㉙ Ständer, Stiel, Pfosten
㉚ Dreiviertelstrebe
㉛ Sockel (Mauerwerk)
㉜ Sturzriegel
㉝ Brustriegel
㉞ Fensterpfosten
㉟ Sturzriegel
㊱ Brustriegel
㊲ Fachriegel
㊳ Gegenstrebe

18. Geben Sie verschiedene Reparaturmethoden zur Riegelauswechslung an (Pfosten bleiben eingebaut).

- Schleifzapfen, Zapfenloch nach oben ausgestemmt

- Einsatzstück über Zapfenloch (komplett)

- Einsatzstück über Zapfenloch einseitig

- Gerades Blatt über Zapfenloch
  Riegel durchgestemmt, bundseitig ragt der Riegel in den Pfosten

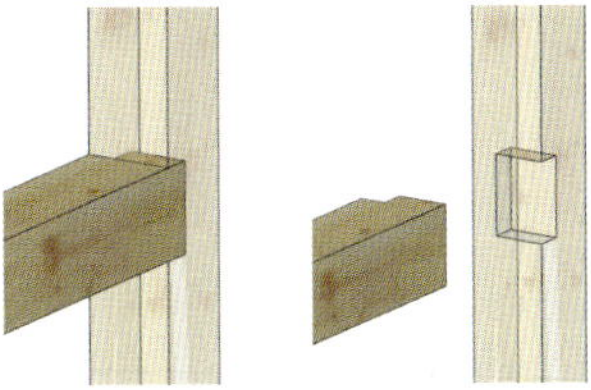

19. Geben Sie verschiedene Reparaturmethoden zur Pfostenauswechslung an.

- Falscher Zapfen mit Keilen

- Schräg eingeschnittenes gerades Blatt

20. Geben Sie eine Reparaturmethode für Streben an.

Knaggenaufdoppelung (äußeres Fachwerkbild wird verändert)

21. Benennen Sie den dargestellten Seitenschutz

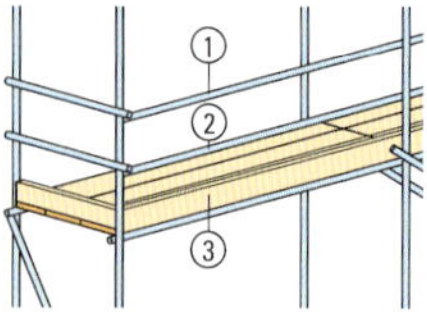

① Geländerholm
② Zwischenholm
③ Bordbrett

22. Beschriften Sie die Bauteile des dargestellten Gerüsts.

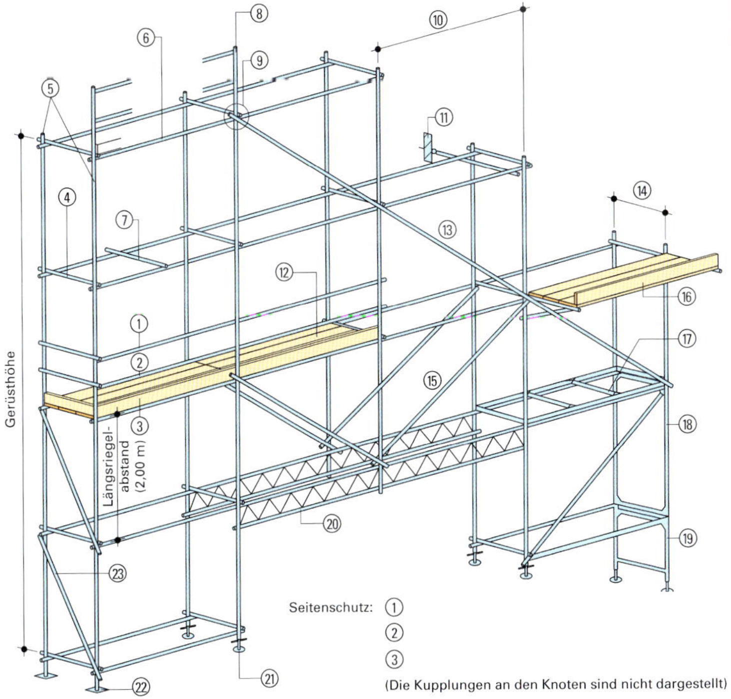

① Geländerholm
② Zwischenholm
③ Bordbrett
④ Querriegel
⑤ Ständer
⑥ Längsriegel
⑦ Zwischenriegel
⑧ Geländerstütze
⑨ Knoten
⑩ Gerüstfeldlänge
⑪ Gerüsthalter mit Anker
⑫ Belagfläche
⑬ Längsverstrebung (Strebenzug)
⑭ Gerüstfeldbreite
⑮ Abhängung
⑯ Außenkonsole
⑰ Horizontalrahmen
⑱ Vertikalrahmen
⑲ Ausgleich
⑳ Überbrückungsträger
㉑ Fußspindel
㉒ Fußplatte
㉓ Querverstrebung

Lernfeld 17
Fachmathematik

1. Ermitteln Sie den Bedarf an Holzschutzmittel in Liter für eine zu behandelnde Deckenbalkenlage. (16 Balken 17/21 cm, 5,65 m; die Balkenköpfe werden 4-mal, die Balkenaußenseiten 2-mal behandelt; Verbrauch 2,5 l für 16 m²)

$A_{Decke} = 2 \cdot 16 \cdot 5{,}65\ m \cdot (2 \cdot 0{,}17\ m + 2 \cdot 0{,}21\ m) + 4 \cdot 2 \cdot 16 \cdot 0{,}17\ m \cdot 0{,}21\ m = 141{,}98\ m^2$

Bedarf an Holzschutzmittel:

$\frac{2{,}5\ l}{16\ m^2} \cdot 141{,}98\ m^2 = \underline{\underline{22{,}18\ l}}$

2. Am dargestellten Fachwerk müssen Schwelle, Streben und Pfosten erneuert werden. Stellen Sie eine Holzliste auf und berechnen Sie den Materialbedarf (ohne Zapfen; Strebenlänge 2,60 m).

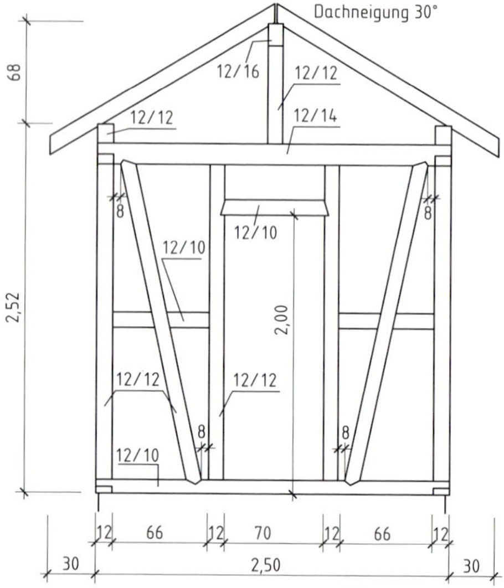

→

Pos.	Bez.	Anzahl	Querschnitt	Länge in m		m^3	Bemerkung
				einzeln	gesamt		
1							
2							
3							

Pos.	Bez.	Anzahl	Querschnitt	Länge in m		m^3	Bemerkung
				einzeln	gesamt		
1	Schwelle	1	10/12	2,50	2,50	0,030	
2	Streben	2	12/12	2,60	5,20	0,075	
3	Pfosten	4	12/12	2,16	8,64	0,124	
						0,229	

Lernfeld 18
Warten eines Niedrigenergiehauses

1. Erklären Sie die Begriffe „Niedrigenergiehaus" sowie „Passivhaus".

Ein Niedrigenergiehaus zeichnet sich durch einen sehr geringen Heizwärmebedarf aus. ($\leq$ 70 kW/m^{2}a). Ein Passivhaus kommt dagegen vollständig ohne von außen zugeführte Heizenergie aus.

2. Nennen Sie mindestens drei Gründe, die für eine Reduzierung des Heizenergieverbrauches sprechen.

- Schonung von fossilen Brennstoffen,
- Reduzierung von CO_2-Emissionen,
- Senkung der Heizkosten.

3. Erläutern Sie anhand der folgenden Abbildung, was unter der Energiebilanz eines Gebäudes zu verstehen ist.

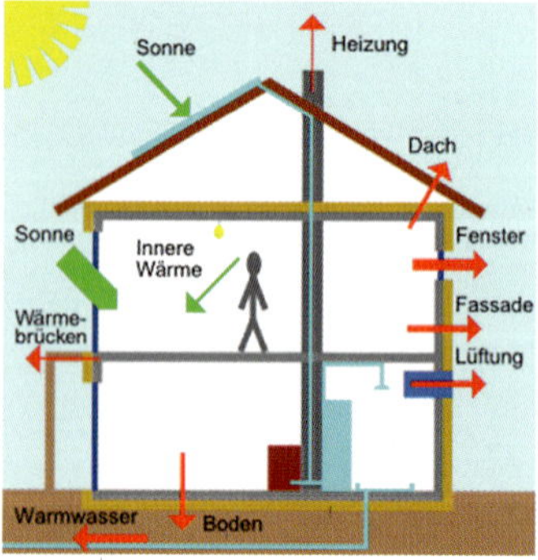

Bei der Energiebilanz werden die Energieverluste und die Energiegewinne eines Gebäudes gegenübergestellt. Energieverluste setzen sich überwiegend aus den Transmissionswärmeverlusten, den Lüftungswärmeverlusten, den Verlusten durch die Anlagentechnik und dem Wärmebedarf der Warmwasserbereitung zusammen. Energiegewinne werden durch Sonneneinstrahlung über die Fenster, Energie aus regenerativen Energiequellen und durch Bewohner, Beleuchtung und Geräte erzielt.
Durch eine genaue Gegenüberstellung aller Gewinne und Verluste ergibt sich somit ein Jahres-Heizenergiebedarf, der von außen zugeführt werden muss. Bei Niedrigenergiehäusern liegt dieser Wert zwischen 20 … 70 kW/h pro m^2 beheizter Fläche.

4. Geben Sie die drei wesentlichen Eigenschaften eines Niedrigenergiehauses an. Erläutern Sie die Bedeutung dieser Eigenschaften in Bezug auf die Funktionsfähigkeit eines Niedrigenergiehauses.

Niedrigenergiehäuser erfordern für die Außenbauteile einen erhöhten Wärmeschutz mit hohen Wärmedurchlasswiderständen. Dieses wird vor allem durch ausreichend dicke Wärmedämmschichten bzw. durch Wärmedämmstoffe mit geringen Wärmeleitfähigkeiten erreicht.

Damit vor allem Wärmedämmschichten ihre Funktionsfähigkeit nicht verlieren, müssen Sie vor Feuchtigkeit geschützt werden. Gerade bei großen Temperaturunterschieden besteht die Gefahr von Tauwasserbildung. Zur Verhinderung von Tauwasserbildung in der Konstruktion sind Sperrschichten an der Innenseite und/oder Hinterlüftungsschichten an der Außenseite der Wärmedämmschicht anzuordnen.

Eine wesentliche Rolle spielt auch die Luftdichtheit eines Gebäudes. Um Wärmeverluste zu vermeiden, ist daher auf dichte Bauweise und fachgerecht ausgeführte Bauteilfugen zu achten.

5. Was verstehen Sie unter einem „Blower-door-Test"?

Mit einem Blower-door-Test kann die Luftdichtheit eines Gebäudes gemessen werden. Dabei wird im Gebäude ein Über- bzw. Unterdruck erzeugt und der Luftaustausch durch die Leckagen gemessen.

6. Geben Sie besonders gefährdete Stellen für undichte Stellen (Leckagen) an Gebäuden an.

- Durchgehende Installationen in den Außenwänden,
- Bauteilanschlüsse/ Fugen,
- Schornstein- und Lüftungsrohrdurchdringungen am Dach,
- Dachfenster und sonstige Dacheinbauten.

7. Skizzieren Sie den Aufbau einer fachgerecht ausgeführten Außenwand eines in Holzbauweise erstellten Niedrigenergiehauses.

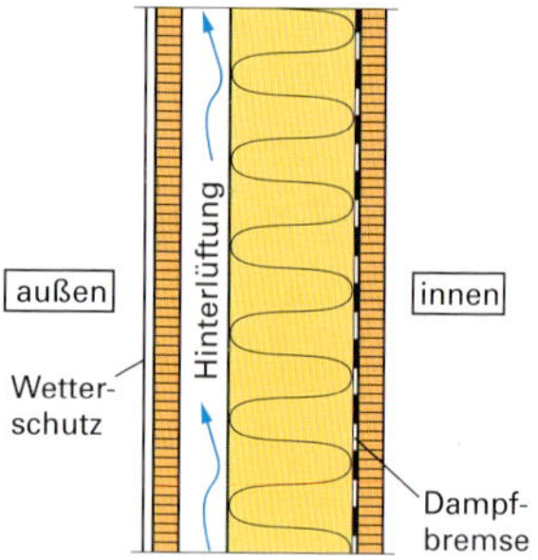

8. Ergänzen Sie die Freihandskizze einer Außenwandecke eines Niedrigenergiehauses. Beschriften und bemaßen Sie die Bauteile.

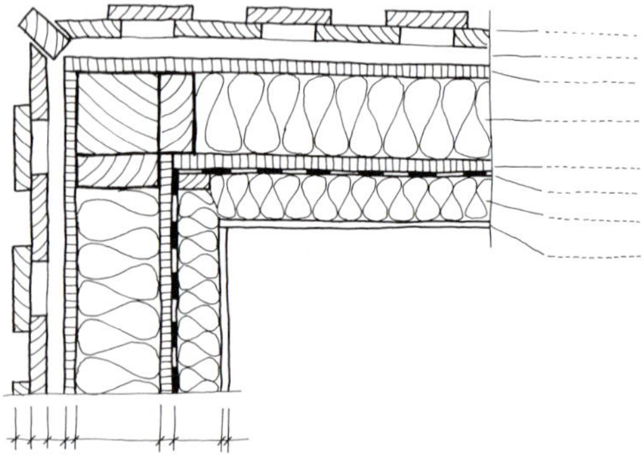

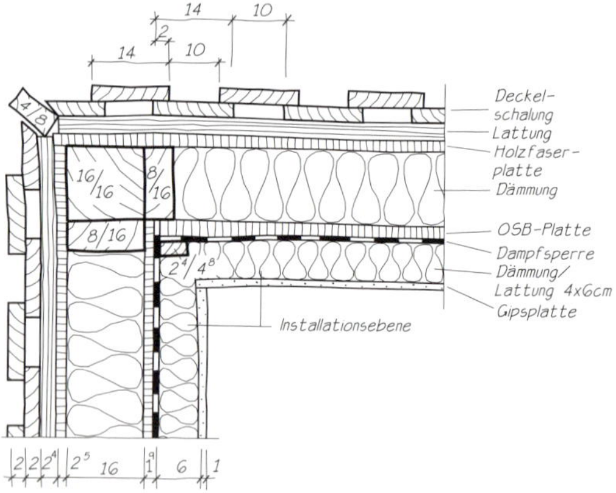

9. Erklären Sie den Begriff Wärmebrücke.

Wärmebrücken sind örtlich begrenzte Bereiche von Bauteilen, die aufgrund ihrer Konstruktion, ihres Materials oder ihrer Lage höhere Wärmedurchgänge bedingen.

10. Beurteilen Sie das abgebildete Wärmebild.

Das Wärmebild zeigt ein Gebäude mit zwei Vollgeschossen sowie einem ausgebauten Dachgeschoss. Anhand der Aufnahme sind die Stellen am Gebäude zu erkennen, an denen besonders viel Wärme verloren geht. Zu erkennen sind diese Stellen an der deutlichen Rotfärbung.

Bei diesem Gebäude wird offensichtlich, dass im Bereich der Fenster bzw. Türen Schwachstellen liegen. Dies kann zum Beispiel an nicht wärmeschutzverglasten Fenstern, defekten Dichtungsbändern, ungedämmten Rollladenkästen und/ oder Heizungsnischen unter den Fenstern liegen.

Weitere Wärmeverluste sind auch an der Fassade zu sehen. Vor allem im Bereich der Einbindung der Geschossdecken sowie im Traufbereich treten häufig große Wärmeverluste infolge schlecht ausgebildeter Bauteilanschlüsse auf.

Das Dach ist dagegen gedämmt. Bereiche mit keinen oder geringen Wärmeverlusten sind an der blauen Färbung zu erkennen.

Eine abschließende und vollständige Beurteilung des Gebäudes ist jedoch nur in Verbindung mit einer Baubesichtigung möglich.

11. Im Folgenden sind die Temperaturverläufe für die Innendämmung und die Außendämmung einer Außenwand dargestellt. Beurteilen Sie die Wandaufbauten hinsichtlich der Lage des Taupunktes.

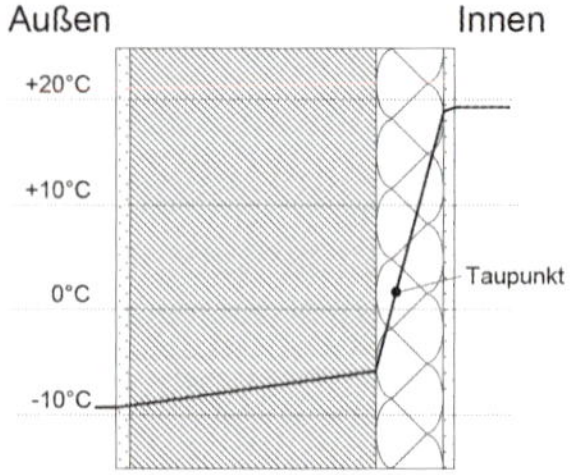

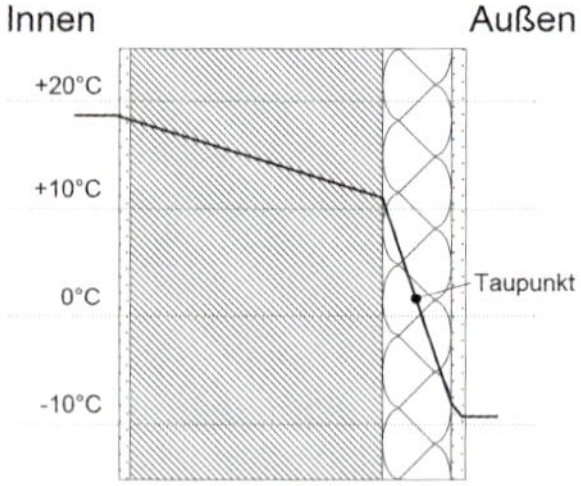

Bei einer Außendämmung liegt der Taupunkt im äußeren Bereich der Wandkonstruktion. Eventuell anfallendes Kondensat kann nach außen ablüften und somit keine Feuchtigkeitsschäden in der Konstruktion verursachen. Wichtig ist, dass vor allem der Außenputz diffusionsoffen ist. Hinterlüftungsschichten verstärken diese Wirkung.
Für den Innenraum ergibt sich ein wesentlicher Vorteil. Die Speicherkapazität der Wand bleibt voll erhalten und garantiert angenehme Oberflächentemperaturen.
Nachteilig ist, dass beim Heizen viel Energie für die Erwärmung der Wände erforderlich ist.
Durch eine Innendämmung rückt der Taupunkt weiter nach innen, wodurch die Gefahr von Tauwasser in der Wandkonstruktion steigt. Die Gefahr von Bauteilschäden direkt in der tragenden Konstruktion steigt somit an.
Eine Möglichkeit, die Tauwassergefahr zu reduzieren, ist der Einbau von Dampfsperren auf der Innenseite der Dämmung. Allerdings ist es fast unmöglich, alle Anschlüsse dicht zu bekommen.
Vorteil einer Innendämmung ist, dass die Räume beim Heizen sehr schnell aufgeheizt werden und nur wenig Energie für das das „Beheizen" der Wände benötigt wird.

12. Eine Fassade kann vielseitigen Witterungseinflüssen ausgesetzt sein. Geben Sie mindestens vier an.

- Regen,
- UV-Strahlung der Sonne,
- Temperaturschwankungen,
- Wind.

13. Erklären Sie die Ursache von vergrauten Holzoberflächen.

Unter dem Einfluss von UV-Strahlung wird das Lignin zu einem wasserlöslichen Stoff und durch Regen ausgewaschen. An der Holzoberfläche bleibt die helle Cellulose übrig und ruft einen Bleicheffekt hervor. Die starke Vergrauung oder -dunklung des Holzes ist auf den Befall mit Vergrauungs- bzw. Schwarzpilzen zurückzuführen.

14. Beschriften Sie die gekennzeichneten Bauteile der abgebildeten Fassade.

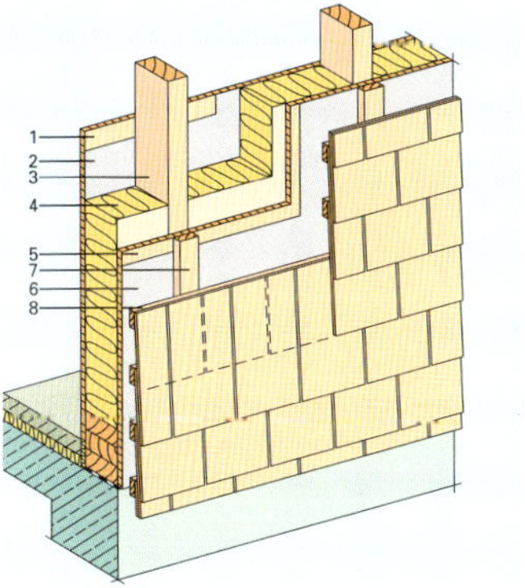

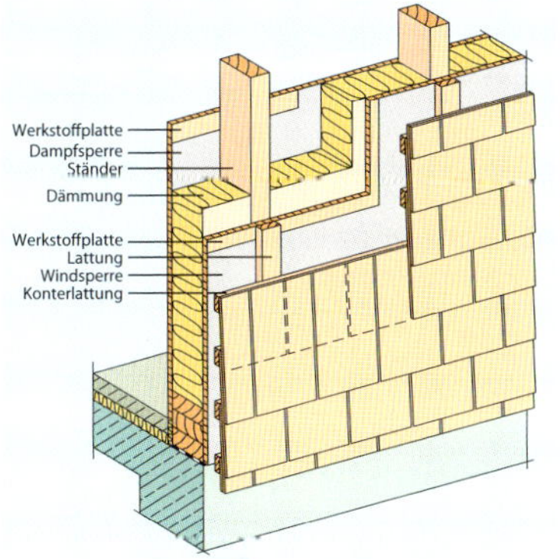

1 Werkstoffplatte, 2 Dampfbremse, 3 Ständer, 4 Dämmung, 5 Werkstoffplatte, 6 Windsperre, 7 Lattung, 8 Konterlattung

15. Erläutern Sie anhand der Abbildung aus Aufgabe 14. die zu erkennenden Maßnahmen zum Schutz der Holzwand vor Regen bzw. Feuchtigkeit.

Durch die senkrecht angebrachte Traglattung wird eine Hinterlüftung der Schindelverkleidung gewährleistet. Eintretende Feuchtigkeit kann somit abgeführt werden.
Die horizontal verlegte Sperrschicht verhindert das Aufsteigen von Feuchtigkeit in das Schwellenholz. Eine Durchfeuchtung durch Kapillarfeuchte kann somit ausgeschlossen werden.
Die Schindelverkleidung wird erst oberhalb eines etwa 30 cm hohen Spritzwasserschutzes angebracht. Dadurch wird eine Dauerdurchfeuchtung in Bodennähe verhindert.

16. Vergleichen Sie Lasuren und Lacke hinsichtlich ihrer Eignung als Oberflächenschutz von Holzoberflächen.

Lacke und Lasuren sind beides Beschichtungsstoffe zur Oberflächenbehandlung von Holz. Lasuren sind farblos oder leicht pigmentiert, sodass die Oberflächenstruktur des Holzes noch zu erkennen ist. Lacke sind ebenfalls pigmentierte Anstriche, werden jedoch als deckende Beschichtung ausgeführt.
Aufgrund des erhöhten Pigmentanteils besitzen Lacke einen erhöhten UV-Schutz, wodurch das Holz besser geschützt ist. Die dicht deckenden Anstriche erschweren allerdings das Austrocknen des Holzes von innen heraus.

17. Nennen Sie die Hauptbestandteile eines Beschichtungsstoffes.

- Bindemittel
- Lösemittel
- Pigmente
- Additive

18. Beschreiben Sie die Aufgabe des Bindemittels in einem Beschichtungsstoff.

Das Bindemittel ist der nichtflüchtige Bestandteil eines Beschichtungsstoffes, der nach dem Auftrocknen des Anstriches zurückbleibt und für einen zusammenhängenden Anstrichfilm sorgt. Als Bindemittel werden in der Regel Kunstharze verwendet.

19. Erklären Sie, warum beim Verarbeiten eines Lackes auf das Spritzverfahren verzichtet werden sollte.

Beim Auftragen der Farbe mit der Spritzpistole gehen sehr große Mengen an Lack durch den auftretenden Spritznebel verloren. Da in einigen Lacken immer noch organische Lösemittel enthalten sind, sollte auch aus Gründen des Umwelt- und Gesundheitsschutzes darauf verzichtet werden.

20. Geben Sie die Bedeutung der abgebildeten Gefahrensymbole an.

A		B	
C		D	
E		F	

A → gesundheitsschädlich
B → gesundheitsgefährdend
C → giftig/tödlich
D → umweltgefährlich
E → ätzend
F → leicht-/hochentzündlich

21. Nennen Sie Sicherheitsvorschriften beim Umgang mit Lacken oder Lasuren.

- Handschuhe, ggf. Atemschutz und Augenschutz verwenden,
- keine offene Flamme in der Nähe der Arbeiten,
- beim Auftrag der Beschichtungsstoffe nicht essen und trinken,
- in Innenräumen auf gute Durchlüftung achten,
- leere Gebinde fachgerecht entsorgen.

Lernfeld 18
Fachmathematik

1. Berechnen Sie den *U*-Wert der abgebildeten Außenwand. Ermitteln Sie die Dicke einer zusätzlich aufgebrachten Dämmstoffschicht, falls der geforderte *U*-Wert von maximal $0{,}24 \ \frac{\text{W}}{\text{m}^2 \cdot \text{K}}$ nicht eingehalten werden kann. Als Dämmstoff soll EPS (WLG 035) verwendet werden.

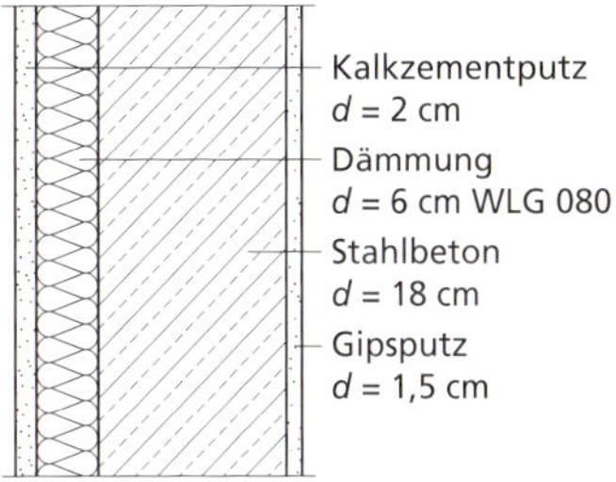

$$R = \frac{d_1}{\lambda_1} + \frac{d_2}{\lambda_2} + \frac{d_3}{\lambda_3} + \frac{d_4}{\lambda_4}$$

$$R = \left[\frac{0{,}015}{0{,}7} + \frac{0{,}18}{2{,}0} + \frac{0{,}06}{0{,}08} + \frac{0{,}02}{1{,}0}\right] \frac{\text{m}^2 \cdot \text{K}}{\text{W}}$$

$$R = 0{,}88 \ \frac{\text{m}^2 \cdot \text{K}}{\text{W}}$$

$$R_T = R + R_{Si} + R_{se}$$

$$R_T = [0{,}88 + 0{,}13 + 0{,}04] \ \frac{\text{m}^2 \cdot \text{K}}{\text{W}} = 1{,}05 \ \frac{\text{m}^2 \cdot \text{K}}{\text{W}}$$

$$U = \frac{1}{\text{R}}$$

$$\underline{\underline{U = 0{,}95 \ \frac{\text{W}}{\text{m}^2 \cdot \text{K}}}}$$

$$U = \frac{1}{R}$$

$$0{,}24 \ \frac{\text{W}}{\text{m}^2 \cdot \text{K}} = \frac{1}{R}$$

$$R_T = 4{,}167 \ \frac{\text{m}^2 \cdot \text{K}}{\text{W}}$$

$$R_{EPS} = 4{,}167 \ \frac{\text{m}^2 \cdot \text{K}}{\text{W}} - 1{,}05 \ \frac{\text{m}^2 \cdot \text{K}}{\text{W}}$$

$$R_{EPS} = 3{,}12 \ \frac{\text{m}^2 \cdot \text{K}}{\text{W}}$$

$$R_{EPS} = \frac{d}{\lambda}$$

$$d = 3{,}12 \ \frac{\text{m}^2 \cdot \text{K}}{\text{W}} \cdot 0{,}035 \ \frac{\text{W}}{\text{m} \cdot \text{K}}$$

$$d = \underline{\underline{0{,}1092 \text{ m}}} \approx \underline{\underline{11 \text{ cm}}}$$

Das Gebäudeenergiegesetz (GEG) erfordert u. U. eine noch dickere Dämmschicht.

2. Berechnen Sie die Mindestdämmstoffdicke der abgebildeten Wandkonstruktion. Gehen Sie bei Ihren Berechnungen von einem geforderten *U*-Wert von 0,24 W/m² · K aus.

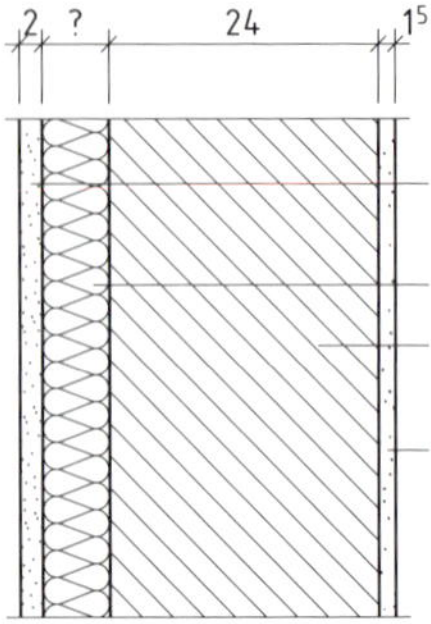

$$U = \frac{1}{R}$$

$$0{,}24\ \frac{\text{W}}{\text{m}^2 \cdot \text{K}} = \frac{1}{R}$$

$$R_T = 4{,}167\ \frac{\text{m}^2 \cdot \text{K}}{\text{W}}$$

$$R = R_T - R_{si} - R_{se}$$

$$R = [4{,}167 - 0{,}13 - 0{,}04]\ \frac{\text{m}^2 \cdot \text{K}}{\text{W}}$$

$$R = 3{,}997\ \frac{\text{m}^2 \cdot \text{K}}{\text{W}}$$

$$3{,}997\ \frac{\text{m}^2 \cdot \text{K}}{\text{W}} = \left[\frac{0{,}02}{1{,}0} + \frac{d}{0{,}032} + \frac{0{,}24}{0{,}81} + \frac{0{,}015}{0{,}51}\right] \frac{\text{m}^2 \cdot \text{K}}{\text{W}}$$

$$d = 3{,}65\ \frac{\text{m}^2 \cdot \text{K}}{\text{W}} \cdot 0{,}032\ \frac{\text{W}}{\text{m} \cdot \text{K}}$$

$$d \approx \underline{\underline{0{,}117\ \text{m}}}$$

3. Ein bisher nicht ausgebauter Speicher/Boden hat die Konstruktion:

- **vorhandene Dachhaut (Ziegeldeckung),**
- **vorhandene Schalung (Fichte *d* = 2,4 cm) mit Bitumenbahn (λ = 0,13),**
- **Sparren (Fichte 8/22).**

Der Speicher soll ausgebaut und das Dach wie folgt verändert werden:

- **Dampfsperre unter den Sparren 0,4 mm PE-Folie Innenverkleidung Nut- und Feder (Fichtenbretter *d* = 2,4 cm),**
- **zwischen den Sparren zusätzliche Mineralwolle (WLGr 040).**

→

a) $R = \frac{d_1}{\lambda_1} = \frac{0{,}024\ \text{m}}{0{,}13\ \text{W/m} \cdot \text{K}} = \underline{\underline{0{,}185\ \frac{\text{m}^2 \cdot \text{K}}{\text{W}}}}$

b) $R_T = R_{Si} + R + R_{Se}$

$$R_T = [0{,}13 + 0{,}185 + 0{,}04]\ \frac{\text{m}^2 \cdot \text{K}}{\text{W}}$$

$$R_T = \underline{\underline{0{,}355\ \frac{\text{m}^2 \cdot \text{K}}{\text{W}}}}$$

→

a) Ermitteln Sie den vorhandenen Wärmedurchlasswiderstand.
b) Ermitteln Sie den vorhandenen Wärmedurchgangswiderstand.
c) Erfüllt das Dach nach Umbau die Anforderung von $U_{max} = 0{,}24\ \mathrm{W/m^2 \cdot K}$?

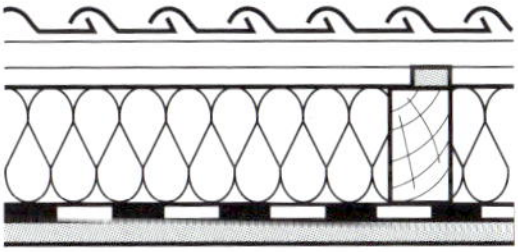

c) $R = \frac{d_1}{\lambda_1} + \frac{d_2}{\lambda_2} + \frac{d_3}{\lambda_3}$

$R = \left[\frac{0{,}024}{0{,}13} + \frac{0{,}22}{0{,}040} + \frac{0{,}024}{0{,}13}\right] \frac{\mathrm{m}}{\mathrm{W/m \cdot K}}$

$R = [0{,}185 + 5{,}500 + 0{,}185]\ \frac{\mathrm{m^2 \cdot K}}{\mathrm{W}}$

$R = 5{,}87\ \frac{\mathrm{m^2 \cdot K}}{\mathrm{W}}$

$R_T = R_{Si} + R + R_{Se}$

$R_T = [0{,}13 + 5{,}87 + 0{,}04]\ \frac{\mathrm{m^2 \cdot K}}{\mathrm{W}}$

$R_T = 6{,}04\ \frac{\mathrm{m^2 \cdot K}}{\mathrm{W}}$

$U = \frac{1}{R_T} = \frac{1}{6{,}04\ \mathrm{m^2 \cdot K/W}}$

$= \underline{\underline{0{,}166\ \frac{\mathrm{m^2 \cdot K}}{\mathrm{W}}}} < U_{max} = 0{,}24\ \frac{\mathrm{m^2 \cdot K}}{\mathrm{W}}$

Die Anforderungen werden nach dem Umbau erfüllt.

4. Die Außenwand eines Hauses hat folgende Konstruktion:

- **Vorhangfassade aus Holzbrettern (Lärche),**
- **Hinterlüftung (Traglattung vertikal und horizontal je 2,5 cm),**
- **Holzfaserdämmplatte (HFD) $d = 2{,}2$ cm; $\lambda_R = 0{,}050\ \frac{\mathrm{W}}{\mathrm{m \cdot K}}$**
- **Holzständerwerk (Skelettkonstruktion) Fichte 8/14, Achsabstand der Holzständer 1,25 m, die Gefache sind mit Zellulosedämmstoff $\lambda_R = 0{,}045\ \frac{\mathrm{W}}{\mathrm{m \cdot K}}$ gefüllt,**
- **Holzfaserdämmplatte $d = 2{,}2$ cm $\left(\lambda_R = 0{,}05\ \frac{\mathrm{W}}{\mathrm{m \cdot K}}\right)$,** →

Bereich Ständer:

a) $R = \frac{d_1}{\lambda_1} + \frac{d_2}{\lambda_2} + \frac{d_3}{\lambda_3} + \frac{d_4}{\lambda_4}$

$R = \left[\frac{0{,}022}{0{,}050} + \frac{0{,}14}{0{,}13} + \frac{0{,}022}{0{,}050} + \frac{0{,}024}{0{,}13}\right] \frac{\mathrm{m}}{\mathrm{W/m \cdot K}}$

$R = [0{,}440 + 1{,}077 + 0{,}440 + 0{,}185]\ \frac{\mathrm{m^2 \cdot K}}{\mathrm{W}}$

$\underline{\underline{R = 2{,}142\ \frac{\mathrm{m^2 \cdot K}}{\mathrm{W}}}}$

$R_T = R_{Si} + R + R_{Se}$

$R_T = [0{,}13 + 2{,}142 + 0{,}04]\ \frac{\mathrm{m^2 \cdot K}}{\mathrm{W}}$

$R_T = 2{,}312\ \frac{\mathrm{m^2 \cdot K}}{\mathrm{W}}$

$U = \frac{1}{R_T} = \frac{1}{2{,}312\ \mathrm{m^2 \cdot K/W}} = \underline{\underline{0{,}43\ \frac{\mathrm{W}}{\mathrm{m^2 \cdot K}}}}$ →

- **Holzschalung (Kiefer) $d = 2{,}4$ cm**
  $\left(\lambda_R = 0{,}13 \dfrac{W}{m \cdot K}\right)$

Bestimmen Sie den Wärmedurchlasswiderstand und den Wärmedurchgangswiderstand
a) der Ebene A–A (Schnitt durch Ständer)
b) der Ebene B–B (Schnitt durch Gefache).
c) Erfüllt der mittlere Wärmedurchgangskoeffizient den geforderten Wert von
$U_{max} = 0{,}24 \dfrac{W}{m^2 \cdot K}$?

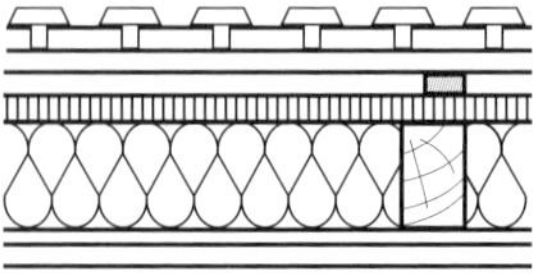

Bereich Gefache:

b) $R = \left[\dfrac{0{,}022}{0{,}050} + \dfrac{0{,}14}{0{,}045} + \dfrac{0{,}022}{0{,}050} + \dfrac{0{,}024}{0{,}13}\right] \dfrac{m}{W/m \cdot K}$

$$R = [0{,}440 + 3{,}111 + 0{,}440 + 1{,}185] \frac{m^2 \cdot K}{W}$$

$$R = 4{,}176 \frac{m^2 \cdot K}{W}$$

$$R_T = [0{,}13 + 4{,}176 + 0{,}04] \frac{m^2 \cdot K}{W}$$

$$R_T = 4{,}346 \frac{m^2 \cdot K}{W}$$

$$U = \frac{1}{4{,}346 \text{ m}^2 \cdot \text{K/W}} = 0{,}23 \frac{W}{m^2 \cdot K}$$

c)

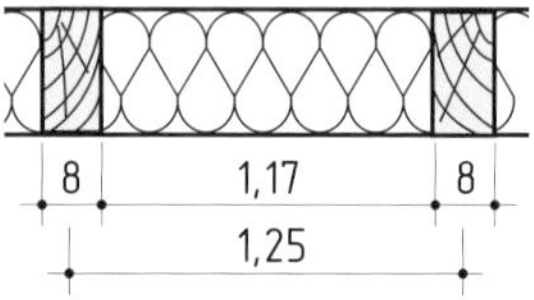

$$U_{Mittel} = \frac{U_{Ständer} \cdot 0{,}08 \text{ m} + U_{Gefache} \cdot 1{,}17 \text{ m}}{1{,}25 \text{ m}}$$

$$U_{Mittel} = \frac{0{,}43 \frac{W}{m^2 \cdot K} \cdot 0{,}08 \text{ m} + 0{,}23 \frac{W}{m^2 \cdot K} \cdot 1{,}17 \text{ m}}{1{,}25 \text{ m}}$$

$$U_{Mittel} = \frac{0{,}034 \frac{W}{m^2 \cdot K} + 0{,}270 \frac{W}{m^2 \cdot K}}{1{,}25 \text{ m}}$$

$$U_{Mittel} = 0{,}24 \frac{W}{m^2 \cdot K} = U_{max.} = 0{,}24 \frac{W}{m^2 \cdot K}$$

Die Anforderung wird erfüllt.

Anmerkung: Da die Fassade hinterlüftet ist, werden die Schichten der Vorhangfassade und ihrer Unterkonstruktion nicht berücksichtigt.

5. **Berechnen Sie den mittleren *U*-Wert eines unbelüfteten Daches mit Zwischensparrendämmung. Die stehende Luftschicht ist mit einem Wärmedurchlasswiderstand von $0{,}16\ \frac{m^2 \cdot K}{W}$ zu berücksichtigen.**

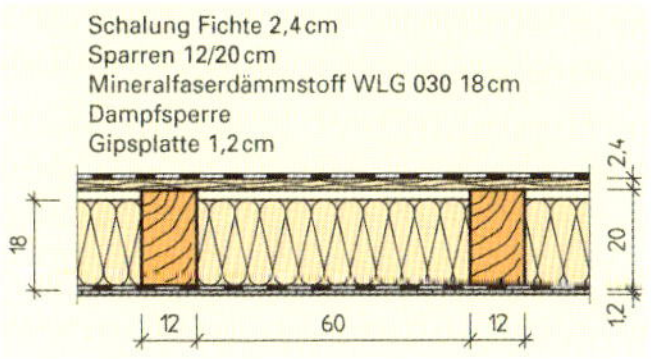

Dämmung

$$R_{\text{Dämmung}} =$$

$$= \left[\frac{0{,}024}{0{,}13} + 0{,}16 + \frac{0{,}18}{0{,}03} + \frac{0{,}012}{0{,}7}\right] \frac{m^2 \cdot K}{W}$$

$$= 6{,}36\ \frac{m^2 \cdot K}{W}$$

$$R_T = 6{,}36\ \frac{m^2 \cdot K}{W} + 0{,}13\ \frac{m^2 \cdot K}{W} + 0{,}04\ \frac{m^2 \cdot K}{W}$$

$$R_T = 6{,}53\ \frac{m^2 \cdot K}{W}$$

$$U = 0{,}153\ \frac{W}{m^2 \cdot K}$$

Ständer

$$R_{\text{Sparren}} = \left[\frac{0{,}024}{0{,}13} + \frac{0{,}20}{0{,}13} + \frac{0{,}012}{0{,}7}\right] \frac{m^2 \cdot K}{W}$$

$$= 1{,}74\ \frac{m^2 \cdot K}{W}$$

$$R_T = 1{,}74\ \frac{m^2 \cdot K}{W} + 0{,}13\ \frac{m^2 \cdot K}{W} + 0{,}04\ \frac{m^2 \cdot K}{W}$$

$$R_T = 1{,}91\ \frac{m^2 \cdot K}{W}$$

$$U = 0{,}524\ \frac{W}{m^2 \cdot K}$$

$$U_{\text{Mittelwert}} =$$

$$= 0{,}153\ \frac{W}{m^2 \cdot K} \cdot \frac{0{,}60\ m}{0{,}72\ m} + 0{,}524\ \frac{W}{m^2 \cdot K} \cdot \frac{0{,}12\ m}{0{,}72\ m}$$

$$= \underline{\underline{0{,}21\ \frac{W}{m^2 \cdot K}}}$$

6. Eine Holzwand eines Niedrigenergiehauses hat folgenden Aufbau:
Aufbau von innen nach außen
- **Gipsfaserplatte *d* = 15 mm**
- **Lattung/Installationsebene = 30 mm,**
- **OSB-Platte *d* = 18 mm,**
- **Holzfaserdämmung WLG 035 bzw.**
- **Holzständer 6/12 cm (Sprungmaße = 62,5 cm),**
- **Holzweichfaserplatte WLG 040**
- **Lattung,**
- **Stülpschalung.**

Berechnen Sie den mittleren *U*-Wert dieser Außenwand.

Horizontalschnitt

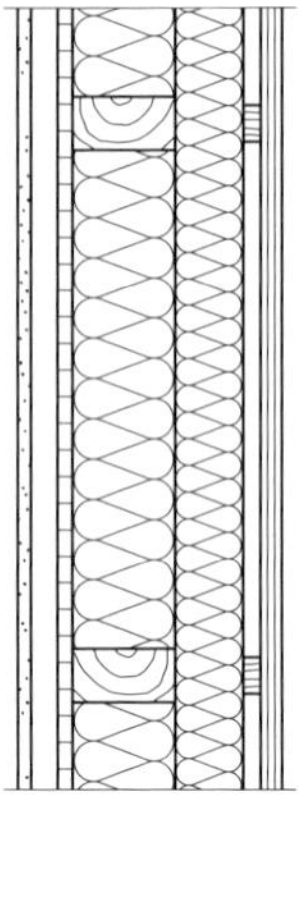

Dämmung

$R_{\text{Dämmung}} =$

$$= \left[\frac{0{,}08}{0{,}040} + \frac{0{,}12}{0{,}035} + \frac{0{,}018}{0{,}13} + 0{,}18 + \frac{0{,}015}{0{,}25}\right] \frac{m^2 \cdot K}{W}$$

$$= 5{,}81 \ \frac{m^2 \cdot K}{W}$$

$$R_T = 5{,}81 \ \frac{m^2 \cdot K}{W} + 0{,}13 \ \frac{m^2 \cdot K}{W} + 0{,}13 \ \frac{m^2 \cdot K}{W}$$

$$R_T = 6{,}07 \ \frac{m^2 \cdot K}{W}$$

$$U = 0{,}165 \ \frac{W}{m^2 \cdot K}$$

Ständer

$R_{\text{Ständer}} =$

$$= \left[\frac{0{,}08}{0{,}040} + \frac{0{,}12}{0{,}13} + \frac{0{,}018}{0{,}13} + 0{,}18 + \frac{0{,}015}{0{,}25}\right] \frac{m^2 \cdot K}{W}$$

$$= 3{,}30 \ \frac{m^2 \cdot K}{W}$$

$$R_T = 3{,}30 \ \frac{m^2 \cdot K}{W} + 0{,}13 \ \frac{m^2 \cdot K}{W} + 0{,}13 \ \frac{m^2 \cdot K}{W}$$

$$R_T = 3{,}56 \ \frac{m^2 \cdot K}{W}$$

$$U = 0{,}281 \ \frac{W}{m^2 \cdot K}$$

$U_{\text{Mittelwert}}$

$$= 0{,}165 \ \frac{W}{m^2 \cdot K} \cdot \frac{0{,}565 \text{ m}}{0{,}625 \text{ m}} + 0{,}281 \ \frac{W}{m^2 \cdot K} \cdot \frac{0{,}06 \text{ m}}{0{,}625 \text{ m}}$$

$$= 0{,}176 \ \frac{W}{m^2 \cdot K}$$

7. Ein bisher nicht ausgebauter Speicher/Boden hat die Konstruktion:

- **vorhandene Dachhaut (Ziegeldeckung),**
- **vorhandene Schalung (Fichte $d = 2{,}4$ cm) mit Bitumenbahn**
- **Sparren (Fichte 8/22 cm, Achsabstand 75 cm).**

Der Speicher soll ausgebaut und das Dach wie folgt verändert werden: Die vorhandene Ziegeldeckung und Bitumenbahn werden entfernt, auf der verbleibenden Schalung wird folgende Konstruktion errichtet:

- **Windbremse aus Spezialpappe,**
- **Blindsparren/Kontersparren bzw. Wärmedämmung (WLG 045),**
- **Unterdach aus Holz-Weichfaserdämmplatten $d = 2{,}2$ cm; $\left(\varrho = 400\ \frac{kg}{m^3};\ \lambda_R = 0{,}07\ \frac{W}{m \cdot K}\right)$,**
- **Unterdeckbahn,**
- **Konter- und Traglattung als Lüftungsebene ($d = 24/48$ mm),**
- **Dachhaut (Ziegeldeckung).**

Welche Höhe müssen die Blindsparren haben, wenn die Konstruktion im Dämmbereich den Wärmedurchgangswiderstand von $U_{max} = 0{,}24\ \frac{W}{m^2 \cdot K}$ erreichen soll?

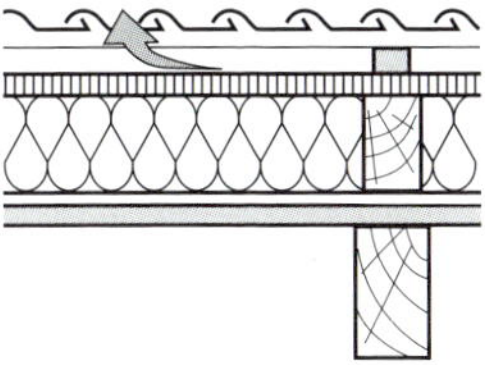

$$U_{max.} = 0{,}30\ \frac{W}{m^2 \cdot K} \rightarrow R_T = \frac{1}{U_{max.}}$$

$$= \frac{1}{0{,}24\ W/m^2 \cdot K} = 4{,}167\ \frac{m^2 \cdot K}{W}$$

Erforderlicher Wärmedurchlasswiderstand:

$$R_T = R_{Si} + R + R_{Se} \rightarrow R = R_T - R_{Si} - R_{Se}$$

$$R = [4{,}167 - 0{,}13 - 0{,}04]\ \frac{m^2 \cdot K}{W}$$

$$R = 3{,}997\ \frac{m^2 \cdot K}{W}$$

$$R_{erf.} = \frac{d_1}{\lambda_1} + \frac{d_2}{\lambda_2} + \frac{d_3}{\lambda_3}$$

$$R_{erf.} = \left[\frac{0{,}024}{0{,}13} + \frac{d_2}{0{,}045} + \frac{0{,}022}{0{,}07}\right] \frac{m}{W/m \cdot K}$$

$$3{,}997 = \left[0{,}185 + \frac{d_2}{0{,}045} + 0{,}314\right] \frac{m^2 \cdot K}{W}$$

$$3{,}498\ \frac{m^2 \cdot K}{W} = \frac{d_2}{0{,}045}\ \frac{m^2 \cdot K}{W}$$

$$d_2 = 3{,}498\ \frac{m^2 \cdot K}{W} \cdot 0{,}045\ \frac{W}{m \cdot K}$$

$$d_2 = 0{,}16\ m$$

Höhe des Blindsparrens mindestens 16 cm.

Projektaufgaben

Projekt 1 – Einfachständerwand mit Türöffnung

Projektbeschreibung:
In einer Etagenwohnung soll der Wohn- und Küchenbereich umgestaltet werden.
Zur Schaffung eines zusätzlichen Kinderzimmers wird die ehemalige Küchennische vom restlichen Wohnbereich abgetrennt.
Nach Rücksprache mit dem Wohnungseigentümer soll eine Einfachständerwand bestehend aus Holzständern und beidseitiger einlagiger Gipsplattenbeplankung ausgeführt werden. In der Trennwand ist eine Türöffnung vorzusehen (siehe Zeichnung).

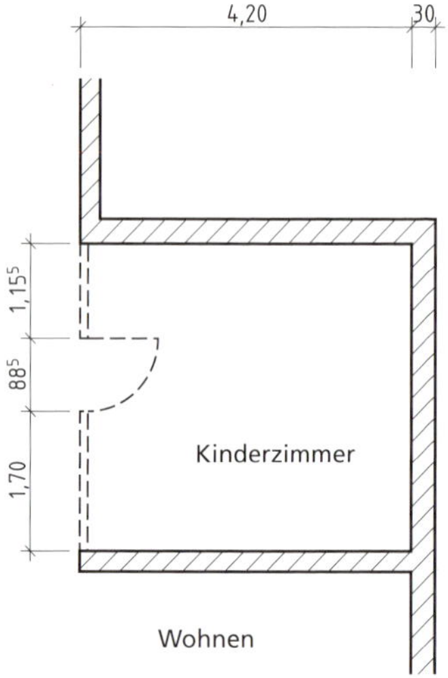

Vorgaben:
- Raumhöhe: $h = 2{,}30$ m
- Abmessungen der Türöffnung: 88,5/200 cm
- Holzquerschnitte der Unterkonstruktion: 60/60 mm
- Abmessungen der Gipsplatten: 2500 × 1250 × 12,5 mm
- Abmessungen der Dämmplatten: 1000 × 600 × 60 mm

Aufgaben:

1. Geben Sie allgemeine Anforderungen an, die an die Holzständer gestellt werden.

2. Skizzieren Sie einen Grundriss der zu erstellenden Wand. Tragen Sie darin die Standorte der Holzständer ein. Bemaßen Sie die gewählte Ständereinteilung. Begründen Sie Ihre Einteilung.

3. Ermitteln Sie für die Trennwand den Materialbedarf an
- Gipsplatten,
- Fugengips,
- Dämmplatten,
- Holzständer ($l = 2{,}40$ m),
- Anschlusskanthölzern,
- Bewehrungsstreifen,
- Schnellbauschrauben.

Hinweis: Materialverbrauchswerte sind dem Fachbuch zu entnehmen.
Verlust/Verschnitt pauschal 8 %. Randfugen bleiben unberücksichtigt.

4. Zeichnen Sie im Maßstab 1:50 für Ihren gewählten Grundriss eine Ansicht der Unterkonstruktion sowie eine Ansicht der Platteneinteilung.
Die Verspachtelung sowie die Befestigungsmittel sind nicht darzustellen.
Bemaßen Sie die Zeichnung.

5. Erklären Sie, worauf bei der Ausführung des Boden- und Deckenanschlusses geachtet werden muss.
Zeichnen Sie für die Holzständerwand den Schnitt durch einen starren Deckenanschluss im Maßstab 1:2.
Beschriften Sie alle gezeichneten Bauteile.

Lösungsvorschläge siehe S. 343 ... 345.

Projekt 2 – Dachgeschossausbau in einem Mehrfamilienhaus

Projektbeschreibung:
Ein örtlicher Bauträger plant in einem Altbau den Ausbau des Dachgeschosses. Zu den vier bereits bestehenden Wohnungen soll eine kleine Dachgeschosswohnung hinzukommen. Die geplante Aufteilung der Zimmer ist der Abbildung zu entnehmen. Die eingezeichneten Massivwände sind unveränderlich.
Die Anordnung der Türen ist in den eingezeichneten Bereichen vorzunehmen. Geringfügige Verschiebungen infolge der Ständereinteilung sind jedoch möglich.

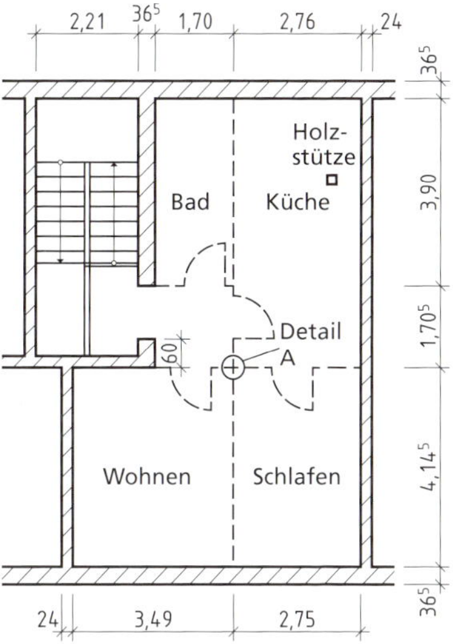

Vorgaben:
- Abmessungen der Türöffnungen: 88,5 × 200 cm
- Höhe der Räume: 2,40 m
- Abmessungen der Gipsplatten: 2500 × 1250 × 12,5 mm
- Abmessungen der Dämmplatten: 1000 × 600 × 60 mm

Aufgaben:
Planen Sie die Errichtung der leichten Trennwände.

1. Wählen Sie für alle Wände eine geeignete Konstruktionsart aus. Begründen Sie Ihre Entscheidung. Beachten Sie, dass in der Trennwand zwischen Küche und Bad haustechnische Installationen verlegt werden müssen.

2. Skizzieren Sie einen Grundriss der zu erstellenden Wand. Planen Sie hierfür die Anordnung der Profile bzw. Ständer. Die Profile sind selbstständig auszuwählen.

3. Ermitteln Sie für die Wand zwischen dem Wohn- und Schlafraum den Materialbedarf an
- Gipsplatten,
- Dämmplatten,
- Profilen/Ständern,
- ggf. Dämmstreifen zwischen Doppelständern,
- Anschlussdichtungen,
- Dübelverankerungen.

Hinweis: Materialverbrauchswerte sind dem Fachbuch zu entnehmen. Randfugen bleiben unberücksichtigt. Verlust/Verschnitt pauschal 8 %.

4. Geben Sie einen Überblick über weitere mögliche Beplankungsmaterialien. Stellen Sie dabei die Unterschiede in Bezug auf Ausgangsstoffe sowie Herstellungsverfahren dar.

5. Nennen und erklären Sie, welche Möglichkeiten es gibt, haustechnische Installationen in Trockenbauwänden unterzubringen.

6. Im Bereich der Küche ist aus statischen Gründen eine Holzstütze angeordnet. Die Querschnittsmaße genügen nicht mehr den geltenden Brandschutzanforderungen. Beschreiben Sie eine Möglichkeit, wie trotzdem die geforderte Feuerwiderstandsklasse erreicht werden kann.

7. Im Bereich des Details A sind Wandabzweige vorzusehen.
a) Erklären Sie mögliche konstruktive Ausbildungen.
b) Zeichnen Sie ein solches Anschlussdetail im Maßstab 1 : 2. Orientieren Sie sich bei der Auswahl der Materialien an Aufgabe 1 bzw. 2.

Lösungsvorschläge siehe S. 345 … 349.

Projekt 3 – Holzbalkendecke in einem Einfamilienhaus

Bei der Errichtung eines Einfamilienhauses soll zwischen Obergeschoss und Dachgeschoss eine Holzbalkendecke ausgeführt werden (siehe Grundriss).

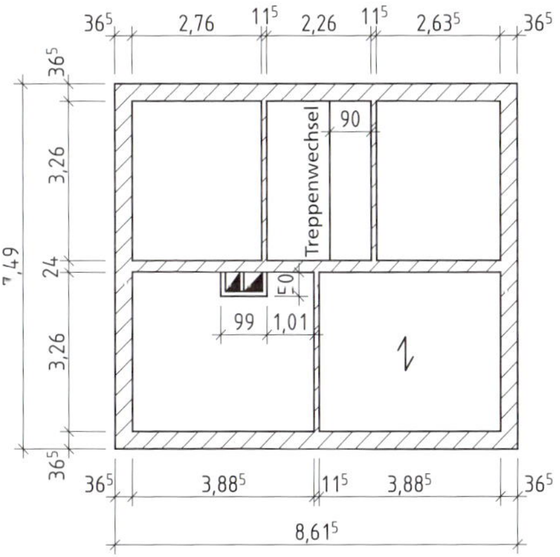

Beachten Sie folgende Vorgaben:

- Das Sprungmaß darf 75 cm nicht überschreiten.
- Die Balkenquerschnitte betragen für alle Balken 10/20 cm.
- Die Mittelwand kann als Auflage für die Deckenbalken genutzt werden.
- Auflage auf den Wänden 15 cm.
- Der Wandabstand der Balken beträgt 2 cm, der Abstand vom Kamin 5 cm.
- Holzart: Fichte.

Für die Vorbereitung der Arbeiten werden Sie vorab mit der Klärung folgender Fragen beauftragt:

1. In einem Gebäude können mehrere Balkenlagen vorkommen. Beschreiben Sie, wie diese nach ihrer Lage im Gebäude benannt werden.

2. Begründen und beschreiben Sie die Notwendigkeit von Verankerungen eines Deckenbalkens mit dem Mauerwerk bzw. mit dem Ringbalken.

3. Schlagen Sie für den gegebenen Grundriss eine sinnvolle Balkenlage vor. Zeichnen Sie dazu alle Balken in den Grundriss ein. Die genauen Sprungmaße sind zu berechnen.

4. Erstellen Sie eine Holzliste für die Balkenlage und ermitteln Sie die erforderliche Holzmenge in m^3.

5. Skizzieren Sie ein fachgerechtes Auflager eines Balkenkopfes auf der Außenwand.

6. Berechnen Sie die Masse (kg) eines Ganzbalkens, ($\varrho_{Fichte} = 420\ kg/m^3$).

7. Erläutern Sie, durch welche Maßnahmen eine gute Schalldämmung gewährleistet werden kann.

8. Berechnen Sie die Auflagerkräfte *A* und *B* für einen der Ganzbalken unter der dargestellten Belastung.

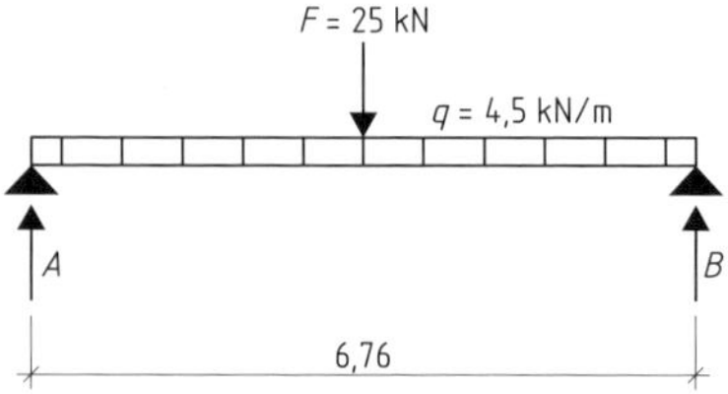

Lösungsvorschläge siehe S. 349 … 352.

Projekt 4 – Holzbalkendecke in einem Mehrfamilienhaus

In einem Mehrfamilienhaus soll die Decke über dem 1. Obergeschoss als Holzbalkendecke ausgeführt werden.
Das maximale Sprungmaß soll 72 cm nicht überschreiten. Die Balken haben einen Querschnitt von 10/18 cm. Der Balkenabstand von den Giebelwänden beträgt 2 cm. Von der Außenkante des Schornsteins müssen die Balken mindestens 5 cm entfernt liegen. Auf den Außenwänden liegen die Balken 15 cm auf. Im Bereich der Auswechslungen werden die Balken mit Balkenschuhen verbunden.

Aufgabe:
Entwickeln Sie anhand dieser Vorgaben ein Angebot. Inhaltlich orientieren Sie sich an den unten aufgeführten Fragen.

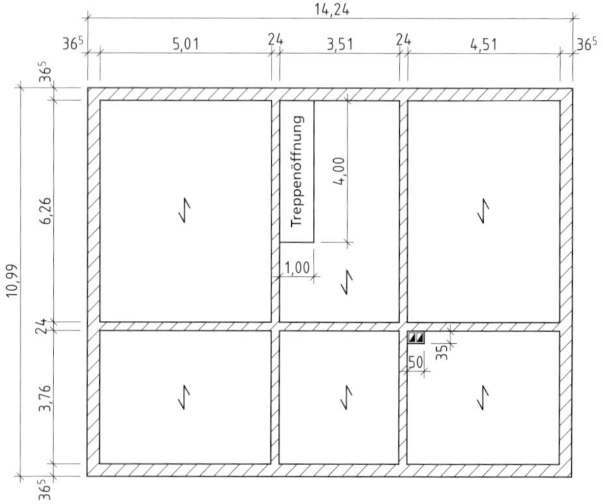

1. Zeichnen Sie in den abgebildeten Grundriss die sogenannten „Pflichtbalken“ ein. Benennen Sie diese Balken.

2. Ermitteln Sie die genauen Balkenabstände für die Deckenlage. Eine Aufteilung der Decke in Teilbereiche ist sinnvoll. Beachten Sie die vorgegebene Spannrichtung.

3. Zeichnen Sie die Balkenlage im Maßstab 1:50 (DIN A3 ist empfehlenswert). Bemaßen Sie die Zeichnung.

4. Fertigen Sie eine Holzliste für Ihre Holzbalkendecke an. Die Balken werden aus KVH Fichte S10 hergestellt. Es sind die tatsächlichen Holzlängen zu berücksichtigen.

5. Die Deckenbalken sollen von unten sichtbar bleiben. Skizzieren Sie einen möglichen Deckenaufbau. Wählen Sie die benötigten Materialien selbst aus. Begründen Sie Ihre Materialwahl.

6. Die Decke muss mindestens der Feuerwiderstandsklasse F90 entsprechen.
a) Erklären Sie die Bedeutung dieses Kurzzeichens.
b) Geben Sie mindestens drei Maßnahmen an, die zur Erfüllung der Brandschutzanforderungen beitragen können.

7. Ermitteln Sie die Kosten der Holzbalkendecke bei folgenden Vorgaben und einem kalkulierten Arbeitsaufwand von 56 Stunden.

• KVH Fichte	585 €/m³
• Lohnkosten	26 €/h
• Herstellungsbedingte Gemeinkosten	25 %
• Allgemeine Geschäftskosten	15 %
• Wagnis/Gewinn	5 %
• Mehrwertsteuer	19 %

Lösungsvorschläge siehe S. 353 … 356.

Projekt 5 – Herstellen einer Treppe

Angaben zur Konstruktion:

• Geschosshöhe ORF-Oberkante Balkenlage	2751 mm
• Steigungshöhe	175 … 188 mm
• Stufendicke	50 mm
• Wangendicke	60 mm
• An-/Austrittspfosten	60/140 mm
• Handlauf	60/120 mm
• Staketen rund	30 mm
• Bodenaufbau	siehe Abbildung (folgende Seite)

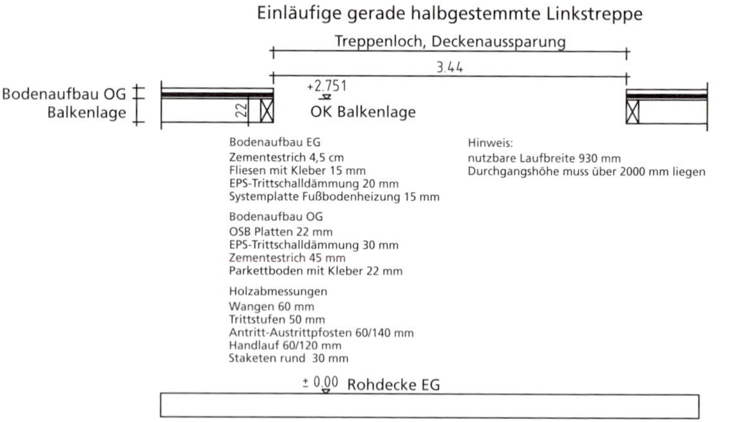

1. Berechnen Sie alle Maße.

2. Erstellen Sie im Maßstab 1 : 10 Grundriss, Ansicht, Austragungen der Licht- und Wandwangen mit Geländern.

Lösungsvorschläge siehe S. 356 … 359.

Projekt 6 – Fachwerkträger für eine Abbundhalle

Ein Jungmeister möchte seinen eigenen Zimmereibetrieb gründen. In einem Gewerbegebiet hat er dazu ein Grundstück erworben und plant darauf die Errichtung einer Abbundhalle.
Die Dachkonstruktion soll als Fachwerkträger ausgeführt werden. Für die Herstellung der Dachkonstruktion sind im Vorfeld einige Fragen zu klären.
Die Halle soll 20 m lang werden.

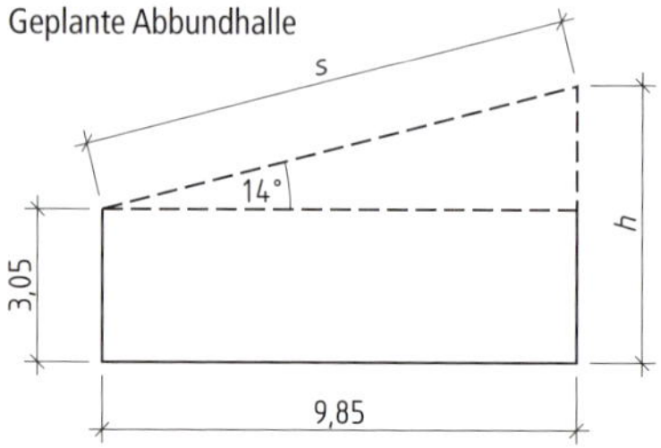

1. Geben Sie anhand der Abbildung (auf der vorherigen Seite) die geplante Binderform der Abbundhalle an.

2. Das Tragwerk soll aufgrund der geringen Spannweite aus Hölzern zusammengesetzt werden.
a) Entwerfen Sie in einer Systemskizze eine mögliche Anordnung der Stäbe. Maße und Verbindungsmittel sind nicht mit darzustellen.
b) Benennen Sie alle Stäbe.
c) Geben Sie die Belastungsart aller Stäbe an.

P

3. Wählen Sie für Ihre Konstruktion ein geeignetes Verbindungsmittel für die Stäbe mit den Gurten aus. Begründen Sie Ihre Entscheidung.

4. Beschreiben Sie in Stichworten die Herstellung eines Nagelplattenbinders.

5. Berechnen Sie die Länge *s* sowie die Höhe *h* der Abbundhalle.

6. Traditionell wurden Fachwerkbinder mit genagelten Verbindungen hergestellt.
a) Nennen Sie zwei Vorteile einer vorgebohrten Nagelverbindung.
b) Kennzeichnen Sie für den dargestellten Zugstoß die beanspruchten Ränder.
c) Berechnen Sie die Mindestnagelabstände.
Nagelgröße 3,4 × 80 mm, NH, $\varrho = 420\ kg/m^3$, nicht vorgebohrt

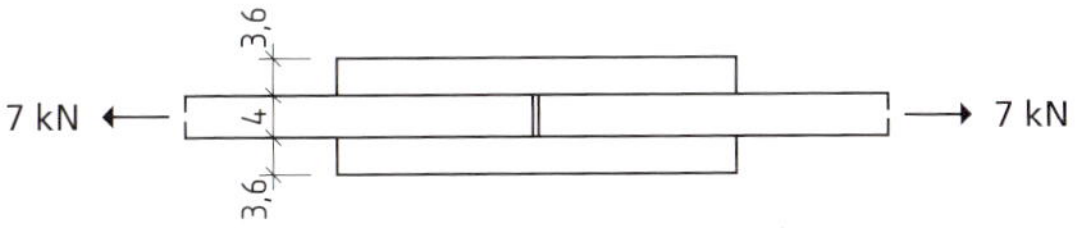

7. Errechnen Sie die Anzahl der Binder für die gesamte Halle, wenn ein max. Binderabstand von 1,25 m vorgesehen ist. Die Dicke des Binders ist der Aufgabe 6. zu entnehmen.
Geben Sie zudem das Sprungmaß an.

8. Binderkonstruktionen erfordern häufig eine umfangreiche Planung des Transportes zur Baustelle und der Montage auf der Baustelle.
Geben Sie Faktoren an, die berücksichtigt werden müssen.

Lösungsvorschläge siehe S. 360 … 361.

Projekt 7 – Brettschichtholzträger für Lagerhalle

Ein Landwirt möchte für die Unterbringung seiner Fahrzeuge sowie für die Lagerung von Futtermitteln eine neue Halle errichten lassen. Ein örtlicher Architekt plant eine Hallenkonstruktion aus Brettschichtholzträgern mit folgendem Aussehen:

Geplante Lagerhalle

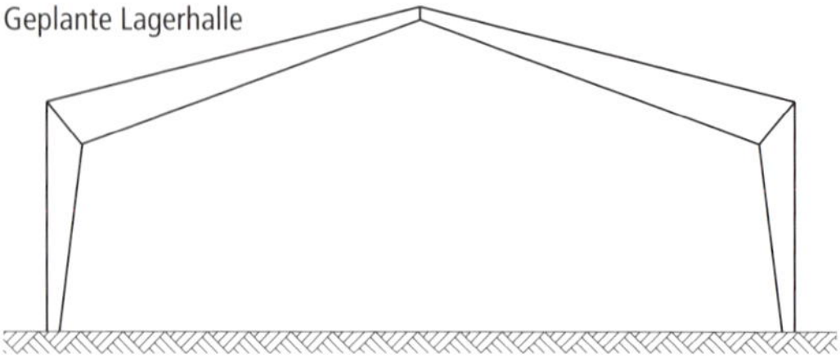

In einem Planungsgespräch möchte der Landwirt nähere konstruktive Details zum Bauvorhaben wissen. Helfen Sie dem Architekten bei der Beantwortung einiger dieser Fragen.

1. Benennen Sie die abgebildete Tragkonstruktion.

Hinweis: Die Fußpunkte sowie der Firstpunkt sollen als Gelenk ausgebildet werden.

2. Der Bauherr sieht in den Aufzeichnungen des Architekten die nachfolgende Skizze. Erklären Sie, was damit dargestellt sein könnte.

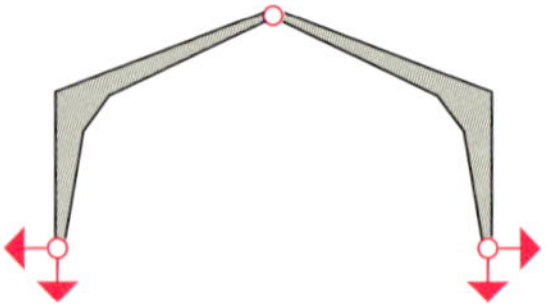

3. In den Bauzeichnungen wird von einem rechteckigen Brettschichtträger gesprochen. Erläutern Sie, was darunter zu verstehen ist.

4. Die Auswahl der Holzquerschnitte des jeweiligen Brettschichtholzträgers ist von verschiedenen Einflussgrößen abhängig. Geben Sie mindestens drei davon an.

5. Beschreiben Sie eine fachgerechte Aussteifung der geplanten Hallenkonstruktion. Gehen Sie auch auf die Eckpunkte sowie Fußpunkte der einzelnen Rahmen ein.

6. Skizzieren Sie eine mögliche Fußpunkt- sowie Firstpunktausbildung dieser Rahmenkonstruktion.

7. Berechnen Sie die Längen h_1, h_2, h_G, s sowie den Neigungswinkel β.

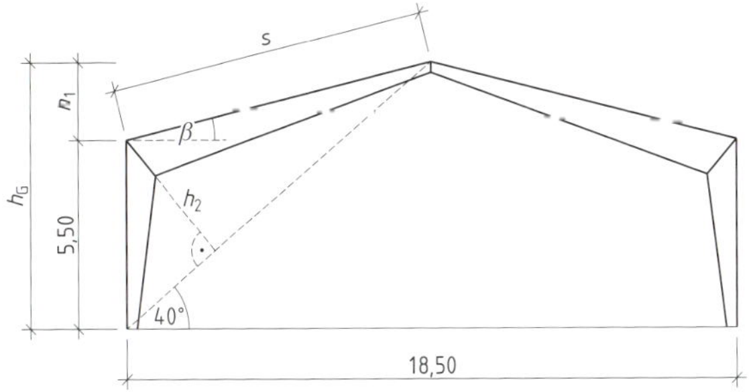

8. Ermitteln Sie die Dachfläche der Halle in m². Die Trauflänge beträgt 28,40 m.

Lösungsvorschläge siehe S. 361 … 363.

Projekt 8 – Planung eines Eigenheims

Ein junges Ehepaar möchte sich den Traum vom Eigenheim erfüllen. Da beide Eheleute nur geringe bautechnische Kenntnisse besitzen, bitten sie einen nahestehenden Bekannten, der eine Baufirma besitzt, um Hilfe bei der Planung.
Helfen Sie dem Bekannten bei der Beantwortung der nachfolgenden Fragen.

1. Der Ehemann hat in der Zeitung von Fertigteilhäusern in Holzrahmenbauweise gelesen. Erklären Sie ihm, was darunter zu verstehen ist.

2. Der Firmeninhaber schlägt dem Ehemann vor, das Gebäude als Niedrigenergiehaus auszuführen.
Geben Sie zwei Gründe an, die diesen Vorschlag bekräftigen.

3. Die Ehefrau möchte wissen, ob für die Ausführung als Niedrigenergiehaus besondere bauliche Maßnahmen erforderlich sind.
Beziehen Sie dazu Stellung.

4. Das Ehepaar kann sich nicht vorstellen, warum eine etwa 22 cm dicke Holzbauwand einen besseren Wärmeschutz als eine etwa 40 cm dicke Massivwand haben soll. Beweisen Sie rechnerisch an den abgebildeten Beispielen, dass dieser Sachverhalt zutrifft.

Holzbauwand

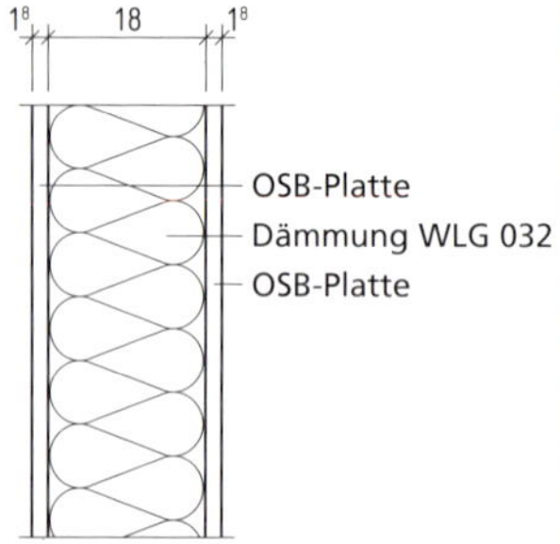

Massivwand

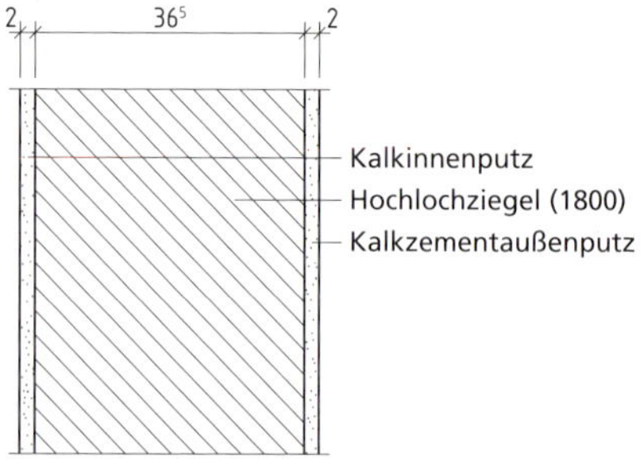

Achtung: Die abgebildeten Wandaufbauten stellen keine Standardaufbauten dar.
Die Holzbauwand kann als homogenes Bauteil berechnet werden.

5. Zeichnen Sie zum besseren Verständnis einen Horizontalschnitt durch eine Außenwand im Maßstab 1:5.
Verwenden Sie folgende Materialien. Die Reihenfolge ist selbstständig festzulegen.

- Holzständer 8/16 cm
- OSB-Platte $d = 12$ mm
- Gipsplatte $d = 12{,}5$ mm
- Mineralwolldämmung WLG 032 $d = 16$ cm
- Holzfaserplatte $d = 6$ cm
- Diffusionsoffener Außenputz $d = 2$ cm

Lösungsvorschläge siehe S. 363 … 364.

Lösungsvorschläge zu den Projektaufgaben

Lösungsvorschlag zu Projekt 1 – Einfachständerwand mit Türöffnung

1. • Mindestens Holz der Sortierklasse S10,
   • scharfkantiges Holz, nicht verdreht,
   • Abmessungen i. d. R. 40/60; 40/80; 60/60 mm,
   • Holzfeuchtigkeit ≤ 20 %,
   • Holzständer vor tierischen Schädlingen sowie Gebäudepilzen schützen.

L

2. 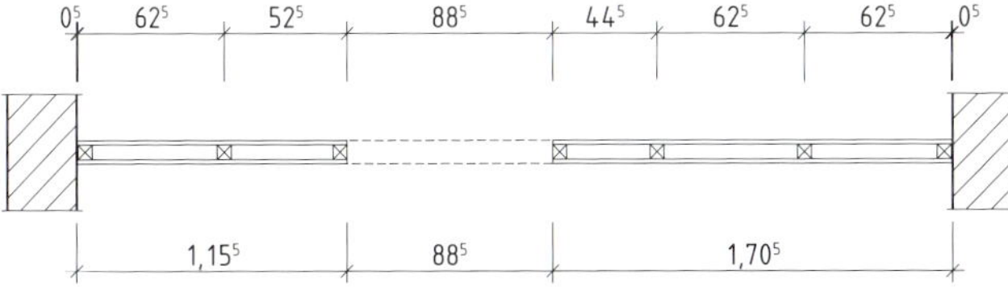

   • Aufgrund der Plattenabmessungen bietet sich ein Rastermaß von 62,5 cm an.
   • Da für den Bereich über der Türöffnung noch Befestigungsmöglichkeiten für die Beplankung vorzusehen sind, erfolgt die Einteilung von den Seitenwänden her fortlaufend.

3. **Berechnung der Fläche:**

$A = h \cdot b = 2{,}30\ \text{m} \cdot 3{,}74\ \text{m} = 8{,}60\ \text{m}^2$ (Türfläche $< 2{,}5\ \text{m}^2$, deshalb übermessen)

Gipsplatten

$8{,}60\ \text{m}^2 \cdot 2{,}0\ \text{m}^2/\text{m}^2 \cdot 1{,}08 = 18{,}58\ \text{m}^2$

Anzahl

$18{,}58\ \text{m}^2 : (2{,}50\ \text{m} \cdot 1{,}25\ \text{m}) = 5{,}95$ Platten → $\underline{\underline{\text{6 Platten}}}$

Fugengips

$8{,}60\ \text{m}^2 \cdot 0{,}5\ \text{kg/m}^2 \cdot 1{,}08 = \underline{\underline{4{,}64\ \text{kg}}}$

Dämmplatten

$8{,}60\ \text{m}^2 \cdot 1{,}0\ \text{m}^2/\text{m}^2 \cdot 1{,}08 = 9{,}29\ \text{m}^2$

Anzahl

$9{,}29\ \text{m}^2 : (1{,}00\ \text{m} \cdot 0{,}60\ \text{m}) = 15{,}48$ Platten → $\underline{\underline{\text{16 Platten}}}$

Holzständer

$8{,}60\ \text{m}^2 \cdot 1{,}5\ \text{m/m}^2 \cdot 1{,}08 = 13{,}93\ \text{m} \rightarrow 14\ \text{m}$

Anzahl

$14\ \text{m} : 2{,}40\ \text{m} = 5{,}83$ Holzständer → $\underline{\underline{\text{6 Holzständer}}}$

Anschlusskanthölzer

$8{,}60\ m^2 \cdot 1{,}2\ m/m^2 \cdot 1{,}08 = 11{,}15\ m$

Anzahl

$11{,}15\ m : 2{,}40\ m = 4{,}65$ Kanthölzer → 5 Kanthölzer

Bewehrungsstreifen

$8{,}60\ m^2 \cdot 1{,}5\ m/m^2 \cdot 1{,}08 = 13{,}93\ m$ → 14 m

Schnellbauschrauben

$8{,}60\ m^2 \cdot 29$ Schrauben/$m^2 \cdot 1{,}08 = 269{,}35$ Schrauben → 270 Schrauben

4. Ansicht Unterkonstruktion

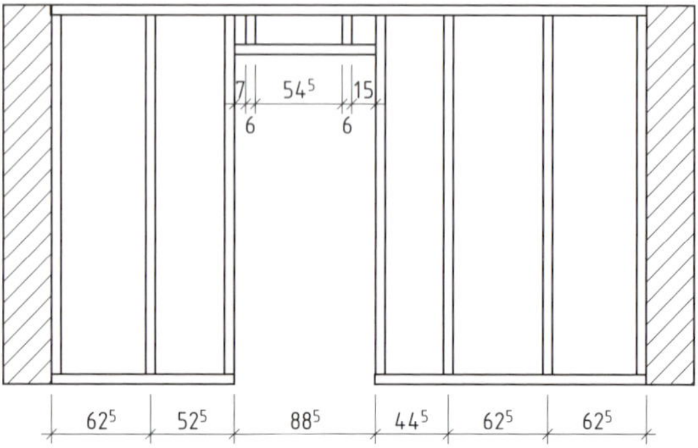

Ansicht Platteneinteilung

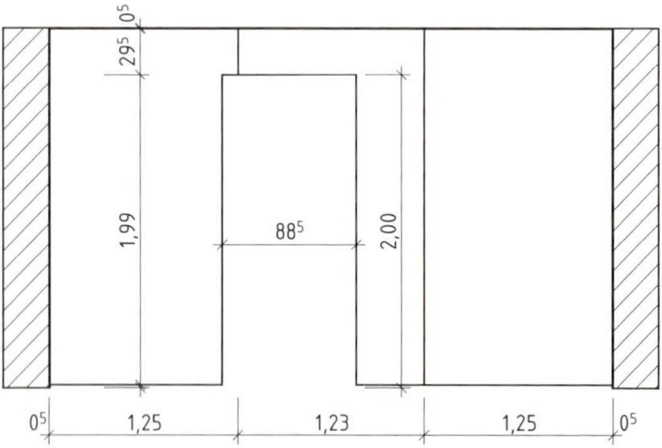

5. Um unnötige Schallübertragungen zu vermeiden sind entweder weichfedernde Dichtungsstoffe oder Trennwandkitt zu verwenden.
Des Weiteren ist zu prüfen, ob es sich um einen starren oder gleitenden Deckenanschluss handelt. Gleitende Deckenanschlüsse ermöglichen Durchbiegungen von mehr als 10 mm.
Sie erfordern besondere konstruktive Maßnahmen.

SCHNITT
DECKENANSCHLUSS

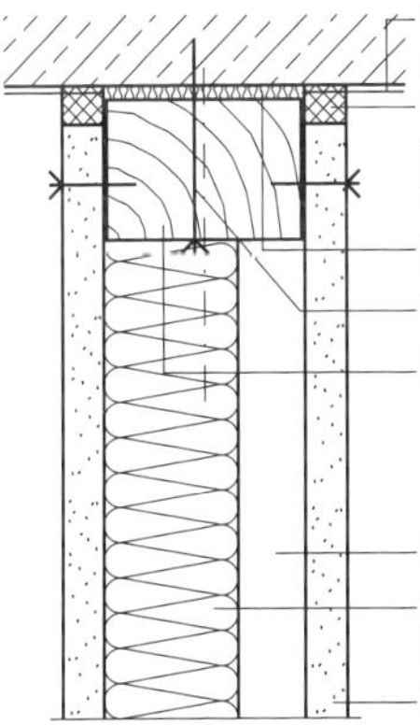

Lösungsvorschlag zu Projekt 2 – Dachgeschossausbau in einem Mehrfamilienhaus

1. • Wände zum Schlafbereich als Doppelständerwand aus Metallprofilen
  – bessere Schallschutzwerte durch die breitere Konstruktion bzw. Trennung zwischen den beiden Ständerreihen
- Wand zwischen Bad und Küche als Installationswand mit Metallprofilen, sodass Sanitärinstallationen verlegt werden können
- Abtrennung zwischen Bad bzw. Wohnen zur Diele als Einfachständerwand mit Metallprofilen
- Abtrennung zwischen Diele und Küche ebenfalls als Metalldoppelständerwand
  – Wand zwischen Wohn- und Schlafraum wird um das Maß des Vorsprungs (60 cm) verlängert

Alle Wände werden **doppelt** beplankt.

2.

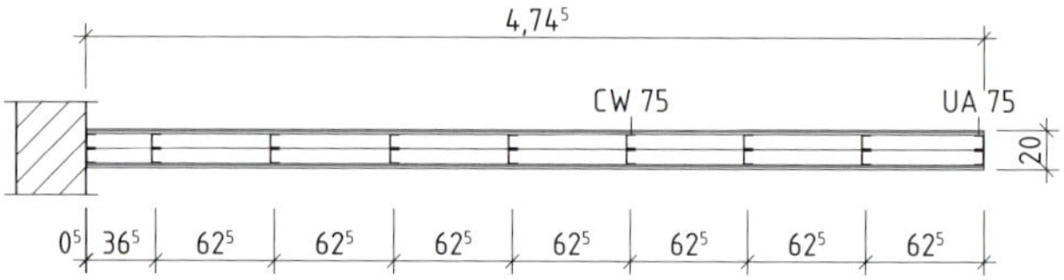

3. Berechnung der Fläche:

$A = h \cdot b = 2{,}40\ \text{m} \cdot 4{,}745\ \text{m} = 11{,}39\ \text{m}^2$

Gipsplatten

$11{,}39\ \text{m}^2 \cdot 4{,}0\ \text{m}^2/\text{m}^2 \cdot 1{,}08 = 49{,}20\ \text{m}^2$

Anzahl

$49{,}20\ \text{m}^2 : (2{,}50\ \text{m} \cdot 1{,}25\ \text{m}) = 15{,}74$ Platten → 16 Platten

Dämmplatten

$11{,}39\ \text{m}^2 \cdot 1{,}0\ \text{m}^2/\text{m}^2 \cdot 1{,}08 = 12{,}30\ \text{m}^2$

Anzahl

$12{,}30\ \text{m}^2 : (1{,}00\ \text{m} \cdot 0{,}60\ \text{m}) = 20{,}5$ Platten → 21 Platten

CW-Ständerprofile

$11{,}39\ \text{m}^2 \cdot 4\ \text{m}/\text{m}^2 \cdot 1{,}08 = 49{,}2\ \text{m}$

Anzahl

$49{,}2\ \text{m} : 2{,}40\ \text{m} = 20{,}5$ Profile → 21 Profile

UW-Anschlussprofile

$11{,}39\ \text{m}^2 \cdot 1{,}4\ \text{m}/\text{m}^2 \cdot 1{,}08 = 17{,}22\ \text{m}$

Anzahl

$17{,}22\ \text{m} : 2{,}40\ \text{m} = 7{,}18$ Profile → 8 Profile

Dämmstreifen

$11{,}39\ \text{m}^2 \cdot 0{,}5\ \text{m}/\text{m}^2 \cdot 1{,}08 = 6{,}15\ \text{m}$ → 7 m Dämmstreifenrolle

Anschlussdichtung

$11{,}39\ \text{m}^2 \cdot 2{,}4\ \text{m}/\text{m}^2 \cdot 1{,}08 = 29{,}52\ \text{m}$ → 30 m Anschlussdichtung

Dübelverankerung

$11{,}39\ \text{m}^2 \cdot 3$ Stück/m² $\cdot 1{,}08 = 36{,}90$ Dübel = 37 Dübel

4.

	Ausgangsstoffe	Herstellungsverfahren
Sperrholz-platten	Furniere, Holzstäbchen, Holzstäbe, Klebstoffe.	*Furniersperrholz:* Lagen- sowie kreuzweise Verklebung von dünnen Holzblättchen (Furnieren). *Stäbchensperrholz:* Dünne Schälfurnierstreifen werden miteinander und mit einer beidseitig angeordneten Deckfurnierschicht verklebt. *Stabsperrholz:* Ähnlich wie Stäbchensperrholz, allerdings sind die Stäbe bis zu 30 mm breit.
Spanplatten	Kleine Holzteilchen (Späne), Klebstoffe, Zusätze.	Die mit Klebstoffen versetzten Holzspäne werden unter Hitze zu Platten gepresst.
Holzfaser-platten	Holzfasern, Füllstoffe, Kunstharze.	*Nassverfahren:* Faserfeuchte von mehr als 20 %, Fasern halten meist durch die Verfilzung allein zusammen, Unterscheidung in poröse, mittelharte und harte Platten. *Trockenverfahren:* Faserfeuchte bis 20 %, Platten werden mit Bindemittel unter Hitze und Druck hergestellt.
Holzwolle-platten	Langfaserige Hobelspäne, mineralische Bindemittel.	Holzspäne werden mit einem mineralischen Bindemittel ummantelt und härten unter Hitze aus.
Gipsfaser-platten	Gips, anorganische oder organische Fasern, Füllstoffe, Zusätze.	Gipskern mit Faserzusätzen wird auf dem Oberseitenkarton aufgebracht, anschließend wird der Unterseitenkarton aufgelegt und mit dem Oberseitenkarton verklebt, Pressen der Platten auf die endgültige Dicke und Aushärtung.

L

5. Bei ausreichender Dicke der Trockenwandkonstruktion können Sanitärinstallationen in den Wänden untergebracht werden.

- Hierbei unterscheidet man zwischen raumhohen Installationswänden oder frei stehenden Vorsatzschalen.
- Dabei werden die Einbauteile (Waschbecken, WCs, Bidest, Urinale u.a.) an Tragständern oder Traversen, die die Last direkt in den Fußboden übertragen, befestigt.
- Für kleinere Lasten können auch Holzwerkstoffstreifen zwischen den Ständern angebracht werden.
- Bei den Installationswänden müssen die Ständerreihen durch Plattenstreifen miteinander verbunden werden.
- Die Metallständer werden doppelt beplankt.
- Um Fließgeräusche und Körperschallübertragungen zu vermeiden, müssen Rohrleitungen und Befestigungen von der Unterkonstruktion getrennt werden.

6. Durch die Bekleidung mit Brandschutzplatten (z.B. Gipsplatte Typ F), Gipsfaserplatten (GF) u.Ä. kann die geforderte Feuerwiderstandsklasse erreicht werden.

- Die erreichbare Feuerwiderstandsdauer der Konstruktion hängt dabei von folgenden Faktoren ab:
  - Anzahl der beflammten Seiten,
  - Holzquerschnitt,
  - Bekleidungsmaterial,
  - Dicke der Bekleidung,
  - statische Beanspruchung,
  - Knicklänge bzw. Spannweite.
- Für die Zuordnung der Klasse sind die Anzahl der beflammten Seiten, die vorhandene Biegespannung sowie die Querschnittsabmessungen maßgebend.

7. a) Wandabzweige sind mit der Ausführung eines LW-Profils schalltechnisch am günstigsten. Durch die Einbindung in die durchlaufende Wand wird die Schall-Längsleitung unterbrochen.
Alternativ kann bei keinen erhöhten Anforderungen an den Schallschutz die Beplankung der durchlaufenden Wand durch eine Fuge unterbrochen werden. Der Anschluss der anschließenden Wand erfolgt mit einem CW-Profil.

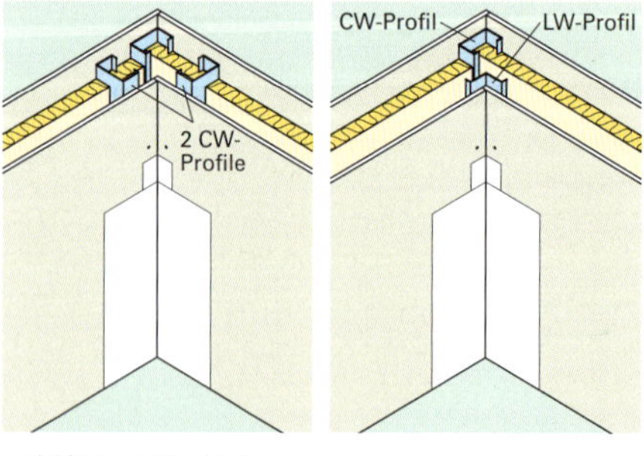

Ausbildung von Wanddecken

b) Zeichnerischer Lösungsvorschlag:

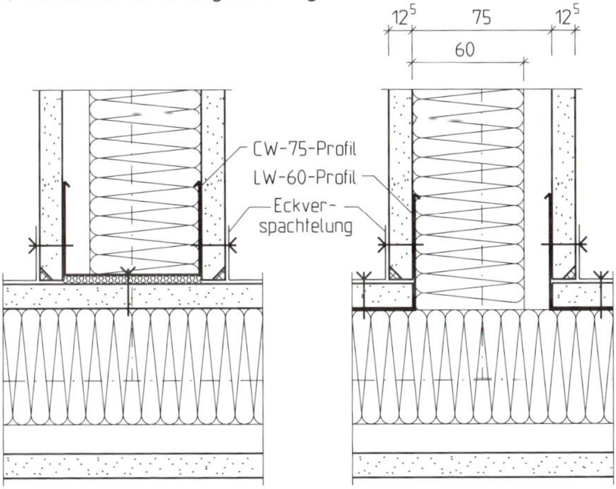

GRUNDRISS
T-ANSCHLUSS CW-PROFIL

GRUNDRISS
T-ANSCHLUSS L-PROFILE

Lösungsvorschlag zu Projekt 3 – Holzbalkendecke in einem Einfamilienhaus

1. • *Geschossbalkenlagen*
  – trennen zwei Geschosse voneinander und dienen als Fußboden und Decke.
- *Kehlbalkenlagen*
  – in der Regel Teil eines Kehlbalkendaches, keine Wohnungstrenndecken.
- *Dachbalkenlagen*
  – schließen das Gebäude nach oben hin ab, meist Teil der obersten Decke bzw. beim Flachdach der Dachkonstruktion;
  – besondere wärmedämmende Maßnahmen sind auszuführen.

2. In Wohngebäuden mit bis zu zwei Vollgeschossen können Holzbalkendecken zur räumlichen Aussteifung des Gebäudes herangezogen werden.
In diesem Fall sollte etwa jeder vierte Balken an den Enden durch einen Stahlanker mit dem Mauerwerk zugfest verbunden werden. Alternativ kann die Verbindung auch mit einer im Ringbalken verankerten Ankerschiene sowie einem Stahlwinkel ausgeführt werden.
An den Giebelseiten werden zur Verankerung mit dem Mauerwerk Giebelanker, die über mindestens zwei Balkenfelder laufen, ausgebildet. Giebelanker sind im Abstand von 2 m auszuführen.

3. *Bereich 1:*

zu verteilende Länge = 3,885 m – 1 · 0,02 m – 0,05 m – 2,00 m – 0,10 m

zu verteilende Länge = 1,715 m

$$\text{Anzahl Felder} = \frac{1{,}715\ \text{m}}{0{,}75\ \text{m}} = 2{,}3\ \text{Felder} \rightarrow 3\ \text{Felder}$$

$$\text{tatsächliches Sprungmaß} = \frac{1{,}715\ \text{m}}{3} = \underline{\underline{0{,}572\ \text{m}}}$$

Bereich 2:

zu verteilende Länge = 2,635 m – 2 · 0,02 m – 0,10 m

zu verteilende Länge = 2,495 m

$$\text{Anzahl Felder} = \frac{2{,}495\ \text{m}}{0{,}75\ \text{m}} = 3{,}3\ \text{Felder} \rightarrow 4\ \text{Felder}$$

$$\text{tatsächliches Sprungmaß} = \frac{2{,}495\ \text{m}}{4} = \underline{\underline{0{,}624\ \text{m}}}$$

In allen anderen Bereichen reicht ein mittig verlegter Balken aus, um das geforderte Sprungmaß einzuhalten (siehe Skizze, Ausnahme im Bereich 1, zusätzlicher Balken an der Innenwand).

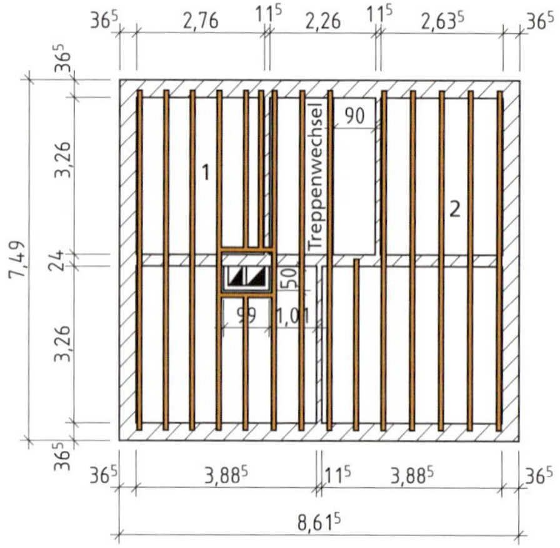

4.

Pos.	Bezeichnung	Material	Anzahl	Querschnitt in cm	Länge in m		Inhalt in m³
					einzeln	gesamt	
1.	Giebelbalken	Fichte S10	2	10/20	7,06	14,12	0,282
2.	Streichbalken	Fichte S10	1	10/20	7,06	7,06	0,141
3.	Wechselbalken	Fichte S10	3	10/20	7,06	21,18	0,424
4.	Zwischenbalken	Fichte S10	6	10/20	7,06	42,36	0,847
5.	Zwischenbalken	Fichte S10	1	10/20	3,56	3,56	0,071
6.	Stichbalken	Fichte S10	2	10/20	3,26	6,52	0,130
7.	Stichbalken	Fichte S10	1	10/20	2,76	2,76	0,055
8.	Wechsel	Fichte S10	2	10/20	1,09	2,18	0,044
						Σ 99,74	Σ 1,994

5.

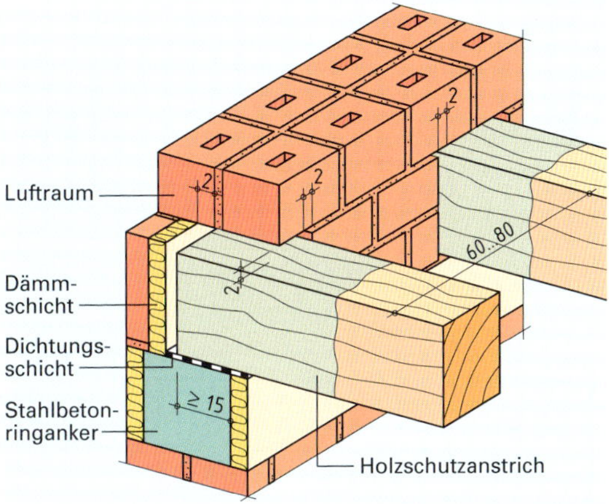

6. $m = V \cdot \varrho$
$m = 0{,}141\ \text{m}^3 \cdot 420\ \text{kg/m}^3$
$m = \underline{\underline{59{,}22\ \text{kg}}}$

7. Bei verdeckten Holzbalkendecken kann die Trittschalldämmung durch abgehängte Unterdeckenkonstruktionen oder durch auf Dämmschicht verlegte Fußbodenaufbauten optimiert werden. Abgehängte Unterdecken werden durch den Einsatz von Federbügeln von den Balken entkoppelt. Für die Verlegung auf Dämmschicht des Fußbodenaufbaus ist es notwendig, zwischen Balken und Fußbodenaufbau eine durchlaufende Dämmebene einzubauen. An aufgehenden Wänden ist ebenfalls eine Trennung mit Randdämmstreifen vorzusehen.
Die Luftschalldämmung wird durch eine hohe flächenbezogene Masse ermöglicht. Dies kann durch den Einsatz von schweren Estrichen, Plattenbelägen oder Schüttungen erreicht werden.
Auch bei sichtbaren Holzbalkendecken wird durch den Einsatz von Trittschalldämmungen eine Schallübertragung vermindert.

8. Ersatzlast F:
$F = q \cdot l$
$F = 4{,}5\ \text{kN/m} \cdot 6{,}76\ \text{m}$
$F = 30{,}42\ \text{kN}$

$\Sigma M_{(A)} = 0$ (rechtsdrehend)

$0 = 25\ \text{kN} \cdot 3{,}38\ \text{m} + 30{,}42\ \text{kN} \cdot 3{,}38\ \text{m} - B \cdot 6{,}76\ \text{m}$
$0 = 187{,}32\ \text{kN/m} - B \cdot 6{,}76\ \text{m}$
$B = \underline{\underline{27{,}71\ \text{kN}}}$

$\Sigma V = 0$

$0 = 25\ \text{kN} + 30{,}42\ \text{kN} - 27{,}71\ \text{kN} - A$
$A = \underline{\underline{27{,}71\ \text{kN}}}$

Lösungsvorschlag zu Projekt 4 – Holzbalkendecke in einem Mehrfamilienhaus

1.

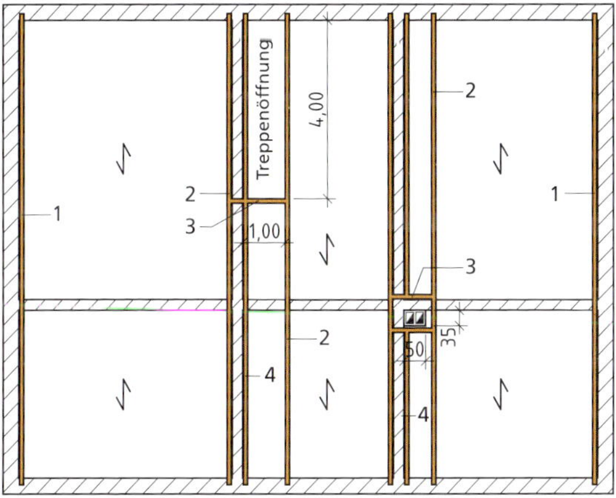

1 – Giebelbalken
2 – Streichbalken/ Wechselbalken
3 – Wechsel
4 – Stichbalken

2. *Bereich 1 und 2*

zu verteilende Länge = 5,01 m – 2 · 0,02 m – 0,10 m = 4,87 m

Anzahl Felder $n = \frac{4{,}87\ \text{m}}{0{,}72\ \text{m}} = 6{,}76 \rightarrow 7$ Felder

tatsächliches Sprungmaß $= \frac{4{,}87\ \text{m}}{7} = 0{,}696\ \text{m} = \underline{\underline{69{,}6\ \text{cm}}}$

Bereich 3 und 4

zu verteilende Länge = 2,51 m – 0,02 m – 0,10 m = 2,39 m

Anzahl Felder $n = \frac{2{,}39\ \text{m}}{0{,}72} = 3{,}32 \rightarrow 4$ Felder

tatsächliches Sprungmaß $= \frac{2{,}39\ \text{m}}{4} = 0{,}598\ \text{m} = \underline{\underline{59{,}8\ \text{cm}}}$

Bereich 5 und 6
zu verteilende Länge = 4,51 m – 2 · 0,02 m – 0,10 m = 4,37 m

Anzahl Felder $n = \frac{4{,}37\ \text{m}}{0{,}72\ \text{m}} = 6{,}07 \rightarrow 7$ Felder

tatsächliches Sprungmaß $= \frac{4{,}37\ \text{m}}{7} = 0{,}624\ \text{m} = \underline{\underline{62{,}4\ \text{cm}}}$

Bereich 7 wird in zwei gleich große Teile aufgeteilt.
= 1,00 m – 0,12 m – 0,10 m
= 0,78 m : 2
= $\underline{\underline{0{,}39\ \text{m}}}$ (Innenmaß)

3.

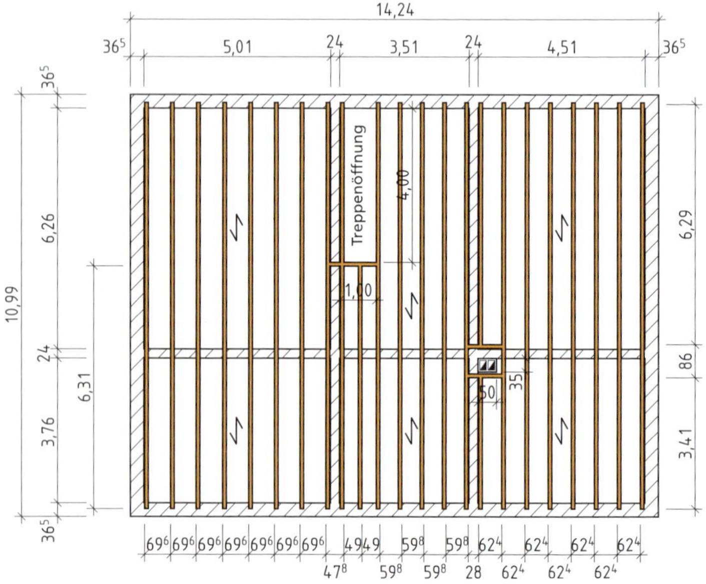

4.

Pos.	Bezeichnung	Material	Anzahl	Querschnitt in cm	Länge in m		Inhalt in m³
					einzeln	gesamt	
1.	Giebelbalken	Fichte S10	2	10/18	10,56	21,12	0,380
2.	Zwischenbalken	Fichte S10	14	10/18	10,56	147,84	2,661
3.	Wechselbalken	Fichte S10	4	10/18	10,56	42,24	0,706
4.	Stichbalken	Fichte S10	2	10/18	6,31	12,62	0,227
5.	Stichbalken	Fichte S10	1	10/18	6,29	6,29	0,113
6.	Stichbalken	Fichte S10	1	10/18	3,41	3,41	0,061
7.	Wechsel	Fichte S10	2	10/18	0,904	1,81	0,032
8.	Wechsel	Fichte S10	1	10/18	1,26	1,26	0,023
						Σ 236,59	Σ 4,203

5.

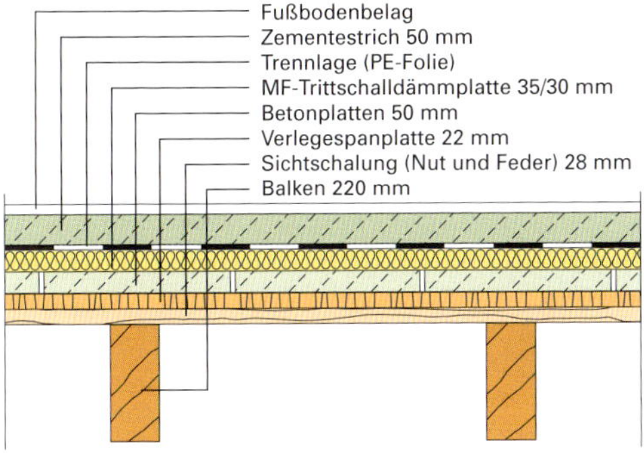

Fußbodenbelag	Oberflächengestaltung, Optik
Zementestrich	ebene, feste und schwere Unterkonstruktion ermöglicht den Einbau einer Fußbodenheizung
Trennlage	Schutz bzw. Trennung des Estrichs von der Trittschalldämmung
Trittschalldämmung	Verminderung der Trittschallübertragung in Nachbarräume
Betonplatten	Luftschalldämmung
Verlegespanplatten	Unterkonstruktion für die ebene Verlegung der Betonplatten
Sichtschalung	optischer Raumabschluss des darunterliegenden Raumes nach oben

6. a) F30 – Die Decke muss mindestens 30 Minuten unter dem Einfluss von Feuer ihre Tragfähigkeit gewährleisten.

b) Mindestabmessungen der Balken einhalten, evtl. Brettschichtholz verwenden, Balken mit nichtbrennbaren Holzwerkstoffen verkleiden

7. 1. Baustoffkosten/Lohnkosten:
$4{,}203\ \text{m} \cdot 585\ €/\text{m}^3 = 2458{,}76\ €$
$56\ \text{h} \cdot 26\ €/\text{h} = 1456\ €$

2. zuzüglich herstellungsbedingte Gemeinkosten:
$2458{,}76\ € + 1456\ € \cdot 1{,}25 = 4893{,}45\ €$

3. zuzüglich allgemeine Geschäftskosten:
$4893{,}45\ € \cdot 1{,}15 = 5627{,}47\ €$

4. zuzüglich Wagnis/Gewinn:
$5627{,}47\ € \cdot 1{,}05 = 5908{,}84\ €$

5. zuzüglich Mehrwertsteuer:
$5908{,}84\ € \cdot 1{,}19 = \underline{\underline{7031{,}52\ €}}$

Lösungsvorschlag zu Projekt 5 – Herstellen einer Treppe

1. • Berechnung der Steigungshöhe:
OFF – OFF
= ORF
– Oberkante Balkenlage
– Bodenaufbau EG
+ Bodenaufbau OG

$2751\ \text{mm} - 95\ \text{mm} + 119\ \text{mm} = \underline{\underline{2775\ \text{mm}}}$

$$s = \frac{\text{Stockwerkshöhe}}{\text{Anzahl der Steigungen}}$$

$$\text{Anzahl der Steigungen} = \frac{\text{Stockwerkshöhe}}{\text{minimale Steigungshöhe}}$$

$$\frac{2775\ \text{mm}}{175\ \text{mm}} = 15{,}8571\ \text{Stg.} \approx 15\ \text{Stg.}$$

$$\frac{2775\ \text{mm}}{15\ \text{Stg.}} = 185\ \text{mm}$$

Die Steigungshöhe beträgt $\underline{\underline{185\ \text{mm}}}$

- Berechnung der Durchgangshöhe:
  - Zwischenrechnung zur Errechnung der Gesamthöhe und der Anzahl der Steigungen (Stufen)

$$\frac{(\text{Durchgangshöhe} + \text{Bodenaufbau} + \text{Balkenlage})}{\text{Steigungshöhe}} = \text{Anzahl der Steigungen (Stufen)}$$

$$\frac{(2000\ \text{mm} + 119\ \text{mm} + 220\ \text{mm})}{185\ \text{mm}} = 12{,}64324\ \text{Stg.} \approx 13\ \text{Stg.}$$

Wenn gerundet wird, dann aufrunden, um die Durchgangshöhe zu vergrößern.

- Zwischenrechnung zur Errechnung der Auftrittsbreite

$$\frac{(\text{Treppenöffnung} - \text{Austritt})}{\text{Anzahl der Steigungen (Stufen)}} = \text{Auftrittbreite}$$

$$\frac{(3440\ \text{mm} - 150\ \text{mm})}{12{,}64324}$$

$$= 260{,}2181\ \text{mm} \approx \underline{\underline{260\ \text{mm}}}$$

2.

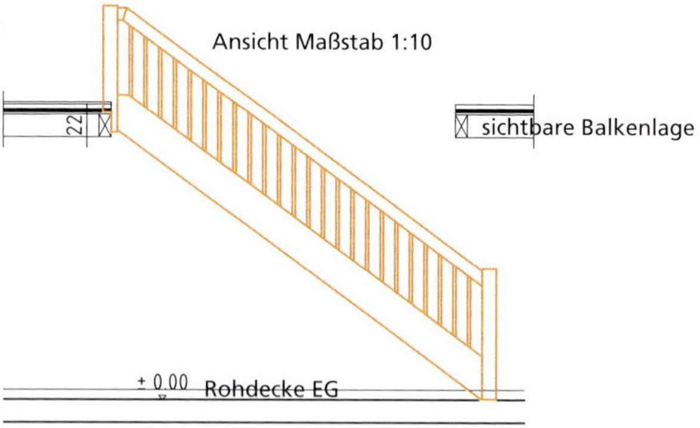
Ansicht Maßstab 1:10
22
sichtbare Balkenlage
± 0.00
Rohdecke EG

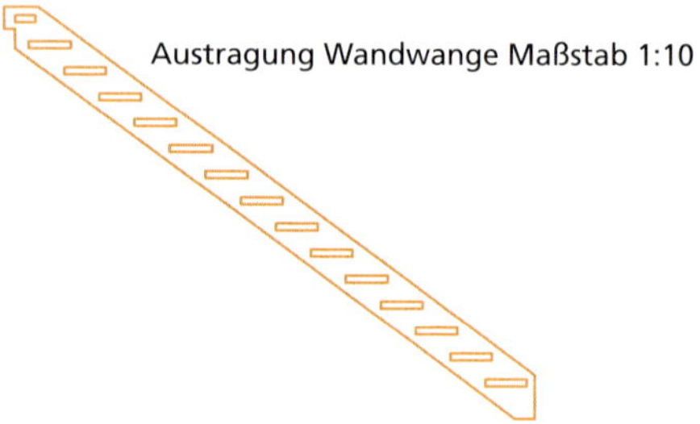
Austragung Wandwange Maßstab 1:10

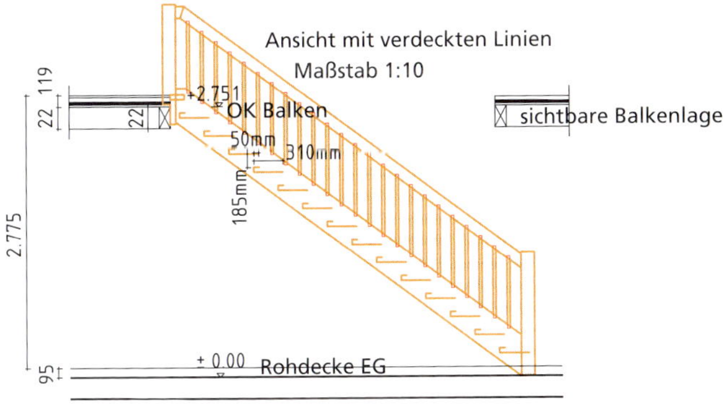
Ansicht mit verdeckten Linien
Maßstab 1:10
119
22
22
+2.751
OK Balken
sichtbare Balkenlage
50mm
310mm
185mm
2.775
95
± 0.00
Rohdecke EG

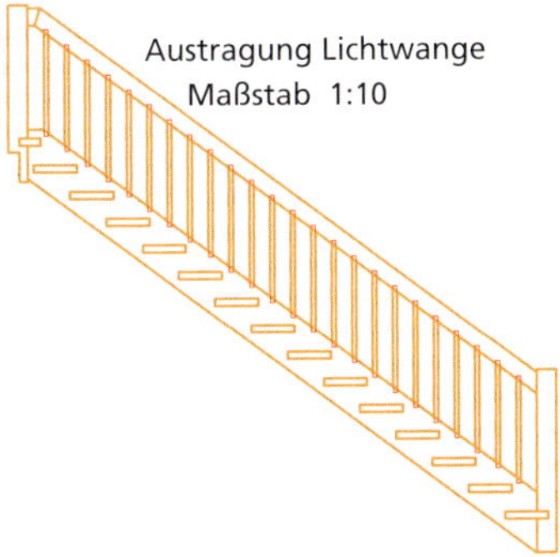
Austragung Lichtwange
Maßstab 1:10

Grundriss

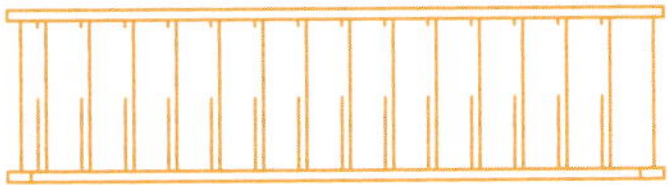

Lösungsvorschlag zu Projekt 6 – Fachwerkträger für eine Abbundhalle

1. • Pultdachbinder (Dreiecksbinder)

2.

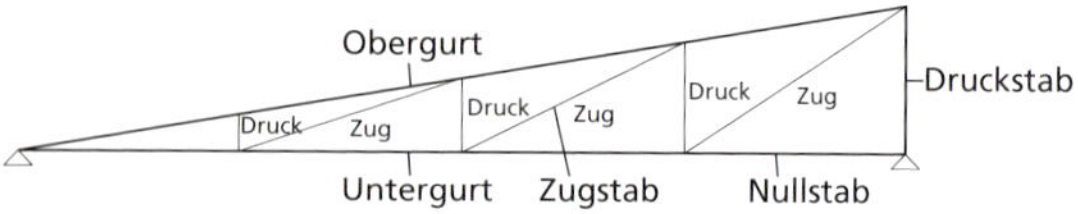

3. Aufgrund einer kürzeren Montagezeit sowie der Möglichkeit einer Vorfertigung in der Montagehalle sind Nagelplatten ein wirtschaftliches Verbindungsmittel. Da der Binder relativ geringe Abmessungen hat, ist ein Transport auf die Baustelle ohne größere Probleme möglich.

4. • Hölzer auswählen und ablängen
- Stäbe werden auf speziellen Vorrichtungstischen passgenau zusammengelegt
- über hydraulische Pressen werden die Nagelplatten beidseitig und gleichmäßig an den Knotenpunkten in das Holz eingepresst

5. $\cos\alpha = \dfrac{AK}{HYP} = \dfrac{9{,}85\text{ m}}{s}$ $\qquad h = 3{,}05\text{ m} + \sqrt{(10{,}152\text{ m})^2 - (9{,}85\text{ m})^2}$

$s = \dfrac{9{,}85\text{ m}}{\cos 14°} = \underline{\underline{10{,}152\text{ m}}}$ $\qquad h = \underline{\underline{5{,}508\text{ m}}}$

6. a) • Nagelabstände können reduziert werden
• Randabstände können reduziert werden

b)

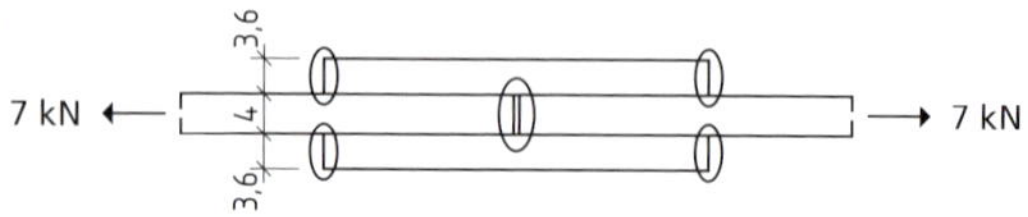

c) Berechnung der Nagelabstände untereinander

parallel zur Faser

$a_1 = (5 + 5 \cdot \cos\alpha) \cdot d$

$a_1 = \underline{\underline{34\text{ mm}}}$

rechtwinklig zur Faser

$a_2 = 5 \cdot d$

$a_2 = \underline{\underline{17\text{ mm}}}$

- Berechnung der Nagelabstände vom beanspruchten Rand (Hirnholzende)
  $a_{1t} = (7 + 5 \cdot \cos\alpha) \cdot d$
  $a_{1t} = \underline{\underline{40{,}8\text{ mm}}}$
- Berechnung der Nagelabstände vom unbeanspruchten Rand (rechtwinklig)
  $a_{2c} = 5 \cdot d$
  $a_{2c} = \underline{\underline{17\text{ mm}}}$

7. zu verteilende Länge = Gesamtlänge – 1 · Binderbreite
= 20 m – 1 · 0,112 cm = 19,888 m

$$\text{Anzahl der Felder} = \frac{19{,}888\ \text{m}}{1{,}25\ \text{m}} = 15{,}91 \rightarrow 16\ \text{Felder}$$

$$\text{genaues Sprungmaß} = \frac{19{,}888\ \text{m}}{16} = 1{,}243\ \text{m}$$

Bei einem Sprungmaß von 1,243 m werden 17 Binder benötigt.

8.
- bei Fachwerkbindern mit kleineren Querschnittsabmessungen sind Schiefstellungen und Verformungen während des Transportes zu vermeiden
- max. Zuladungsmengen der Transportfahrzeuge sind zu prüfen
- bei großen Brettschichtholzträgern sind die Anfahrts- und Zufahrtswege abzuklären
- Überlängentransporte bei den zuständigen Behörden anmelden
- Montagehilfen wie Kräne einplanen

Grundsätzlich gilt, je größer die Spannweiten der Binder sind, umso sorgfältiger sind der Transport und die Montage durchzuführen. Eine detaillierte Planung der Baustellenprozesse ist zwingend notwendig.

Lösungsvorschlag zu Projekt 7 – Brettschichtholzträger für Lagerhalle

1.
- Dreigelenkrahmen

2. Dargestellt ist das statische System eines Dreigelenkrahmens. Durch die Anordnung eines Gelenkes am First kann die Konstruktion aus zwei Binderteilen zusammengesetzt werden. Die Fußpunkte der jeweiligen Rahmen sind ebenfalls als Gelenk ausgebildet. Ähnlich wie am Sparrendach wirken an den Auflagern Horizontal- und Vertikalkräfte. Der Dreigelenkrahmen gilt aufgrund einer effizienten Kraftabtragung als materialsparend.

3. Brettschichtholz besteht überwiegend aus parallel zur Faserrichtung verleimten und verklebten Brettlagen, den sogenannten Lamellen. Durch die Verleimung von einzelnen Brettlagen werden viele negative Aspekte von Vollhölzern ausgeschlossen und zudem durch eine gezielte Auswahl der Bretter höhere Tragfähigkeiten erreicht. Darüber hinaus sind größere Holzquerschnitte möglich.
An die Lamellen werden folgende Anforderungen gestellt:
- Dicke max. 4,5 cm
- gehobeltes Holz
- Holzfeuchtigkeit 8 … 15 %

- Querschnittsfläche max. 120 cm^2
- Längsverbindungen mit Keilzinkenverbindungen ausgeführt

Die Querschnitte sind in der Regel rechteckig. Durch spezielle Klebetechniken sind jedoch auch T- oder I-förmige Querschnitte sowie Kastenträger möglich. Die Herstellung von Brettschichtholz ist in Normen geregelt und darf nur in Betrieben mit entsprechender Eignung und Zulassung erfolgen.

4.
- Stützweite
- Auflast pro m^2 Dachfläche
- Abstand der Binder

5. Die Queraussteifung dieser Konstruktion erfolgt durch die biegesteifen Ecken des Dreigelenkrahmens. Die Eckausbildung kann mit Stabdübeln, Dübeln besonderer Bauart oder als keilgezinkte Rahmenecke erfolgen. Auftretende Windlasten werden über die Rahmenkonstruktion zu den Auflagern hin abgeleitet.
Die Längsaussteifung wird durch Verbände realisiert. Horizontalverbände können mit Pfetten, Dachschalungen oder Windrispenbändern ausgeführt werden. Vertikalverbände werden in der Regel mit kreuzweise angeordneten Stahlstäben, die mit Spannschlössern vorgespannt werden, ausgeführt.

6.

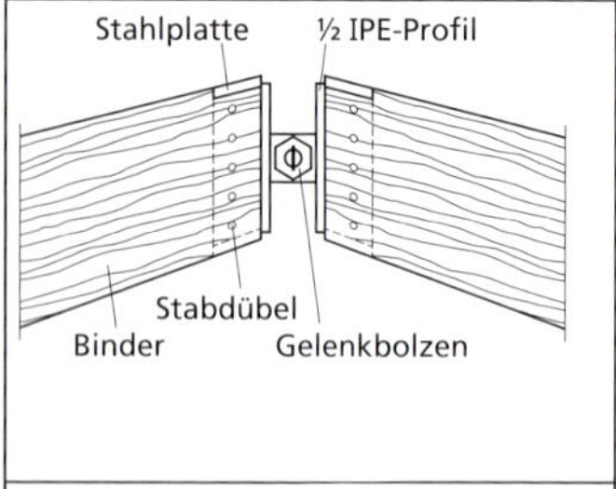

Firstpunkt

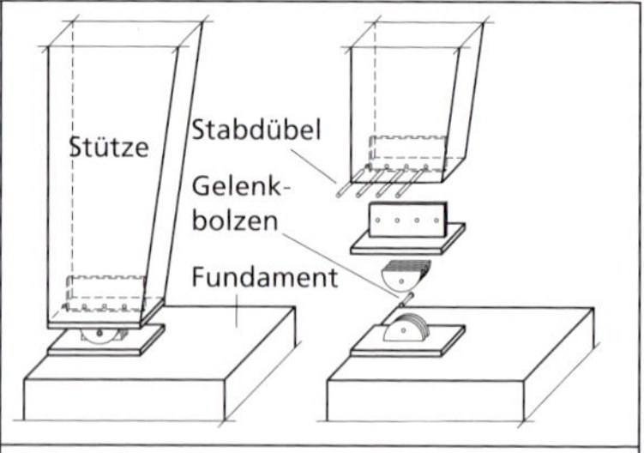

Fußpunkt

7.

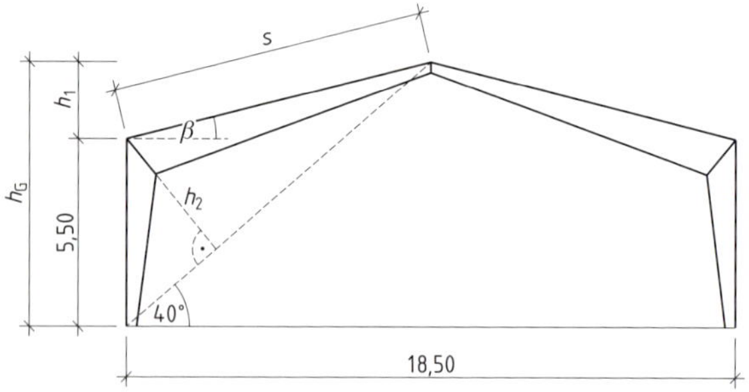

$$\sin(90° - 40°) = \frac{h_2}{5{,}50\ \text{m}}$$

$$h_2 = \sin 50° \cdot 5{,}50\ \text{m} = \underline{\underline{4{,}21\ \text{m}}}$$

$$a = \sqrt{(5{,}50\ \text{m})^2 - (4{,}21\ \text{m})^2} = 3{,}54\ \text{m}$$

$$\tan\alpha = \frac{h_G}{18{,}50\ \text{m}/2}$$

$$h_G = \tan 40° \cdot 9{,}25\ \text{m} = \underline{\underline{7{,}76\ \text{m}}}$$

$$h_1 = h_G - 5{,}50\ \text{m}$$

$$h_1 = 7{,}76\ \text{m} - 5{,}50\ \text{m} = \underline{\underline{2{,}26\ \text{m}}}$$

$$c = \sqrt{(7{,}76\ \text{m})^2 + (9{,}25\ \text{m})^2} = 12{,}07\ \text{m}$$

$$b = 12{,}07\ \text{m} - 3{,}54\ \text{m} = 8{,}53\ \text{m}$$

$$s = \sqrt{(8{,}53\ \text{m})^2 + (4{,}21\ \text{m})^2} = \underline{\underline{9{,}51\ \text{m}}}$$

$$\sin\beta = \frac{2{,}26\ \text{m}}{9{,}51\ \text{m}} = \underline{\underline{13{,}75°}}$$

8. $A = 2 \cdot (9{,}51\ \text{m} \cdot 28{,}40\ \text{m})$
$A = \underline{\underline{540{,}17\ \text{m}^2}}$

Lösungsvorschlag zu Projekt 8 – Planung eines Eigenheims

1. Der Holzrahmenbau stellt ein standardisiertes Bausystem dar. In der Regel werden die Wände aus fachwerkähnlichen Holzkonstruktionen bereits im Holzbaubetrieb zusammengesetzt. Da nur wenige Holzquerschnitte benötigt und die Flächen mit großformatigen Beplankungen versehen werden, ist eine schnelle und rationelle Montage möglich. Auch der Einbau von haustechnischen Installationen sowie von Dämmmaterialien ist bereits möglich. Aufgrund der Zusammensetzung der einzelnen Elemente vor Ort spricht man in der Regel von einem Fertigteilhaus.

2. Durch die Einsparung von Energie werden fossile Brennstoffe geschont. Bei vermutlich steigenden Energiepreisen können somit dauerhaft Heiz- und Energiekosten niedrig gehalten werden. Durch die Kombination mit Photovoltaik- oder Solarthermie-Anlagen kann man sich sogar vollständig unabhängig von fossilen Energieträgern machen. Die Schonung von fossilen Brennstoffen sorgt zudem auch für eine Reduzierung von CO_2-Emissionen und trägt somit aktiv zum Umweltschutz bei.

3. Die optimale Gesamtenergiebilanz eines Niedrigenergiehauses basiert auch auf solaren Energiegewinnen, vor allem im Winter. Hierzu muss bei der Planung des Gebäudes darauf geachtet werden, das Haus günstig auszurichten. Das bedeutet, auf den Sonnenseiten z. B. größere Fensterflächen anzuordnen. Die Nordseiten erhalten dagegen kaum oder nur kleine Fensteröffnungen.
Ein weiteres Kriterium sind die hohen Wärmeschutzanforderungen. Die Wärmeverluste müssen so gering wie möglich sein. Dies wird vor allem durch ausreichend dick gedämmte Außenbauteile erreicht.

Ein entscheidendes Merkmal sind auch einwandfrei ausgeführte Anschlüsse, eine hohe Winddichtigkeit der Gebäudehülle sowie die Vermeidung von Wärmebrücken.
Zudem ist der Einbau von modernen Heizanlagen erforderlich. Wärmegewinnungsanlagen könnten den Energiebedarf zusätzlich reduzieren.

4. $R = \left[\frac{0{,}018}{0{,}13} + \frac{0{,}18}{0{,}032} + \frac{0{,}018}{0{,}13}\right] \frac{m^2 \cdot K}{W}$

$R = 5{,}90\ \frac{m^2 \cdot K}{W}$

$R = \left[\frac{0{,}02}{1{,}0} + \frac{0{,}365}{0{,}81} + \frac{0{,}02}{1{,}0}\right] \frac{m^2 \cdot K}{W}$

$R = 0{,}49\ \frac{m^2 \cdot K}{W}$

→ Trotz der geringeren Wanddicke hat die Holzbauwand einen deutlich größeren Wärmedurchlasswiderstand und somit einen besseren Wärmeschutz.

5.

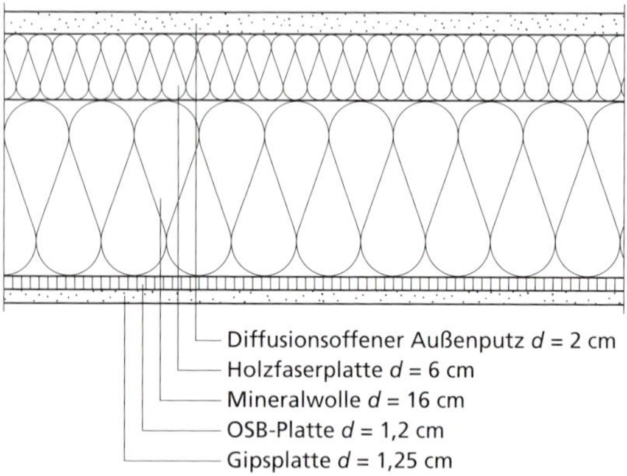

Sachwortverzeichnis

S

S